Bookkeeping

最新段階式

簿記検定

問題集

全商

1

級

原価計算

実教出版

本書の内容と利用のしかた

　本書は，簿記の学習に取り組み，全商簿記実務検定試験をめざすみなさんが，簿記の知識を確実に身につけ，検定試験の出題形式や傾向を的確にとらえられるよう編集された問題集です。

　簿記の学習は決してむずかしいものではありませんが，しっかりと自分のものにするためには，実際に問題にぶつかり解決していく努力を積み重ねることが必要です。

　本書は，長年，簿記教育にたずさわってきた現場の教師陣が，平素の指導を通じて体得したものを十分に織り込んで編集したものです。日頃の学習に，検定試験のチャレンジに，大いに活用してください。

　本書には以下のような特色があります。

(1)　各種の簿記教科書を分析し，学習項目を網羅するとともに，どの教科書とも併用できるよう配列を工夫しました。

(2)　検定試験の出題範囲・傾向を分析し，各項目のなかに，的確なまとめと問題を収載しました。

(3)　各項目の問題は，原則として，基本問題—練習問題—検定問題の配列とし，基本的な問題から，段階をおって程度の高い問題へと進めるようにしました。

[内　容]

●**要点の整理**……各項目の学習事項を要約し，的確につかめるようにしました。また，適宜，例題をもちいることによって，取引の流れのなかでスムーズに理解できるようにしました。

●**基 本 問 題**……各項目のもっとも基本的な学習要素について問う問題を出題しました。いきなり問題に入っても戸惑うことのないよう，適宜，本文中に解法のポイントを示しました。

●**練 習 問 題**……基本問題からステップアップし，検定出題レベルの問題につなげるための問題を出題しました。重要な項目では，いろいろなパターンの問題を練習できるようにしました。

●**検 定 問 題**……全商簿記実務検定試験の過去の出題問題を，各項目ごとに分類し，出題しました。なお，範囲の関係で，実務検定試験問題の一題全部を出題できないときは部分的に示し，その傾向がわかるようにしました。

●**全商検定試験**……検定試験の出題傾向を分析して，全範囲から作問した程度・内容が同じ問題を多数出題しました。
　出題形式別問題

●**日 商 で は**……日商の試験にもチャレンジしたい人に向け，発展的な学習として「日商ではこうでる」を
　こうでる！　　掲載しました。

◇**解　答　編**……別冊。解答にいたる過程の説明や注意事項を詳しく示しました。

　簿記は，暗記科目ではありません。

　簿記は，理解の科目です。考える科目です。

　このことを理解し，簿記特有の考え方や組み立てを身につけ，十分な実力を養成してください。

　みなさんの努力が実を結び，検定試験合格の栄冠を得られることを期待しています。

執筆者一同

最新段階式

簿記検定問題集
全商1級原価計算

解答編

実教出版

◎原価計算の基礎

❶ 原価と原価計算 (p.4)

▶1-1

ア	イ	ウ	エ
商品売買業	製　　造	製　造　業	製　　造

▶1-2

(1)	A	(2)	C	(3)	B	(4)	A
(5)	A	(6)	B	(7)	B	(8)	A

▶1-3

製　造　原　価		総　　原　　価	
¥	❶ 1,000,000	¥	❷ 1,020,000

解説 ❶¥450,000＋¥370,000＋¥180,000＝¥1,000,000
　　 ❷¥1,000,000＋¥16,000＋¥4,000＝¥1,020,000

▶1-4

ア	2	イ	3

❷ 原価計算のあらまし (p.6)

▶2-1

ア	イ	ウ
労　務　費	三　要　素	製　造　直　接　費
エ	**オ**	
製　造　間　接　費	配　　　　賦	

▶2-2

ア	イ	ウ	エ
直接材料費	製造間接費	製造原価	総　原　価

▶2-3

製造直接費	¥ ❶ 185,000	製造間接費	¥ ❷ 125,000
製造原価	¥ ❸ 310,000	総　原　価	¥ ❹ 360,000

解説 ❶¥70,000＋¥100,000＋¥15,000＝¥185,000
　　 ❷¥25,000＋¥40,000＋¥60,000＝¥125,000
　　 ❸¥185,000＋¥125,000＝¥310,000
　　 ❹¥310,000＋¥50,000＝¥360,000

▶2-4

製造指図書#1　　原　価　計　算　表

直接材料費	直接労務費	直接経費	製造間接費	製造原価
100,000	90,000	20,000	❶70,000	280,000

製造指図書#2　　原　価　計　算　表

直接材料費	直接労務費	直接経費	製造間接費	製造原価
80,000	70,000	10,000	❷30,000	190,000

解説 ❶製造間接費 各自計算 ＝¥20,000＋¥30,000
　　 ＋¥50,000＝¥100,000
　　 A製品の製造間接費＝¥100,000×70％＝¥70,000
　　 ❷B製品の製造間接費＝¥100,000×30％＝¥30,000

▶2-5

ア	イ	ウ
販　売　価　格	製　　品　　別	原価計算期間
エ	**オ**	
個別原価計算	実際原価計算	

▶2-6

ア	イ	ウ	エ
固　定　費	変　動　費	準固定費	準変動費

▶2-7

製造指図書#1　　原　価　計　算　表

直接材料費	直接労務費	直接経費	製造間接費	製造原価
(200,000)	(170,000)	(20,000)	(❶250,000)	(640,000)

製造指図書#2　　原　価　計　算　表

直接材料費	直接労務費	直接経費	製造間接費	製造原価
(120,000)	(200,000)	(40,000)	(❷150,000)	(510,000)

解説 ❶製造間接費総額＝¥100,000＋¥130,000
　　 ＋¥170,000＝¥400,000

$$¥400,000×\frac{¥200,000}{¥320,000}=¥250,000$$

$$❷¥400,000×\frac{¥120,000}{¥320,000}=¥150,000$$

▶2-8

ア	4	イ	2	ウ	2	エ	3
オ	4	カ	2	キ	4	ク	3

❸ 工業簿記 (p.10)

▶3-1

	借　　　　方		貸　　　　方	
(1)	材　　　料	400,000	買　掛　金	400,000
(2)	労　務　費	250,000	当　座　預　金	250,000
(3)	経　　　費	80,000	現　　　金	80,000
(4)	仕　掛　品 製造間接費	200,000 70,000	材　　　料	270,000
(5)	仕　掛　品 製造間接費	180,000 100,000	労　務　費	280,000
(6)	仕　掛　品 製造間接費 販売費及び 一般管理費	20,000 50,000 30,000	経　　　費	100,000
(7)	仕　掛　品	220,000	製造間接費	220,000

製造指図書#1　　原　価　計　算　表

直接材料費	直接労務費	直接経費	製造間接費	製造原価
(120,000)	(110,000)	(10,000)	(132,000)	

製造指図書#2　　原　価　計　算　表

直接材料費	直接労務費	直接経費	製造間接費	製造原価
(80,000)	(70,000)	(10,000)	(88,000)	

▶3-2

	借 方		貸 方	
(1)	製　　　品	650,000	仕 掛 品	650,000
(2)	売 掛 金	800,000	売　　　上	800,000
(3)	売 上 原 価	650,000	製　　　品	650,000
(4)	売　　　上	4,600,000	損　　　益	4,600,000
(5)	損　　　益	3,900,000	売 上 原 価 販売費及び 一般管理費	3,500,000 400,000

▶3-3

	借 方		貸 方	
(1)	仕 掛 品 製造間接費	587,000 186,000	材　　　料	773,000
(2)	仕 掛 品 製造間接費 販売費及び 一般管理費	491,000 173,000 154,000	労 務 費	818,000
(3)	仕 掛 品 製造間接費 販売費及び 一般管理費	31,500 363,000 178,000	経　　　費	572,500
(4)	仕 掛 品	722,000	製造間接費	722,000
(5)	製　　　品	1,630,000	仕 掛 品	1,630,000
(6)	売 上 原 価	1,467,000	製　　　品	1,467,000
(7)	売 掛 金	1,834,000	売　　　上	1,834,000
(8)	損　　　益	1,467,000	売 上 原 価	1,467,000
(9)	損　　　益	332,000	販売費及び 一般管理費	332,000
(10)	売　　　上	1,834,000	損　　　益	1,834,000

製造指図書#1　　　原 価 計 算 表

直接材料費	直接労務費	直接経費	製造間接費	製造原価
(550,000)	(370,000)	(24,000)	(686,000)	(1,630,000)

製造指図書#2　　　原 価 計 算 表

直接材料費	直接労務費	直接経費	製造間接費	製造原価
(37,000)	(121,000)	(7,500)	(36,000)	❶

解説 ❶製造指図書#2は完成していないので，製造原価
は計算しない。

▶3-4

材　　　料

前 月 繰 越	78,000	諸　　　口	1,397,000
買 掛 金	1,450,000	次 月 繰 越	131,000
	1,528,000		1,528,000

労　　　務　　　費

当 座 預 金	761,000	前 月 繰 越	54,000
次 月 繰 越	62,000	諸　　　口	769,000
	823,000		823,000

経　　　費

前 月 繰 越	35,000	諸　　　口	178,000
当 座 預 金	124,000		
次 月 繰 越	19,000		
	178,000		178,000

製　造　間　接　費

材　　　料	207,000	仕 掛 品	503,000
労 務 費	139,000		
経　　　費	157,000		
	503,000		503,000

仕　　　掛　　　品

前 月 繰 越	216,000	製　　　品	2,314,000
材　　　料	1,190,000	次 月 繰 越	246,000
労 務 費	630,000		
経　　　費	21,000		
製造間接費	503,000		
	2,560,000		2,560,000

製　　　品

前 月 繰 越	273,000	売 上 原 価	2,379,000
仕 掛 品	2,314,000	次 月 繰 越	208,000
	2,587,000		2,587,000

▶3-5

	借 方		貸 方	
(1)	材　　　料	1,050,000	買 掛 金	1,050,000
(2)	仕 掛 品 製造間接費	730,000 240,000	材　　　料	970,000
(3)	労 務 費	980,000	当 座 預 金	980,000
(4)	仕 掛 品 製造間接費 販売費及び 一般管理費	690,000 180,000 230,000	労 務 費	1,100,000
(5)	経　　　費	410,000	当 座 預 金	410,000
(6)	仕 掛 品 製造間接費 販売費及び 一般管理費	70,000 250,000 100,000	経　　　費	420,000
(7)	仕 掛 品	670,000	製造間接費	670,000
(8)	製　　　品	1,400,000	仕 掛 品	1,400,000
(9)	売 掛 金	1,560,000	売　　　上	1,560,000
(10)	売 上 原 価	1,200,000	製　　　品	1,200,000
(11)	売　　　上	1,560,000	損　　　益	1,560,000
(12)	損　　　益	1,530,000	売 上 原 価 販売費及び 一般管理費	1,200,000 330,000

材　　　料

前 月 繰 越	75,000	(2)諸　　　口	970,000
(1)買 掛 金	1,050,000		

労　　　務　　　費

(3)当 座 預 金	980,000	前 月 繰 越	110,000
		(4)諸　　　口	1,100,000

経　　　費

前 月 繰 越	48,000	(6)諸　　　口	420,000
(5)当 座 預 金	410,000		

仕　　　掛　　　品

前 月 繰 越	190,000	(8)製　　　品	1,400,000
(2)材　　　料	730,000		
(4)労 務 費	690,000		
(6)経　　　費	70,000		
(7)製造間接費	670,000		

製造間接費

(2)材　　　料	240,000	(7)仕　掛　品	670,000
(4)労　務　費	180,000		
(6)経　　　費	250,000		

製　　品

前 月 繰 越	430,000	(10)売上原価	1,200,000
(8)仕　掛　品	1,400,000		

売　上　原　価

(10)製　　品	1,200,000	(12)損　　益	1,200,000

売　　上

(11)損　　益	1,560,000	(9)売　掛　金	1,560,000

販売費及び一般管理費

(4)労　務　費	230,000	(12)損　　益	330,000
(6)経　　　費	100,000		

損　　益

(12)売上原価	1,200,000	(11)売　　上	1,560,000
(12)販売費及び一般管理費	330,000		

製造指図書#1　原 価 計 算 表

直接材料費	直接労務費	直接経費	製造間接費	製造原価
100,000	50,000	40,000		
(380,000)	(370,000)	(40,000)	(420,000)	
(480,000)	(420,000)	(80,000)	(420,000)	(1,400,000)

製造指図書#2　原 価 計 算 表

直接材料費	直接労務費	直接経費	製造間接費	製造原価
(350,000)	(320,000)	(30,000)	(250,000)	

◎原価の費目別計算

4　材料費の計算(1)（材料仕入高の計算）(p.16)

▶4-1

	借　　方		貸　　方	
(1)	素　　　材	730,000	買　掛　金	730,000
(2)	買 入 部 品	163,000	買　掛　金	160,000
			現　　金	3,000
(3)	燃　　　料	70,000	現　　金	70,000
(4)	工場消耗品	40,000	当 座 預 金	40,000
(5)	消耗工具器具備品	45,000	買　掛　金	45,000

▶4-2

	借　　方		貸　　方		
(1)	棚卸減耗損	15,000	素　　材	15,000	❶
(2)	棚卸減耗損	24,000	素　　材	24,000	❷
(3)	棚卸減耗損	30,000	素　　材	30,000	❸

解説　❶帳簿残高¥300,000−実際有高¥285,000＝¥15,000
　　❷（帳簿有高600kg−実地有高580kg）×@¥1,200
　　　＝¥24,000
　　❸（帳簿有高500kg−実地有高470kg）×@¥1,000
　　　＝¥30,000

▶4-3

	借　　方		貸　　方		
6/10	素　　材	400,000	買　掛　金	430,000	❶
	工場消耗品	30,000			
16	燃　　料	165,000	現　　金	165,000	❷
23	買 入 部 品	80,000	当 座 預 金	108,000	❸
	消耗工具器具備品	28,000			

素　　材　　3

6/10	400,000		

買　入　部　品　　4

6/23	80,000		

燃　　料　　5

6/16	165,000		

工 場 消 耗 品　　6

6/10	30,000		

消耗工具器具備品　　7

6/23	28,000		

解説　❶包装用品¥30,000は工場消耗品として処理する。
　　❷引取費¥5,000は燃料の仕入代価に加算する。
　　❸外部から買い入れた部品¥80,000は買入部品として処理する。

▶4-4

	借　　方		貸　　方	
(1)	素　　材	2,550,000	買　掛　金	2,984,000
	工場消耗品	434,000		
(2)	棚卸減耗損	81,000	買 入 部 品	81,000
(3)	棚卸減耗損	31,000	素　　材	31,000

▶5-1

	借	方	貸	方
(1)	仕 掛 品	160,000	素　　材	160,000
(2)	製造間接費	42,000	工場消耗品	42,000
(3)	仕 掛 品	60,000	買 入 部 品	60,000
	製造間接費	33,000	燃　　料	12,000
			工場消耗品	21,000

▶5-2

材　料　元　帳

（先入先出法）　　S　型　素　材　　　　　単位：個

令和○年	摘　要	受入 数量	受入 単価	受入 金額	払出 数量	払出 単価	払出 金額	残高 数量	残高 単価	残高 金額
6 1	前月繰越	100	220	22,000				100	220	22,000
5	受　入	300	260	78,000				100	220	22,000
								300	260	78,000
12	払　出				100	220	22,000			
					200	260	52,000	100	260	26,000
20	受　入	200	280	56,000				100	260	26,000
								200	280	56,000
28	払　出				100	260	26,000			
					100	280	28,000	100	280	28,000
30	次月繰越				100	280	28,000			
		600		156,000	600		156,000			
7 1	前月繰越	100	280	28,000				100	280	28,000

先入先出法による消費高	￥	128,000

材　料　元　帳

（移動平均法）　　S　型　素　材　　　　　単位：個

令和○年	摘　要	受入 数量	受入 単価	受入 金額	払出 数量	払出 単価	払出 金額	残高 数量	残高 単価	残高 金額
6 1	前月繰越	100	220	22,000				100	220	22,000
5	受　入	300	260	78,000				400	❶250	100,000
12	払　出				300	250	75,000	100	250	25,000
20	受　入	200	280	56,000				300	270	81,000
28	払　出				200	270	54,000	100	270	27,000
30	次月繰越				100	270	27,000			
		600		156,000	600		156,000			
7 1	前月繰越	100	270	27,000				100	270	27,000

移動平均法による消費高	￥	129,000

材　料　元　帳

（総平均法）　　S　型　素　材　　　　　単位：個

令和○年	摘　要	受入 数量	受入 単価	受入 金額	払出 数量	払出 単価	払出 金額	残高 数量	残高 単価	残高 金額
6 1	前月繰越	100	220	22,000				100	220	22,000
5	受　入	300	260	78,000				400		
12	払　出				300	260	78,000	100		
20	受　入	200	280	56,000		❷		300		
28	払　出				200	260	52,000	100	260	26,000
30	次月繰越				100	260	26,000			
		600		156,000	600		156,000			
7 1	前月繰越	100	260	26,000				100	260	26,000

総平均法による消費高	￥	130,000

解説 ❶（￥22,000＋￥78,000）÷（100個＋300個）＝￥250
❷（￥22,000＋￥78,000＋￥56,000）
　÷（100個＋300個＋200個）＝￥260

▶5-3

(1)	先入先出法による材料消費高	￥	❶	579,000
(2)	移動平均法による材料消費高	￥	❷	581,400
(3)	総平均法による材料消費高	￥	❸	585,000

解説 ❶7/12　￥420×400個＋￥440×200個＝￥256,000
　7/25　￥440×200個＋￥470×500個＝￥323,000
　￥256,000＋￥323,000＝￥579,000
❷7/3受入時の平均単価
　（￥168,000＋￥176,000）÷800個＝￥430
　7/18受入時の平均単価
　（￥86,000＋￥376,000）÷1,000個＝￥462
　￥430×600個＋￥462×700個＝￥581,400
❸（￥168,000＋￥176,000＋￥376,000）
　÷（400個＋400個＋800個）＝￥450
　（600個＋700個）×￥450＝￥585,000

▶5-4

	借	方	貸	方
(1)	素　　材	350,000	買 掛 金	350,000
(2)	仕 掛 品	220,000	消 費 材 料	220,000
(3)	消 費 材 料	235,000	素　　材	235,000
(4)	材料消費価格差異	15,000	消 費 材 料	15,000

素　　材

買　掛　金	350,000	消 費 材 料	235,000

消　費　材　料

素　　材	235,000	仕 掛 品	220,000
		材料消費価格差異	15,000

仕　掛　品

消 費 材 料	220,000	

材料消費価格差異

消 費 材 料	15,000	

▶5-5

	借	方	貸	方	
(1)	素　　材	170,000	買 掛 金	170,000	
(2)	仕 掛 品	104,400	素　　材	108,750	❶
	製造間接費	4,350			
(3)	材料消費価格差異	3,250	素　　材	3,250	

素　　材

前 月 繰 越	43,000	諸　　口	108,750
買 掛 金	170,000	材料消費価格差異	3,250

材料消費価格差異

素　　材	3,250	

解説 ❶予定価格を用いて計算する。
　120個×￥870＝￥104,400（仕掛品）
　5個×￥870＝￥4,350（製造間接費）

	借　　　方		貸　　　方	
(1)	素　　　材	2,940,000	買　掛　金	2,940,000
(2)	仕　掛　品 製造間接費	3,332,000 196,000	消　費　材　料	3,528,000	❶
(3)	消　費　材　料	3,456,000	素　　　材	3,456,000	❷
(4)	消　費　材　料	72,000	材料消費価格差異	72,000
(5)	材料消費価格差異	72,000	売　上　原　価	72,000

素　　　材

前　月　繰　越	900,000	消　費　材　料	3,456,000
買　　掛　　金	2,940,000		

消　費　材　料

素　　　材	3,456,000	諸　　　口	3,528,000
材料消費価格差異	72,000		

材料消費価格差異

売　上　原　価	72,000	消　費　材　料	72,000

売　上　原　価

		材料消費価格差異	72,000

解説 ❶3,400個×¥980＝¥3,332,000（仕掛品）
200個×¥980＝¥196,000（製造間接費）
❷（¥900,000＋¥2,940,000）÷（1,000個＋3,000個）
＝¥960
3,600個×¥960＝¥3,456,000

▶5-7

	借　　　方		貸　　　方	
(1)	買　入　部　品	3,420,000	買　掛　金	3,420,000
(2)	仕　掛　品	3,850,000	買　入　部　品	3,850,000	❶
(3)	材料消費価格差異	52,000	買　入　部　品	52,000	❷
(4)	売　上　原　価	52,000	材料消費価格差異	52,000

解説 ❶7,000個×¥550＝¥3,850,000
❷先入先出法による実際消費高の計算

月初棚卸高分　2,200個×@¥530＝¥1,166,000
当月仕入高分
（7,000個－2,200個）×@¥570＝¥2,736,000
　¥3,902,000

予定消費高¥3,850,000－実際消費高¥3,902,000
＝－¥52,000（借方差異）

▶5-8

	借　　　方		貸　　　方	
(1)	棚卸減耗損	46,000	買　入　部　品	46,000	❶
(2)	売　上　原　価	1,000	材料消費価格差異	1,000	❷
(3)	材料消費価格差異	63,000	消　費　材　料	63,000	❸
(4)	材料消費価格差異	17,000	売　上　原　価	17,000	❹
(5)	棚卸減耗損	31,000	素　　　材	31,000	❺
(6)	材料消費価格差異	16,000	消　費　材　料	16,000	❻
(7)	売　上　原　価	9,000	材料消費価格差異	9,000	❼

解説 ❶先入先出法で消費単価の計算をしている場合，月末に残る買入部品の単価は当月仕入高の単価となる。
帳簿有高　500個＋1,000個－970個＝530個
（帳簿有高530個－実際有高520個）×@¥4,600
＝¥46,000

❷ 材料消費価格差異

前月繰越	¥7,000	当月振替	¥6,000
		｝売上原価勘定へ¥1,000	

❸総平均単価 $\dfrac{¥352,000＋¥1,880,000}{400個＋2,000個}＝@¥930$

実際消費高　2,100個×@¥930＝¥1,953,000
予定消費高　2,100個×@¥900＝¥1,890,000

消　費　材　料

実際消費高 ¥1,953,000	予定消費高 ¥1,890,000
	｝材料消費価格差異勘定へ¥63,000

❹ 材料消費価格差異

売上原価勘定へ ¥17,000	前月繰越　¥9,000
	当月振替　¥8,000

❺総平均単価
$\dfrac{¥360,000＋¥744,000＋¥756,000}{600kg＋1,200kg＋1,200kg}＝@¥620$

帳簿有高
600kg＋1,200kg＋1,200kg－2,520kg＝480kg
（帳簿有高480kg－実際有高430kg）×@¥620
＝¥31,000

❻総平均単価 $\dfrac{¥114,000＋¥516,000}{300個＋1,200個}＝@¥420$

実際消費高　800個×@¥420＝¥336,000
予定消費高　800個×@¥400＝¥320,000

消　費　材　料

実際消費高 ¥336,000	予定消費高　¥320,000
	｝材料消費価格差異勘定へ¥16,000

❼ 材料消費価格差異

前月繰越　¥13,000	当月振替　¥4,000
	｝売上原価勘定へ¥9,000

6 労務費の計算(1) (p.25)

▶6-1

ア	イ	ウ	エ
賃　　金	給　　料	従業員賞与手当	間接労務費

▶6-2

借　　　方		貸　　　方	
賃　　　金 ❶2,430,000 従業員賞与手当 300,000		所得税預り金　195,000 健康保険料預り金　240,000 当　座　預　金 ❷2,295,000	

解説 ❶賃金¥2,430,000＝基本賃金¥2,080,000＋割増賃金¥350,000
❷小切手で支払った金額は，賃金¥2,430,000と諸手当¥300,000の合計¥2,730,000から，所得税預

り金*¥195,000*と健康保険料*¥240,000*を差し引いた*¥2,295,000*となる。

▶6-3

	借　方		貸　方	
(1)	賃　　金	3,087,000	所得税預り金	259,000
	従業員賞与手当	381,000	健康保険料預り金	213,000
			当 座 預 金	2,996,000
(2)	仕 掛 品	2,870,000	賃　　金	3,138,000 ❶
	製造間接費	268,000		

		賃		金	
諸	口	3,087,000	前 月 繰 越	358,000
❷ 次 月 繰 越		409,000	諸	口	3,138,000
		3,496,000			3,496,000

解説 ❶賃金の消費高について，賃金の消費が直接作業をおこなう従業員に対するものであれば仕掛品勘定で，間接作業をおこなう従業員に対するものであれば製造間接費勘定で処理する。

❷賃金勘定を締め切るためには，貸借の差額*¥409,000*について，次月繰越を使用すること。賃金支払高の計算期間と賃金消費高の計算期間がずれているため発生する。

▶6-4

借　方		貸　方	
賃　　金	1,276,000	所得税預り金	125,000
従業員賞与手当	256,000	健康保険料預り金	56,000
		当 座 預 金	❶1,351,000

解説 ❶当座預金の減少額は，小切手を振り出して支払った金額（正味支払高）となる。

▶6-5

借　方		貸　方	
賃　　金	1,498,000	所得税預り金	147,000
従業員賞与手当	299,000	健康保険料預り金	64,000
		当 座 預 金	1,586,000

❼ 労務費の計算(2) (p.27)

▶7-1

	借　方		貸　方	
(1)	賃　　金	3,470,000	所得税預り金	287,000
			健康保険料預り金	245,000
			当 座 預 金	2,938,000
(2)	仕 掛 品	2,860,000	賃　　金	3,500,000
	製造間接費	640,000		

		賃		金	
諸	口	3,470,000	前 月 繰 越	685,000
❶ 次 月 繰 越		715,000	諸	口	3,500,000
		4,185,000			4,185,000

		仕	掛	品	
賃	金	2,860,000			

		製 造 間 接 費		
賃	金	640,000	

解説 ❶賃金勘定では，賃金支払高と賃金消費高の計算期間のずれが原因で，貸借の差額が*¥715,000*と計算される。よって，これを次月に繰り越す。賃金勘定を締め切るさいには注意すること。

▶7-2

	借　方		貸　方	
(1)	仕 掛 品	1,100,000	消費賃金	❶1,450,000
	製造間接費	350,000		
(2)	消費賃金	❶1,500,000	賃　　金	1,500,000
(3)	賃率差異	❷ 50,000	消費賃金	❶ 50,000
(4)	売 上 原 価	90,000	賃率差異	❸ 90,000

解説 ❶予定賃率による賃金の消費高を記帳する方法には，消費賃金勘定を設ける方法と，設けない方法がある。問題文の指示を確認すること。

❷予定賃率による消費高は*¥1,450,000*であり，実際賃率による消費高は*¥1,500,000*なので，賃率差異は*¥50,000*（不利差異）となる。不利差異の場合，賃率差異勘定は借方に仕訳される。

❸賃率差異勘定の借方残高*¥90,000*は不利差異を意味する。

▶7-3

	借　方		貸　方	
(1)	仕 掛 品	1,100,000	賃　　金	1,450,000
	製造間接費	350,000		
(3)	賃率差異	50,000	賃　　金	50,000 ❶
(4)	売 上 原 価	90,000	賃率差異	90,000

解説 賃金勘定だけで処理する方法を確認しておくこと。

❶予定賃率で計算したところ*¥1,450,000*の消費高であったが，実際賃率で計算したところ*¥1,500,000*の消費高であることがわかったので，賃金勘定を修正する。なお，この差額の原因は賃率の差異から発生しているので，賃率差異勘定に振り替える。

▶7-4

(1)

	借　方		貸　方	
①	賃　　金	2,475,000	所得税預り金	201,000
			健康保険料預り金	99,000
			当 座 預 金	2,175,000
②	仕 掛 品	❶2,349,000	消費賃金	2,511,000
	製造間接費	❷ 162,000		
③	消費賃金	2,513,000	賃　　金	2,513,000
④	賃率差異	2,000	消費賃金	2,000 ❸

(2)

		賃		金	
諸	口	2,475,000	前 月 繰 越	324,000
❹ 次 月 繰 越		362,000	消費賃金	2,513,000
		2,837,000			2,837,000

		消	費	賃	金	
賃	金	2,513,000	諸	口	2,511,000
			賃 率 差 異		2,000
		2,513,000			2,513,000

解説 ❶予定賃率*¥810*×直接作業時間2,900時間
　　＝*¥2,349,000*

❷予定賃率*¥810*×間接作業時間200時間
　　＝*¥162,000*

❸予定賃率による消費高は②から¥2,511,000であり，実際賃率による消費高は③から¥2,513,000となることがわかるため，その差額¥2,000が賃率差異となる。なお，この場合は予定よりも実際の金額が大きいため，不利差異となる。

❹賃金勘定は，賃金支払高の計算期間と賃金消費高の計算期間のずれが原因で，貸借の差額が¥362,000と計算される。よって，これを次月に繰り越す。賃金勘定を締め切るときには注意すること。

▶7-5

	借 方		貸 方	
(1)	賃　　金	3,720,000	所得税預り金	315,000
			健康保険料預り金	278,000
			当 座 預 金	3,127,000
(2)	仕 掛 品 ❶	3,120,000	消 費 賃 金	3,808,000
	製造間接費 ❷	688,000		
(3)	消 費 賃 金	3,800,000	賃　　金 ❸	3,800,000
(4)	消 費 賃 金	8,000	賃 率 差 異 ❹	8,000
(5)	賃 率 差 異	75,000	売 上 原 価	75,000

賃　　金

諸　　　口	3,720,000	前 月 繰 越	1,180,000
次 月 繰 越	1,260,000	消 費 賃 金	3,800,000 ❸
	4,980,000		4,980,000

消 費 賃 金

❸ 賃　　金	3,800,000	諸　　　口	3,808,000
❹ 賃 率 差 異	8,000		
	3,808,000		3,808,000

仕 掛 品

消 費 賃 金	3,120,000	

製 造 間 接 費

消 費 賃 金	688,000	

賃 率 差 異

売 上 原 価	75,000	前 月 繰 越	67,000
		消 費 賃 金	8,000

解説 問題の指示をよく読み，勘定への転記と締め切りについて注意すること。

❶予定賃率¥800×直接作業時間3,900時間
＝¥3,120,000

❷予定賃率¥800×間接作業時間860時間
＝¥688,000

❸当月賃金未払高が示されている。よって，当月の実際賃金消費高を計算する。
当月支払高¥3,720,000＋当月未払高¥1,260,000
－前月未払高¥1,180,000＝¥3,800,000

❹予定賃率による消費高は(2)から¥3,808,000であり，実際賃率による消費高は(3)から¥3,800,000となることがわかるため，その差額¥8,000が賃率差異となる。なお，この場合は予定よりも実際の金額が小さいため，有利差異となる。

▶7-6

	借 方		貸 方	
(1)	製 造 間 接 費	83,000	健 康 保 険 料	83,000
(2)	健康保険料預り金	83,000	現　　金	166,000
	健 康 保 険 料	83,000		
(3)	製 造 間 接 費	450,000	従業員賞与手当	450,000
(4)	従業員賞与手当	2,700,000	当 座 預 金	2,700,000
(5)	製 造 間 接 費	150,000	退 職 給 付 費 用	150,000
(6)	退 職 給 付 引 当 金	720,000	現　　金	720,000

▶7-7

	借 方		貸 方	
(1)	製 造 間 接 費	350,000	従業員賞与手当	350,000
(2)	売 上 原 価	25,000	賃 率 差 異	25,000
(3)	賃 率 差 異	8,000	売 上 原 価	8,000

▶7-8

a	実際個別賃率によるX製品（製造指図書#1）の直接労務費	¥	❶	290,000
b	実際平均賃率によるX製品（製造指図書#1）の直接労務費	¥	❷	284,000
c	予定賃率によるX製品（製造指図書#1）の直接労務費	¥	❸	280,000

解説 ❶実際個別賃率は，従業員Aの作業時間については，従業員Aの1時間あたりの賃率¥1,200で，従業員Bの作業時間については，従業員Bの1時間あたりの賃率¥1,600で計算して，求める。よって，製造指図書#1について直接労務費は，従業員Aは75時間×¥1,200，従業員Bは125時間×¥1,600，合わせて¥290,000となる。

❷実際平均賃率は，従業員Aの当月賃金180時間×¥1,200＝¥216,000，従業員Bの当月賃金220時間×¥1,600＝¥352,000から，（¥216,000＋¥352,000）÷（従業員A180時間＋従業員B220時間）＝¥1,420が計算される。よって，平均賃率¥1,420×製造指図書#1の作業時間（75時間＋125時間）で，直接労務費は¥284,000となる。

❸予定賃率は，資料③から，¥6,804,000÷4,860時間＝@¥1,400と求める。予定賃率¥1,400×（75時間＋125時間）で，直接労務費は¥280,000となる。

特に，実際個別賃率と実際平均賃率の違いについて理解し，賃率の計算から労務費の計算まで求めることができるようにしておくこと。

❽ 経費の計算 （p.32）

▶8-1

支 払 経 費	(3), (8), (11), (12), (14), (15)
月 割 経 費	(2), (4), (6), (7), (9), (10)
測 定 経 費	(1), (5), (13)

▶8-2

直 接 経 費	(7), (11)

(1)	外注加工賃 **❶** *282,000*	(2)	修 繕 料 **❷** *133,000*
(3)	保 険 料 **❸** *2,000*	(4)	電 力 料 **❹** *79,500*

解説 ❶外注加工賃は支払経費である。
　　　当月支払高¥*279,000*＋前月前払高¥*28,000*－当月
　　　前払高¥*25,000*＝¥*282,000*
　　❷修繕料は支払経費である。
　　　当月支払高¥*138,000*＋当月未払高¥*12,000*－前月
　　　未払高¥*17,000*＝¥*133,000*
　　❸保険料は月割経費である。
　　　1年分¥*24,000*÷12か月＝¥*2,000*
　　❹電力料は測定経費である。よって当月測定高は,
　　　¥*79,500*。

▶8-4

	借　　　方	貸　　　方
(1)	外注加工賃　*103,000* 電 力 料　*257,000* 修 繕 料　*162,000*	当 座 預 金　*522,000*
(2)	製造間接費　*545,000*	電 力 料　*305,000* 保 険 料　*240,000*
(3)	製造間接費　*180,000*	減価償却費　*180,000*
(4)	仕 掛 品　**❶***275,000*	外注加工賃　*275,000*
(5)	製造間接費　*42,000*	修 繕 料　**❷** *34,000* 保 険 料　**❸** *8,000*

解説 ❶取引に製造指図書#3のために当月消費したとあ
　　　るので,これは直接経費となる。消費高は仕掛品
　　　勘定に振り替えられる。
　　❷修繕料は支払経費である。
　　　当月支払高¥*35,000*＋当月未払高¥*2,000*－前月未
　　　払高¥*3,000*＝¥*34,000*
　　❸保険料は月割経費である。
　　　6か月分¥*48,000*÷6か月＝¥*8,000*

▶8-5

(1)	¥	**❶** *355,000*	(2)	¥ **❷** *166,000*

解説 ❶直接経費は,仕掛品勘定に転記されている特許権
　　　使用料¥*256,000*のほか,資料から直接経費に該
　　　当する外注加工賃の当月消費高を計算して求める。
　　❷間接経費は,製造間接費勘定に転記されている減
　　　価償却費のほか,資料から間接経費に該当するも
　　　のを選び,当月の消費高を計算して求める。

▶8-6

	借　　　方		貸　　　方	
(1)	製造間接費	*240,000*	水 道 料	*240,000*
(2)	仕 掛 品 製造間接費	*520,000* *394,000*	外注加工賃 電 力 料 減価償却費	*520,000* *194,000* *200,000*
(3)	製造間接費 販売費及び 一般管理費	*172,000* *43,000*	水 道 料	*215,000*
(4)	仕 掛 品 製造間接費	*250,000* *140,000*	外注加工賃 水 道 料	*250,000* *140,000*
(5)	製造間接費	*563,000*	電 力 料 保 険 料 減価償却費	*132,000* *45,000* *386,000*
(6)	製造間接費	*783,000*	電 力 料 保 険 料 減価償却費 修 繕 料	*261,000* *95,000* *312,000* *115,000*

▶8-7

(1)	当期材料費 ¥ *2,130,000*	(2)	当期労務費 ¥ *1,224,000*
(3)	電 力 料 ¥ *288,000*	(4)	修 繕 料 ¥ *234,000*
(5)	保 管 料 ¥ *133,000*	(6)	当 期 製 品 製 造 原 価 ¥ *4,123,000*

▶8-8

a	当期材料費 ¥ **❶***2,424,000*	b	当 期 経 費 ¥ **❷** *837,000*
c	当 期 製 品 製 造 原 価 ¥ **❸***7,937,000*		

解説 ❶当期の材料費の計算について
　　　資料から,材料の勘定は素材,工場消耗品とわか
　　　る。よって,それぞれ当期の消費高を計算する。
　　　素材
　　　期首棚卸高¥*239,000*＋当期仕入高¥*2,147,000*
　　　－期末棚卸高¥*265,000*＝¥*2,121,000*
　　　工場消耗品
　　　期首棚卸高¥*48,000*＋当期仕入高¥*306,000*
　　　－期末棚卸高¥*51,000*＝¥*303,000*
　　　当期の材料費
　　　素材¥*2,121,000*＋工場消耗品¥*303,000*
　　　＝¥*2,424,000*
　　❷当期の経費の計算について
　　　資料から,経費の勘定は外注加工賃,電力料,減
　　　価償却費とわかる。よって,それぞれ当期の消費
　　　高を計算する。なお,外注加工賃は支払経費,電
　　　力料は測定経費であるので,それぞれ計算方法を
　　　確認しておくこと。減価償却費については,当期
　　　の消費高がすでに示されている。
　　　外注加工賃
　　　当期支払高¥*403,000*－前期未払高¥*56,000*
　　　＋当期未払高¥*71,000*＝¥*418,000*
　　　電力料は測定経費なので,当期の測定高
　　　¥*179,000*が当期の消費高となる。
　　　当期の経費
　　　外注加工賃¥*418,000*＋電力料¥*179,000*
　　　＋減価償却費¥*240,000*＝¥*837,000*

❸当期製品製造原価の計算について
当期の製品製造原価の計算は期首仕掛品棚卸高＋当期製造費用－期末仕掛品棚卸高から求められる。当期製造費用の計算にあたり，当期の材料費と当期の経費はすでに計算し求められているので，当期の労務費を計算する。
当期の労務費
賃金¥3,831,000＋給料¥795,000＝¥4,626,000
当期製造費用
材料費¥2,424,000＋労務費¥4,626,000
＋経費¥837,000＝¥7,887,000
当期製品製造原価
期首仕掛品棚卸高¥620,000＋当期製造費用¥7,887,000
－期末仕掛品棚卸高¥570,000＝¥7,937,000

◎個別原価計算

⑨ 原価計算表 （p.36）

▶9-1

製造指図書#1　原 価 計 算 表

直接材料費	直接労務費	直接経費	製造間接費	集　　計	
				摘　要	金　額
500,000	600,000	100,000	300,000	直接材料費	500,000
				直接労務費	600,000
				直接経費	100,000
				製造間接費	300,000
				製造原価	1,500,000
				完成品数量	300個
				製品単価	¥　5,000 ❶

解説 製造指図書#1は完成したので，直接材料費欄・直接労務費欄・直接経費欄・製造間接費欄の合計金額を集計欄に転記して，製造原価を計算する。
　❶¥1,500,000÷300個＝¥5,000（製造指図書#1の製品単価）

▶9-2

(1)

製造指図書#51　原 価 計 算 表

直接材料費	直接労務費	直接経費	製造間接費	集　　計	
				摘　要	金　額
368,000	283,000	75,000	136,000	直接材料費	368,000
				直接労務費	283,000
				直接経費	75,000
				製造間接費	136,000
				製造原価	862,000
				完成品数量	200個
				製品単価	¥　4,310

(2)

製造指図書#52の製品単価	¥　❶　2,320

解説 ❶¥408,000＋¥324,000＋¥40,000＋¥156,000
　　　＝¥928,000（製造指図書#52の製造原価）
　　　¥928,000÷400個
　　　＝¥2,320（製造指図書#52の製品単価）

⑩ 原価元帳と仕掛品勘定 （p.38）

▶10-1

仕　掛　品

前 月 繰 越	（　64,000）	製　　　品	（1,138,000）
材　　　料	（575,000）	(次 月 繰 越)	（279,000）
労　務　費	（459,000）		
経　　　費	（85,000）		
製 造 間 接 費	（234,000）		
	（1,417,000）		（1,417,000）

▶10-2

原　価　元　帳

摘　　要	製造指図書#1	製造指図書#2	製造指図書#3
月初仕掛品	340,000	410,000	——
直接材料費	2,100,000	1,800,000	900,000
直接労務費	1,700,000	1,320,000	480,000
直接経費	50,000	——	——
製造間接費	525,000	450,000	225,000
製造原価	4,715,000	3,980,000	

仕　　掛　　品

（前 月 繰 越）	(750,000)	（製　　　品）	(8,695,000) ❷
❶（材　　　料）	(4,800,000)	（次 月 繰 越）	(1,605,000)
（賃　　　金）	(3,500,000)		
（経　　　費）	(50,000)		
（製 造 間 接 費）	(1,200,000)		
	(10,300,000)		(10,300,000)

解説 原価元帳は，仕掛品勘定の内訳明細を示すものである点に注意する。
- ❶ ¥2,100,000＋¥1,800,000＋¥900,000
  　＝¥4,800,000
- ❷ 製造指図書#1・#2が完成しているので，原価元帳の#1・#2の製造原価の合計額と同じになる。

▶10-3

仕　　掛　　品

前 月 繰 越	250,000	製　　　品	1,000,000
材　　　料	800,000	次 月 繰 越	(1,365,000)
労　務　費	720,000		
経　　　費	(230,000)		
製 造 間 接 費	365,000		
	(2,365,000)		(2,365,000)

原　価　元　帳

摘　要	#11	#12	#13	#14
前 月 繰 越	(100,000)	150,000	——	——
直接材料費	(350,000)	200,000	(150,000)	100,000
直接労務費	270,000	(280,000)	(120,000)	50,000
直接経費	130,000	(50,000)	30,000	20,000
製造間接費	150,000	120,000	70,000	(25,000)
合　　計	(❶1,000,000)	800,000	370,000	(195,000)

解説 仕掛品勘定と原価元帳の関係で考えること。
- ❶ 製造指図書#11のみが完成しているので，仕掛品勘定の製品の金額と同じになる。

▶10-4

製造指図書#1　　原　価　計　算　表 ❶

直接材料費	直接労務費	直接経費	製造間接費	集　　　　計	
				摘　　要	金　　額
1,175,000	632,000	54,000	563,000	直接材料費	1,175,000
				直接労務費	632,000
				直接経費	54,000
				製造間接費	563,000
				製造原価	2,424,000
				完成品数量	100個
				製品単価	¥ 24,240

仕　　掛　　品

❷ 素　　　材	2,149,000	製　　　品	2,424,000 ❹
賃　　　金	1,152,000	次 月 繰 越	2,085,000 ❺
経　　　費	54,000		
❸ 製 造 間 接 費	1,154,000		
	4,509,000		4,509,000

解説
- ❶ 資料（ⅰ・ⅱ・ⅲ）のうち，製造指図書#1の直接費と，ⅳの製造間接費配賦額を記入し，集計する。
- ❷ 直接費（製造指図書#1・#2の合計）を記入する。
  　¥1,175,000＋¥974,000＝¥2,149,000
- ❸ 素材
  　(¥1,070,000＋¥1,782,000－¥673,000)
  　－(¥1,175,000＋¥974,000)＝¥30,000
  　工場消耗品
  　¥166,000＋¥376,000－¥136,000
  　＝¥406,000
  　賃金
  　(¥1,166,000＋¥308,000－¥178,000
  　＋¥182,000)－(¥632,000＋¥520,000)
  　＝¥326,000
  　経費
  　¥446,000－¥54,000＝¥392,000
  　製造間接費
  　¥30,000＋¥406,000＋¥326,000＋¥392,000
  　＝¥1,154,000
- ❹ 完成した製品は製造指図書#1なので，製造指図書#1の原価計算表の製造原価を記入する。
- ❺ 未完成である製造指図書#2に集計された原価が月末仕掛品原価である。
  　〈参考〉素材¥974,000＋賃金¥520,000
  　　　　　＋製造間接費(¥1,154,000－¥563,000)
  　　　　　＝¥2,085,000

▶10-5

ア	1	イ	4

---

⑪ 製造間接費の配賦方法（p.41）

▶11-1

製造間接費配賦表
令和○年9月分

令和○年		製造指図書番号	配賦率（1時間あたり）	配賦基準（直接作業時間）	配　賦　額
9	30	#1	340	750	255,000
	〃	#2	❶340	820	❷278,800
	〃	#3	340	430	146,200
				2,000	680,000

借　　方		貸　　方	
仕　掛　品	680,000	製 造 間 接 費	680,000

解説
- ❶ 直接作業時間法による配賦率
  $$\frac{¥680,000（製造間接費総額）}{2,000時間（総直接作業時間）}＝¥340$$
- ❷ 指図書別配賦額
  - #1　¥340×750時間＝¥255,000
  - #2　¥340×820時間＝¥278,800
  - #3　¥340×430時間＝¥146,200

▶11-2

製造間接費配賦表

令和○年9月分

令和○年		製造指図書番号	配賦率	配賦基準(直接材料費)	配賦額
9	30	#1	❶ 50 %	590,000	❷ 295,000
	〃	#2	50 %	920,000	460,000
	〃	#3	50 %	170,000	85,000
				1,680,000	840,000

借 方		貸 方	
仕 掛 品	840,000	製 造 間 接 費	840,000

解説 ❶直接材料費法による配賦率

$$\frac{¥840,000（製造間接費総額）}{¥1,680,000（直接材料費総額）} \times 100 = 50\%$$

❷指図書別配賦額

#1　50％×¥590,000＝¥295,000

#2　50％×¥920,000＝¥460,000

#3　50％×¥170,000＝¥85,000

▶11-3

製造間接費配賦表

令和○年9月分

令和○年		製造指図書番号	配賦率	配賦基準(直接労務費)	配賦額
9	30	#1	❶ 58 %	300,000	❷ 174,000
	〃	#2	58 %	200,000	116,000
	〃	#3	58 %	150,000	87,000
				650,000	377,000

借 方		貸 方	
仕 掛 品	377,000	製 造 間 接 費	377,000

解説 ❶直接労務費法による配賦率

$$\frac{¥377,000（製造間接費総額）}{¥650,000（直接労務費総額）} \times 100 = 58\%$$

❷指図書別配賦額

#1　58％×¥300,000＝¥174,000

#2　58％×¥200,000＝¥116,000

#3　58％×¥150,000＝¥87,000

▶11-4

配賦法	製造指図書#1の製造間接費配賦額(計算式)	製造指図書#1の製造原価
直接作業時間法	(配賦率) ❶$\dfrac{¥555,000}{1,000時間} = ¥555$ (配賦額) ¥555×460時間 = ¥255,300 ¥ 255,300	¥1,405,300
機械運転時間法	(機械率) ❶$\dfrac{¥555,000}{600時間} = ¥925$ (配賦額) ¥925×280時間 = ¥259,000 ¥ 259,000	¥1,409,000
直接材料費法	(配賦率) ❶$\dfrac{¥555,000}{¥1,110,000} \times 100 = 50\%$ (配賦額) 50％×¥550,000 = ¥275,000 ¥ 275,000	¥1,425,000
直接労務費法	(配賦率) ❶$\dfrac{¥555,000}{¥925,000} \times 100 = 60\%$ (配賦額) 60％×¥450,000 = ¥270,000 ¥ 270,000	¥1,420,000
直接費法	(配賦率) ❶$\dfrac{¥555,000}{¥2,312,500} \times 100 = 24\%$ (配賦額) 24％×¥1,150,000 = ¥276,000 ¥ 276,000	¥1,426,000

解説 ❶製造間接費総額が分子であることに注意する。

▶11-5

a	当 月 の 材 料 消 費 高	¥	❶	1,405,000
b	当 月 の 労 務 費 消 費 高	¥	❷	1,290,000
c	B製品(製造指図書#2)の製造間接費配賦額	¥	❸	309,000
d	A製品(製造指図書#1)の完成品原価	¥	❹	1,852,000

解説 ❶材料消費高

素材

¥205,000＋¥1,230,000－¥160,000＝¥1,275,000

工場消耗品

¥45,000＋¥124,000－¥39,000＝¥130,000

¥1,275,000＋¥130,000＝¥1,405,000

❷労務費消費高

賃金

¥1,074,000＋¥170,000－¥180,000＝¥1,064,000

給料　¥226,000

¥1,064,000＋¥226,000＝¥1,290,000

❸B製品(製造指図書#2)の製造間接費配賦額

a．間接材料費

$\underset{材料消費高}{¥1,405,000} - (\underset{直接材料費}{¥660,000＋¥590,000})$

＝¥155,000

b．間接労務費

$¥1,290,000 - (¥480,000 + ¥440,000)$
　労務費消費高　　　　直接労務費
$= ¥370,000$

c．間接経費　$¥126,000$

d．製造間接費総額
　a$¥155,000$＋b$¥370,000$＋c$¥126,000$
　$= ¥651,000$

製造指図書#1の製造直接費
$¥660,000 + ¥480,000 = ¥1,140,000$

製造指図書#2の製造直接費
$¥590,000 + ¥440,000 = ¥1,030,000$

配賦率
$$\frac{d¥651,000}{¥1,140,000 + ¥1,030,000} \times 100 = 30\%$$

製造指図書#1の配賦額
$30\% \times ¥1,140,000 = ¥342,000$

製造指図書#2の配賦額
$30\% \times ¥1,030,000 = ¥309,000$

❹A製品（製造指図書#1）の完成品原価

月初仕掛品原価	¥ 370,000
直 接 材 料 費	660,000
直 接 労 務 費	480,000
製造間接費配賦額	342,000
完 成 品 原 価	¥1,852,000

▶11-6

(1)	当 月 材 料 消 費 高 ¥	❶	355,000
(2)	製 造 指 図 書 #1 への 製 造 間 接 費 配 賦 額 ¥	❷	164,000
(3)	当 月 労 務 費 未 払 高 ¥	❸	15,000
(4)	当 月 完 成 品 数 量	❹	48,000個

解説 ❶$¥30,000 + ¥350,000 - ¥25,000 = ¥355,000$

❷各費用の消費高から直接費を差し引いて，製造間
接費の総額を算出する。

　a．材料：$¥355,000 - (¥180,000 + ¥125,000)$
　　　　$= ¥50,000$

　b．労務費：$¥360,000 - (¥100,000 + ¥150,000)$
　　　　$= ¥110,000$

　c．経費：$¥250,000$

製造間接費総額　$(a+b+c) = ¥410,000$

配賦率
$$\frac{¥410,000}{¥100,000 + ¥150,000} \times 100 = 164\%$$

製造指図書#1への配賦額
$¥100,000 \times 164\% = ¥164,000$

❸労務費勘定に記入してみるとよい。

労 務 費

当 月 支 払 高	365,000	前 月 未 払 高	20,000
当 月 未 払 高 (	)	当 月 消 費 高	360,000
	380,000		380,000

$¥20,000 + ¥360,000 - ¥365,000 = ¥15,000$

❹製品勘定の記入（個数）で考える。

製 品 （個数）

繰 越	5,000	売 上	45,000
完成高	48,000	繰 越	8,000

▶12-1

製造間接費予定配賦表

令和○年9月分

令和 ○年		製造指図書番号	予定配賦率	配賦基準 (直接作業時間)	予定配賦額
9	30	#1	❶ 240	750	180,000
	〃	#2	240	900	216,000
	〃	#3	240	350	84,000
				2,000	480,000

借　　方		貸　　方	
仕 掛 品	480,000	製 造 間 接 費	480,000

解説 ❶予定配賦率の計算
$$\frac{¥6,000,000（基準操業度の予算額）}{25,000時間（基準操業度）} = ¥240$$

▶12-2

	借　　方		貸　　方	
(1)	仕 掛 品	238,000	製 造 間 接 費	238,000
(2)	製 造 間 接 費	245,000	材　　料 労　務　費 経　　費	65,000 102,000 78,000
(3)	製造間接費配賦差異	7,000	製 造 間 接 費	7,000

製 造 間 接 費

(2)諸　　口	245,000	(1)仕 掛 品	238,000
		(3)製 造 間 接 費 　 配 賦 差 異	7,000

仕 掛 品

(1)製造間接費	238,000

製造間接費配賦差異

(3)製造間接費	7,000

▶12-3

	借　　方		貸　　方		
(1)	仕 掛 品	360,000	製 造 間 接 費	360,000	❶
(2)	製 造 間 接 費	355,000	材　　料 労　務　費 経　　費	70,000 165,000 120,000	
(3)	製 造 間 接 費	5,000	製 造 間 接 費 配 賦 差 異	5,000	
(4)	売 上 原 価	3,000	製 造 間 接 費 配 賦 差 異	3,000	

解説 ❶製造間接費予定配賦額

@$¥200 \times (800時間 + 600時間 + 400時間)$
$= ¥360,000$

▶12-4

(a)

	借 方		貸 方		
(1)	仕 掛 品	164,000	製 造 間 接 費	164,000	
(2)	仕 掛 品	1,293,000	素 材	1,293,000	
	製造間接費	84,000	工場消耗品	84,000	
(3)	仕 掛 品	615,000	賃 金	615,000	
(4)	製 造 間 接 費	17,400	健康保険料	17,400	❶
(5)	仕 掛 品	50,000	外注加工賃	50,000	
	製造間接費	54,700	減価償却費	11,000	
			保 険 料	8,500	
			電 力 料	35,200	
(6)	製 品	1,334,000	仕 掛 品	1,334,000	
(7)	製 造 間 接 費	7,900	製造間接費 配賦差異	7,900	❷

(b)

製 造 間 接 費

(工場消耗品)(	84,000)	(仕 掛 品)(	164,000)
(健康保険料)(	17,400)		
(諸 口)(	54,700)		
(製 造 間 接) (配 賦 差 異)(	7,900)		
(	164,000)	(	164,000)

仕 掛 品

(素 材)(	1,293,000)	製 品 (	1,334,000)
(賃 金)(	615,000)	**次 月 繰 越** (	788,000)
(外注加工賃)(	50,000)		
製造間接費 (	164,000)		
(	2,122,000)	(	2,122,000)

解説 製造指図書番号のあるものは直接費であるから，仕掛品勘定の借方に記入する。

❶健康保険料は，製造間接費勘定に振り替える。

❷製造間接費勘定を締め切り，貸借の差額を製造間接費配賦差異とする。仕訳の記入に注意すること。

▶12-5

	借 方		貸 方		
(1)	仕 掛 品	129,000	製 造 間 接 費	129,000	❶
(2)	製造間接費 配賦差異	40,000	製 造 間 接 費	40,000	❷
(3)	製造間接費 配賦差異	8,000	売 上 原 価	8,000	❸
(4)	売 上 原 価	73,000	製造間接費 配賦差異	73,000	❹

解説 ❶製造間接費予定配賦額

@¥300×(180時間＋250時間)＝¥129,000

❷本問の製造間接費勘定は¥40,000の借方残高なので，製造間接費配賦差異勘定の借方に振り替える。

❸

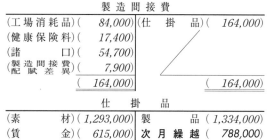

(借)製造間接費
配賦差異 2,000 (貸)製造間接費 2,000

この結果，製造間接費配賦差異勘定は¥8,000の残高(貸方)となる。この残高を売上原価勘定に振り替える。

❹売上原価勘定への振替額

¥68,000(前月繰越の借方差異)

＋¥5,000(当月の借方差異)＝¥73,000(借方差異)

▶12-6

a	¥❶	2,488,000	b	¥❷	2,808,000
c	¥❸	5,748,000			

解説 ❶資料①から，期首棚卸高¥277,000＋当期仕入高¥1,962,000－期末棚卸高¥283,000＝¥1,956,000

資料②から，期首棚卸高¥58,000＋当期仕入高¥342,000－期末棚卸高¥60,000＝¥340,000

資料①，②，③の金額を合計する。

¥1,956,000＋¥340,000＋¥192,000＝¥2,488,000

❷資料④から，当期支払高¥1,723,000－前期未払高¥251,000＋当期未払高¥247,000＝¥1,719,000

資料④，⑤，⑥の金額を合計する。

¥1,719,000＋¥953,000＋¥136,000＝¥2,808,000

※健康保険料は労務費として計算することに注意。

❸まずは，経費の消費高の計算をする。

資料⑦から，¥18,000＋¥130×2,100m³＝¥291,000

資料⑦，⑧の金額を合計する。

¥291,000＋¥175,000＝¥466,000

仕 掛 品

期 首	¥594,000	当期製品製造原価	
当期製造費用			
材料費	¥2,488,000		
労務費	¥2,808,000		
経 費	¥ 466,000		
合 計	¥5,762,000	期 末	¥608,000

期首棚卸高¥594,000＋当期製造費用¥5,762,000－期末棚卸高¥608,000＝¥5,748,000

▶12-7

a	間接労務費の実際発生額	¥	❶	1,578,000
b	当 期 製 品 製 造 原 価	¥	❷	9,390,000
c	製 造 間 接 費 配 賦 差 異	¥	❸	58,000

解説 ❶資料③から，賃金のうち間接作業時間350時間については間接労務費となる。

¥780×350時間＝¥273,000

製造間接費勘定の借方にある給料と退職給付費用は間接労務費となるので，

¥273,000＋給料¥1,200,000＋退職給付費用¥105,000＝¥1,578,000

❷仕掛品勘定の貸方にある「製品」が当期製品製造原価となる。

まず，素材の消費高は資料①より，

期首棚卸高¥264,000＋当期仕入高¥3,434,000－期末棚卸高¥288,000＝¥3,410,000

よって，素材の消費高¥3,410,000のうち製造間接

費勘定にある素材¥50,000（間接材料）を差し引いた¥3,360,000が，仕掛品勘定の借方にある「素材」の金額となる。

一方で，仕掛品勘定の借方にある「製造間接費（予定消費高）」の金額を資料④から求めると，

¥620×直接作業時間4,200時間＝¥2,604,000

よって，仕掛品勘定の借方合計金額¥10,170,000

－次期繰越高¥780,000＝¥9,390,000

❸製造間接費勘定の借方にある「工場消耗品」の金額を資料②から求めると，

期首棚卸高¥80,000＋当期仕入高¥620,000

－期末棚卸高¥110,000＝¥590,000

製造間接費勘定の借方にある「賃金」の金額を資料③から求めると，

¥780×350時間＝¥273,000

製造間接費勘定の借方合計金額¥2,662,000

－製造間接費予定配賦額¥2,604,000＝¥58,000

▶12-8

a	材料の実際消費高　¥	❶	4,349,000
b	製造間接費配賦差異　¥	❷	47,000
c	売上原価勘定の(ア)の金額　¥	❸	11,402,000

解説 ❶資料①から，素材の消費高は，

期首棚卸高¥348,000＋当期仕入高¥3,672,000

－期末棚卸高¥391,000＝¥3,629,000

資料②から，工場消耗品の消費高は，

期首棚卸高¥40,000＋当期仕入高¥740,000

－期末棚卸高¥60,000＝¥720,000

資料①，②の金額を合計する。

¥3,629,000＋¥720,000＝¥4,349,000

❷資料⑧から，製造間接費予定配賦額を求める。

¥730×4,500時間(直接作業時間)＝¥3,285,000

資料②〜⑥から，製造間接費実際発生額を求める。

② 期首棚卸高¥40,000＋当期仕入高¥740,000

－期末棚卸高¥60,000＝¥720,000

③ ¥920×250時間＝¥230,000

④ ¥1,800,000

⑤ 測定高¥173,000

⑥ ¥315,000

¥720,000＋¥230,000＋¥1,800,000＋¥173,000

＋¥315,000＝¥3,238,000

予定配賦額¥3,285,000－実際発生額¥3,238,000

＝¥47,000

❸製品勘定を作成してみると，

製　品

期首　　　　　¥80,000	売上原価勘定へ
仕掛品勘定から　　¥11,384,000	¥ 11,354,000
	} 期　末　　　¥110,000

期首棚卸高¥80,000＋当期製品製造原価¥11,384,000

－期末棚卸高¥110,000＝¥11,354,000

賃率差異は，(¥920－¥940)×4,750時間＝－¥95,000

売上原価勘定の残高を求めると，

¥11,354,000＋¥95,000－¥47,000＝¥11,402,000

▶12-9

ア	2	イ	3

▶12-10

(1)

		借	方	貸	方	
1月8日		素　材	1,740,000	当座預金	400,000	
		工場消耗品	120,000	買　掛　金	1,460,000	
11日		仕　掛　品	1,140,000	素　材	1,140,000	❶
16日		外注加工賃	130,000	当座預金	269,000	
		電　力　料	73,000			
		雑　費	66,000			
25日		賃　金	962,000	所得税預り金	64,000	
				健康保険料預り金	37,000	
				当座預金	861,000	
31日	①	仕　掛　品	840,000	消費賃金	952,000	❷
		製造間接費	112,000			
	②	仕　掛　品	525,000	製造間接費	525,000	❸
	③	製造間接費	90,000	工場消耗品	90,000	❹
	④	製造間接費	37,000	健康保険料	37,000	
	⑤	仕　掛　品	150,000	外注加工賃	150,000	
		製造間接費	303,000	電　力　料	89,000	
				保　険　料	35,000	
				減価償却費	133,000	
				雑　費	46,000	
	⑥	製　品	2,160,000	仕　掛　品	2,160,000	
	⑦	消費賃金	944,000	賃　金	944,000	
	⑧	消費賃金	8,000	賃率差異	8,000	❺
	⑨	製造間接費配賦差異	17,000	製造間接費	17,000	❻

(2)

製　造　間　接　費

1/31 消費賃金	112,000	1/31 仕　掛　品	525,000
〃 工場消耗品	90,000	〃 製造間接費配賦差異	17,000
〃 健康保険料	37,000		
〃 諸　口	303,000		
	542,000		542,000

仕　掛　品

1/ 1 前月繰越	1,341,000	1/31 製　品	2,160,000
11 素　材	1,140,000	〃 **次月繰越**	1,836,000
31 消費賃金	840,000		
〃 製造間接費	525,000		
〃 外注加工賃	150,000		
	3,996,000		3,996,000

(3)

製造指図書#1　　原　価　計　算　表　❼

直接材料費	直接労務費	直接経費	製造間接費	集　計	
				摘　要	金　額
1,110,000	105,000	70,000	56,000	直接材料費	1,110,000
——	504,000	——	315,000	直接労務費	609,000
1,110,000	609,000	70,000	371,000	直接経費	70,000
				製造間接費	371,000
				製造原価	2,160,000
				完成品数量	400個
				製品単価	¥ 5,400

解説 ❶素材の払出単価(移動平均法)

$$\frac{¥825,000+¥1,740,000}{1,500個+3,000個}=@¥570$$

素材の消費高

@¥570×2,000個＝¥1,140,000

❷賃金の予定消費高

@¥560×（900時間＋600時間＋200時間）

＝¥952,000

❸予定配賦額は，製造間接費予定配賦表の合計額である。

❹工場消耗品の消費高

@¥120×（450個＋1,000個−700個）＝¥90,000

❺消費賃金勘定の記入で考える。

消　費　賃　金

実際消費高	944,000	予定消費高	952,000
賃率差異	8,000		

賃　率　差　異

		消費賃金	8,000

❻製造間接費勘定の記入で算出される。過小配賦になる。

❼原価計算表は製造指図書#1の口座であるから，取引から製造指図書#1の金額を記入し，集計する。

⑬ 製造間接費の差異分析 (p.52)

▶**13-1**

基準操業度における製造間接費予算額	¥	❶	9,120,000
予　定　配　賦　率	¥	❷	380

解説 ❶@¥200×24,000時間＋¥4,320,000＝¥9,120,000

❷$\dfrac{¥9,120,000（基準操業度の製造間接費予算額）}{24,000時間（基準操業度）}$

＝¥380

または，変動費率に固定費率を加算する。

$¥200+\dfrac{¥4,320,000（固定費予算額）}{24,000時間（基準操業度）}=¥380$

▶**13-2**

(1) 製造間接費配賦差異の計算

¥380 × 1,980 時間 − ¥759,000 ＝ − ¥6,600
予定配賦率　実際直接作業時間　実際発生額　　　（借方）差異

(2) 差異分析の図

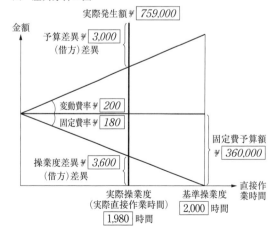

(3) 差異分析

① 予算差異の計算

（¥200 × 1,980 時間 ＋ 360,000） − 759,000
変動費率　実際直接作業時間　固定費予算額　　実際発生額

＝ − ¥3,000
（借方）差異

② 操業度差異の計算

（1,980 時間 − 2,000 時間）× ¥180 ＝ − ¥3,600
実際直接作業時間　基準操業度　　固定費率　（借方）差異

▶**13-3**

実際操業度における製造間接費予算額	¥	❶	834,000

解説 ❶@¥150×2,360時間＋¥480,000＝¥834,000
　　　　変動費　　　　　　　固定費

▶**13-4**

製造間接費配賦差異	¥	❶	6,000	（借方）
予　算　差　異	¥	❷	2,000	（貸方）
操　業　度　差　異	¥	❸	8,000	（借方）

解説 ❶予定配賦額を計算し，予定配賦額から実際発生額を差し引く。

予定配賦率　$\dfrac{¥840,000}{2,400時間}=@¥350$

予定配賦額　@¥350×2,360時間＝¥826,000

¥826,000−¥832,000＝ − ¥6,000（借方差異）

❷実際操業度に対する予算額から実際発生額を差し引く。

（@¥150×2,360時間＋¥480,000）− ¥832,000
実際操業度に対する予算額　　　　　　　実際発生額

＝¥2,000（貸方差異）

❸実際操業度と基準操業度の差に固定費率をかける。

固定費率　$\dfrac{¥480,000}{2,400時間}=@¥200$

（2,360時間−2,400時間）×@¥200＝ − ¥8,000（借方差異）

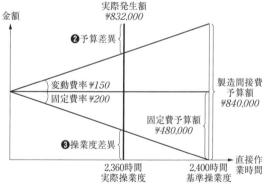

▶**13-5**

製造間接費配賦差異	¥	❶	38,000	（借方）
予　算　差　異	¥	❷	16,000	（借方）
操　業　度　差　異	¥	❸	22,000	（借方）

解説 ❶予定配賦額を計算し，予定配賦額から実際発生額を差し引く。

予定配賦率　$\dfrac{¥1,500,000}{3,000時間}=@¥500$

予定配賦額　@¥500×2,890時間＝¥1,445,000

¥1,445,000−¥1,483,000＝−¥38,000（借方差異）
❷実際操業度に対する予算額から実際発生額を差し引く。

$$\underset{\text{実際操業度に対する予算額}}{\underline{(@¥300×2,890時間＋¥600,000)}} − \underset{\text{実際発生額}}{\underline{¥1,483,000}}$$

＝−¥16,000（借方差異）

なお，変動費率は予定配賦率から固定費率を差し引いて求める。

固定費率　$\dfrac{¥600,000}{3,000時間}＝@¥200$

変動費率　@¥500−@¥200＝@¥300

❸実際操業度と基準操業度の差に固定費率をかける。
(2,890時間−3,000時間)×@¥200
＝−¥22,000（借方差異）

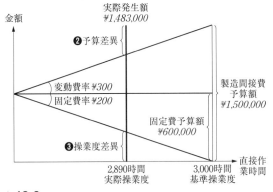

▶13-6

製造間接費配賦差異 ¥	❶	21,000	（借方）
予　算　差　異 ¥	❷	3,000	（貸方）
操　業　度　差　異 ¥	❸	24,000	（借方）

解説 ❶予定配賦額から実際発生額を差し引く。
¥2,124,000−¥2,145,000＝−¥21,000（借方差異）
❷実際操業度における予算額から実際発生額を差し引く。
¥2,148,000−¥2,145,000＝¥3,000（貸方差異）
❸予定配賦額から実際操業度における予算額を差し引く。
¥2,124,000−¥2,148,000＝−¥24,000（借方差異）

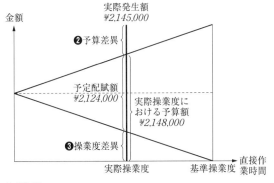

▶13-7

製造間接費配賦差異 ¥	❶	26,000	（借方）
予　算　差　異 ¥	❷	12,000	（借方）
操　業　度　差　異 ¥	❸	14,000	（借方）

解説 ❶製造間接費予定配賦表の予定配賦額欄の合計金額から製造間接費実際発生額を差し引く。
¥480,000−¥506,000＝−¥26,000（借方差異）
❷実際操業度に対する予算額から実際発生額を差し引く。

$$\underset{\text{実際操業度に対する予算額}}{\underline{(@¥100×2,000時間＋¥294,000)}} − \underset{\text{実際発生額}}{\underline{¥506,000}}$$

＝−¥12,000（借方差異）

なお，実際操業度は製造間接費予定配賦表の配賦基準欄の合計である。

また，固定費予算額は，予定配賦率から変動費率を差し引いて固定費率を求め，これに基準操業度をかけて求める。

固定費率　@¥240−@¥100＝@¥140
固定費予算額　@¥140×2,100時間＝¥294,000

❸実際操業度と基準操業度の差に固定費率をかける。
(2,000時間−2,100時間)×@¥140
＝−¥14,000（借方差異）

▶13-8

予　算　差　異 ¥	❶	18,000	（貸方）
操　業　度　差　異 ¥	❷	39,000	（借方）

解説 ❶実際操業度に対する予算額から実際発生額を差し引く。

$$\underset{\text{実際操業度に対する予算額}}{\underline{(@¥220×2,650時間＋¥728,000)}} − \underset{\text{実際発生額}}{\underline{¥1,293,000}}$$

＝¥18,000（貸方差異）

実際発生額は製造間接費勘定の借方の合計金額である。実際操業度は予定配賦額（製造間接費勘定の仕掛品の金額）を予定配賦率で割って求める。予定配賦率は変動費率と固定費率を足して求める。

固定費率　$\dfrac{¥728,000}{2,800時間}＝@¥260$

予定配賦率　@¥220＋@¥260＝@¥480

実際操業度　$\dfrac{¥1,272,000}{@¥480}＝2,650時間$

❷実際操業度と基準操業度の差に固定費率をかける。
(2,650時間−2,800時間)×@¥260
＝−¥39,000（借方差異）

▶13-9
(1)

	借　方		貸　方	
6月30日①	製造間接費	225,000	工場消耗品	225,000 ❷

(2)

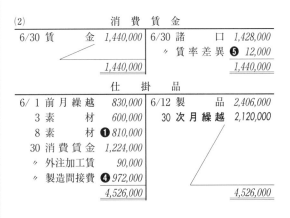

製　造　間　接　費

6/30 工場消耗品 ❷	225,000	6/30 仕　掛　品 ❹	972,000
〃 消費賃金 ❸	204,000		
〃 健康保険料	60,000		
〃 諸　　口	448,000		
〃 製造間接費 配賦差異	35,000		
	972,000		972,000

(3)

製造指図書#1　　原　価　計　算　表

直接材料費	直接労務費	製造間接費	集　　　　　計		
			摘　要	金　額	
525,000	170,000	135,000	直接材料費	1,125,000
600,000	544,000	432,000	直接労務費	714,000
1,125,000	714,000	567,000	製造間接費	567,000
			製造原価	2,406,000
			完成品数量	1500個
			製品単価 ¥	1,604

(4)

予　算　差　異 ¥	19,500	（借方・貸方） ❼

操　業　度　差　異 ¥	15,500	（借方・貸方） ❼

※（借方・貸方）のいずれかを○で囲むこと

解説

6/3	(借)仕　掛　品	600,000	(貸)素　　　材	600,000	
5	(借)素　　　材	1,275,000	(貸)買　掛　金	1,525,000	
	工場消耗品	250,000			
8	(借)仕　掛　品	810,000	(貸)素　　　材	810,000	❶
12	(借)製　　　品	2,406,000	(貸)仕　掛　品	2,406,000	
25	(借)賃　　　金	1,435,000	(貸)所得税預り金	115,000	
			健康保険料 預　り　金	60,000	
			当座預金	1,260,000	
30①	(借)製造間接費	225,000	(貸)工場消耗品	225,000	❷
②	(借)仕　掛　品	1,224,000	(貸)消費賃金	1,428,000	❸
	製造間接費	204,000			
③	(借)製造間接費	60,000	(貸)健康保険料	60,000	
④	(借)仕　掛　品	90,000	(貸)外注加工賃	90,000	
	製造間接費	448,000	減価償却費	173,000	
			電　力　料	170,000	
			雑　　費	105,000	
⑤	(借)仕　掛　品	972,000	(貸)製造間接費	972,000	❹
⑥	(借)消費賃金	1,440,000	(貸)賃　　　金	1,440,000	
⑦	(借)賃率差異	12,000	(貸)消費賃金	12,000	❺
⑧	(借)製造間接費	35,000	(貸)製造間接費 配賦差異	35,000	❻

❶素材の消費単価の計算は移動平均法なので，平均単価を求める。

$$\frac{¥750,000 + ¥1,275,000}{1,000個 + 1,500個} = @¥810$$

　素材の消費高　@¥810×1,000個＝¥810,000

❷工場消耗品の消費高

　前月繰越500個＋当月購入1,000個－月末棚卸600個
　＝消費数量900個
　900個×@¥250＝¥225,000

❸賃金の予定消費高

　直接労務費　製造指図書#1（800時間）
　　　　　　＋製造指図書#2（1,000時間）
　　　　　　＝1,800時間
　　　　　　1,800時間×@¥680＝¥1,224,000
　間接労務費　300時間×@¥680＝¥204,000

❹製造間接費の予定配賦高

　予定配賦率　$\frac{¥11,340,000}{21,000時間} = @¥540$

　@¥540×1,800時間＝¥972,000

❺消費賃金勘定の記入で考える。

消　費　賃　金

実際消費高 　　　¥1,440,000	予定消費高 　　　¥1,428,000	
	}賃率差異 ¥12,000	

賃　率　差　異

消費賃金 ¥12,000	

❻製造間接費勘定の記入で考える。

製　造　間　接　費

実際発生額 ¥937,000	予定配賦高 ¥972,000
30日①〜④までの(借) 製造間接費の合計額	
製造間接費配賦差異 　　　¥35,000	

製造間接費配賦差異

	製造間接費 ¥35,000

❼

固定費率
　予定配賦率@¥540－変動費率@¥230＝@¥310
固定費予算額（月間）
　¥6,510,000÷12か月＝¥542,500
予算差異
　実際操業度における予算額から実際発生額を差し引く。
　（@¥230×1,800時間＋¥542,500）
　　－実際発生額¥937,000＝¥19,500（貸方差異）
操業度差異
　実際操業度から基準操業度を差し引き，固定費率をかける。
　（1,800時間－1,750時間）×@¥310
　　＝¥15,500（貸方差異）

▶ **13-10**

a	¥	35,000	b	1

解説

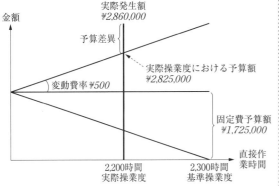

金額

実際発生額
¥2,860,000

予算差異

実際操業度における予算額
¥2,825,000

変動費率¥500

固定費予算額
¥1,725,000

直接作業時間

2,200時間　　　2,300時間
実際操業度　　　基準操業度

実際操業度における予算額から実際発生額を差し引く。

（@¥500×2,200時間＋¥1,725,000）
－実際発生額¥2,860,000＝－¥35,000（借方差異）

▶ **13-11**

(1)

	借　　方	貸　　方
6月30日①	製造間接費　　48,000	工場消耗品　　48,000

(2)

　　　　　　消　費　賃　金

6/30 賃　　金	3,525,000	6/30 諸　　口 ❸	3,500,000
		〃 賃率差異 ❺	25,000
	3,525,000		3,525,000

　　　　　　仕　　掛　　品

6/1 前月繰越	3,030,000	6/26 製　　品	5,262,000
12 素　材 ❶	1,625,000	30 次月繰越	3,653,000
30 消費賃金	3,080,000		
〃 外注加工賃	168,000		
〃 製造間接費 ❹	1,012,000		
	8,915,000		8,915,000

　　　　　　製　造　間　接　費

6/30 工場消耗品 ❷	48,000	6/30 仕掛品 ❹	1,012,000
〃 消費賃金	420,000		
〃 健康保険料	143,000		
〃 諸　口	373,000		
〃 製造間接費配賦差異 ❻	28,000		
	1,012,000		1,012,000

(3)

製造指図書#1　　原　価　計　算　表

直接材料費	直接労務費	製造間接費	摘　要	金　額
2,100,000	700,000	230,000	直接材料費	2,100,000
	1,680,000	552,000	直接労務費	2,380,000
	2,380,000	782,000	製造間接費	782,000
			製造原価	5,262,000
			完成品数量	300個
			製品単価 ¥	17,540

(4)

予　算　差　異　¥		48,000（借方・貸方）❼

※（借方・貸方）のいずれかを○で囲むこと

解説

6/8	(借)素　材	1,650,000	(貸)買掛金	1,695,000
	工場消耗品	45,000		
12	(借)仕掛品	1,625,000	(貸)素材	1,625,000 ❶
25	(借)賃　金	3,550,000	(貸)所得税預り金	274,000
			健康保険料預り金	143,000
			当座預金	3,133,000
26	(借)製　品	5,262,000	(貸)仕掛品	5,262,000
30①	(借)製造間接費	48,000	(貸)工場消耗品	48,000 ❷
②	(借)仕掛品	3,080,000	(貸)消費賃金	3,500,000 ❸
	製造間接費	420,000		
③	(借)製造間接費	143,000	(貸)健康保険料	143,000
④	(借)仕掛品	168,000	(貸)外注加工賃	168,000
	(借)製造間接費	373,000	(貸)電力料	157,000
			減価償却費	204,000
			雑　費	12,000
⑤	(借)仕掛品	1,012,000	(貸)製造間接費	1,012,000 ❹
⑥	(借)消費賃金	3,525,000	(貸)賃金	3,525,000
⑦	(借)賃率差異	25,000	(貸)消費賃金	25,000 ❺
⑧	(借)製造間接費	28,000	(貸)製造間接費配賦差異	28,000 ❻

❶ 素材の消費単価の計算は移動平均法なので，平均単価を求める。

$$\frac{¥625,000＋¥1,650,000}{200個＋500個}＝@¥3,250$$

素材の消費高　@¥3,250×500個＝¥1,625,000

❷ 工場消耗品の消費高
前月繰越240個＋当月購入900個－月末棚卸180個
＝消費数量960個
960個×@¥50＝¥48,000

❸ 賃金の予定消費高
直接労務費
製造指図書#1（1,200時間）
＋製造指図書#2（1,000時間）＝2,200時間
2,200時間×@¥1,400＝¥3,080,000
間接労務費
300時間×@¥1,400＝¥420,000

❹ 製造間接費の予定配賦高

$$予定配賦率＝\frac{¥12,696,000}{27,600時間}＝@¥460$$

@¥460×2,200時間＝¥1,012,000

❺ 消費賃金勘定の記入で考える。

　　　　消　費　賃　金

実際消費高 ¥3,525,000	予定消費高 ¥3,500,000
	｝賃率差異 ¥25,000

　　　　賃　率　差　異

消費賃金 ¥25,000	

❻ 製造間接費勘定の記入で考える。

　　　　製　造　間　接　費

実際発生額 ¥984,000	予定配賦高 ¥1,012,000
30日①～④までの(借)製造間接費の合計額	
製造間接費配賦差異 ｝¥28,000	

　　　　製造間接費配賦差異

	製造間接費 ¥28,000

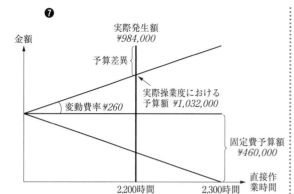

❼

実際発生額 ¥984,000

金額

予算差異

実際操業度における
予算額 ¥1,032,000

変動費率¥260

固定費予算額
¥460,000

直接作業時間

2,200時間
実際操業度

2,300時間
基準操業度

実際操業度における予算額から実際発生額を差し引く。

(@¥260×2,200時間 + ¥460,000)
 − 実際発生額¥984,000 = ¥48,000（貸方差異）

▶13-12

(1)

	借　　　方	貸　　　方	
6月13日	仕 掛 品 1,415,000	素　　材 1,415,000	❶

(2)

消　費　賃　金

6/30 賃　金 1,911,800	6/30 諸　　口 1,896,000
	〃 賃率差異 ❺ 15,800
1,911,800	1,911,800

仕　掛　品

6/ 1 前月繰越 936,000	6/ 9 製　　品 1,395,000
2 素　材 840,000	30 次月繰越 4,227,000
13 素　材 ❶ 1,415,000	
30 消費賃金 ❸ 1,716,000	
〃 製造間接費 ❹ 715,000	
5,622,000	5,622,000

製　造　間　接　費

6/30 工場消耗品 ❷ 67,000	6/30 仕 掛 品 ❹ 715,000
〃 消費賃金 ❸ 180,000	
〃 健康保険料 79,000	
〃 諸　口 383,000	
〃 製造間接費 配賦差異 ❻ 6,000	
715,000	715,000

(3)

製造指図書#1　　原 価 計 算 表

直接材料費	直接労務費	製造間接費	集　　　　計	
			摘　　要	金　　額
630,000	216,000	90,000	直接材料費	630,000
	324,000	135,000	直接労務費	540,000
	540,000	225,000	製造間接費	225,000
			製造原価	1,395,000
			完成品数量	90個
			製品単価¥	15,500

(4)

¥	4,000	（借方・貸方）	❼

※（借方・貸方）のいずれかを○で囲むこと

(5)

¥	258,000	❽

解説

6/2 （借）仕 掛 品 840,000　（貸）素　　材 840,000
　6 （借）素　　材 1,710,000　（貸）買 掛 金 1,779,000
　　　　工場消耗品 69,000
　9 （借）製　　品 1,395,000　（貸）仕 掛 品 1,395,000
　13 （借）仕 掛 品 1,415,000　（貸）素　　材 1,415,000 ❶
　30① （借）製造間接費 67,000　（貸）工場消耗品 67,000 ❷
　　②（借）仕 掛 品 1,716,000　（貸）消費賃金 1,896,000 ❸
　　　　製造間接費 180,000
　　③（借）製造間接費 79,000　（貸）健康保険料 79,000
　　④（借）製造間接費 383,000　（貸）電 力 料 93,000
　　　　　　　　　　　　　　　　保 険 料 43,000
　　　　　　　　　　　　　　　　減価償却費 247,000
　　⑤（借）仕 掛 品 715,000　（貸）製造間接費 715,000 ❹
　　⑥（借）消費賃金 1,911,800　（貸）賃　金 1,911,800
　　⑦（借）賃率差異 15,800　（貸）消費賃金 15,800 ❺
　　⑧（借）製造間接費 6,000　（貸）製造間接費 配賦差異 6,000 ❻

❶素材の消費単価の計算は移動平均法なので，平均単価を求める。
　6/2に素材を300個消費しているので，残高は，
　400個×@¥2,800 = ¥1,120,000

$$\frac{¥1,120,000 + ¥1,710,000}{400個 + 600個} = @¥2,830$$

　素材の消費高　@¥2,830×500個 = ¥1,415,000
❷工場消耗品の消費高
　前月繰越650個 + 当月購入3,450個 − 月末棚卸750個
　= 消費数量3,350個
　3,350個×@¥20 = ¥67,000
❸賃金の予定消費高
　直接労務費
　製造指図書#1（270時間）+ 製造指図書#2（690時間）
　+ 製造指図書#3（470時間）= 1,430時間
　1,430時間×@¥1,200 = ¥1,716,000
　間接労務費
　150時間×@¥1,200 = ¥180,000
❹製造間接費の予定配賦額

$$予定配賦率 \frac{¥8,700,000}{17,400時間} = @¥500$$

　@¥500×1,430時間 = ¥715,000
❺消費賃金勘定の記入で考える。

消　費　賃　金

実際消費高 ¥1,911,800	予定消費高 ¥1,896,000
	賃率差異 ¥15,800

賃　率　差　異

消費賃金 ¥15,800	

— 20 —

❻製造間接費勘定の記入で考える。

製造間接費

実際発生額 ¥709,000	予定配賦額 ¥715,000
30日①〜④までの（借） 製造間接費の合計額	
製造間接費配賦差異 ¥6,000 {	

製造間接費配賦差異

	製造間接費 ¥6,000

❼

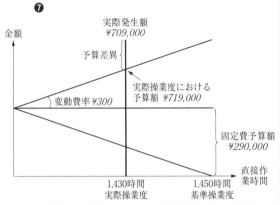

固定費予算額¥290,000と基準操業度1,450時間から固定費率を計算する。

¥290,000÷1,450時間＝@¥200

（実際操業度1,430時間－基準操業度1,450時間）

×@¥200＝－¥4,000（借方差異）

❽保険料の前月繰越高（前払高7か月分）¥301,000から，30日④で保険料1か月分を消費しているので，残り6か月分が次期に繰り越される。

保険料1か月分　¥301,000÷7か月＝¥43,000

¥301,000－¥43,000＝¥258,000

⓮ 仕損品・作業くずの処理 （p.62）

▶14-1

		借　　　方		貸　　　方		
(1)	仕　損　費	16,000	素　　　材	10,000		❶
			賃　　　金	6,000		
(2)	仕　掛　品	16,000	仕　損　費	16,000		❷
(3)	仕　損　品	40,000	仕　掛　品	170,000		❸
	仕　損　費	130,000				

解説 ❶補修費用は仕損費勘定（費用）を用いる。

❷製造指図書に賦課したら，仕掛品勘定に記入する。

❸仕損じが生じ，代品を製造する場合，これまでの製造原価は次のように処理する。

売却などが可能な場合→仕損品勘定（資産）

残額　　　　　　　　→仕損費勘定（費用）

◎部門別個別原価計算

⓯ 製造部門費予定配賦表の作成 （p.63）

▶15-1

製造部門費予定配賦表

令和 ○年		製造指図書 番号	第 1 製造部門			第 2 製造部門		
			予定 配賦率	配賦基準 (直接作業時間)	予定 配賦額	予定 配賦率	配賦基準 (直接作業時間)	予定 配賦額
9	15	#1	❶220	150	33,000	❶180	120	21,600
	30	#2	220	70	15,400	180	90	16,200
	〃	#3	220	110	24,200	180	60	10,800
				330	72,600		270	48,600

製造指図書＃1　　原　価　計　算　表

直接材料費	直接労務費	直接経費	製　造　間　接　費				集　　計	
			部門	時間	配賦率	金　額	摘　要	金　額
220,000	160,000	73,400	第1	150	220	33,000	直接材料費	220,000
			第2	120	180	21,600	直接労務費	160,000
						54,600	直接経費	73,400
							製造間接費	54,600
							製造原価	508,000
							完成品数量	4 個
							製品単価	¥127,000

解説 ❶予定配賦率（資料①より算出する）

第1製造部門　$\dfrac{¥924,000}{4,200時間}$ ＝@¥220

第2製造部門　$\dfrac{¥594,000}{3,300時間}$ ＝@¥180

▶15-2

借　　　　方		貸　　　　方	
仕　掛　品　　304,000		第1製造部門費	176,000
		第2製造部門費	128,000

▶15-3

(1) 製造部門費予定配賦表

令和 ○年		製造指図書 番号	第 1 製造部門			第 2 製造部門		
			予定 配賦率	配賦基準 (直接作業時間)	予定 配賦額	予定 配賦率	配賦基準 (直接作業時間)	予定 配賦額
9	30	#1	350	600	210,000	340	500	170,000
	〃	#2	350	400	140,000	340	350	119,000
				1,000	350,000		850	289,000

(2)

借　　　　方		貸　　　　方	
仕　掛　品　　639,000		第1製造部門費	350,000
		第2製造部門費	289,000

(3)

第1製造部門費

	仕　　掛　　品　　350,000

第2製造部門費

	仕　　掛　　品　　289,000

仕　　掛　　品

諸　　　口　　639,000	

▶15-4

	借 方		貸 方	
仕 掛 品	*1,006,000*	第1製造部門費	*418,000*	❶
		第2製造部門費	*588,000*	❷

解説 予定配賦率

第1製造部門 $\dfrac{¥4,560,000}{12,000時間}=@¥380$

第2製造部門 $\dfrac{¥7,560,000}{18,000時間}=@¥420$

よって予定配賦額は,

❶第1製造部門費 @¥380×1,100時間 = ¥418,000

❷第2製造部門費 @¥420×1,400時間 = ¥588,000

▶15-5

	借 方		貸 方	
仕 掛 品	*640,000*	第1製造部門費	*360,000*	
		第2製造部門費	*280,000*	

▶15-6

	借 方		貸 方	
仕 掛 品	*1,443,000*	第1製造部門費	*559,000*	❶
		第2製造部門費	*884,000*	❷

解説 予定配賦率

第1製造部門 $\dfrac{¥6,450,000}{15,000時間}=@¥430$

第2製造部門 $\dfrac{¥10,920,000}{21,000時間}=@¥520$

よって予定配賦額は,

❶第1製造部門費 @¥430×1,300時間 = ¥559,000

❷第2製造部門費 @¥520×1,700時間 = ¥884,000

⓰ 部門費配分表の作成 (p.67)

▶16-1

部 門 費 配 分 表
令和○年6月分

費 目	配賦基準	金 額	製造部門		補 助 部 門		
			第1製造部門	第2製造部門	動力部門	修繕部門	工場事務部門
部門個別費							
間接材料費	—	94,000	38,000	44,000	8,000	4,000	—
間接賃金	—	110,000	52,000	36,000	12,000	6,000	4,000
部門個別費計		204,000	90,000	80,000	20,000	10,000	4,000
部門共通費							
給 料	従業員数	48,000	❶19,200	14,400	7,200	4,800	2,400
建物減価償却費	床面積	20,000	8,000	❷6,000	3,000	2,000	1,000
保険料	機械帳簿価額	15,000	9,000	3,000	❸1,500	1,500	—
部門共通費計		83,000	36,200	23,400	11,700	8,300	3,400
部門費合計		287,000	126,200	103,400	31,700	18,300	7,400

解説 ❶ $¥48,000×\dfrac{32人}{32人+24人+12人+8人+4人}=¥19,200$

❷ $¥20,000×\dfrac{300m^2}{400m^2+300m^2+150m^2+100m^2+50m^2}$
$=¥6,000$

❸ $¥15,000×\dfrac{¥25,000}{¥150,000+¥50,000+¥25,000+¥25,000}$
$=¥1,500$

▶16-2

借 方		貸 方	
第1製造部門費	*82,000*	製造間接費	*198,000*
第2製造部門費	*69,000*		
動力部門費	*23,000*		
修繕部門費	*19,000*		
工場事務部門費	*5,000*		

製 造 間 接 費			
		諸 口	*198,000*

第 1 製 造 部 門 費			
製 造 間 接 費	*82,000*		

第 2 製 造 部 門 費			
製 造 間 接 費	*69,000*		

動 力 部 門 費			
製 造 間 接 費	*23,000*		

修 繕 部 門 費			
製 造 間 接 費	*19,000*		

工 場 事 務 部 門 費			
製 造 間 接 費	*5,000*		

▶16-3

部 門 費 配 分 表
令和○年10月分

費 目	配賦基準	金 額	製造部門		補 助 部 門		
			第1製造部門	第2製造部門	動力部門	修繕部門	工場事務部門
部門個別費							
間接材料費	—	93,000	30,000	40,000	10,000	8,000	5,000
間接賃金	—	50,000	20,000	10,000	9,000	5,000	6,000
部門個別費計		143,000	50,000	50,000	19,000	13,000	11,000
部門共通費							
給 料	従業員数	100,000	❶40,000	35,000	10,000	5,000	10,000
建物減価償却費	床面積	80,000	30,000	❷37,000	6,000	3,000	4,000
電力料	機械運転時間	40,000	12,000	16,000	❸6,000	4,000	2,000
部門共通費計		220,000	82,000	88,000	22,000	12,000	16,000
部門費合計		363,000	132,000	138,000	41,000	25,000	27,000

借 方		貸 方	
第1製造部門費	*132,000*	製造間接費	*363,000*
第2製造部門費	*138,000*		
動力部門費	*41,000*		
修繕部門費	*25,000*		
工場事務部門費	*27,000*		

解説 ❶ $¥100,000×\dfrac{8人}{8人+7人+2人+1人+2人}=¥40,000$

❷ $¥80,000×\dfrac{370m^2}{300m^2+370m^2+60m^2+30m^2+40m^2}$
$=¥37,000$

❸ $¥40,000×\dfrac{300時間}{600時間+800時間+300時間+200時間+100時間}$
$=¥6,000$

▶17-1

部門費振替表

直接配賦法　　令和○年5月分

部門費	配賦基準	金額	製造部門 第1部門	製造部門 第2部門	補助部門 動力部門	補助部門 修繕部門	補助部門 工場事務部門
部門費合計		856,000	261,000	259,000	132,000	101,000	103,000
動力部門費	kW数×運転時間数	132,000	❶79,200	52,800			
修繕部門費	修繕回数	101,000	❷70,700	30,300			
工場事務部門費	従業員数	103,000	❸61,800	41,200			
配賦額計		336,000	211,700	124,300			
製造部門費合計		856,000	472,700	383,300			

借　方		貸　方	
第1製造部門費	211,700	動力部門費	132,000
第2製造部門費	124,300	修繕部門費	101,000
		工場事務部門費	103,000

第1製造部門費

製造間接費	261,000	
諸　口	211,700	

第2製造部門費

製造間接費	259,000	
諸　口	124,300	

動力部門費

製造間接費	132,000	諸　口	132,000

修繕部門費

製造間接費	101,000	諸　口	101,000

工場事務部門費

製造間接費	103,000	諸　口	103,000

解説

❶ $¥132,000 \times \dfrac{10kW \times 1,800時間}{10kW \times 1,800時間 + 8kW \times 1,500時間}$

$= ¥79,200$

❷ $¥101,000 \times \dfrac{7回}{7回 + 3回} = ¥70,700$

❸ $¥103,000 \times \dfrac{12人}{12人 + 8人} = ¥61,800$

▶17-2

部門費振替表

相互配賦法　　令和○年10月分

部門費	配賦基準	金額	製造部門 第1部門	製造部門 第2部門	補助部門 動力部門	補助部門 修繕部門	補助部門 工場事務部門
部門費合計		1,740,000	300,000	200,000	600,000	400,000	240,000
動力部門費	kW数×運転時間数	600,000	❶300,000	200,000	—	100,000	—
修繕部門費	修繕回数	400,000	224,000	❷96,000	64,000	—	16,000
工場事務部門費	従業員数	240,000	120,000	72,000	❸24,000	24,000	—
第1次配賦額		1,240,000	644,000	368,000	88,000	124,000	16,000
動力部門費	kW数×運転時間数	88,000	❹52,800	35,200			
修繕部門費	修繕回数	124,000	86,800	❺37,200			
工場事務部門費	従業員数	16,000	❻10,000	6,000			
第2次配賦額		228,000	149,600	78,400			
製造部門費合計		1,740,000	1,093,600	646,400			

借　方		貸　方	
第1製造部門費	❼793,600	動力部門費	600,000
第2製造部門費	❽446,400	修繕部門費	400,000
		工場事務部門費	240,000

第1製造部門費

製造間接費	300,000	
諸　口	793,600	

第2製造部門費

製造間接費	200,000	
諸　口	446,400	

動力部門費

製造間接費	600,000	諸　口	600,000

修繕部門費

製造間接費	400,000	諸　口	400,000

工場事務部門費

製造間接費	240,000	諸　口	240,000

解説

❶ $¥600,000 \times \dfrac{50kW \times 600時間}{50kW \times 600時間 + 40kW \times 500時間 + 25kW \times 400時間}$

$= ¥300,000$

❷ $¥400,000 \times \dfrac{6回}{14回 + 6回 + 4回 + 1回} = ¥96,000$

❸ $¥240,000 \times \dfrac{1人}{5人 + 3人 + 1人 + 1人} = ¥24,000$

❹ $¥88,000 \times \dfrac{50kW \times 600時間}{50kW \times 600時間 + 40kW \times 500時間}$

$= ¥52,800$

❺ $¥124,000 \times \dfrac{6回}{14回 + 6回} = ¥37,200$

❻ $¥16,000 \times \dfrac{5人}{5人 + 3人} = ¥10,000$

❼ $¥644,000（第1次配賦額）+ ¥149,600（第2次配賦額）$
$= ¥793,600$

❽ $¥368,000（第1次配賦額）+ ¥78,400（第2次配賦額）$
$= ¥446,400$

▶17-3

(1)

部門費振替表

直接配賦法　　令和○年10月分

部門費	配賦基準	金額	製造部門 第1部門	製造部門 第2部門	補助部門 動力部門	補助部門 修繕部門	補助部門 工場事務部門
部門費合計		2,680,000	1,180,000	800,000	240,000	120,000	340,000
動力部門費	kW数×運転時間数	240,000	❶192,000	❶48,000			
修繕部門費	修繕回数	120,000	80,000	40,000			
工場事務部門費	従業員数	340,000	204,000	136,000			
配賦額計		700,000	476,000	224,000			
製造部門費合計		2,680,000	1,656,000	1,024,000			

(2)

借　方		貸　方	
第1製造部門費	476,000	動力部門費	240,000
第2製造部門費	224,000	修繕部門費	120,000
		工場事務部門費	340,000

(3)

第1製造部門費

❷ 製造間接費	1,180,000	
諸　口	476,000	

工場事務部門費

❷ 製造間接費	340,000	諸　口	340,000

解説 ❶動力部門費の配賦計算

$¥240,000 \times \dfrac{30kW \times 4,000時間}{30kW \times 4,000時間 + 10kW \times 3,000時間}$

$= ¥192,000 （第1製造部門配賦額）$

—23—

$$¥240,000× \frac{10kW×3,000時間}{30kW×4,000時間+10kW×3,000時間} = ¥48,000（第2製造部門配賦額）$$

ほかの補助部門費も上記と同じ計算式で算出する。

❷部門費振替表の最上行の部門費合計欄の金額＝部門費配分表の合計額なので，製造間接費の配分額になる。よって，相手科目を製造間接費として，部門費合計の金額を記入する。

▶17-4

(1)

部門費振替表

相互配賦法　　　令和○年12月分

部門費	配賦基準	金額	製造部門 第1部門	第2部門	補助部門 動力部門	修繕部門	工場事務部門
部門費合計		455,000	182,000	144,000	60,000	33,000	36,000
動力部門費	kW数×運転時間数	60,000	❶30,000	20,000	—	10,000	
修繕部門費	修繕回数	33,000	15,000	❷9,000	6,000	—	3,000
工場事務部門費	従業員数	36,000	18,000	12,000	❸4,000	2,000	
第1次配賦額		129,000	63,000	41,000	10,000	12,000	3,000
動力部門費	kW数×運転時間数	10,000	❹6,000	4,000			
修繕部門費	修繕回数	12,000	7,500	❺4,500			
工場事務部門費	従業員数	3,000	❻1,800	1,200			
第2次配賦額		25,000	15,300	9,700			
製造部門費合計		455,000	260,300	194,700			

(2)

借 方		貸 方	
第1製造部門費	78,300	動力部門費	60,000
第2製造部門費	50,700	修繕部門費	33,000
		工場事務部門費	36,000

(3)

第1製造部門費

製造間接費	182,000	
諸　口	78,300	

第2製造部門費

製造間接費	144,000	
諸　口	50,700	

動力部門費

製造間接費	60,000	諸　口	60,000

修繕部門費

製造間接費	33,000	諸　口	33,000

工場事務部門費

製造間接費	36,000	諸　口	36,000

解説

❶ $¥60,000× \dfrac{60kW×200時間}{60kW×200時間+50kW×160時間+40kW×100時間} = ¥30,000$

❷ $¥33,000× \dfrac{6回}{10回+6回+4回+2回} = ¥9,000$

❸ $¥36,000× \dfrac{4人}{18人+12人+4人+2人} = ¥4,000$

❹ $¥10,000× \dfrac{60kW×200時間}{60kW×200時間+50kW×160時間} = ¥6,000$

❺ $¥12,000× \dfrac{6回}{10回+6回} = ¥4,500$

❻ $¥3,000× \dfrac{18人}{18人+12人} = ¥1,800$

▶17-5

(1)

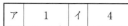

ア	1	イ	4

(2)

3

▶17-6

(1)

		借 方		貸 方	
(1)	a	第1製造部門費	720,000	製造間接費	1,750,000
		第2製造部門費	560,000		
		動力部門費	290,000		
		修繕部門費	180,000		
	b	第1製造部門費	❶253,000	動力部門費	290,000
		第2製造部門費	217,000	修繕部門費	180,000
(2)		第1製造部門費	❷552,000	動力部門費	504,000
		第2製造部門費	240,000	工場事務部門費	288,000

解説　❶ ¥290,000×50%＋¥180,000×60%＝¥253,000

❷動力部門費の配賦額

$¥504,000× \dfrac{50kW×600時間}{50kW×600時間+30kW×500時間} = ¥336,000$

工場事務部門費の配賦額

$¥288,000× \dfrac{6人}{6人+2人} = ¥216,000$

よって，¥336,000＋¥216,000＝¥552,000

▶17-7

(1)

部門費振替表

相互配賦法　　　令和○年1月分

部門費	配賦基準	金額	製造部門 第1部門	第2部門	補助部門 動力部門	修繕部門
部門費合計		1,810,000	676,000	501,000	369,000	264,000
動力部門費	kW数×運転時間数	369,000	❶240,000	120,000		9,000
修繕部門費	修繕回数	264,000	❷120,000	96,000	48,000	—
第1次配賦額		633,000	360,000	216,000	48,000	9,000
動力部門費	kW数×運転時間数	48,000	❸32,000	16,000		
修繕部門費	修繕回数	9,000	❹5,000	4,000		
第2次配賦額		57,000	37,000	20,000		
製造部門費合計		1,810,000	1,073,000	737,000		

(2)

借 方		貸 方	
第1製造部門費	❺397,000	動力部門費	369,000
第2製造部門費	236,000	修繕部門費	264,000

(3)

製造指図書#1　　　原 価 計 算 表

直接材料費	直接労務費	製造間接費 部門	時間	配賦率	金 額	集 計 摘要	金 額
1,656,000	❻2,048,000	第1	850	720	612,000	直接材料費	1,656,000
		第2	750	560	420,000	直接労務費	2,048,000
					1,032,000	製造間接費	1,032,000
						製造原価	4,736,000
						完成品数量	80個
						製品単価	¥ 59,200

解説　❶ $¥369,000× \dfrac{20kW×800時間}{20kW×800時間+16kW×500時間+6kW×100時間} = ¥240,000$

❷ $¥264,000× \dfrac{5回}{5回+4回+2回} = ¥120,000$

❸ $¥48,000× \dfrac{20kW×800時間}{20kW×800時間+16kW×500時間} = ¥32,000$

④ $¥9,000 × \dfrac{5回}{5回 + 4回} = ¥5,000$

❺部門費振替表の製造部門の第1次配賦額と第2次配賦額を合計した金額で仕訳する。

❻@$¥1,280 × (850時間 + 750時間) = ¥2,048,000$

▶17-8

(1)

借 方		貸 方	
仕 掛 品	1,028,000	第1製造部門費	620,000 ❶
		第2製造部門費	408,000

(2)

部 門 費 振 替 表

直接配賦法　　　　　　令和○年1月分

部 門 費	配賦基準	金 額	製 造 部 門		補 助 部 門	
			第1部門	第2部門	動力部門	修繕部門
部門費合計		1,027,000	325,000	327,000	255,000	120,000
動力部門費	kW数× 運転時間数	255,000	❷225,000	30,000		
修繕部門費	修繕回数	120,000	❸72,000	48,000		
配賦額合計		375,000	297,000	78,000		
製造部門費合計		1,027,000	622,000	405,000		

(3)

製造指図書#1　　　原 価 計 算 表

直接材料費	直接労務費	製 造 間 接 費				集　　計	
		部門	時間	配賦率	金 額	摘 要	金 額
839,000	918,000	第1	600	620 ❶	372,000	直接材料費	839,000
		第2	350	680	238,000	直接労務費	918,000
					610,000	製造間接費	610,000
						製造原価	2,367,000
						完成品数量	45個
						製品単価	¥ 52,600

解説 ❶予定配賦率

第1製造部門 $\dfrac{¥7,812,000}{12,600時間} = @¥620$

第2製造部門 $\dfrac{¥5,100,000}{7,500時間} = @¥680$

製造部門費の予定配賦額

第1製造部門費

@$¥620 × (600時間 + 400時間) = ¥620,000$

第2製造部門費

@$¥680 × (350時間 + 250時間) = ¥408,000$

❷$¥255,000 × \dfrac{15kW × 1,000時間}{15kW × 1,000時間 + 10kW × 200時間}$

$= ¥225,000$

❸$¥120,000 × \dfrac{3回}{3回 + 2回} = ¥72,000$

⑱ 製造部門費配賦差異の処理 (p.78)

▶18-1

(1)

借 方		貸 方	
仕 掛 品	835,000	第1製造部門費	453,000
		第2製造部門費	382,000

(2)

借 方		貸 方	
第1製造部門費	1,000	製造部門費 配賦差異	1,000
製造部門費 配賦差異	3,000	第2製造部門費	3,000

第1製造部門費

製 造 間 接 費	350,000	仕 掛 品	453,000
諸　　　口	102,000		
製造部門費 配賦差異	1,000		
	453,000		453,000

第2製造部門費

製 造 間 接 費	290,000	仕 掛 品	382,000
諸　　　口	95,000	製造部門費 配賦差異	3,000
	385,000		385,000

▶18-2

(1)

借 方		貸 方	
仕 掛 品	1,371,000	第1製造部門費	572,000 ❶
		第2製造部門費	799,000

(2)

借 方		貸 方	
第1製造部門費	480,000	製造間接費	1,375,000
第2製造部門費	650,000		
動力部門費	80,000		
修繕部門費	110,000		
工場事務部門費	55,000		

(3)

借 方		貸 方	
第1製造部門費	100,000	動力部門費	80,000
第2製造部門費	145,000	修繕部門費	110,000
		工場事務部門費	55,000

(4)

借 方		貸 方	
製造部門費 配賦差異	8,000	第1製造部門費	8,000 ❷
第2製造部門費	4,000	製造部門費 配賦差異	4,000

第1製造部門費

製 造 間 接 費	480,000	仕 掛 品	572,000
諸　　　口	100,000	製 造 部 門 費 配 賦 差 異	8,000

第2製造部門費

製 造 間 接 費	650,000	仕 掛 品	799,000
諸　　　口	145,000		
製 造 部 門 費 配 賦 差 異	4,000		

仕 掛 品

諸　　　口	1,371,000		

製造部門費配賦差異

第1製造部門費	8,000	第2製造部門費	4,000

解説 ❶予定配賦率

第1製造部門 $\dfrac{¥7,040,000}{16,000時間} = @¥440$

第2製造部門 $\dfrac{¥9,870,000}{21,000時間} = @¥470$

よって予定配賦額は,

第1製造部門費 @$¥440 × 1,300時間 = ¥572,000$

第2製造部門費 @$¥470 × 1,700時間 = ¥799,000$

❷製造部門費の配賦差異は,(1)〜(3)の仕訳を第1・第2製造部門費勘定に転記してから,貸借差額で求めるとよい。

▶18-3

(1)

借 方		貸 方	
仕 掛 品	3,195,000	第1製造部門費	1,845,000
		第2製造部門費	1,350,000

(2)

借 方		貸 方	
製造部門費 配賦差異	7,000	第1製造部門費	7,000 ❷
第2製造部門費	12,000	製造部門費 配賦差異	12,000

第1製造部門費

製 造 間 接 費	(1,480,000)	(仕　掛　品)	(1,845,000)
❶諸　　　口	(372,000)	製 造 部 門 費 配 賦 差 異	(7,000) ❷
	(1,852,000)		(1,852,000)

第2製造部門費

製 造 間 接 費	(1,090,000)	(仕　掛　品)	(1,350,000)
❶諸　　　口	(248,000)		
❷製 造 部 門 費 配 賦 差 異	(12,000)		
	(1,350,000)		(1,350,000)

解説 ❶補助部門費の配賦額を記入する。

動力部門費

¥370,000×60％＝¥222,000→第1製造部門へ

¥370,000×40％＝¥148,000→第2製造部門へ

修繕部門費

¥250,000×60％＝¥150,000→第1製造部門へ

¥250,000×40％＝¥100,000→第2製造部門へ

❷配賦差異は第1・第2製造部門費勘定の貸借差額で求める。

▶18-4

	借	方	貸	方	
(1)	仕 掛 品	905,000	第1製造部門費	560,000	❶
			第2製造部門費	345,000	
(2)	第1製造部門費	90,000	動力部門費	140,000	❷
	第2製造部門費	150,000	修繕部門費	20,000	
			工場事務部門費	80,000	

(3)

第1製造部門費

製 造 間 接 費	450,000	仕 掛 品	560,000
諸 口	90,000		
製 造 部 門 費 配 賦 差 異	20,000		
	560,000		560,000

(4)

製造指図書#1　原 価 計 算 表

直接材料費	直接労務費	製 造 間 接 費				集 計	
		部門	時間	配賦率	金 額	摘 要	金 額
1,284,000	956,000	第1	800	400 ❶	320,000	直接材料費	1,284,000
		第2	700	300	210,000	直接労務費	956,000
					530,000	製造間接費	530,000
						製造原価	2,770,000
						完成品数量	500個
						製品単価 ¥	5,540

解説 ❶予定配賦率

第1製造部門　$\dfrac{¥7,800,000}{19,500時間}$＝@¥400

第2製造部門　$\dfrac{¥4,500,000}{15,000時間}$＝@¥300

製造部門費の予定配賦額

第1製造部門費

@¥400×(800時間＋600時間)＝¥560,000

第2製造部門費

@¥300×(700時間＋450時間)＝¥345,000

❷補助部門費の配賦額

第1製造部門費

$¥140,000×\dfrac{40kW×500時間}{40kW×500時間+50kW×600時間}$

$+¥20,000×\dfrac{4回}{4回+4回}+¥80,000×\dfrac{6人}{6人+14人}$

$=¥90,000$

第2製造部門費

$¥140,000×\dfrac{50kW×600時間}{40kW×500時間+50kW×600時間}$

$+¥20,000×\dfrac{4回}{4回+4回}+¥80,000×\dfrac{14人}{6人+14人}$

$=¥150,000$

▶18-5

	借	方	貸	方	
(1)	仕 掛 品	960,000	第1製造部門費	540,000	❶
			第2製造部門費	420,000	
(2)	第1製造部門費	329,000	製 造 間 接 費	954,000	❷
	第2製造部門費	295,000			
	動力部門費	140,000			
	修繕部門費	80,000			
	工場事務部門費	110,000			

(3)

直接配賦法　　部 門 費 振 替 表

部 門 費	配賦基準	金 額	製 造 部 門		補 助 部 門		
			第1部門	第2部門	動力部門	修繕部門	工場事務部門
部門費合計		954,000	329,000	295,000	140,000	80,000	110,000
動力部門費	kW数× 運転時間数	140,000	105,000	35,000			
修繕部門費	修繕回数	80,000	50,000	30,000			
工場事務部門費	従業員数	110,000	66,000	44,000			
配賦額計		330,000	221,000	109,000			
製造部門費合計		954,000	550,000	404,000			

(4)

	借	方	貸	方	
	製 造 部 門 費 配 賦 差 異	10,000	第1製造部門費	10,000	❸
	第2製造部門費	16,000	製 造 部 門 費 配 賦 差 異	16,000	

(5)

製造指図書#1　原 価 計 算 表

直接材料費	直接労務費	製 造 間 接 費				集 計	
		部門	時間	配賦率	金 額	摘 要	金 額
1,273,000	895,000	第1	2,000	180 ❶	360,000	直接材料費	1,273,000
		第2	1,200	210	252,000	直接労務費	895,000
					612,000	製造間接費	612,000
						製造原価	2,780,000
						完成品数量	200個
						製品単価 ¥	13,900

解説 ❶予定配賦率

第1製造部門　$\dfrac{¥7,560,000}{42,000時間}$＝@¥180

第2製造部門　$\dfrac{¥5,460,000}{26,000時間}$＝@¥210

製造部門費の予定配賦額

第1製造部門費

@¥180×(2,000時間＋1,000時間)＝¥540,000

第2製造部門費

@¥210×(1,200時間＋800時間)＝¥420,000

❷部門費振替表の部門費合計欄の金額で仕訳をする。

❸予定配賦額は(1)の仕訳の金額であり，実際配賦額は部門費振替表の製造部門費合計欄の金額になる。これをもとに各製造部門別に配賦差異を算出し，それぞれの振替仕訳をすること。

▶18-6

	借	方	貸	方
(1)	仕 掛 品	3,174,000	第1製造部門費	1,834,000
			第2製造部門費	1,340,000
(2)	第1製造部門費	13,000	製 造 部 門 費 配 賦 差 異	13,000
	製 造 部 門 費 配 賦 差 異	9,000	第2製造部門費	9,000

▶18-7

(1)

借　　　　　　方		貸　　　　　　方	
第1製造部門費	780,000	製造間接費	1,589,000
第2製造部門費	500,000		
動力部門費	225,000		
修繕部門費	84,000		

(2)

部 門 費 振 替 表

相互配賦法　　　　　令和○年1月分

部 門 費	配賦基準	金 額	製 造 部 門		補 助 部 門	
			第1部門	第2部門	動力部門	修繕部門
部門費合計		1,589,000	780,000	500,000	225,000	84,000
動力部門費	kW数×運転時間数	225,000	❶150,000	60,000	—	15,000
修繕部門費	修繕回数	84,000	❷42,000	28,000	14,000	—
第1次配賦額		309,000	192,000	88,000	14,000	15,000
動力部門費	kW数×運転時間数	14,000	❸10,000	4,000		
修繕部門費	修繕回数	15,000	❹9,000	6,000		
第2次配賦額		29,000	19,000	10,000		
製造部門費合計		1,589,000	991,000	598,000		

(3)

借　　　　　　方		貸　　　　　　方		
第1製造部門費	9,000	製造部門費配賦差異	9,000	❺
製造部門費配賦差異	4,000	第2製造部門費	4,000	

(4)

製造指図書#1　　　　原 価 計 算 表

直接材料費	直接労務費	製 造 間 接 費				集 計	
		部門	時間	配賦率	金 額	摘 要	金 額
2,609,000	❻2,240,000	第1	750	❺800	600,000	直接材料費	2,609,000
		第2	650	540	351,000	直接労務費	2,240,000
					951,000	製造間接費	951,000
						製造原価	5,800,000
						完成品数量	50個
						製品単価	¥116,000

【解説】❶ $¥225,000 \times \dfrac{25\text{kW} \times 800\text{時間}}{25\text{kW} \times 800\text{時間} + 20\text{kW} \times 400\text{時間} + 10\text{kW} \times 200\text{時間}}$
$= ¥150,000$

❷ $¥84,000 \times \dfrac{6\text{回}}{6\text{回} + 4\text{回} + 2\text{回}} = ¥42,000$

❸ $¥14,000 \times \dfrac{25\text{kW} \times 800\text{時間}}{25\text{kW} \times 800\text{時間} + 20\text{kW} \times 400\text{時間}}$
$= ¥10,000$

❹ $¥15,000 \times \dfrac{6\text{回}}{6\text{回} + 4\text{回}} = ¥9,000$

❺ 製造部門費配賦差異
予定配賦率
第1製造部門　$\dfrac{¥12,480,000}{15,600\text{時間}} = @¥800$
第2製造部門　$\dfrac{¥6,804,000}{12,600\text{時間}} = @¥540$
予定配賦額
第1製造部門費
$@¥800 \times (750\text{時間} + 500\text{時間}) = ¥1,000,000$
第2製造部門費
$@¥540 \times (650\text{時間} + 450\text{時間}) = ¥594,000$
実際配賦額は部門費振替表の製造部門費合計欄の金額であるから，配賦差異は，
第1製造部門
$¥1,000,000 - ¥991,000 = ¥9,000$（貸方差異）

第2製造部門
$¥594,000 - ¥598,000 = -¥4,000$（借方差異）
❻ $@¥1,600 \times (750\text{時間} + 650\text{時間}) = ¥2,240,000$

▶18-8

(1)

借　　　　　　方		貸　　　　　　方		
仕　掛　品	1,150,000	第1製造部門費	512,000	❶
		第2製造部門費	638,000	

(2)

部 門 費 振 替 表

直接配賦法　　　　　令和○年6月分

部 門 費	配賦基準	金 額	製 造 部 門		補 助 部 門		
			第1部門	第2部門	動力部門	修繕部門	工場事務部門
部門費合計		1,153,000	360,000	422,000	158,000	115,000	98,000
動力部門費	kW数×運転時間数	158,000	❷48,000	110,000			
修繕部門費	修繕回数	115,000	❸46,000	69,000			
工場事務部門費	従業員数	98,000	❹63,000	35,000			
配 賦 額 計		371,000	157,000	214,000			
製造部門費合計		1,153,000	517,000	636,000			

(3)

製造部門費配賦差異❺

前 月 繰 越	8,000	（第2製造部門費）（	2,000 ）
（第1製造部門費）（	5,000 ）	次 月 繰 越 （	11,000 ）
（	13,000 ）	（	13,000 ）

(4)

製造指図書#1　　　　原 価 計 算 表

直接材料費	直接労務費	製 造 間 接 費				集 計	
		部門	時間	配賦率	金 額	摘 要	金 額
2,790,000	❻1,620,000	第1	450	❶640	288,000	直接材料費	2,790,000
		第2	650	580	377,000	直接労務費	1,620,000
					665,000	製造間接費	665,000
						製造原価	5,075,000
						完成品数量	35個
						製品単価	¥145,000

【解説】❶ 製造部門費の予定配賦額
予定配賦率
第1製造部門　$\dfrac{¥6,272,000}{9,800\text{時間}} = @¥640$
第2製造部門　$\dfrac{¥7,540,000}{13,000\text{時間}} = @¥580$
よって予定配賦額は，
第1製造部門費
$@¥640 \times (450\text{時間} + 350\text{時間}) = ¥512,000$
第2製造部門費
$@¥580 \times (650\text{時間} + 450\text{時間}) = ¥638,000$

❷ $¥158,000 \times \dfrac{12\text{kW} \times 800\text{時間}}{12\text{kW} \times 800\text{時間} + 20\text{kW} \times 1,100\text{時間}}$
$= ¥48,000$

❸ $¥115,000 \times \dfrac{2\text{回}}{2\text{回} + 3\text{回}} = ¥46,000$

❹ $¥98,000 \times \dfrac{9\text{人}}{9\text{人} + 5\text{人}} = ¥63,000$

❺ 製造部門費配賦差異
第1製造部門
$¥512,000 - ¥517,000$（部門費振替表の製造部門費合計）
$= -¥5,000$（借方差異）
第2製造部門
$¥638,000 - ¥636,000$（部門費振替表の製造部門費合計）
$= ¥2,000$（貸方差異）

❻予定賃率 $\frac{¥32,400,000}{27,000\text{時間}}$ = @¥1,200

よって，

@¥1,200×（750時間＋600時間）＝¥1,620,000

▶18-9

(1)

	借 方		貸 方		
6月13日	仕掛品	1,635,000	素材	1,635,000	❶
30日①	製造間接費	114,000	工場消耗品	114,000	❷

(2)

消費賃金

6/30	賃金	3,234,000	6/30	諸口	3,185,000	❸
			〃	賃率差異	49,000	❹
		3,234,000			3,234,000	

第2製造部門費

6/30	製造間接費	238,000	6/30	仕掛品	304,000	❺
〃	諸口	❻ 58,000				
〃	製造部門費配賦差異	❼ 8,000				
		304,000			304,000	

製造部門費配賦差異

6/1	前月繰越	7,000	6/30	第2製造部門費	8,000	❼
30	第1製造部門費	❽ 5,000	〃	次月繰越	4,000	
		12,000			12,000	

(3)

部門費振替表

直接配賦法　　　令和○年6月分

部門費	配賦基準	金額	製造部門		補助部門	
			第1部門	第2部門	動力部門	修繕部門
部門費合計		938,000	486,000	238,000	150,000	64,000
動力部門費	kW数×運転時間数	150,000	❾ 108,000	42,000		
修繕部門費	修繕回数	64,000	❿ 48,000	16,000		
配賦額合計		214,000	156,000	58,000		
製造部門費合計		938,000	642,000	296,000		

(4)

製造指図書＃1　　原価計算表

直接材料費	直接労務費	製造間接費				集計	
		部門	時間	配賦率	金額	摘要	金額
2,573,000	390,000	第1	300	490	147,000	直接材料費	2,573,000
	⓫ 1,430,000	第1	400	490	196,000	直接労務費	1,820,000
	1,820,000	第2	700	320	224,000	製造間接費	567,000
					567,000	製造原価	4,960,000
						完成品数量	40個
						製品単価	¥124,000

(5)

月末仕掛品原価	¥ 3,651,000	⓬

解説 ❶素材消費高（先入先出法）

¥480,000＋@¥3,300×（500個－150個）

＝¥1,635,000

❷工場消耗品消費高

@¥120×（200個＋900個－150個）＝¥114,000

❸賃金予定消費高

@¥1,300×（1,100時間＋1,150時間＋200時間）

＝¥3,185,000

❹賃率差異＝予定消費高¥3,185,000（30日②）－実際消費高¥3,234,000（30日⑨）＝－¥49,000（借方差異）

❺第2製造部門費予定配賦額

予定配賦率 $\frac{¥3,264,000}{10,200\text{時間}}$ ＝@¥320

予定配賦額

@¥320×（700時間＋250時間）＝¥304,000

❻補助部門費の第2製造部門への配賦額は，部門費振替表を作成し，配賦額合計の金額とする。

❼第2製造部門費配賦差異＝予定配賦額¥304,000（30日⑤）－実際配賦額（¥238,000＋¥58,000）（30日⑥⑦）＝¥8,000（貸方差異）

❽第1製造部門費配賦差異

予定配賦率 $\frac{¥7,350,000}{15,000\text{時間}}$ ＝@¥490

配賦差異

予定配賦額@¥490×（400時間＋900時間）（30日⑤）

－実際配賦額（¥486,000＋¥156,000）（30日⑥⑦）

＝－¥5,000（借方差異）

❾ $¥150,000 \times \frac{60\text{kW} \times 900\text{時間}}{60\text{kW} \times 900\text{時間} + 50\text{kW} \times 420\text{時間}}$

＝¥108,000

❿ $¥64,000 \times \frac{6\text{回}}{6\text{回} + 2\text{回}}$ ＝¥48,000

⓫@¥1,300×1,100時間＝¥1,430,000

⓬月末仕掛品原価

＝月初仕掛品原価（前月繰越の仕掛品の金額）

＋当月製造費用（13日と30日②，⑤の仕掛品勘定の金額）

－完成品原価（30日⑧の製品の金額）

＝¥3,110,000＋（¥1,635,000＋¥2,925,000＋¥941,000）－¥4,960,000＝¥3,651,000

または，製造指図書＃2の6月中の製造原価を集計する。

直接材料費¥1,635,000（13日）

＋直接労務費（@¥1,300×1,150時間）（30日②）

＋製造部門費（@¥490×900時間＋@¥320×250時間）（30日⑤）

＝¥3,651,000

なお，取引のすべての仕訳を示すと次のようになる。

6/6	(借)素材	1,980,000	(貸)買掛金	2,088,000	
	工場消耗品	108,000			
13	(借)仕掛品	1,635,000	(貸)素材	1,635,000	❶
25	(借)賃金	3,260,000	(貸)所得税預り金	258,000	
			健康保険料預り金	129,000	
			当座預金	2,873,000	
30①	(借)製造間接費	114,000	(貸)工場消耗品	114,000	❷
②	(借)仕掛品	2,925,000	(貸)消費賃金	3,185,000	❸
	製造間接費	260,000			
③	(借)製造間接費	129,000	(貸)健康保険料	129,000	
④	(借)製造間接費	435,000	(貸)電力料	149,000	
			保険料	52,000	
			減価償却費	234,000	
⑤	(借)仕掛品	941,000	(貸)第1製造部門費	637,000	
			第2製造部門費	304,000	❺
⑥	(借)第1製造部門費	486,000	(貸)製造間接費	938,000	
	第2製造部門費	238,000			
	動力部門費	150,000			
	修繕部門費	64,000			
⑦	(借)第1製造部門費	156,000	(貸)動力部門費	150,000	
	第2製造部門費	58,000 ❻	修繕部門費	64,000	

⑧(借)製　　　品 *4,960,000* (貸)仕　掛　品 *4,960,000*
⑨(借)消費賃金 *3,234,000* (貸)賃　　　金 *3,234,000*
⑩(借)賃率差異 *49,000* (貸)消費賃金 *49,000*❹
⑪(借)製造部門費 *5,000* (貸)第1製造部門費 *5,000*❽
　　配賦差異 　　　　　　製造部門費
　　第2製造部門費 *8,000* 　配賦差異 *8,000*❼

▶18-10

(1)

	借　　　方	貸　　　方
1月31日⑨	賃率差異　13,000	消費賃金　13,000 ❶

(2)
素　　材

1/1 前月繰越	640,000	1/11 仕掛品	2,290,000 ❷
8 買掛金	2,475,000	31 次月繰越	825,000
	3,115,000		3,115,000

製　造　間　接　費

1/31 工場消耗品 ❸	147,000	1/31 諸　口	1,678,000
〃 消費賃金	510,000		
〃 健康保険料	283,000		
〃 諸　口	738,000		
	1,678,000		1,678,000

第　1　製　造　部　門　費

1/31 製造間接費	873,000	1/31 仕掛品	1,088,000 ❿
〃 諸　口 ❾	221,000	製造部門費配賦差異	6,000 ⓫
	1,094,000		1,094,000

(3)

製造指図書#1　　原　価　計　算　表

直接材料費	直接労務費	製造間接費				集　　計	
		部門	時間	配賦率	金　額	摘　要	金　額
1,938,000	780,000	第1	520	850	442,000	直接材料費	1,938,000
	❹1,875,000	第1	380	850	323,000	直接労務費	2,655,000
	2,655,000	第2	870	600	522,000	製造間接費	1,287,000
					1,287,000	製造原価	5,880,000
						完成品数量	60個
						製品単価	¥ 98,000

(4)
部　門　費　振　替　表

相互配賦法　　　令和○年1月分

部　門　費	配賦基準	金　額	製造部門		補助部門	
			第1部門	第2部門	動力部門	修繕部門
部門費合計		1,678,000	873,000	448,000	252,000	105,000
動力部門費	kW数×運転時間数	252,000	❺144,000	96,000	—	12,000
修繕部門費	修繕回数	105,000	❻60,000	30,000	15,000	—
第1次配賦額		357,000	204,000	126,000	15,000	12,000
動力部門費	kW数×運転時間数	15,000	❼9,000	6,000		
修繕部門費	修繕回数	12,000	❽8,000	4,000		
第2次配賦額		27,000	17,000	10,000		
製造部門合計		1,678,000	1,094,000	584,000		

(5)

¥　　　1,505,000 ⓬

解説 ❶賃率差異
　　@¥1,500×(1,250時間+1,010時間+340時間)(予定消費高)
　　−¥3,913,000(実際消費高)
　　=−¥13,000(借方差異)
　❷素材消費高(先入先出法)
　　¥640,000+@¥3,300×(700個−200個)
　　=¥2,290,000
　❸工場消耗品消費高
　　@¥150×(240個+900個−160個)=¥147,000

❹@¥1,500×1,250時間 = ¥1,875,000

❺$¥252,000×\dfrac{40kW×600時間}{40kW×600時間+20kW×800時間+10kW×200時間}$
　= ¥144,000

❻$¥105,000×\dfrac{4回}{4回+2回+1回}=¥60,000$

❼$¥15,000×\dfrac{40kW×600時間}{40kW×600時間+20kW×800時間}$
　= ¥9,000

❽$¥12,000×\dfrac{4回}{4回+2回}=¥8,000$

❾第1製造部門への補助部門費配賦額を表すので，部門費振替表の第1次配賦額と第2次配賦額の合計となる。よって，
　¥204,000+¥17,000=¥221,000
❿第1製造部門費予定配賦額を表す。よって，
　@¥850×(380時間+900時間)=¥1,088,000
⓫第1製造部門の製造部門費配賦差異
　¥1,088,000(予定配賦額)
　−(¥873,000+¥221,000)(実際配賦額)
　=−¥6,000(借方差異)
⓬

賃　　　　金	
当月支払高　¥3,946,000	前月未払高　¥1,538,000
当月未払高	当月実際消費高　¥3,913,000

　¥1,538,000+¥3,913,000−¥3,946,000=¥1,505,000
なお，取引のすべての仕訳を示すと次のようになる。
1/8 (借)素　　　材 *2,475,000* (貸)買　掛　金 *2,610,000*
　　　工場消耗品 *135,000*
11 (借)仕　掛　品 *2,290,000* (貸)素　　　材 *2,290,000*❷
25 (借)賃　　　金 *3,946,000* (貸)所得税預り金 *317,000*
　　　　　　　　　　　　　　　健康保険料預り金 *283,000*
　　　　　　　　　　　　　　　当座預金 *3,346,000*
27 (借)製　　　品 *5,880,000* (貸)仕　掛　品 *5,880,000*
31①(借)製造間接費 *147,000* (貸)工場消耗品 *147,000*❸
　②(借)仕　掛　品 *3,390,000* (貸)消費賃金 *3,900,000*
　　　製造間接費 *510,000*
　③(借)仕　掛　品 *1,676,000* (貸)第1製造部門費 *1,088,000*❿
　　　　　　　　　　　　　　　第2製造部門費 *588,000*
　④(借)製造間接費 *283,000* (貸)健康保険料 *283,000*
　⑤(借)製造間接費 *738,000* (貸)電　力　料 *379,000*
　　　　　　　　　　　　　　　保　険　料 *99,000*
　　　　　　　　　　　　　　　減価償却費 *260,000*
　⑥(借)第1製造部門費 *873,000* (貸)製造間接費 *1,678,000*
　　　第2製造部門費 *448,000*
　　　動力部門費 *252,000*
　　　修繕部門費 *105,000*
　⑦(借)第1製造部門費 *221,000*❾(貸)動力部門費 *252,000*
　　　第2製造部門費 *136,000* 　　修繕部門費 *105,000*
　⑧(借)消費賃金 *3,913,000* (貸)賃　　　金 *3,913,000*
　⑨(借)賃率差異 *13,000* (貸)消費賃金 *13,000*❶
　⑩(借)製造部門費 *6,000*(貸)第1製造部門費 *6,000*⓫
　　　配賦差異
　⑪(借)第2製造部門費 *4,000* (貸)製造部門費 *4,000*
　　　　　　　　　　　　　　　　配賦差異

▶18-11

(1)

	借　方	貸　方	
6月30日①	製造間接費　84,000	工場消耗品　84,000	❶
30日⑨	賃率差異　90,000	消費賃金　90,000	❷

(2)

素　材

6/1 前月繰越	540,000	6/12 仕 掛 品	1,596,000 ❸
8 買 掛 金	2,120,000	30 次月繰越	1,064,000
	2,660,000		2,660,000

仕　掛　品

6/1 前月繰越	1,996,000	6/27 製　　品	4,156,000 ❺
12 素 材 ❸	1,596,000	30 次月繰越	3,264,000
30 消費賃金 ❹	2,898,000		
〃 諸 口	930,000		
	7,420,000		7,420,000

第 2 製造部門費

6/30 製造間接費	374,000	6/30 仕 掛 品	380,000 ❼
〃 諸 口 ❻	54,000	〃 製造部門費配賦差異	48,000 ❽
	428,000		428,000

(3)

製造指図書#1　原 価 計 算 表

直接材料費	直接労務費	製造間接費				集　計	
		部門	時間	配賦率	金 額	摘 要	金 額
1,620,000	276,000	第 1	200	500	100,000	直接材料費	1,620,000
	❶1,656,000	第 1	400	500	200,000	直接労務費	1,932,000
	1,932,000	第 2	800	380	304,000	製造間接費	604,000
					604,000	製造原価	4,156,000 ❺
						完成品数量	100個
						製品単価	¥ 41,560

製造指図書#2　原 価 計 算 表

直接材料費	直接労務費	製造間接費				集　計	
		部門	時間	配賦率	金 額	摘 要	金 額
1,596,000	1,242,000	第 1	700	500	350,000	直接材料費	
		第 2	200	380	76,000	直接労務費	

(4)

6月中の実際平均賃率	¥ 1,420	❿

解説 ❶工場消耗品消費高

@¥140×(200個＋650個－250個)＝¥84,000

❷賃率差異

@¥1,380×(1,200時間＋900時間＋150時間)(予定消費高)

－¥3,195,000(実際消費高)

＝－¥90,000（借方差異）

❸素材消費高(移動平均法)

$\dfrac{¥540,000+¥2,120,000}{100個+400個}$(平均単価)×300個＝¥1,596,000

❹@¥1,380×(1,200時間＋900時間)＝¥2,898,000

❺製造指図書#1の原価計算表を完成してから製造原価の金額で仕訳する。

❻補助部門費の第 2 製造部門への配賦額

動力部門費

$¥90,000×\dfrac{15kW×200時間}{20kW×300時間+15kW×200時間}=¥30,000$

修繕部門費　$¥60,000×\dfrac{2回}{3回+2回}=¥24,000$

よって，¥30,000＋¥24,000＝¥54,000

❼第 2 製造部門費予定配賦額

$\dfrac{¥4,560,000}{12,000時間}$(予定配賦率)×(800時間＋200時間)

＝¥380,000

❽製造部門費配賦差異(第 2 製造部門)

¥380,000(予定配賦額)

－(¥374,000＋¥54,000)(実際配賦額)

＝－¥48,000(借方差異)

❾@¥1,380×1,200時間＝¥1,656,000

❿$\dfrac{¥3,195,000(賃金実際消費高)}{1,200時間+900時間+150時間(直接作業時間)}$

＝¥1,420

なお，取引のすべての仕訳を示すと次のようになる。

6/8	(借)素　材	2,120,000	(貸)買 掛 金	2,211,000
	工場消耗品	91,000		
12	(借)仕 掛 品	1,596,000	(貸)素　材	1,596,000 ❸
27	(借)製　品	4,156,000	(貸)仕 掛 品	4,156,000 ❺
30①	(借)製造間接費	84,000	(貸)工場消耗品	84,000 ❶
②	(借)仕 掛 品	2,898,000 ❹	(貸)消費賃金	3,105,000
	製造間接費	207,000		
③	(借)仕 掛 品	930,000	(貸)第1製造部門費	550,000
			第2製造部門費	380,000 ❼
④	(借)製造間接費	94,000	(貸)健康保険料	94,000
⑤	(借)製造間接費	624,000	(貸)電 力 料	138,000
			保 険 料	86,000
			減価償却費	400,000
⑥	(借)第1製造部門費	485,000	(貸)製造間接費	1,009,000
	第2製造部門費	374,000		
	動力部門費	90,000		
	修繕部門費	60,000		
⑦	(借)第1製造部門費	96,000	(貸)動力部門費	90,000
	第2製造部門費	54,000 ❻	修繕部門費	60,000
⑧	(借)消費賃金	3,195,000	(貸)賃 金	3,195,000
⑨	(借)賃率差異	90,000	(貸)消費賃金	90,000 ❷
⑩	(借)製造部門費配賦差異	31,000	(貸)第1製造部門費	31,000
⑪	(借)製造部門費配賦差異	48,000	(貸)第2製造部門費	48,000 ❽

◎総合原価計算

19 月末仕掛品原価の計算⑴ （平均法）（p.94）

▶**19-1**

計　算　式

月末仕掛品素材費 ＝（¥34,000＋¥317,000）

$$\times \frac{250個}{1,700個＋250個} ＝ ¥45,000$$

月末仕掛品加工費 ＝（¥28,500＋¥434,000）

$$\times \frac{250個 \times 60\%}{1,700個＋250個 \times 60\%} ＝ ¥37,500$$

月末仕掛品原価 ＝ ¥45,000＋¥37,500 ＝ ¥82,500

解説 図を書いて計算すると理解しやすい。

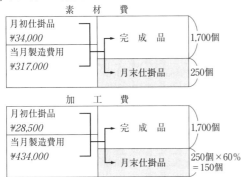

▶**19-2**

月末仕掛品原価	¥	37,800

解説 図を書いて計算すると理解しやすい。素材も製造の進行に応じて投入されるので，図を1つにまとめることができる。

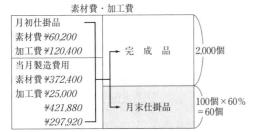

月末仕掛品原価 ＝（¥60,200＋¥120,400

＋¥372,400＋¥25,000＋¥421,880＋¥297,920）

$$\times \frac{100個 \times 60\%}{2,000個＋100個 \times 60\%} ＝ ¥37,800$$

▶**19-3**

仕　掛　品

前 月 繰 越	(803,000)	(製 品)	(9,450,000)
(素 材)	(5,190,000)	(次 月 繰 越)	(531,000) ❶
(工 場 消 耗 品)	(249,000)		
(労 務 費)	(2,941,000)		
(経 費)	(798,000)		
	(9,981,000)		(9,981,000)

解説 ❶月末仕掛品原価(次月繰越)は図を書いて計算すると理解しやすい。

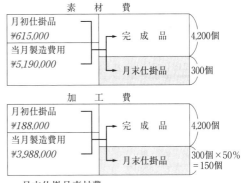

月末仕掛品素材費

$$（¥615,000＋¥5,190,000）\times \frac{300個}{4,200個＋300個}$$

$$＝ ¥387,000$$

月末仕掛品加工費

$$（¥188,000＋¥249,000＋¥2,941,000＋¥798,000）$$

$$\times \frac{300個 \times 50\%}{4,200個＋300個 \times 50\%} ＝ ¥144,000$$

月末仕掛品原価(次月繰越)

¥387,000＋¥144,000 ＝ ¥531,000

20 月末仕掛品原価の計算⑵ （先入先出法）（p.96）

▶**20-1**

計　算　式

月末仕掛品素材費 ＝ ¥672,000 $\times \dfrac{560個}{(3,200個－400個)＋560個}$

$$＝ ¥112,000$$

月末仕掛品加工費 ＝ ¥388,800

$$\times \frac{560個 \times 50\%}{(3,200個－400個 \times 60\%)＋560個 \times 50\%}$$

$$＝ ¥33,600$$

月末仕掛品原価 ＝ ¥112,000＋¥33,600 ＝ ¥145,600

解説 図を書いて計算すると理解しやすい。

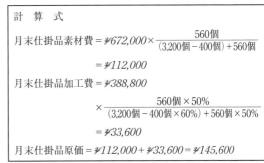

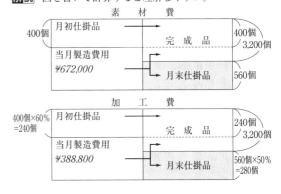

▶20-2

月末仕掛品原価	¥	68,400

解説 図を書いて計算すると理解しやすい。素材も製造の
進行に応じて投入されるので，図を1つにまとめる
ことができる。

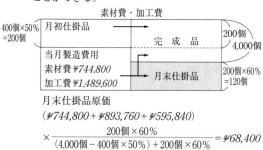

素材費・加工費

400個×50%
=200個

月初仕掛品 → 完成品 200個 4,000個

当月製造費用
素材費¥744,800
加工費¥1,489,600 → 月末仕掛品 200個×60%
=120個

月末仕掛品原価
$(¥744,800+¥893,760+¥595,840)$
$\times \dfrac{200個×60\%}{(4,000個-400個×50\%)+200個×60\%}=¥68,400$

▶20-3

仕 掛 品

前 月 繰 越	(118,000)	(製　　品)	(1,638,000)
(素　　材)	(625,000)	(次 月 繰 越)	(221,000)❸
(工 場 消 耗 品)	(42,000)		
(労　務　費)	(904,000)		
(経　　費)	(170,000)		
	(1,859,000)		(1,859,000)

月末仕掛品素材費	¥	125,000	❶

月末仕掛品加工費	¥	96,000	❷

解説 ❶❷図を書いて計算すると理解しやすい。

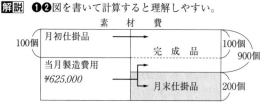

素 材 費

100個

月初仕掛品 → 完成品 100個 900個

当月製造費用
¥625,000 → 月末仕掛品 200個

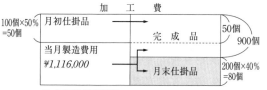

加 工 費

100個×50%
=50個

月初仕掛品 → 完成品 50個 900個

当月製造費用
¥1,116,000 → 月末仕掛品 200個×40%
=80個

月末仕掛品素材費
$¥625,000\times\dfrac{200個}{(900個-100個)+200個}$
$=¥125,000$❶
月末仕掛品加工費
$=(¥42,000+¥904,000+¥170,000)$
$\times\dfrac{200個×40\%}{(900個-100個×50\%)+200個×40\%}=¥96,000$❷

❸月末仕掛品原価(次月繰越)
$¥125,000+¥96,000=¥221,000$

㉑ 単純総合原価計算 (p.98)

▶21-1

単純総合原価計算表
島根製作所　　　令和○年1月分

摘　　要	素 材 費	加 工 費	合　　計
当 月 製 造 費 用			
材　料　費	680,000	360,000	1,040,000
労　務　費	——	860,000	860,000
経　　費	——	484,000	484,000
計	680,000	1,704,000	2,384,000
月初仕掛品原価	104,000	130,000	234,000
計	784,000	1,834,000	2,618,000
月末仕掛品原価	112,000	154,000	266,000
完成品原価	672,000	1,680,000	2,352,000
完成品数量	4,800個	4,800個	4,800個
製 品 単 価	¥ 140	¥ 350	¥ 490

▶21-2

		借	方	貸	方
(1)	仕 掛 品		80,000	素　　材	50,000
				工場消耗品	30,000
(2)	仕 掛 品		110,000	賃　　金	70,000
				給　　料	40,000
(3)	仕 掛 品		90,000	健康保険料	90,000
(4)	仕 掛 品		40,000	電　力　料	10,000
				減価償却費	30,000

▶21-3

		借	方	貸	方
(1)	仕 掛 品		300,000	減価償却費	300,000
(2)	仕 掛 品		500,000	従業員賞与手当	500,000
(3)	仕 掛 品		70,000	退職給付費用	70,000

解説 単純総合原価計算では製造間接費勘定を設けないの
で，いずれも消費高(月割額)を仕掛品勘定の借方に
振り替える。

▶21-4

(1)

単純総合原価計算表
徳島製作所　　　令和○年1月分

摘　　要	素 材 費	加 工 費	合　　計
当 月 製 造 費 用			
材　料　費	2,016,000	110,000	2,126,000
労　務　費	——	813,200	813,200
経　　費	——	217,800	217,800
計	2,016,000	1,141,000	3,157,000
月初仕掛品原価	576,000	175,000	751,000
計	2,592,000	1,316,000	3,908,000
月末仕掛品原価	❶ 648,000	❷ 188,000	836,000
完成品原価	1,944,000	1,128,000	3,072,000
完成品数量	3,000個	3,000個	3,000個
製 品 単 価	¥ 648	¥ 376	¥ 1,024

(2)

先入先出法による 月末仕掛品原価	¥	❸ 735,000

解説 図を書いて計算すると理解しやすい。

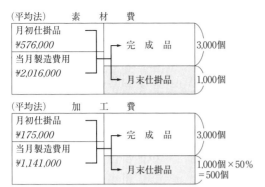

（平均法）　素材費

月初仕掛品 ¥576,000 ┐
当月製造費用 ¥2,016,000 ┘ → 完成品 3,000個
→ 月末仕掛品 1,000個

（平均法）　加工費

月初仕掛品 ¥175,000 ┐
当月製造費用 ¥1,141,000 ┘ → 完成品 3,000個
→ 月末仕掛品 1,000個×50% = 500個

❶月末仕掛品素材費

$$（¥576,000 + ¥2,016,000）× \frac{1,000個}{3,000個 + 1,000個}$$

$$= ¥648,000$$

❷月末仕掛品加工費

$$（¥175,000 + ¥1,141,000）× \frac{1,000個×50\%}{3,000個 + 1,000個×50\%}$$

$$= ¥188,000$$

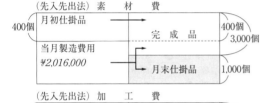

（先入先出法）　素材費

400個 月初仕掛品 →
当月製造費用 ¥2,016,000 → 完成品 400個 3,000個
→ 月末仕掛品 1,000個

（先入先出法）　加工費

400個×60% =240個 月初仕掛品 →
当月製造費用 ¥1,141,000 → 完成品 240個 3,000個
→ 月末仕掛品 1,000個×50% =500個

❸月末仕掛品素材費

$$¥2,016,000 × \frac{1,000個}{（3,000個 - 400個） + 1,000個} = ¥560,000$$

月末仕掛品加工費

$$¥1,141,000 × \frac{1,000個×50\%}{（3,000個 - 400個×60\%） + 1,000個×50\%}$$

$$= ¥175,000$$

月末仕掛品原価

¥560,000 + ¥175,000 = ¥735,000

▶ 21-5

	借　方		貸　方		
(1)	仕 掛 品	400,000	特許権使用料	400,000	❶
(2)	仕 掛 品	22,000	減価償却費	22,000	❷
(3)	仕 掛 品	580,000	従業員賞与手当	580,000	❸
(4)	仕 掛 品	460,000	特許権使用料	270,000	
			減価償却費	190,000	
(5)	仕 掛 品	48,000	保　険　料	48,000	❹
(6)	仕 掛 品	74,000	修　繕　料	74,000	❺
(7)	仕 掛 品 ❻	164,000	電　力　料	205,000	
	販売費及び一般管理費	41,000			

解説 単純総合原価計算では製造間接費を設けないので，原価要素の消費高を仕掛品勘定の借方に振り替える。
❶特許権使用料消費高
　¥4,800,000 ÷ 12か月 = ¥400,000

❷減価償却費消費高
　¥264,000 ÷ 12か月 = ¥22,000
❸従業員賞与手当消費高
　¥3,480,000 ÷ 6か月 = ¥580,000
❹保険料消費高　¥576,000 ÷ 12か月 = ¥48,000
❺修繕料消費高
　¥72,000（当月支払高）- ¥4,000（前月末払高）+ ¥6,000（当月未払高）
　= ¥74,000
❻電力料消費高
　¥205,000（当月測定高）×（1 - 20%）= ¥164,000

▶ 21-6

(1)
単純総合原価計算表
令和○年1月分

摘　　要	素　材　費	加　工　費	合　　計
材　料　費	6,478,000	684,000	7,162,000
労　務　費	——	❶ 3,600,000	3,600,000
経　　費	——	❷ 552,000	552,000
計	6,478,000	4,836,000	11,314,000
月初仕掛品原価	1,502,000	410,000	1,912,000
計	7,980,000	5,246,000	13,226,000
月末仕掛品原価	❸ 1,260,000	❹ 366,000	1,626,000
完成品原価	6,720,000	4,880,000	11,600,000
完成品数量	4,000個	4,000個	4,000個
製品/個あたりの原価	¥ 1,680	¥ 1,220	¥ 2,900

(2)

仕掛品勘定の特許権使用料（ ア の 金 額 ）	¥ ❺ 186,000

解説 仕掛品勘定の借方の原価要素のうち，素材費（素材）以外は加工費である。
❶ ¥2,204,000（賃金）+ ¥1,136,000（従業員賞与手当）
　 + ¥260,000（健康保険料）= ¥3,600,000
❷ ¥4,836,000（当月製造費用加工費）
　 - ¥684,000（加工費のうち材料費）
　 - ¥3,600,000（上記❶）= ¥552,000
❸月末仕掛品素材費（平均法）
$$（¥1,502,000 + ¥6,478,000）× \frac{750個}{4,000個 + 750個}$$
$$= ¥1,260,000$$

（平均法）　素材費

月初仕掛品 ¥1,502,000 ┐
当月製造費用 ¥6,478,000 ┘ → 完成品 4,000個
→ 月末仕掛品 750個

❹月末仕掛品加工費（平均法）
$$（¥410,000 + ¥4,836,000）$$
$$× \frac{750個×40\%}{4,000個 + 750個×40\%} = ¥366,000$$

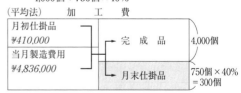

（平均法）　加工費

月初仕掛品 ¥410,000 ┐
当月製造費用 ¥4,836,000 ┘ → 完成品 4,000個
→ 月末仕掛品 750個×40% = 300個

❺特許権使用料は❷で求めた経費から減価償却費と電力料と雑費を差し引いて求める。
　¥552,000 - ¥213,000 - ¥97,000 - ¥56,000
　= ¥186,000

単純総合原価計算表
令和○年1月分

摘　要	素　材　費	加　工　費	合　　計
材　料　費	❶ 6,000,000	❷ 650,000	6,650,000
労　務　費	──	❸ 2,421,000	2,421,000
経　　費	──	❹ 1,054,000	1,054,000
計	6,000,000	4,125,000	10,125,000
月初仕掛品原価	1,410,000	465,000	1,875,000
計	7,410,000	4,590,000	12,000,000
月末仕掛品原価	❺ 1,235,000	❻ 340,000	1,575,000
完成品原価	6,175,000	4,250,000	10,425,000
完成品数量	2,500個	2,500個	2,500個
製　品　単　価	¥ 2,470	¥ 1,700	¥ 4,170

製　　　　　品

前　月　繰　越　780,000	（売 上 原 価）（ 9,954,000 ）❽	
❼（仕　掛　品）（10,425,000）	次　月　繰　越　1,251,000	
（11,205,000）	（11,205,000）	

解説 当月製造費用のうち，素材費（素材）以外は加工費である。

❶素材費
4,800個×@¥1,250（予定価格）＝¥6,000,000

❷工場消耗品消費高
¥106,000（月初棚卸高）＋¥678,000（当月仕入高）
－¥134,000（月末棚卸高）＝¥650,000

❸賃金消費高
¥2,425,000（当月支払高）－¥402,000（前月未払高）
＋¥398,000（当月未払高）＝¥2,421,000

❹経費は減価償却費・電力料・雑費の消費高合計。
¥6,276,000÷12か月（月割高）
＋¥326,000（当月測定高）＋¥205,000
＝¥1,054,000

❺月末仕掛品素材費
$$（¥1,410,000＋¥6,000,000）×\frac{500個}{2,500個＋500個}$$
＝¥1,235,000

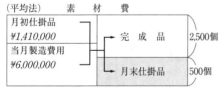

（平均法）　素　材　費

❻月末仕掛品加工費
$$（¥465,000＋¥4,125,000）$$
$$×\frac{500個×40\%}{2,500個＋500個×40\%}＝¥340,000$$

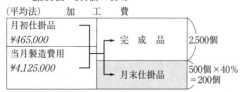

（平均法）　加　工　費

❼単純総合原価計算表の完成品原価合計の金額が製品勘定の借方に振り替えられる。

❽売上製品の払出単価の計算は先入先出法を採用しているので，販売数量2,400個のうち200個は月初棚卸分（前月繰越の¥780,000），2,200個は当月完成分から払い出したと考える。
売上原価＝¥780,000＋@¥4,170×2,200個

＝¥9,954,000

仕　　掛　　品

前　月　繰　越　1,509,000	製　　品（ 7,656,000 ）❷	
素　　材　4,345,000	次　月　繰　越（ 1,030,000 ）	
工場消耗品　401,000		
賃　　金　1,560,000		
従業員賞与手当　390,000		
健康保険料　69,000		
減価償却費　75,000		
❶電　力　料（ 324,000 ）		
雑　　費　13,000		
（ 8,686,000 ）	（ 8,686,000 ）	

単純総合原価計算表
令和○年6月分

摘　要	素　材　費	加　工　費	合　　計
材　料　費	4,345,000	401,000	4,746,000
労　務　費	──	❸ 2,019,000	2,019,000
経　　費	──	❹ 412,000	412,000
計	4,345,000	2,832,000	7,177,000
月初仕掛品原価	1,245,000	264,000	1,509,000
計	5,590,000	3,096,000	8,686,000
月末仕掛品原価	❺ 790,000	❻ 240,000	1,030,000
完成品原価	4,800,000	2,856,000	7,656,000
完成品数量	1,200個	1,200個	1,200個
製　品　単　価	¥ 4,000	¥ 2,380	¥ 6,380

解説 仕掛品勘定の借方の原価要素のうち，素材費（素材）以外は加工費。

❶電力料消費高
¥360,000（当月測定高）×（1－0.1）＝¥324,000

❷単純総合原価計算表を完成してから，完成品原価合計の金額を記入する。また，次月繰越の金額は月末仕掛品原価合計の金額となる。

❸労務費は賃金・従業員賞与手当・健康保険料の合計。
¥1,560,000＋¥390,000＋¥69,000＝¥2,019,000

❹経費は減価償却費・電力料・雑費の合計。
¥75,000＋¥324,000＋¥13,000＝¥412,000

❺月末仕掛品素材費
$$¥4,345,000×\frac{200個}{（1,200個－300個）＋200個}$$
＝¥790,000

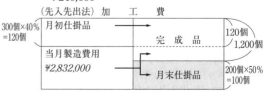

（先入先出法）　素　材　費

❻月末仕掛品加工費
$$¥2,832,000×\frac{200個×50\%}{（1,200個－300個×40\%）＋200個×50\%}$$
＝¥240,000

（先入先出法）　加　工　費

(1)
単純総合原価計算表
令和○年6月分

摘　　　　要	素 材 費	加 工 費	合 　 計
材　料　費	6,350,000	561,000	6,911,000
労　務　費	——	❶ 2,333,000	2,333,000
経　　　費	——	❷ 306,000	306,000
計	6,350,000	3,200,000	9,550,000
月初仕掛品原価	1,150,000	208,000	1,358,000
計	7,500,000	3,408,000	10,908,000
月末仕掛品原価	❸ 1,000,000	❹ 288,000	1,288,000
完 成 品 原 価	6,500,000	3,120,000	9,620,000
完 成 品 数 量	2,600個	2,600個	2,600個
製 品 単 価	¥　2,500	¥　1,200	¥　3,700

(2)

仕掛品勘定の電力料（ア の 金 額）	¥	❺ 134,000

解説 仕掛品勘定の借方の原価要素のうち，素材費（素材）以外は加工費である。

❶労務費は賃金・従業員賞与手当・健康保険料の合計。

$¥1,750,000 + ¥513,000 + ¥70,000$
$= ¥2,333,000$

❷経費は減価償却費・電力料・雑費の合計。
当月の加工費から，材料費と労務費を差し引いて求める。

$¥3,200,000 - ¥561,000 - ¥2,333,000$
$= ¥306,000$

❸月末仕掛品素材費（平均法）

$(¥1,150,000 + ¥6,350,000) \times \dfrac{400個}{2,600個 + 400個}$
$= ¥1,000,000$

❹月末仕掛品加工費（平均法）

$(¥208,000 + ¥3,200,000) \times \dfrac{400個 \times 60\%}{2,600個 + 400個 \times 60\%}$
$= ¥288,000$

❺電力料は❷で求めた経費から減価償却費と雑費を差し引いた額となる。

(1)

		借　　　　方	貸　　　　方	
1月4日		仕 掛 品　1,824,000	素　　　材　1,824,000	
8日		素　　　材　4,640,000 工場消耗品　960,000	買 掛 金　5,600,000	
10日		健康保険料　148,000 健康保険料預り金　148,000	現　　　金　296,000	
13日		仕 掛 品　4,404,000	素　　　材　4,404,000	❶
21日		電 力 料　216,000 保 険 料　876,000 雑　　　費　21,000	当 座 預 金　1,113,000	
25日		賃　　　金　3,170,000	所得税預り金　298,000 健康保険料預り金　148,000 当 座 預 金　2,724,000	
31日	①	仕 掛 品　981,000	工場消耗品　981,000	❷
	②	仕 掛 品　3,190,000	消費賃金　3,190,000	❸
	③	仕 掛 品　148,000	健康保険料　148,000	
	④	仕 掛 品　875,000	電 力 料　205,000 保 険 料　73,000 減価償却費　575,000 雑　　　費　22,000	
	⑤	製　　　品　11,760,000	仕 掛 品　11,760,000	❹
	⑥	消費賃金　3,245,000	賃　　　金　3,245,000	
	⑦	賃率差異　55,000	消費賃金　55,000	❺

(2)

賃　　　金

1/25 諸　　口	3,170,000	1/ 1 前 月 繰 越	684,000
31 **次 月 繰 越**	759,000	31 消 費 賃 金	3,245,000
	3,929,000		3,929,000

仕　　掛　　品

1/ 1 前 月 繰 越	969,000	1/31 製　　品	11,760,000
4 素　　材	1,824,000	〃 **次 月 繰 越**	631,000
13 素　　材	4,404,000		
31 工場消耗品	981,000		
〃 消 費 賃 金	3,190,000		
〃 健康保険料	148,000		
〃 諸　　口	875,000		
	12,391,000		12,391,000

(3)
単純総合原価計算表
令和○年1月分

摘　　　　要	素 材 費	加 工 費	合 　 計
材　料　費	6,228,000	981,000	7,209,000
労　務　費	——	3,338,000	3,338,000
経　　　費	——	875,000	875,000
計	6,228,000	5,194,000	11,422,000
月初仕掛品原価	672,000	297,000	969,000
計	6,900,000	5,491,000	12,391,000
月末仕掛品原価	❻ 460,000	❼ 171,000	631,000
完 成 品 原 価	6,440,000	5,320,000	11,760,000
完 成 品 数 量	5,600個	5,600個	5,600個
製 品 単 価	¥　1,150	¥　950	¥　2,100

解説 ❶素材消費高(先入先出法)

@¥4,560×(450kg−400kg)+@¥4,640×900kg
= ¥4,404,000

❷工場消耗品消費高

@¥60×(2,350個+16,000個−2,000個) = ¥981,000

❸賃金予定消費高

@¥1,160×2,750時間 = ¥3,190,000

❹単純総合原価計算表を完成したあと, 完成品原価合計の金額を記入する。

❺賃率差異

予定消費高(31日②)¥3,190,000−実際消費高(31日⑥)¥3,245,000 = −¥55,000(借方差異)

❻月末仕掛品素材費(平均法)

$$¥6,900,000×\frac{400個}{5,600個+400個}=¥460,000$$

❼月末仕掛品加工費(平均法)

$$¥5,491,000×\frac{400個×45\%}{5,600個+400個×45\%}$$
= ¥171,000

▶21-11

(1)

	借　　　方	貸　　　方
1月11日	健康保険料　159,000 健康保険料 預 り 金　159,000	現　　金　318,000
31日⑦	消費材料　6,258,000	素　　材　6,258,000 ❶

(2)

消　費　賃　金

1/31 賃　　金	3,429,000	1/31 仕 掛 品	3,402,000 ❷
		〃 賃率差異	27,000 ❸
	3,429,000		3,429,000

仕　掛　品

1/ 1 前月繰越	972,000	1/31 製　品	11,260,000 ❻
31 消費材料❹	6,300,000	〃 次 月 繰 越	1,290,000
〃 工場消耗品❺	441,000		
〃 消費賃金❷	3,402,000		
〃 健康保険料	159,000		
〃 諸　口	1,276,000		
	12,550,000		12,550,000

(3)

単純総合原価計算表

令和○年1月分

摘　　　　要	素 材 費	加 工 費	合　　　計
材　料　費	6,300,000	441,000	6,741,000
労　務　費	——	3,561,000	3,561,000
経　　費	——	1,276,000	1,276,000
計	6,300,000	5,278,000	11,578,000
月初仕掛品原価	600,000	372,000	972,000
計	6,900,000	5,650,000	12,550,000
月末仕掛品原価	❼ 900,000	❽ 390,000	1,290,000
完成品原価	6,000,000	5,260,000	11,260,000
完成品数量	2,000個	2,000個	2,000個
製 品 単 価	¥ 3,000	¥ 2,630	¥ 5,630

(4)

1月末の賃金未払高	¥ 546,000 ❾

解説 ❶素材実際消費高(総平均法)

平均単価

$$\frac{¥456,000+¥2,550,000+¥3,848,000}{300kg+1,700kg+2,600kg}=@¥1,490$$

消費高　@¥1,490×4,200kg = ¥6,258,000

---

❷賃金予定消費高

@¥1,260×2,700時間 = ¥3,402,000

❸賃率差異

予定消費高¥3,402,000(31日③)−実際消費高¥3,429,000(31日⑧) = −¥27,000(借方差異)

❹素材予定消費高

@¥1,500×4,200kg = ¥6,300,000

❺工場消耗品消費高

@¥70×(600個+6,200個−500個) = ¥441,000

❻単純総合原価計算表を完成したあと, 完成品原価合計の金額を記入する。

❼月末仕掛品素材費(先入先出法)

$$¥6,300,000×\frac{300個}{(2,000個−200個)+300個}$$
= ¥900,000

❽月末仕掛品加工費(先入先出法)

$$¥5,278,000×\frac{300個×50\%}{(2,000個−200個×60\%)+300個×50\%}$$
= ¥390,000

❾

賃　　　金

当月支払高 　　　　¥3,540,000	前月未払高 　　　　¥657,000
当月未払高	当月実際消費高 　　　　¥3,429,000

¥657,000＋¥3,429,000−¥3,540,000 = ¥546,000

なお, 取引のすべての仕訳を示すと次のようになる。

1/6 (借)素　　材 2,550,000 　　　工場消耗品　434,000	(貸)買　掛　金 2,984,000
11 (借)健康保険料　159,000 　　　健康保険料 　　　預　り　金　159,000	(貸)現　　　金　318,000
12 (借)素　　材 3,848,000	(貸)買　掛　金 3,848,000
20 (借)電　力　料　273,000 　　　保　険　料　912,000	(貸)当座預金 1,185,000
25 (借)賃　　金 3,540,000	(貸)所得税預り金　283,000 　　　健康保険料 　　　預　り　金　159,000 　　　当座預金 3,098,000

31①(借)仕 掛 品 6,300,000　(貸)消費材料 6,300,000❹
　②(借)仕 掛 品　441,000　(貸)工場消耗品　441,000❺
　③(借)仕 掛 品 3,402,000　(貸)消費賃金 3,402,000❷
　④(借)仕 掛 品　159,000　(貸)健康保険料　159,000
　⑤(借)仕 掛 品 1,276,000　(貸)電　力　料　269,000
　　　　　　　　　　　　　　　　保　険　料　76,000
　　　　　　　　　　　　　　　　減価償却費　931,000
　⑥(借)製　　品11,260,000　(貸)仕 掛 品11,260,000
　⑦(借)消費材料 6,258,000　(貸)素　　材 6,258,000❶
　⑧(借)消費賃金 3,429,000　(貸)賃　　金 3,429,000
　⑨(借)消費材料　42,000　(貸)材料消費
　　　　　　　　　　　　　　　価格差異　42,000
　⑩(借)賃率差異　27,000　(貸)消費賃金　27,000❸

㉒ 等級別総合原価計算 （p.110）

▶**22-1**

等級別総合原価計算表
令和○年1月分

等級別製品	重量	等価係数	完成品数量	積　数	等級別製造原価	製品単価
1級製品	16kg	4	260個	1,040	332,800	¥1,280
2級製品	12〃	3	360〃	1,080	345,600	〃 960
3級製品	8〃	2	400〃	800	256,000	〃 640
				2,920	934,400	

借	方	貸	方
1 級 製 品	332,800	仕　掛　品	934,400
2 級 製 品	345,600		
3 級 製 品	256,000		

▶**22-2**

等級別総合原価計算表
令和○年10月分

等級別製品	重量	等価係数	完成品数量	積　数	等級別製造原価	製品単価
1級製品	200g	5	6,000個	30,000	900,000	¥ 150
2級製品	160〃	4	8,000〃	32,000	960,000	〃 120
3級製品	120〃	3	4,000〃	12,000	360,000	〃 90
				74,000	2,220,000	

(1)	1 級 製 品 の 製 造 原 価	¥	900,000
(2)	2 級 製 品 の 製 品 単 価	¥	120
(3)	3 級 製 品 の 売 上 原 価	¥	354,600

解説 ①等価係数を計算する。
②等価係数×完成品数量＝積数を計算する。

等級別製品	重量		等価係数	完成品数量	積　数
1級製品	200g	÷40＝	5×	6,000個	30,000
2級製品	160g	÷40＝	4×	8,000個	32,000
3級製品	120g	÷40＝	3×	4,000個	12,000

③等級別製造原価を計算する。
④製品単価＝等級別製造原価÷完成品数量を計算する。

積　数	等級別製造原価		製品単価
30,000	900,000	←2,220,000×$\frac{30,000}{74,000}$	¥ 150
32,000	960,000	←2,220,000×$\frac{32,000}{74,000}$	〃 120
12,000	360,000	←2,220,000×$\frac{12,000}{74,000}$	〃 90
74,000	2,220,000		

⑤1級製品の製造原価は1級製品の等級別製造原価
¥900,000
⑥2級製品の製品単価　@¥120
⑦3級製品の売上原価

製　　品

月初 200個	売上数量
当月完成品数量 4,000個	3,940個
	月末 260個

→売上数量
200個＋4,000個−260個
＝3,940個

売上原価　3,940個×@¥90＝¥354,600

▶**22-3**

	借	方	貸	方	
(1)	1 級 製 品	2,880,000	仕　掛　品	4,800,000	❶
	2 級 製 品	1,920,000			
(2)	1 級 製 品	1,584,000	仕・掛・品	4,026,000	
	2 級 製 品	1,650,000			
	3 級 製 品	792,000			
(3)	仕　掛　品	78,000	減価償却費	78,000	❷
(4)	仕　掛　品	380,000	退職給付費用	380,000	
(5)	1 級 製 品	1,200,000	仕　掛　品	2,100,000	❸
	2 級 製 品	900,000			

解説 ❶等価係数　1級製品：2級製品＝300g：240g
　　　　　　　　　　　　＝5：4

積数
1級製品　5（等価係数）×4,800個（完成品数量）＝24,000
2級製品　4（　〃　）×4,000個（　　〃　　）＝16,000
　　　　　　　　　　　　　積数合計＝40,000

製造原価
1級製品　¥4,800,000×$\frac{24,000}{40,000}$＝¥2,880,000
2級製品　¥4,800,000×$\frac{16,000}{40,000}$＝¥1,920,000

❷減価償却費消費高
¥936,000÷12か月＝¥78,000

❸等価係数　1級製品：2級製品＝300g：150g
　　　　　　　　　　　　＝2：1

積数
1級製品　2（等価係数）×2,000個（完成品数量）＝4,000
2級製品　1（　〃　）×3,000個（　　〃　　）＝3,000
　　　　　　　　　　　　　積数合計＝7,000

製造原価
1級製品　¥2,100,000×$\frac{4,000}{7,000}$＝¥1,200,000
2級製品　¥2,100,000×$\frac{3,000}{7,000}$＝¥900,000

▶**22-4**

5

▶**22-5**

¥	1,600

解説 等価係数　1級製品：2級製品＝150g：120g
　　　　　　　　　　　　＝5：4

積数
1級製品　5（等価係数）×3,000個（完成品数量）＝15,000
2級製品　4（　〃　）×2,050個（　　〃　　）＝8,200
　　　　　　　　　　　　　積数合計＝23,200

2級製品製造原価
¥9,280,000×$\frac{8,200}{23,200}$＝¥3,280,000

2級製品製品単価　¥3,280,000÷2,050個＝¥1,600

▶**22-6**

¥	360

解説 等級別総合原価計算表を完成して求める。

等級別総合原価計算表
令和○年1月分

等級別製品	重量	等価係数	完成品数量	積数	等級別製造原価	製品単価
1級製品	950g	1.0	2,400個	2,400	1,440,000	¥ 600
2級製品	760〃	0.8	3,600〃	2,880	1,728,000	〃 480
3級製品	570〃	❶0.6	5,000〃	3,000	❷1,800,000	〃 360 ❸
				8,280	4,968,000	

❶3級製品の等価係数
950g：760g：570g = 1.0：0.8：0.6

❷3級製品製造原価
$$¥4,968,000 × \frac{3,000(3級製品積数)}{8,280(積数合計)} = ¥1,800,000$$

❸3級製品製品単価
¥1,800,000 ÷ 5,000個 = ¥360

▶22-7
(1)
仕 掛 品

前月繰越	(❶1,085,000)	諸 口	6,500,000
素 材	4,235,000	次月繰越	(1,473,000)
工場消耗品	280,000		
賃 金	1,751,000		
給 料	192,000		
健康保険料	73,000		
減価償却費	276,000		
修 繕 料	(❷ 64,000)		
雑 費	17,000		
	(7,973,000)		(7,973,000)

(2)
等級別総合原価計算表
令和○年4月分

等級別製品	重量	等価係数	完成品数量	積数	等級別製造原価	製品単価
1級製品	500g	5	3,000個	15,000	1,950,000	¥ 650
2級製品	300〃	❸3	6,000〃	18,000	2,340,000	〃 390
3級製品	100〃	1	17,000〃	17,000	❹2,210,000	〃 130 ❺
				50,000	6,500,000	

(3)
3 級 製 品

前月繰越	360,000	(売上原価)	(❻ 2,310,000)
仕 掛 品	(❹2,210,000)	次月繰越	(260,000)
	(2,570,000)		(2,570,000)

解説 ❶仕掛品勘定の前月繰越は月初仕掛品原価を表す。
¥770,000(月初仕掛品素材費)
+¥315,000(月初仕掛品加工費)=¥1,085,000

❷修繕料消費高
¥60,000(当月支払高)−¥4,000(前月未払高)
+¥8,000(当月未払高)=¥64,000

❸等価係数
1級製品：2級製品：3級製品=500g：300g：100g
=5：3：1

❹3級製品製造原価
$$¥6,500,000 × \frac{17,000(3級製品積数)}{50,000(積数合計)} = ¥2,210,000$$

❺3級製品製品単価
¥2,210,000 ÷ 17,000個=@¥130

❻製品の払出単価の計算は先入先出法であるから、
@¥120×3,000個(月初棚卸高分)
+@¥130×(18,000個−3,000個)(当月製造分)
=¥2,310,000

▶22-8
(1)

		借 方		貸 方	
1月8日		素 材	1,340,000	当座預金	452,000
		工場消耗品	112,000	買 掛 金	1,000,000
11日		仕 掛 品	1,660,000	素 材	1,660,000 ❶
25日		賃 金	1,724,000	所得税預り金	103,000
				健康保険料預り金	62,000
				当座預金	1,559,000
31日	①	仕 掛 品	108,800	工場消耗品	108,800 ❷
	②	仕 掛 品	1,638,000	消費賃金	1,638,000 ❸
	③	仕 掛 品	62,000	健康保険料	62,000
	④	仕 掛 品	736,450	電 力 料	314,000
				保 険 料	28,000
				減価償却費	360,000
				雑 費	34,450
	⑤	1 級製品	1,584,000	仕 掛 品	4,026,000 ❹
		2 級製品	1,650,000		
		3 級製品	792,000		
	⑥	消費賃金	1,652,000	賃 金	1,652,000 ❺
	⑦	賃率差異	14,000	消費賃金	14,000 ❻

(2)
賃 金

1/25 諸 口	1,724,000	1/ 1 前月繰越	257,000
31 次月繰越	185,000	31 消費賃金	1,652,000
	1,909,000		1,909,000

仕 掛 品

1/ 1 前月繰越	456,000	1/31 諸 口	4,026,000
11 素 材	1,660,000	〃 次月繰越	635,250
31 工場消耗品	108,800		
〃 消費賃金	1,638,000		
〃 健康保険料	62,000		
〃 諸 口	736,450		
	4,661,250		4,661,250

(3)
単純総合原価計算表
令和○年1月分

摘 要	素 材 費	加 工 費	合 計
材 料 費	1,660,000	108,800	1,768,800
労 務 費	——	1,700,000	1,700,000
経 費	——	736,450	736,450
計	1,660,000	2,545,250	4,205,250
月初仕掛品原価	254,000	202,000	456,000
計	1,914,000	2,747,250	4,661,250
月末仕掛品原価	❼ 330,000	❽ 305,250	635,250
完成品原価	1,584,000	2,442,000	4,026,000

等級別総合原価計算表
令和○年1月分

等級別製品	容量	等価係数	完成品数量	積数	等級別製造原価	製品単価
1級製品	120L	6	800個	4,800	❿1,584,000	¥ 1,980 ⓫
2級製品	100〃	5	1,000〃	5,000	1,650,000	〃 1,650
3級製品	80〃	4	600〃	2,400	792,000	〃 1,320
				12,200	❾4,026,000	

解説 ❶素材消費高(移動平均法)

平均単価 $\dfrac{¥652,000+¥1,340,000}{1,000\text{kg}+2,000\text{kg}} = @¥664$

消費高 ＝ ＠¥664×2,500kg ＝ ¥1,660,000

❷工場消耗品消費高

＠¥320×(130個＋350個－140個) ＝ ¥108,800

❸賃金予定消費高

＠¥780×2,100時間 ＝ ¥1,638,000

❹等級別総合原価計算表を完成して，各製品の等級別製造原価の金額で仕訳する。

❺賃金実際消費高

当月支払高¥1,724,000(25日)

－前月未払高¥257,000(前月繰越)

＋当月未払高¥185,000(31日⑥) ＝ ¥1,652,000

❻賃率差異

予定消費高¥1,638,000(31日②)

－実際消費高¥1,652,000(31日⑥)

＝ －¥14,000 （借方差異）

❼月末仕掛品素材費(平均法)

$$(¥254,000＋¥1,660,000)×\frac{500個}{2,400個＋500個}$$

＝ ¥330,000

❽月末仕掛品加工費(平均法)

$$(¥202,000＋¥2,545,250)×\frac{500個×60\%}{2,400個＋500個×60\%}$$

＝ ¥305,250

❾単純総合原価計算表の完成品原価合計¥4,026,000を書き写す。

❿1級製品の製造原価

$$¥4,026,000×\frac{4,800}{12,200} ＝ ¥1,584,000$$

⓫1級製品の製品単価

¥1,584,000÷800個 ＝ ¥1,980

23 組別総合原価計算 (p.116)

▶**23-1**

組別総合原価計算表

令和○年1月分

摘　　　要	A　組	B　組	合　計
組直接費			
素 材 費	1,320,000	2,100,000	3,420,000
労 務 費	900,000	1,500,000	2,400,000
経 費	694,000	752,000	1,446,000
組間接費配賦額	(❶ 216,000)	(❶ 324,000)	540,000
当月製造費用	(3,130,000)	(4,676,000)	(7,806,000)
月初仕掛品原価			
素 材 費	330,000	360,000	690,000
加 工 費	260,000	224,000	484,000
計	(3,720,000)	(5,260,000)	(8,980,000)
月末仕掛品原価			
素 材 費	(❷ 264,000)	(❷ 410,000)	(674,000)
加 工 費	(❷ 180,000)	(❷ 300,000)	(480,000)
完成品原価	(3,276,000)	(4,550,000)	(7,826,000)
完成品数量	2,100個	2,500個	——
製品単価	(¥ 1,560)	(¥ 1,820)	——

解説 **❶**組間接費配賦額の計算

A組　¥540,000×40% ＝ ¥216,000

B組　¥540,000×60% ＝ ¥324,000

❷月末仕掛品原価の計算(平均法)

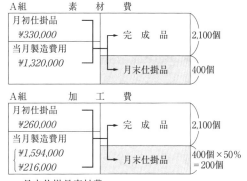

月末仕掛品素材費

$$(¥330,000＋¥1,320,000)$$

$$×\frac{400個}{2,100個＋400個} ＝ ¥264,000$$

月末仕掛品加工費

$$(¥260,000＋¥1,594,000＋¥216,000)$$

$$×\frac{400個×50\%}{2,100個＋400個×50\%} ＝ ¥180,000$$

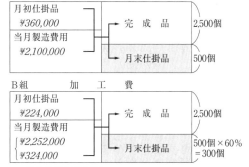

月末仕掛品素材費

$$(¥360,000＋¥2,100,000)×\frac{500個}{2,500個＋500個}$$

＝ ¥410,000

月末仕掛品加工費

$$(¥224,000＋¥2,252,000＋¥324,000)$$

$$×\frac{500個×60\%}{2,500個＋500個×60\%} ＝ ¥300,000$$

▶**23-2**

	借　　　方		貸　　　方		
(1)	A組仕掛品	197,000	材　　料	358,000	
	B組仕掛品	125,000			
	組間接費	36,000			
(2)	A組仕掛品	52,500	組間接費	84,000	❶
	B組仕掛品	31,500			
(3)	A組製品	540,000	A組仕掛品	540,000	❷
	B組製品	380,000	B組仕掛品	380,000	

解説 **❶**組間接費配賦額

$$A組　¥84,000×\frac{¥150,000}{¥150,000＋¥90,000} ＝ ¥52,500$$

$$B組　¥84,000×\frac{¥90,000}{¥150,000＋¥90,000} ＝ ¥31,500$$

❷製品完成高を，A組仕掛品勘定の貸方からA組製品勘定の借方に，B組仕掛品勘定の貸方からB組製品勘定の借方にそれぞれ振り替える。

▶23-3

(1)

組別総合原価計算表

令和○年12月分

摘 要		A 組	B 組
組 直 接 費	素材費	1,190,400	794,400
	加工費	475,200	672,800
組 間 接 費	加工費	❶ 136,800	❶ 167,200
当 月 製 造 費 用		1,802,400	1,634,400
月初仕掛品原価	素材費	283,200	192,000
	加工費	84,000	154,800
計		2,169,600	1,981,200
月末仕掛品原価	素材費	❷ 372,000	❷ 264,800
	加工費	❷ 81,600	❷ 150,000
完 成 品 原 価		1,716,000	1,566,400
完 成 品 数 量		750個	550個
製 品 単 価		¥ 2,288	¥ 2,848

(2)

借 方		貸 方	
A 組 製 品	1,716,000	A 組 仕 掛 品	1,716,000
B 組 製 品	1,566,400	B 組 仕 掛 品	1,566,400

❸

(3)

A 組 仕 掛 品

前 月 繰 越	367,200	(A 組 製 品)	(1,716,000)
素 材	1,190,400	(次 月 繰 越)	(453,600)
諸 口	475,200		
(組 間 接 費)	(136,800) ❶		
	(2,169,600)		(2,169,600)

B 組 仕 掛 品

前 月 繰 越	346,800	(B 組 製 品)	(1,566,400)
素 材	794,400	(次 月 繰 越)	(414,800)
諸 口	672,800		
(組 間 接 費)	(167,200) ❶		
	(1,981,200)		(1,981,200)

A 組 製 品

前 月 繰 越	227,000	売 上 原 価	1,599,800
(A 組 仕 掛 品)	(1,716,000)	(次 月 繰 越)	(343,200)
	(1,943,000)		(1,943,000)

B 組 製 品

前 月 繰 越	114,400	売 上 原 価	1,538,400
(B 組 仕 掛 品)	(1,566,400)	(次 月 繰 越)	(142,400)
	(1,680,800)		(1,680,800)

解説 ❶組間接費配賦額の計算

A組　¥304,000×45％＝¥136,800

B組　¥304,000×55％＝¥167,200

❷月末仕掛品原価の計算（先入先出法）

A組

素材費

$$¥1,190,400×\frac{250個}{(750個-200個)+250個}$$

$$=¥372,000$$

加工費

$$(¥475,200+¥136,800)$$

$$×\frac{250個×40％}{(750個-200個×50％)+250個×40％}$$

$$=¥81,600$$

B組

素材費

$$¥794,400×\frac{200個}{(550個-150個)+200個}$$

$$=¥264,800$$

加工費

$$(¥672,800+¥167,200)$$

$$×\frac{200個×50％}{(550個-150個×60％)+200個×50％}$$

$$=¥150,000$$

❸組別総合原価計算表の各組の完成品原価の金額をもとに仕訳する。

▶23-4

	借 方		貸 方		
(1)	A組仕掛品	559,000	組 間 接 費	860,000	❶
	B組仕掛品	301,000			
(2)	A組仕掛品	2,275,000	組 間 接 費	3,500,000	❷
	B組仕掛品	1,225,000			
(3)	A 組 製 品	4,200,000	A組仕掛品	4,200,000	
	B 組 製 品	3,000,000	B組仕掛品	3,000,000	
(4)	A 組 製 品	7,500,000	A組仕掛品	7,500,000	❸
	B 組 製 品	3,912,000	B組仕掛品	3,912,000	
(5)	A組仕掛品	180,000	外注加工賃	180,000	
	組 間 接 費	117,000	修 繕 料	95,000	
			電 力 料	22,000	
(6)	A組仕掛品	493,000	外注加工賃	493,000	❹

解説 ❶組間接費配賦額

A組

$$¥860,000×\frac{3,250時間}{3,250時間+1,750時間}=¥559,000$$

B組

$$¥860,000×\frac{1,750時間}{3,250時間+1,750時間}=¥301,000$$

❷A組直接費

$$¥3,350,000+¥4,176,000+¥1,574,000$$

$$=¥9,100,000$$

B組直接費

$$¥1,650,000+¥2,024,000+¥1,226,000$$

$$=¥4,900,000$$

組間接費

$$¥570,000+¥980,000+¥1,950,000=¥3,500,000$$

よって，組間接費配賦額は，

A組

$$¥3,500,000×\frac{¥9,100,000}{¥9,100,000+¥4,900,000}$$

$$=¥2,275,000$$

B組

$$¥3,500,000×\frac{¥4,900,000}{¥9,100,000+¥4,900,000}$$

$$=¥1,225,000$$

❸完成品原価＝月初仕掛品原価＋当月製造費用－月末仕掛品原価であるから，

A組

$$¥525,000+¥7,640,000-¥665,000$$

$$=¥7,500,000$$

B組

$$¥417,000+¥4,059,000-¥564,000$$

$$=¥3,912,000$$

❹外注加工賃消費高

¥490,000（当月支払高）＋¥15,000（前月前払高）
－¥12,000（当月前払高）＝¥493,000

▶23-5

(1)

組別総合原価計算表
令和○年6月分

摘　　　　要		A　　組	B　　組
組直接費	素材費	4,050,000	1,955,000
	加工費	3,470,000	1,292,000
組間接費	加工費	❶ 630,000	❶ 270,000
当月製造費用		8,150,000	3,517,000
月初仕掛品原価	素材費	955,000	411,000
	加工費	477,000	183,000
	計	9,582,000	4,111,000
月末仕掛品原価	素材費	❷ 1,350,000	510,000
	加工費	600,000	❸ 213,000
完成品原価		7,632,000	3,388,000
完成品数量		4,000個	2,200個
製品単価		¥ 1,908	¥ 1,540

(2)

A 組 仕 掛 品

前 月 繰 越	1,432,000	（A 組 製 品）（ 7,632,000 ） ❹	
素　　　　材	4,050,000	次 月 繰 越 （ 1,950,000 ）	
労　　　　務　費	（ 2,520,000 ）		
経　　　　費	（ 950,000 ）		
❶（組 間 接 費）（ 630,000 ）			
	（ 9,582,000 ）	（ 9,582,000 ）	

解説 ❶組間接費合計

¥229,000＋¥559,000＋¥112,000＝¥900,000

組間接配賦額

A組

$$¥900,000 \times \frac{¥2,520,000}{¥2,520,000＋¥1,080,000}$$

$$＝¥630,000$$

B組

$$¥900,000 \times \frac{¥1,080,000}{¥2,520,000＋¥1,080,000}$$

$$＝¥270,000$$

❷A組月末仕掛品素材費（先入先出法）

$$¥4,050,000 \times \frac{1,500個}{（4,000個－1,000個）＋1,500個}$$

$$＝¥1,350,000$$

❸B組月末仕掛品加工費（先入先出法）

（¥1,292,000＋¥270,000）

$$\times \frac{600個 \times 50\%}{（2,200個－500個 \times 60\%）＋600個 \times 50\%}$$

$$＝¥213,000$$

❹組別総合原価計算表のA組の完成品原価
¥7,632,000を記入する。

▶23-6

(1)

借　　　　方		貸　　　　方		
A 組 仕 掛 品	1,540,000	組 間 接 費	2,800,000	❶
B 組 仕 掛 品	1,260,000			

(2)

組別総合原価計算表
令和○年1月分

摘　　　　要		A　　組	B　　組
組直接費	素材費	2,172,000	2,746,000
	加工費	2,063,000	1,859,000
組間接費	加工費	❶ 1,540,000	❶ 1,260,000
当月製造費用		5,775,000	5,865,000
月初仕掛品原価	素材費	450,000	710,000
	加工費	372,000	489,000
	計	6,597,000	7,064,000
月末仕掛品原価	素材費	342,000	❷ 576,000
	加工費	❸ 225,000	328,000
完成品原価		6,030,000	6,160,000
完成品数量		3,000個	4,000個
製品単価		¥ 2,010	¥ 1,540

(3)

A 組 仕 掛 品

前 月 繰 越	822,000	（A 組 製 品）（ 6,030,000 ） ❹	
素　　　　材	2,172,000	次 月 繰 越 （ 567,000 ）	
労　　　　務　費	1,925,000		
経　　　　費	138,000		
❶（組 間 接 費）（ 1,540,000 ）			
	（ 6,597,000 ）	（ 6,597,000 ）	

解説 ❶組間接費合計

¥524,000＋¥1,645,000＋¥631,000＝¥2,800,000

組間接費配賦額

A組

$$¥2,800,000 \times \frac{¥1,925,000}{¥1,925,000＋¥1,575,000}$$

$$＝¥1,540,000$$

B組

$$¥2,800,000 \times \frac{¥1,575,000}{¥1,925,000＋¥1,575,000}$$

$$＝¥1,260,000$$

❷B組月末仕掛品素材費（平均法）

$$（¥710,000＋¥2,746,000） \times \frac{800個}{4,000個＋800個}$$

$$＝¥576,000$$

❸A組月末仕掛品加工費（平均法）

（¥372,000＋¥2,063,000＋¥1,540,000）

$$\times \frac{450個 \times 40\%}{3,000個＋450個 \times 40\%}＝¥225,000$$

❹組別総合原価計算表のA組の完成品原価
¥6,030,000を記入する。

▶**23-7**

(1)

		借　　　方		貸　　　方	
6月 3日		A組仕掛品	3,150,000	素　　　材	3,150,000
5日		素　　　材	3,825,000	当座預金	4,305,000
		工場消耗品	480,000		
7日		B組仕掛品	2,888,000	素　　　材	2,888,000 ❶
25日		賃　　　金	1,792,000	所得税預り金	172,000
		従業員賞与手当	336,000	健康保険料預り金	93,000
				当座預金	1,863,000
30日	①	組間接費	482,000	工場消耗品	482,000 ❷
	②	A組仕掛品	765,000	消費賃金	1,710,000
		B組仕掛品	828,000		
		組間接費	117,000		❸
	③	組間接費	680,000	従業員賞与手当	680,000
	④	組間接費	93,000	健康保険料	93,000
	⑤	A組仕掛品	249,000	外注加工賃	568,000
		B組仕掛品	319,000		
	⑥	組間接費	1,028,000	電　力　料	315,000
				保　険　料	84,000
				減価償却費	629,000
	⑦	A組仕掛品	960,000	組間接費	2,400,000 ❹
		B組仕掛品	1,440,000		
	⑧	A組製品	4,800,000	A組仕掛品	4,800,000 ❺
		B組製品	5,560,000	B組仕掛品	5,560,000
	⑨	消費賃金	1,748,000	賃　　　金	1,748,000
	⑩	賃率差異	38,000	消費賃金	38,000 ❻

(2)

組別総合原価計算表

令和○年6月分

摘　　　要		A　　組	B　　組
組直接費	素材費	3,150,000	2,888,000
	加工費	1,014,000	1,147,000
組間接費	加工費	960,000	1,440,000
当月製造費用		5,124,000	5,475,000
月初仕掛品原価	素材費	560,000	568,000
	加工費	148,000	168,000
計		5,832,000	6,211,000
月末仕掛品原価	素材費	❼ 750,000	456,000
	加工費	282,000	❽ 195,000
完成品原価		4,800,000	5,560,000
完成品数量		2,000個	4,000個
製品単価	¥	2,400	¥ 1,390

(3)

6月末の賃金未払高	¥	❾ 460,000

解説 ❶素材消費高（移動平均法）

平均単価 $\dfrac{@¥750×2,500個+¥3,825,000}{2,500個+5,000個}=@¥760$

消費高　@¥760×3,800個＝¥2,888,000

❷工場消耗品消費高

@¥20×（2,850個＋24,000個－2,750個）＝¥482,000

❸賃金予定消費高

A組　@¥900×850時間＝¥765,000

B組　@¥900×920時間＝¥828,000

組間接費　@¥900×130時間＝¥117,000

❹組間接費合計

¥482,000＋¥117,000＋¥680,000＋¥93,000

＋¥1,028,000（30日①②③④⑥）＝¥2,400,000

組間接費配賦額

A組

$¥2,400,000×\dfrac{500時間}{500時間+750時間}=¥960,000$

B組

$¥2,400,000×\dfrac{750時間}{500時間+750時間}=¥1,440,000$

❺組別総合原価計算表を完成してから，各組の完成品原価の金額で仕訳する。

❻賃率差異

予定消費高¥1,710,000（30日②）

－実際消費高¥1,748,000（30日⑨）

＝－¥38,000（借方差異）

❼A組月末仕掛品素材費（先入先出法）

$¥3,150,000×\dfrac{500個}{(2,000個-400個)+500個}$

＝¥750,000

❽B組月末仕掛品加工費（先入先出法）

（¥1,147,000＋¥1,440,000）

$×\dfrac{600個×50\%}{(4,000個-800個×40\%)+600個×50\%}$

＝¥195,000

❾

賃	金
当月支払高 ¥1,792,000	前月未払高 ¥504,000
当月未払高	当月実際消費高 ¥1,748,000

¥504,000＋¥1,748,000－¥1,792,000＝¥460,000

▶**23-8**

(1)

	借　　　方		貸　　　方	
1月31日⑨	消費材料	4,565,000	素　　　材	4,565,000 ❶

(2)

消費賃金

1/31 賃　　金	3,576,000	1/31 諸　　口	3,600,000 ❷
〃 賃率差異 ❸	24,000		
	3,600,000		3,600,000

組間接費

1/31 工場消耗品 ❹	339,000	1/31 諸　　口	2,145,000
〃 消費賃金	300,000		
〃 健康保険料	149,000		
〃 諸　　口	1,357,000		
	2,145,000		2,145,000

A組仕掛品

1/1 前月繰越	1,504,000	1/31 A組製品	6,000,000 ❼
31 消費材料 ❺	2,296,000	〃 次月繰越	1,132,000
〃 消費賃金	1,800,000		
〃 外注加工賃	245,000		
〃 組間接費 ❻	1,287,000		
	7,132,000		7,132,000

— 42 —

(3)
組別総合原価計算表
令和○年1月分

摘　　　要		A　組	B　組
組直接費	素材費	2,296,000	2,214,000
	加工費	2,045,000	1,574,000
組間接費	加工費	1,287,000	858,000
当月製造費用		5,628,000	4,646,000
月初仕掛品原価	素材費	820,000	492,000
	加工費	684,000	236,000
計		7,132,000	5,374,000
月末仕掛品原価	素材費	❽ 656,000	246,000
	加工費	476,000	❾ 128,000
完成品原価		6,000,000	5,000,000
完成品数量		1,500個	1,000個
製品単価		¥　4,000	¥　5,000

(4)

1月末の賃金未払高　　　¥	❿ 1,043,000

解説 ❶素材実際消費高(総平均法)

平均単価 $\dfrac{¥1,600,000 + ¥5,040,000}{2,000個 + 6,000個} = @¥830$

消費高　@¥830 × 5,500個 = ¥4,565,000

❷賃金予定消費高

@¥1,500 × (1,200時間 + 1,000時間 + 200時間)
= ¥3,600,000

❸賃率差異

予定消費高¥3,600,000(31日③)
－実際消費高¥3,576,000(31日⑩)
= ¥24,000 (貸方差異)

❹工場消耗品消費高

@¥30 × (3,200個 + 12,000個 − 3,900個) = ¥339,000

❺A組素材予定消費高

@¥820 × 2,800個 = ¥2,296,000

❻組間接費

A組配賦額

$¥2,145,000 × \dfrac{4,290時間}{4,290時間 + 2,860時間}$

= ¥1,287,000

❼組別総合原価計算表を完成したあと，A組の完成品原価の金額を記入する。

❽A組月末仕掛品素材費(先入先出法)

$¥2,296,000 × \dfrac{400個}{(1,500個 − 500個) + 400個}$

= ¥656,000

❾B組月末仕掛品加工費(先入先出法)

$(¥1,574,000 + ¥858,000)$

$× \dfrac{100個 × 50\%}{(1,000個 − 200個 × 50\%) + 100個 × 50\%}$

= ¥128,000

❿

賃	金
当月支払高 ¥3,725,000	前月未払高 ¥1,192,000
当月未払高	当月実際消費高 ¥3,576,000

¥1,192,000 + ¥3,576,000 − ¥3,725,000 = ¥1,043,000

なお，取引のすべての仕訳を示すと次のようになる。

1/9	(借)素　　材	5,040,000	(貸)買　掛　金	5,400,000
	工場消耗品	360,000		
24	(借)賃　　金	3,725,000	(貸)所得税預り金	298,000
			健康保険料預り金	149,000
			当座預金	3,278,000
31①	(借)A組仕掛品	2,296,000	❺(貸)消費材料	4,510,000
	B組仕掛品	2,214,000		
②	(借)組間接費	339,000	(貸)工場消耗品	339,000 ❹
③	(借)A組仕掛品	1,800,000	(貸)消費賃金	3,600,000 ❷
	B組仕掛品	1,500,000		
	組間接費	300,000		
④	(借)組間接費	149,000	(貸)健康保険料	149,000
⑤	(借)A組仕掛品	245,000	(貸)外注加工賃	319,000
	B組仕掛品	74,000		
⑥	(借)組間接費	1,357,000	(貸)電　力　料	426,000
			保　険　料	213,000
			減価償却費	718,000
⑦	(借)A組仕掛品	1,287,000 ❻	(貸)組間接費	2,145,000
	B組仕掛品	858,000		
⑧	(借)A組製品	6,000,000	(貸)A組仕掛品	6,000,000
	B組製品	5,000,000	B組仕掛品	5,000,000
⑨	(借)消費材料	4,565,000	(貸)素　　材	4,565,000 ❶
⑩	(借)消費賃金	3,576,000	(貸)賃　　金	3,576,000
⑪	(借)材料消費価格差異	55,000	(貸)消費材料	55,000
⑫	(借)消費賃金	24,000	(貸)賃率差異	24,000 ❸

◎工程別総合原価計算

㉔ 工程別総合原価計算（p.126）

▶24-1

工程別総合原価計算表

摘　　　要		第1工程	第2工程
工 程 個 別 費		560,000	880,000
部門共通費配賦額	❶	40,000	❶ 50,000
補助部門費配賦額	❷	180,000	❷ 120,000
前 工 程 費		――	❸ 750,000
当 月 製 造 費 用		780,000	1,800,000
月初仕掛品原価		120,000	200,000
計		900,000	2,000,000
月末仕掛品原価		150,000	300,000
工程完成品原価	❸	750,000	1,700,000
工程完成品数量		2,500個	2,000個
工程完成品単価	¥	300 ¥	850

解説 ❶部門共通費の配賦額
- 第１工程 ¥100,000×40%＝¥40,000
- 第２工程 ¥100,000×50%＝¥50,000
- 補助部門 ¥100,000×10%＝¥10,000

❷補助部門費の配賦額
- 補助部門費 ¥290,000＋¥10,000＝¥300,000
- 第１工程 ¥300,000×60%＝¥180,000
- 第２工程 ¥300,000×40%＝¥120,000

❸資料⑥より前工程費の欄には，第１工程の完成品原価¥750,000が記入される。

▶24-2

	借　　方		貸　　方	
(1)	第１工程仕掛品	400,000	賃　　金	810,000
	第２工程仕掛品	300,000		
	補助部門費	100,000		
	部門共通費	10,000		
(2)	第１工程仕掛品	48,000	部門共通費	120,000
	第２工程仕掛品	60,000		
	補助部門費	12,000		
(3)	第１工程仕掛品	100,000	補助部門費	250,000
	第２工程仕掛品	150,000		

▶24-3

	借　　方		貸　　方	
(1)	第２工程仕掛品	1,300,000	第１工程仕掛品	1,300,000
	製　　品	1,800,000	第２工程仕掛品	1,800,000
(2)	第１工程半製品	900,000	第１工程仕掛品	900,000
	第２工程仕掛品	720,000	第１工程半製品	720,000
(3)	製　　品	500,000	第３工程仕掛品	500,000

▶24-4

(1)

工程別総合原価計算表

摘　　　要		第1工程	第2工程
工程個別費　素材費		270,000	165,000
前工程費		――	❹ 372,000
労務費		162,000	98,000
経費		108,000	62,000
部門共通費配賦額		112,000	104,000
補助部門費配賦額	❶	70,000	❶ 30,000
当 月 製 造 費 用		722,000	831,000
月初仕掛品原価		22,000	56,000
計		744,000	887,000
月末仕掛品原価	❷	74,400	131,000
工程完成品原価		669,600	756,000
工程完成品数量		1,800個	1,000個
工 程 単 価	¥	❸ 372 ¥	756

(2)

借　　方		貸　　方	
第１工程半製品	669,600	第１工程仕掛品	669,600
第２工程仕掛品	372,000	第１工程半製品	372,000
第２工程仕掛品	372,000	第１工程仕掛品	669,600
第１工程半製品	❺ 297,600		

解説 ❶補助部門費配賦額
- 第１工程 ¥100,000×70%＝¥70,000
- 第２工程 ¥100,000×30%＝¥30,000

❷月末仕掛品原価（平均法）
第１工程
$$(月初仕掛品原価¥22,000＋当月製造費用¥722,000) \times \frac{400個×50\%}{1,800個＋400個×50\%}＝¥74,400$$

❸第１工程完成品単価 ¥669,600÷1,800個＝@¥372

❹前工程費 @¥372×1,000個＝¥372,000

❺第１工程半製品 @¥372×800個＝¥297,600

▶24-5

(1)

工程別総合原価計算表

摘　　　要		第1工程	第2工程
工程個別費　素材費		1,000,000	540,000
前工程費		――	❷ 1,600,000
労務費		298,000	251,000
経費		131,000	150,000
部門共通費配賦額		105,000	84,000
補助部門費配賦額		159,000	106,000
当 月 製 造 費 用		1,693,000	2,731,000
月初仕掛品原価		225,000	552,000
計		1,918,000	3,283,000
月末仕掛品原価	❶	318,000	903,000
工程完成品原価		1,600,000	2,380,000
工程完成品数量		800個	700個
工 程 単 価	¥	2,000 ¥	3,400

(2)

第２工程の月末仕掛品原価に含まれる前工程費	¥	❸ 588,000

解説 ❶第１工程月末仕掛品原価（平均法）
素材費
$$(¥180,000＋¥1,000,000) \times \frac{200個}{800個＋200個}$$
$$＝¥236,000$$

― 44 ―

加工費

$(¥45,000 + ¥298,000 + ¥131,000 + ¥105,000 + ¥159,000)$

$\times \dfrac{200個 \times 50\%}{800個 + 200個 \times 50\%} = ¥82,000$

$¥236,000 + ¥82,000 = ¥318,000$

❷第1工程から第2工程に投入した第1工程の完成品原価は，第2工程の当月製造費用に前工程費として加算される。

第1工程の完成品数量800個と第2工程の当月投入量800個が同じ数量なので，第1工程の完成品がすべて第2工程に投入されたことがわかる。したがって，前工程費には第1工程の完成品原価と同じ金額が記入される。

❸前工程費（平均法）

$(¥360,000 + ¥1,600,000) \times \dfrac{300個}{700個 + 300個}$

$= ¥588,000$

▶24-6

	借　　方		貸　　方		
(1)	第2工程仕掛品	5,290,000	第1工程仕掛品	5,290,000	❶
	製　　品	6,410,000	第2工程仕掛品	6,410,000	
(2)	第1工程半製品	1,850,000	第1工程仕掛品	1,850,000	
	第2工程仕掛品	2,250,000	第1工程半製品	2,250,000	❷
	製　　品	3,010,000	第2工程仕掛品	3,010,000	
(3)	第1工程半製品	2,670,000	第1工程仕掛品	2,670,000	
	第2工程仕掛品	1,945,000	第1工程半製品	1,945,000	
	製　　品	3,180,000	第2工程仕掛品	3,180,000	
(4)	第2工程仕掛品	3,500,000	第1工程仕掛品	3,500,000	❸
	製　　品	5,200,000	第2工程仕掛品	5,200,000	
(5)	売　掛　金	2,160,000	売　　上	2,160,000	❹
	売上原価	1,800,000	第1工程半製品	1,800,000	

解説 ❶工程別総合原価計算表にもとづいて，各工程の完成品原価を振り替える仕訳をおこなう。問題の指示により，第1工程の完成品原価はすべて第2工程仕掛品勘定に振り替える。

❷問題の指示により，第1工程の完成品原価はすべて第1工程半製品勘定に振り替える。第2工程には第1工程半製品勘定から振り替える。

❸工程別総合原価計算表の各工程の完成品原価の金額で仕訳する。

第1工程　¥3,500,000

第2工程　¥5,200,000

❹第1工程半製品¥1,800,000を売上原価勘定に振り替える。

▶24-7

(1)
工程別総合原価計算表
令和○年6月分

摘　　　　要	第1工程	第2工程
工程個別費　素材費	1,827,000	——
前工程費	——	❹ 3,145,000
労務費	1,210,000	940,000
経費	312,000	335,000
部門共通費配賦額	230,000	210,000
補助部門費配賦額	❶ 110,000	❶ 90,000
当月製造費用	3,689,000	4,720,000
月初仕掛品原価	536,000	1,470,000
計	4,225,000	6,190,000
月末仕掛品原価	❷ 625,000	1,150,000
工程完成品原価	❸ 3,600,000	5,040,000
工程完成品数量	2,000個	1,800個
工程単価 ¥	1,800	¥ 2,800

(2)

¥	❺ 925,000

(3)
第1工程半製品

前月繰越	985,000	第2工程仕掛品	(3,145,000) ❹
❸（第1工程仕掛品）	(3,600,000)	売上原価	900,000
		次月繰越	(540,000)
	(4,585,000)		(4,585,000)

解説 ❶補助部門費配賦額

$¥143,000 + ¥41,000 + ¥16,000 = ¥200,000$

第1工程　$¥200,000 \times 55\% = ¥110,000$

第2工程　$¥200,000 \times 45\% = ¥90,000$

❷第1工程月末仕掛品原価（先入先出法）

素材費

$¥1,827,000 \times \dfrac{500個}{(2,000個 - 400個) + 500個}$

$= ¥435,000$

加工費

$(¥1,210,000 + ¥312,000 + ¥230,000 + ¥110,000)$

$\times \dfrac{500個 \times 40\%}{(2,000個 - 400個 \times 60\%) + 500個 \times 40\%}$

$= ¥190,000$

$¥435,000 + ¥190,000 = ¥625,000$

❸ただし書き i より，第1工程の完成品原価を用いて，次の仕訳がおこなわれ，各勘定に転記される。

（借）第1工程半製品 3,600,000　（貸）第1工程仕掛品 3,600,000

❹資料 d より，¥3,145,000が記入される。また，次の仕訳がおこなわれ，各勘定に記入される。

（借）第2工程仕掛品 3,145,000　（貸）第1工程半製品 3,145,000

❺前工程費（先入先出法）

$¥3,145,000 \times \dfrac{500個}{(1,800個 - 600個) + 500個}$

$= ¥925,000$

▶24-8

(1)
工程別総合原価計算表
令和○年1月分

摘要		第1工程	第2工程
工程個別費	素材費	1,817,000	——
	前工程費	——	❹ 2,916,000
	労務費	1,380,000	920,000
	経費	376,000	352,000
部門共通費配賦額		128,000	112,000
補助部門費配賦額		❶ 156,000	❶ 104,000
当月製造費用		3,857,000	4,404,000
月初仕掛品原価		460,000	1,116,000
計		4,317,000	5,520,000
月末仕掛品原価		❷ 242,000	820,000
工程完成品原価		❸ 4,075,000	4,700,000
工程完成品数量		2,500個	2,000個
工程単価		¥ 1,630	¥ 2,350

(2)
¥ ❺ 640,000

(3)
第1工程半製品

前月繰越	785,000	第2工程仕掛品	2,916,000
❸(第1工程仕掛品)(4,075,000)		売上原価 (1,134,000) ❻	
		次月繰越 (810,000)	
	(4,860,000)		(4,860,000)

解説 ❶補助部門費配賦額

¥142,000 + ¥38,000 + ¥80,000 = ¥260,000
第1工程　¥260,000×60% = ¥156,000
第2工程　¥260,000×40% = ¥104,000

❷第1工程月末仕掛品原価(平均法)
素材費

$$(¥316,000 + ¥1,817,000) \times \frac{200個}{2,500個 + 200個}$$

= ¥158,000
加工費
(¥144,000 + ¥1,380,000 + ¥376,000

$$+ ¥128,000 + ¥156,000) \times \frac{200個 \times 50\%}{2,500個 + 200個 \times 50\%}$$

= ¥84,000
¥158,000 + ¥84,000 = ¥242,000

❸ただし書き i より，第1工程の完成品原価を用い
て，次の仕訳がおこなわれ，各勘定に転記される。
(借)第1工程半製品 4,075,000　(貸)第1工程仕掛品 4,075,000

❹資料 d より，次工程に引き渡した第1工程の半製
品1,800個の金額が記入される。
1,800個×¥1,620(払出単価) = ¥2,916,000

❺前工程費(平均法)

$$(¥924,000 + ¥2,916,000) \times \frac{400個}{2,000個 + 400個}$$

= ¥640,000

❻資料 d より，外部に販売された700個について次
の仕訳がおこなわれ，各勘定に転記される。
700個×¥1,620(払出単価) = ¥1,134,000
(借)売上原価 1,134,000　(貸)第1工程半製品 1,134,000

▶24-9

(1)
工程別総合原価計算表
令和○年1月分

摘要		第1工程	第2工程
工程個別費	素材費	5,250,000	——
	前工程費	——	❹ 8,280,000
	労務費	2,880,000	4,320,000
	経費	453,000	718,000
部門共通費配賦額		551,000	890,000
補助部門費配賦額		❶ 416,000	❶ 624,000
当月製造費用		9,550,000	14,832,000
月初仕掛品原価		1,502,000	3,498,000
計		11,052,000	18,330,000
月末仕掛品原価		❷ 1,692,000	3,130,000
工程完成品原価		❸ 9,360,000	15,200,000
工程完成品数量		2,000個	1,900個
工程単価		¥ 4,680	¥ 8,000

(2)
¥ ❺ 2,260,000

(3)
第1工程半製品

前月繰越	1,680,000	第2工程仕掛品	8,280,000
❸(第1工程仕掛品)(9,360,000)		売上原価 (920,000) ❻	
		次月繰越 (1,840,000)	
	(11,040,000)		(11,040,000)

解説 ❶補助部門費配賦額

¥869,000 + ¥76,000 + ¥95,000 = ¥1,040,000
第1工程　¥1,040,000×40% = ¥416,000
第2工程　¥1,040,000×60% = ¥624,000

❷第1工程月末仕掛品原価(平均法)
素材費

$$(¥1,050,000 + ¥5,250,000) \times \frac{500個}{2,000個 + 500個}$$

= ¥1,260,000
加工費
(¥452,000 + ¥2,880,000 + ¥453,000 + ¥551,000 + ¥416,000)

$$\times \frac{500個 \times 40\%}{2,000個 + 500個 \times 40\%} = ¥432,000$$

¥1,260,000 + ¥432,000 = ¥1,692,000

❸ただし書き i より，第1工程の完成品原価を用い
て，次の仕訳がおこなわれ，各勘定に転記される。
(借)第1工程半製品 9,360,000　(貸)第1工程仕掛品 9,360,000

❹資料 d より，次工程に引き渡した第1工程の半製
品1,800個の金額が記入される。
1,800個×¥4,600(払出単価) = ¥8,280,000

❺前工程費(平均法)

$$(¥2,568,000 + ¥8,280,000) \times \frac{500個}{1,900個 + 500個}$$

= ¥2,260,000

❻資料 d より，外部に販売された200個について次
の仕訳がおこなわれ，各勘定に転記される。
200個×¥4,600 (払出単価) = ¥920,000
(借)売上原価 920,000　(貸)第1工程半製品 920,000

25 総合原価計算における減損・仕損じの処理 (p.134)

▶25-1

月末仕掛品原価 ¥ ❶270,900	完成品原価 ¥❷2,016,000

解説 ❶月末仕掛品原価(平均法)

減損は工程の始点で発生

→減損費は完成品と月末仕掛品の両者に負担させる。

→減損数量を無視して計算する。

月末仕掛品原料費

$(¥288,600 + ¥1,152,000) \times \dfrac{210\text{kg}}{1,260\text{kg} + 210\text{kg}}$

$= ¥205,800$

月末仕掛品加工費

$(¥117,300 + ¥729,000) \times \dfrac{210\text{kg} \times 50\%}{1,260\text{kg} + 210\text{kg} \times 50\%}$

$= ¥65,100$

月末仕掛品原価

$¥205,800 + ¥65,100 = ¥270,900$

❷完成品原価

$¥405,900 + (¥1,152,000 + ¥729,000) - ¥270,900$

$= ¥2,016,000$

▶**25-2**

月末仕掛品原価 ¥ ❶ 643,300	完成品原価 ¥❷3,048,000
完成品単価 ¥ ❸ 1,270	

解説 ❶月末仕掛品原価(先入先出法)

減損は工程の始点で発生

→減損費は完成品と月末仕掛品の両者に負担させる。

→減損数量を無視して計算する。

月末仕掛品原料費

$¥1,170,000 \times \dfrac{700\text{kg}}{(2,400\text{kg} - 600\text{kg}) + 700\text{kg}} = ¥327,600$

月末仕掛品加工費

$¥2,086,900 \times \dfrac{700\text{kg} \times 55\%}{(2,400\text{kg} - 600\text{kg} \times 40\%) + 700\text{kg} \times 55\%}$

$= ¥315,700$

月末仕掛品原価

$¥327,600 + ¥315,700 = ¥643,300$

❷完成品原価

$¥434,400 + (¥1,170,000 + ¥2,086,900) - ¥643,300$

$= ¥3,048,000$

❸完成品単価

$¥3,048,000 ÷ 2,400\text{kg} = ¥1,270$

▶**25-3**

月末仕掛品原価 ¥ ❶ 308,700	完成品原価 ¥❷2,347,800
完成品単価 ¥ ❸ 1,118	

解説 ❶月末仕掛品原価(平均法)

減損は工程の終点で発生

→減損費は完成品のみに負担させる。

→減損数量を完成品数量に加えて計算する。

月末仕掛品原料費

$(¥340,000 + ¥1,340,000)$

$\times \dfrac{350\text{kg}}{(2,100\text{kg} + 50\text{kg}) + 350\text{kg}} = ¥235,200$

月末仕掛品加工費

$(¥117,900 + ¥550,000 + ¥308,600)$

$\times \dfrac{350\text{kg} \times 50\%}{(2,100\text{kg} + 50\text{kg}) + 350\text{kg} \times 50\%} = ¥73,500$

月末仕掛品原価

$¥235,200 + ¥73,500 = ¥308,700$

❷完成品原価

$¥457,900 + (¥1,340,000 + ¥550,000 + ¥308,600) - ¥308,700$

$= ¥2,347,800$

❸完成品単価

$¥2,347,800 ÷ 2,100\text{kg} = ¥1,118$

▶**25-4**

月末仕掛品原価 ¥ ❶ 763,350	完成品原価 ¥❷3,312,000
完成品単価 ¥ ❸ 1,380	

解説 ❶月末仕掛品原価(先入先出法)

減損は工程の終点で発生

→減損費は完成品のみに負担させる。

→減損数量を完成品数量に加えて計算する。

月末仕掛品原料費

$¥2,122,200 \times \dfrac{700\text{kg}}{(2,400\text{kg} + 120\text{kg} - 600\text{kg}) + 700\text{kg}}$

$= ¥567,000$

月末仕掛品加工費

$(¥856,500 + ¥441,450)$

$\times \dfrac{700\text{kg} \times 55\%}{(2,400\text{kg} + 120\text{kg} - 600\text{kg} \times 60\%) + 700\text{kg} \times 55\%}$

$= ¥196,350$

月末仕掛品原価

$¥567,000 + ¥196,350 = ¥763,350$

❷完成品原価

$¥655,200 + (¥2,122,200 + ¥856,500 + ¥441,450)$

$- ¥763,350 = ¥3,312,000$

❸完成品単価

$¥3,312,000 ÷ 2,400\text{kg} = ¥1,380$

▶**25-5**

	借	方	貸	方
(1)	仕 損 品	45,000	仕 掛 品	45,000
(2)	仕 損 品	75,000	第2工程仕掛品	75,000

▶**25-6**

月末仕掛品原価 ¥ ❶ 545,200	完成品原価 ¥❷7,280,000

解説 ❶月末仕掛品原価(平均法)

原料費

$(¥447,500 + ¥3,796,000)$

$\times \dfrac{400\text{kg}}{(4,000\text{kg} + 100\text{kg}) + 400\text{kg}} = ¥377,200$

月末仕掛品原料費の計算において，仕損費は完成品負担なので，当月製造費用から控除しない。

加工費

$(¥159,800 + ¥3,452,200)$

$\times \dfrac{400\text{kg} \times 50\%}{(4,000\text{kg} + 100\text{kg}) + 400\text{kg} \times 50\%} = ¥168,000$

$¥377,200 + ¥168,000 = ¥545,200$

❷完成品原価

$¥607,300 + (¥3,796,000 + ¥3,452,200) - ¥545,200$

$- ¥30,300 = ¥7,280,000$

▶**25-7**

仕　掛　品

前 月 繰 越	372,800	製 品	(3,980,000)
素 材	(1,616,000)	仕 損 品	(28,400)
労 務 費	(1,825,000)	次 月 繰 越	(394,800)
経 費	(589,400)		
	(4,403,200)		(4,403,200)

月末仕掛品素材費	¥	❶ 226,800

月末仕掛品加工費	¥	❷ 168,000

解説 ❶月末仕掛品素材費（先入先出法）
$(¥1,616,000 - ¥28,400)$

$$\times \frac{700\text{kg}}{(5,000\text{kg} - 800\text{kg}) + 700\text{kg}} = ¥226,800$$

月末仕掛品素材費の計算において，仕損費は完成品と月末仕掛品に負担させるので，仕損品の評価額を当月製造費用から控除する。

❷月末仕掛品加工費（先入先出法）
$(¥1,825,000 + ¥589,400)$

$$\times \frac{700\text{kg} \times 50\%}{(5,000\text{kg} - 800\text{kg} \times 40\%) + 700\text{kg} \times 50\%}$$
$= ¥168,000$

▶ **25-8**

¥	1,995

解説 月末仕掛品原価（平均法）
正常減損は工程の終点で発生
→減損費は完成品のみに負担させる。
→減損数量を完成品数量に加えて計算する。
素材費
$(¥348,000 + ¥3,292,000)$

$$\times \frac{800\text{kg}}{(5,600\text{kg} + 100\text{kg}) + 800\text{kg}} = ¥448,000$$

加工費
$(¥405,000 + ¥8,247,000)$

$$\times \frac{800\text{kg} \times 60\%}{(5,600\text{kg} + 100\text{kg}) + 800\text{kg} \times 60\%} = ¥672,000$$

$¥448,000 + ¥672,000 = ¥1,120,000$
完成品原価
$(¥348,000 + ¥405,000) + (¥3,292,000 + ¥8,247,000)$
$- ¥1,120,000 = ¥11,172,000$
完成品単価
$¥11,172,000 \div 5,600\text{kg} = ¥1,995$

▶ **25-9**

(1)

単純総合原価計算表

令和○年1月分

摘　　要	素　材　費	加　工　費	合　　計
材　料　費	3,075,000	615,000	3,690,000
労　務　費	——	❷ 6,145,000	6,145,000
経　　費	——	❸ 1,539,000	1,539,000
計	❶ 3,075,000	❶ 8,299,000	11,374,000
月初仕掛品原価	801,000	820,000	1,621,000
計	3,876,000	9,119,000	12,995,000
月末仕掛品原価	❹ 646,000	❹ 829,000	1,475,000
完成品原価	3,230,000	8,290,000	11,520,000
完成品数量	2,000kg	2,000kg	2,000kg
製品/kgあたりの原価	¥　1,615	¥　4,145	¥　5,760

(2)

¥	240,000	❺

解説 ❶資料cの金額を記入する。
素材費　¥3,075,000　加工費　¥8,299,000
❷資料の仕掛品勘定の賃金から健康保険料までを合計した金額を記入する。
$¥5,420,000 + ¥652,000 + ¥73,000 = ¥6,145,000$
❸❶の金額から❷と工場消耗品の金額を差し引いた

金額を記入する。
$¥8,299,000 - ¥6,145,000 - ¥615,000 = ¥1,539,000$
❹月末仕掛品原価（平均法）
正常減損は工程の始点で発生
→正常減損は完成品と月末仕掛品の両者に負担させる。
→減損数量を無視して計算する。
素材費
$(¥801,000 + ¥3,075,000)$

$$\times \frac{400\text{kg}}{2,000\text{kg} + 400\text{kg}} = ¥646,000$$

加工費
$(¥820,000 + ¥8,299,000)$

$$\times \frac{400\text{kg} \times 50\%}{2,000\text{kg} + 400\text{kg} \times 50\%} = ¥829,000$$

❺❸から仕掛品勘定の電力料と雑費の金額を差し引く。
$¥1,539,000 - ¥910,000 - ¥389,000 = ¥240,000$

▶ **25-10**

(1)

組別総合原価計算表

令和○年6月分

摘　　　　要	A　　組	B　　組
組直接費　素材費	3,965,000	4,305,000
加工費	3,580,000	3,717,000
組間接費　加工費	❶ 380,000	❶ 420,000
当月製造費用	7,925,000	8,442,000
月初仕掛品原価　素材費	903,000	417,000
加工費	372,000	201,000
計	9,200,000	9,060,000
月末仕掛品原価　素材費	1,220,000	❸ 630,000
加工費	❷ 720,000	252,000
完　成　品　原　価	7,260,000	8,178,000
完　成　品　数　量	6,000個	5,800個
製　品　単　価	¥　1,210	¥　1,410

(2)

A　組　仕　掛　品

前月繰越	1,275,000	（A 組 製 品）	（7,260,000） ❹
素　　材	3,965,000	次月繰越	（1,940,000）
労　務　費	3,040,000		
経　　費	540,000		
❶（組 間 接 費）（ 380,000）			
	（9,200,000）		（9,200,000）

解説 ❶組間接費の配賦額

$$\frac{¥120,000 + ¥680,000}{1,900\text{時間} + 2,100\text{時間}} = ¥200（配賦率）$$

A組　¥200 × 1,900時間 = ¥380,000
B組　¥200 × 2,100時間 = ¥420,000
組間接費の配賦額を用いて，次の仕訳がおこなわれ，各勘定に転記される。
（借）A組仕掛品　380,000　（貸）組間接費　800,000
　　　B組仕掛品　420,000
❷A組月末仕掛品加工費（先入先出法）
$(¥3,580,000 + ¥380,000)$

$$\times \frac{2,000個 \times 60\%}{(6,000個 - 1,500個 \times 40\%) + 2,000個 \times 60\%}$$
$= ¥720,000$

❸B組月末仕掛品素材費（先入先出法）
仕損じは工程の終点で発生
→仕損費は完成品のみに負担させる。

— 48 —

→仕損数量を完成品数量に加えて計算する。

$$¥4,305,000 × \frac{900個}{(5,800個+50個-600個)+900個}$$

$= ¥630,000$

❹組別総合原価計算表の完成品原価を用いて，次の
仕訳がおこなわれ，各勘定に転記される。

(借)A組製品 7,260,000 (貸)A組仕掛品 7,260,000
　　B組製品 8,178,000 　　B組仕掛品 8,178,000

26 副産物・作業くずの処理 (p.140)

▶26-1

	借	方	貸	方
(1)	副 産 物	70,000	仕 掛 品	70,000
(2)	現 　 金	80,000	副 産 物	70,000
			副産物売却益	10,000
(3)	作 業 く ず	30,000	第2工程仕掛品	30,000
(4)	作 業 く ず	50,000	A組仕掛品	50,000
(5)	副 産 物	120,000	第3工程仕掛品	120,000

▶26-2

	借	方	貸	方
(1)	作 業 く ず	70,000	第1工程仕掛品	70,000
(2)	副 産 物	50,000	B組仕掛品	50,000
(3)	現 　 金	20,000	雑 　 益	20,000
(4)	副 産 物	75,000	B組仕掛品	75,000

▶26-3

	借	方	貸	方
(1)	1 級 製 品	850,000	仕 掛 品	1,977,000
	2 級 製 品	975,000		
	副 産 物	152,000		
(2)	1 級 製 品	1,080,000	仕 掛 品	1,920,000
	2 級 製 品	675,000		
	副 産 物	165,000		
(3)	第2工程仕掛品	3,900,000	第1工程仕掛品	3,900,000
	製 　 品	6,050,000	第2工程仕掛品	6,800,000
	副 産 物	750,000		
(4)	製 　 品	2,435,000	仕 掛 品	2,684,000
	副 産 物	249,000		

❶

解説 ❶1級製品と2級製品の製造原価は，総合原価から
副産物の評価額を差し引いた額を積数の比で配分
する。
　等価係数　1級製品：2級製品＝400g：300g
　　　　　　　　　　　　　　　＝4：3
　積数　1級製品　4×　850個＝3,400
　　　　2級製品　3×1,300個＝3,900
　　　　　　　　　積数合計　7,300
　製造原価
　1級製品
$$(¥1,977,000 - ¥152,000) × \frac{3,400}{7,300} = ¥850,000$$
　2級製品
$$(¥1,977,000 - ¥152,000) × \frac{3,900}{7,300} = ¥975,000$$

◎製品の完成と販売

27 製品の完成と販売 (p.142)

▶27-1

	借	方	貸	方
(1)	製 　 品	2,500,000	仕 掛 品	2,500,000
(2)	現 　 金	900,000	売 　 上	3,700,000
	売 掛 金	2,800,000		
	売 上 原 価	2,590,000	製 　 品	2,590,000
(3)	売 　 上	500,000	売 掛 金	500,000
	製 　 品	350,000	売 上 原 価	350,000

▶27-2

	借	方	貸	方
(1)	売 掛 金	1,750,000	売 　 上	1,750,000
	売 上 原 価	1,400,000	製 　 品	1,400,000
(2)	売 上 原 価	3,770,000	1 級 製 品	2,500,000
			2 級 製 品	1,270,000

▶27-3

	借	方	貸	方
(1)	売 掛 金	7,910,000	売 　 上	7,910,000
	売 上 原 価	4,746,000	製 　 品	4,746,000
(2)	売 掛 金	1,620,000	売 　 上	1,620,000
	売 上 原 価	1,350,000	第1工程半製品	1,350,000
(3)	売 掛 金	1,170,000	売 　 上	1,170,000
	売 上 原 価	819,000	A 組 製 品	294,000
			B 組 製 品	525,000
(4)	売 掛 金	1,391,000	売 　 上	1,391,000
	売 上 原 価	843,000	製 　 品	843,000
(5)	売 掛 金	1,680,000	売 　 上	1,680,000
	売 上 原 価	1,176,000	1 級 製 品	756,000
			2 級 製 品	420,000

◎決算

㉘ 決算の手続き（p.144）

▶28-1

ア	5	イ	7	ウ	1	エ	3

▶28-2

年　次　損　益

支 払 利 息	35,000	月 次 損 益	3,400,000
有価証券売却損	200,000	受 取 利 息	16,000
資 本 金	3,181,000		
	3,416,000		3,416,000

▶28-3

	借　　方		貸　　方		
(1)	有価証券売却益	360,000	年 次 損 益	360,000	❶
	年 次 損 益	175,000	支 払 利 息	15,000	❷
			有価証券評価損	160,000	
(2)	年 次 損 益	4,935,000	繰越利益剰余金	4,935,000	❸

年　次　損　益

支 払 利 息	15,000	月 次 損 益	4,750,000
有価証券評価損	160,000	有価証券売却益	360,000
繰越利益剰余金	4,935,000		
	5,110,000		5,110,000

解説 ❶年次損益勘定の貸方に営業外収益の諸勘定を振り
替える。
❷年次損益勘定の借方に営業外費用の諸勘定を振り
替える。
❸年次損益勘定で純損益を計算する。
収益合計（貸方）¥5,110,000－費用合計（借方）
¥175,000＝純利益¥4,935,000
株式会社であるから，純利益を繰越利益剰余金勘
定へ振り替える。

㉙ 財務諸表の作成（p.146）

▶29-1

製 造 原 価 報 告 書

Ⅰ 材　　料　　費		2,800,000
Ⅱ 労　　務　　費		(1,900,000)
Ⅲ 経　　　　　費		700,000
当 期 製 造 費 用		(5,400,000)
期首仕掛品棚卸高		200,000
合　　　計		(5,600,000)
期末仕掛品棚卸高		(300,000)
当期製品製造原価		(5,300,000)

損　益　計　算　書

Ⅰ 売　　上　　高			7,000,000
Ⅱ 売　上　原　価			
1．期首製品棚卸高	(500,000)		
2．当期製品製造原価	(5,300,000)		
合　　計	(5,800,000)		
3．期末製品棚卸高	(400,000)	(5,400,000)	
売 上 総 利 益		(1,600,000)	

▶29-2

製 造 原 価 報 告 書

令和○年4月1日から令和△年3月31日まで

Ⅰ 材　　料　　費		
1．(期首材料棚卸高)	(270,000)	
2．当期材料仕入高	(2,130,000)	
合　　計	(2,400,000)	
3．(期末材料棚卸高)	(286,000)	
当 期 材 料 費		(2,114,000)
Ⅱ 労　　務　　費		
1．基　　本　　給	(1,250,000)	
2．諸手当・福利費	(365,000)	
当 期 労 務 費		(1,615,000)
Ⅲ 経　　　　　費		
1．電　　力　　料	(❶ 66,400)	
2．減 価 償 却 費	(108,000)	
3．修　　繕　　料	(❷ 37,800)	
4．保　　管　　料	(❸ 2,250)	
5．雑　　　　　費	(8,800)	
当 期 経 費		(223,250)
当 期 製 造 費 用		(3,952,250)
(期首仕掛品棚卸高)		(260,000)
合　　計		(4,212,250)
(期末仕掛品棚卸高)		(330,000)
(当期製品製造原価)		(3,882,250)

解説 製造原価報告書は製造原価の明細であるから，製造
部の発生額だけを記載する。
❶当期測定高¥83,000×80%＝¥66,400
❷(当期支払高¥46,000＋当期未払高¥8,000)×70%
＝¥37,800
❸(当期支払高¥6,000－当期前払高¥1,500)×50%
＝¥2,250

▶29-3

製 造 原 価 報 告 書

Ⅰ 直 接 材 料 費		3,200,000
Ⅱ 直 接 労 務 費		2,000,000
Ⅲ 直 接 経 費		300,000
Ⅳ 製 造 間 接 費	(1,500,000)	
製造間接費配賦差異	(100,000)	(1,400,000)
当 期 製 造 費 用		(6,900,000)
期首仕掛品棚卸高		(400,000)
合　　　計		(7,300,000)
期末仕掛品棚卸高		(500,000)
当期製品製造原価		(6,800,000)

```
              損 益 計 算 書
Ⅰ 売  上  高              9,000,000
Ⅱ 売 上 原 価
  1．期首製品棚卸高   (   520,000)
  2．当期製品製造原価  ( 6,800,000)
     合    計      ( 7,320,000)
  3．期末製品棚卸高   (   400,000)
     差    引      ( 6,920,000)
  4．原 価 差 異    (   100,000) ( 7,020,000)
     売 上 総 利 益            ( 1,980,000)
```

▶29-4

(1)	当期材料費❤4,330,000	(2)	当期労務費❷3,415,000
(3)	外注加工賃❸ 622,000	(4)	電 力 料❹ 286,000
(5)	当 期 経 費❺1,563,000	(6)	当 期 製 品 製造原価❻9,328,000

解説 ❶材料費は素材費と工場消耗品費の合計額である。
　　素材費
　　期首棚卸高¥270,000＋当期仕入高¥3,050,000
　　－期末棚卸高¥250,000＝¥3,070,000
　　工場消耗品費
　　@¥600×（期首棚卸数量500個
　　＋当期仕入数量2,000個－期末棚卸数量400個）
　　＝¥1,260,000
　　素材費¥3,070,000＋工場消耗品費¥1,260,000
　　＝¥4,330,000
　❷労務費は賃金，給料，諸手当・福利費の合計額で
　　ある。
　　賃金
　　当期支払高¥2,080,000－前期未払高¥160,000
　　＋当期未払高¥280,000＝¥2,200,000
　　賃金¥2,200,000＋給料¥950,000＋諸手当・福利費¥265,000
　　＝¥3,415,000
　❸当期支払高¥750,000－前期未払高¥128,000
　　＝¥622,000
　❹電力料は測定高が消費高である。
　❺外注加工賃¥622,000＋電力料¥286,000
　　＋減価償却費¥465,000＋雑費¥190,000※
　　＝¥1,563,000
　　※当期支払高¥260,000－当期前払高¥70,000
　　　＝¥190,000
　❻当期製造費用¥9,308,000※
　　＋期首仕掛品棚卸高¥250,000
　　－期末仕掛品棚卸高¥230,000
　　＝¥9,328,000
　　※当期材料費¥4,330,000＋当期労務費¥3,415,000
　　　＋当期経費¥1,563,000＝¥9,308,000

▶29-5

(1)	当期材料費❶2,740,000	(2)	当期労務費❷3,179,000
(3)	当 期 経 費❸ 617,000	(4)	当 期 製 造 費 用❹6,536,000
(5)	当 期 製 品 製造原価❺6,568,000	(6)	売 上 原 価❻6,600,000

解説 ❶素材¥2,320,000＋工場消耗品¥420,000
　　　　＝¥2,740,000
　❷賃金¥1,440,000＋賃金（間接費）¥979,000
　　　＋給料¥200,000＋従業員賞与手当¥476,000
　　　＋健康保険料¥84,000＝¥3,179,000

❸外注加工賃¥120,000＋電力料¥112,000
　＋減価償却費¥216,000＋修繕料¥96,000
　＋保険料¥48,000＋雑費¥25,000＝¥617,000
❹当期材料費¥2,740,000＋当期労務費¥3,179,000
　＋当期経費¥617,000＝¥6,536,000
❺当期製造費用¥6,536,000＋期首仕掛品棚卸高¥504,000
　－期末仕掛品棚卸高¥472,000＝¥6,568,000
　(注)仕掛品勘定の貸方「製品」の金額である。
❻製品勘定の貸方「売上原価」の金額である。

▶29-6

a	当期材料費❶2,488,000	b	当期労務費❷2,808,000
c	当 期 製 品 製 造 原 価❸5,748,000		

解説 ❶素材消費高
　　¥277,000＋¥1,962,000－¥283,000＝¥1,956,000
　　工場消耗品消費高
　　¥58,000＋¥342,000－¥60,000＝¥340,000
　　当期材料費
　　¥1,956,000＋¥340,000＋¥192,000＝¥2,488,000
　❷賃金消費高
　　¥1,723,000－¥251,000＋¥247,000＝¥1,719,000
　　当期労務費
　　¥1,719,000＋¥953,000＋¥136,000＝¥2,808,000
　❸水道料消費高
　　¥18,000＋¥130×2,100m³＝¥291,000
　　当期経費　¥291,000＋¥175,000＝¥466,000
　　当期製造費用＝当期材料費＋当期労務費＋当期経費
　　¥2,488,000＋¥2,808,000＋¥466,000
　　＝¥5,762,000
　　当期製品製造原価
　　¥594,000＋¥5,762,000－¥608,000＝¥5,748,000

▶29-7

ア ¥❶ 672,000	イ ¥❷6,700,000	ウ ¥❸2,117,000

解説 ❶減価償却費（ア）
　　＝Ⅲ経費¥1,880,000－外注加工賃¥740,000
　　　－電力料¥420,000－雑費¥48,000＝¥672,000
　❷Ⅰ材料費
　　＝素材¥2,240,000＋工場消耗品¥340,000
　　＝¥2,580,000
　　以下，製造原価報告書を上から下へ計算して当期
　　製品製造原価を求める。
　　当期製造費用
　　¥2,580,000＋¥2,280,000＋¥1,880,000
　　＝¥6,740,000
　　当期製品製造原価（イ）
　　＝当期製造費用＋期首仕掛品棚卸高－期末仕掛品棚卸高
　　¥6,740,000＋¥320,000－¥360,000＝¥6,700,000
　❸製品勘定の次期繰越はB/Sの製品¥720,000。
　　よって，製品勘定の売上原価は，
　　貸方合計¥7,243,000－次期繰越¥720,000
　　＝¥6,523,000
　　売上総利益（ウ）
　　＝Ⅰ売上高¥8,640,00－Ⅱ売上原価¥6,523,000
　　＝¥2,117,000

▶29-8

a	材 料 の 実際消費高	❶4,097,000	b	間接労務費の 実際発生額	❷2,260,000
c	売 上 原 価	❸10,706,000			

解説 ❶素材消費高

¥700,000+¥3,800,000−¥675,000=¥3,825,000

工場消耗品消費高

¥32,000+¥276,000−¥36,000=¥272,000

材料の実際消費高

¥3,825,000+¥272,000=¥4,097,000

❷製造間接費勘定の賃金

¥900×400時間=¥360,000

間接労務費の実際発生額

¥360,000+給料¥1,340,000

＋退職給付費用¥412,000+健康保険料¥148,000

＝¥2,260,000

❸水道料の消費高

¥12,000+¥120×1,900m³=¥240,000

製造間接費勘定の借方合計(実際発生額)

¥246,000+¥272,000+¥360,000+¥1,340,000

＋¥412,000+¥148,000+¥240,000+¥185,000

＝¥3,203,000

製造間接費予定配賦額

¥780×4,100時間=¥3,198,000

製造間接費配賦差異

¥3,198,000−¥3,203,000=−¥5,000

売上原価

期首製品棚卸高¥830,000

＋当期製品製造原価(仕掛品勘定の製品) ¥10,788,000

−期末製品棚卸高¥917,000+製造間接費配賦差異¥5,000

＝¥10,706,000

▶29-9

ア	❶ 660,000	イ	❷3,193,000	ウ	❸2,161,000

解説 ❶(ア)の金額は製造原価報告書の期首仕掛品棚卸高

¥660,000にあたる。

❷(イ)の金額＝賃金¥2,080,000+賃金¥284,000

＋給料¥640,000+健康保険料¥39,000

＋退職給付費用¥150,000=¥3,193,000

❸製造原価報告書の合計の金額

¥6,436,000+¥660,000=¥7,096,000

当期製品製造原価

¥7,096,000−¥594,000=¥6,502,000

P/Lの期首製品棚卸高は製品勘定の前期繰越

¥720,000にあたる。

P/Lの期末製品棚卸高は製品勘定の次期繰越

¥680,000にあたる。

以上の金額を損益計算書の(   )に記入して売上

総利益(ウ)を求める。

▶29-10

a	当期材料費	❶4,000,000	b	当 期 経 費	❷ 964,000
c	当 期 製 品 製 造 原 価	❸14,364,000			

解説 ❶素材消費高

¥274,000+¥3,396,000−¥260,000=¥3,410,000

工場消耗品消費高

¥80,000+¥600,000−¥90,000=¥590,000

当期材料費　¥3,410,000+¥590,000=¥4,000,000

❷外注加工賃消費高

¥540,000−¥70,000+¥50,000=¥520,000

当期経費

¥520,000+電力料¥194,000+減価償却費¥250,000

＝¥964,000

❸賃金消費高

¥1,780×(4,200時間＋300時間)=¥8,010,000

当期労務費

¥8,010,000+給料¥1,500,000

＋健康保険料¥300,000=¥9,810,000

当期製造用

当期材料費¥4,000,000+当期労務費¥9,810,000

＋当期経費¥964,000=¥14,774,000

当期製品製造原価

¥80,000+¥14,774,000−¥110,000−副産物¥380,000

＝¥14,364,000

▶29-11

a	材 料 の 実際消費高	❶4,349,000	b	製 造 間 接 費 配 賦 差 異	❷ 47,000
c	売上原価勘定 の(ア)の金額	❸11,402,000			

解説 ❶素材消費高

¥348,000+¥3,672,000−¥391,000=¥3,629,000

工場消耗品消費高

¥40,000+¥740,000−¥60,000=¥720,000

材料の実際消費高

¥3,629,000+¥720,000=¥4,349,000

❷製造間接費予定配賦額

¥730×4,500時間=¥3,285,000

間接賃金　¥920×250時間=¥230,000

製造間接費実際発生額

工場消耗品消費高¥720,000+間接賃金¥230,000

＋給料¥1,800,000+電力料¥173,000

＋減価償却費¥315,000=¥3,238,000

製造間接費配賦差異

¥3,285,000−¥3,238,000=¥47,000

❸売上原価勘定の製品の金額

期首製品棚卸高¥80,000+完成品原価¥11,384,000

−期末製品棚卸高¥110,000=¥11,354,000

賃率差異

(¥920−¥940)×(4,500時間＋250時間)=¥95,000

損益(ア)=¥11,354,000+賃率差異¥95,000

−製造間接費配賦差異¥47,000=¥11,402,000

◎本社・工場間の取引

30 本社・工場間の取引 (p.154)

▶**30-1**

ア	独　　立	イ	本　　社

▶**30-2**

		借　　　　方		貸　　　　方	
(1)	本社	工　　場	200,000	買　掛　金	200,000
	工場	素　　材	200,000	本　　社	200,000
(2)	本社	売　掛　金	1,400,000	売　　　上	1,400,000
		売上原価	1,000,000	工　　場	1,000,000
	工場	本　　社	1,000,000	製　　品	1,000,000

▶**30-3**

		借　　　　方		貸　　　　方		
(1)	本社	工　　場	850,000	買　掛　金	850,000	❶
	工場	買入部品	850,000	本　　社	850,000	❷
(2)	本社	工　　場	3,360,000	所得税預り金	130,000	❸
				健康保険料預り金	89,000	
				現　　金	3,141,000	
	工場	賃　　金	2,800,000	本　　社	3,360,000	❹
		従業員賞与手当	560,000			
(3)	本社	電　力　料	50,000	当座預金	270,000	❺
		工　　場	220,000			
	工場	電　力　料	220,000	本　　社	220,000	❻
(4)	本社	売　掛　金	1,600,000	売　　上	1,600,000	❼
		売上原価	1,200,000	工　　場	1,200,000	
	工場	本　　社	1,200,000	製　　品	1,200,000	❽
(5)	本社	工　　場	950,000	機械装置減価償却累計額	950,000	❾
	工場	減価償却費	950,000	本　　社	950,000	

解説 ❶本社は買入部品代金を工場に請求できるので，
（借）工　　場　となる。

❷工場は買入部品代金を本社に支払う借りが生じた
ものとみて，（貸）本　　社　とする。

❸本社は工場に対して貸しが生じたものとみて，
（借）工　　場　とする。

❹工場は本社に対して借りが生じたものとみて，
（貸）本　　社　とする。なお，賃金は総額で記入
する。

❺工場分は工場に対する貸しが生じたものとみて，
（借）工　　場　とする。

❻工場は電力料を本社に支払ってもらったので，借
りが生じたものとみて，（貸）本　　社　とする。

❼本社は工場から製品を送ってもらったので，借り
が生じたものとみて，（貸）工　　場　とする。

❽工場は本社の依頼によって製品を送ったので，こ
の代金が貸しとなる。

❾次の仕訳を二つに分けて考える。

（借）減価償却費950,000　（貸）機械装置減価償却累計額950,000

工場の元帳にある　　　本社の元帳にある

〈本社〉
（借）工　　　場950,000　（貸）機械装置減価償却累計額950,000

〈工場〉
（借）減価償却費950,000　（貸）本　　社950,000

▶30-4

	本社の仕訳 借方	貸方	工場の仕訳 借方	貸方
(1)	工　場　420,000	買　掛　金　420,000	素　材　420,000	本　社　420,000
(2)	工　場　1,650,000	所得税預り金　70,000 / 健康保険料預り金　80,000 / 現　金　1,500,000	賃　金　1,650,000	本　社　1,650,000
(3)	仕　訳　な　し		仕掛品　175,000 / 製造間接費　35,000	素　材　210,000 ❶
❷(4)	修繕料　30,000 / 工　場　70,000	当座預金　100,000	修繕料　70,000	本　社　70,000
(5)	仕　訳　な　し		仕掛品　300,000	製造間接費　300,000
(6)	仕　訳　な　し		製品　2,900,000	仕掛品　2,900,000
(7)	売掛金　3,200,000 / 売上原価　2,320,000	売上　3,200,000 / 工場　2,320,000	本社　2,320,000	製品　2,320,000
❸(8)	売上　400,000 / 工場　290,000	売掛金　400,000 / 売上原価　290,000	製品　290,000	本社　290,000 ❸
(9)	仕　訳　な　し		製造間接費　40,000	電力料　40,000
(10)	工場　530,000 / 減価償却費　150,000	建物減価償却累計額　680,000	減価償却費　530,000	本社　530,000

解説 ❶製造活動であるから工場のみで仕訳する。
❷修繕料の支払高のうち，工場分については，工場に対し貸となるから，（借）工　場　となる。
❸製品が返品されたときは，製品を発送したときと貸借反対の仕訳となる。
本社では売上原価が減少し，工場からの借りが減少する。工場では製品が増加し，本社に対する貸しが減少する。

▶30-5

	借方	貸方
(1)	本　社　2,750,000	製　品　2,750,000
(2)	工　場　432,000 / 健康保険料預り金　432,000	当座預金　864,000
(3)	売上原価　1,300,000	工　場　1,300,000
(4)	減価償却費　1,040,000 / 工　場　1,260,000	建物減価償却累計額　2,300,000
(5)	健康保険料　280,000	本　社　280,000
(6)	売掛金　5,250,000 / 売上原価　3,675,000	売上　5,250,000 / 工場　3,675,000
(7)	賃　金　2,380,000	本　社　2,380,000

▶30-6
(1)

		借方	貸方
1月6日		仕掛品　600,000	素材　600,000
9日		素材　1,275,000 / 工場消耗品　250,000	本社　1,525,000
16日		外注加工賃　80,000 / 電力料　150,000 / 雑費　120,000	本社　350,000
20日		仕掛品　810,000	素材　810,000 ❶
22日		製品　2,406,000	仕掛品　2,406,000
25日		本社　2,406,000	製品　2,406,000
30日		賃金　1,435,000	本社　1,435,000
31日	①	製造間接費　225,000	工場消耗品　225,000 ❹
	②	仕掛品　1,224,000 / 製造間接費　204,000	賃金　1,428,000
	③	製造間接費　60,000	健康保険料　60,000
	④	仕掛品　90,000 / 製造間接費　448,000	外注加工賃　90,000 / 減価償却費　173,000 / 電力料　170,000 / 雑費　105,000
	⑤	仕掛品　972,000	製造間接費　972,000
	⑥	賃率差異　12,000	賃金　12,000 ❺
	⑦	製造間接費　35,000	製造間接費配賦差異　35,000 ❻

—54—

(2)

賃		金	
1/30 本　　社	1,435,000	1/ 1 前 月 繰 越	187,000
31 次 月 繰 越	192,000	31 諸　　口	1,428,000
		〃 賃 率 差 異	12,000
	1,627,000		1,627,000

仕		掛 品	
1/ 1 前 月 繰 越	830,000	1/22 製　　　品	2,406,000
6 素　　材	600,000	31 次 月 繰 越	2,120,000
20 素　　材	810,000		
31 賃　　金	1,224,000		
〃 外注加工賃	90,000		
〃 製造間接費	972,000		
	4,526,000		4,526,000

(3)
製造指図書#1

原 価 計 算 表

直接材料費	直接労務費	製造間接費	集　　要	計　金　額
525,000	170,000	135,000	直接材料費	1,125,000
600,000	❷544,000	❸432,000	直接労務費	714,000
1,125,000	714,000	567,000	製造間接費	567,000
			製造原価	2,406,000
			完成品数量	150個
			製品単価	¥ 16,040

解説 ❶素材の消費高（移動平均法）
1/20の平均単価

$$\frac{¥1,350,000 - ¥600,000 + ¥1,275,000}{1,800個 - 800個 + 1,500個} = @¥810$$

1/20の消費高
@¥810×1,000個 ＝ ¥810,000
❷A製品（#1）賃金予定消費高
@¥680×800時間 ＝ ¥544,000
❸製造間接費予定配賦率

$$\frac{¥11,340,000}{21,000時間} = @¥540$$

A製品（#1）製造間接費予定配賦額
@¥540×800時間 ＝ ¥432,000
❹工場消耗品の消費高
@¥250×（500個 + 1,000個 − 600個）＝ ¥225,000
❺賃率差異
予定消費高¥1,428,000
−実際消費高（¥1,435,000 − ¥187,000 + ¥192,000）
＝ −¥12,000
❻製造間接費配賦差異
予定配賦額¥972,000
−実際発生額（¥225,000 + ¥204,000 + ¥60,000 + ¥448,000）
＝ ¥35,000

◎標準原価計算と直接原価計算

31 標準原価計算(1)（p.160）

▶31-1
(1) 完成品標準原価＝¥(7,500)×(1,000)個＝¥(7,500,000)
(2) 月末仕掛品標準原価
　直接材料費　¥(3,600)×(300)個　　　　　＝ ¥(1,080,000)
　直接労務費　¥(2,700)×(300)個×(60)%＝ ¥(486,000)
　製造間接費　¥(1,200)×(300)個×(60)%＝ ¥(216,000)
　　　　　　　　　　　　　　　　　計 ¥(1,782,000)
(3) 当月投入量に対する標準原価
　当月投入量
　直接材料費　(1,000)個 + (300)個 − (200)個 = (1,100)個
　当月投入量
　加 工 費　(1,000)個 + (300)個×(60)% − (200)個
　　　　　　×(50)% = (1,080)個
　直接材料費　¥(3,600)×(1,100)個＝ ¥(3,960,000)
　直接労務費　¥(2,700)×(1,080)個＝ ¥(2,916,000)
　製造間接費　¥(1,200)×(1,080)個＝ ¥(1,296,000)

▶31-2
(1)

完成品標準原価 ¥❶3,600,000	月末仕掛品標準原価 ¥ ❷912,000

(2)

当 月 投 入 量 に対する標準原価	直接材料費 ¥	❸ 1,540,000
	直接労務費 ¥	❹ 1,616,000
	製造間接費 ¥	❺ 606,000

解説 ❶¥3,600×1,000個＝¥3,600,000
❷月末仕掛品原価
　直接材料費　¥1,400×400個　　　　 ＝¥560,000
　直接労務費　¥1,600×400個×40%＝¥256,000
　製造間接費　¥ 600×400個×40%＝¥ 96,000
　　　　　　　　　　　　　　　　　¥912,000
❸当月投入量　1,000個 + 400個 − 300個 = 1,100個
　¥1,400×1,100個＝¥1,540,000
❹当月投入量
　1,000個 + 400個×40% − 300個×50% = 1,010個
　¥1,600×1,010個＝¥1,616,000
❺¥600×1,010個＝¥606,000

32 標準原価計算(2)（p.162）

▶32-1
(1) 直接材料費差異の計算
　¥ 1,200 × 90 個 − 104,500 = ¥ +3,500 （有利）
　　標準原価　　当月投入量　実際発生額
(2) 直接材料費差異の分析図

(3) 直接材料費差異の分析
　材料消費価格差異

$$(¥ 400 − ¥ 380) × 275 \,kg = ¥ +5,500 （有利）$$
　　標準単価　実際単価　実際消費数量

　材料消費数量差異

$$(270 \,kg − 275 \,kg) × 400 = ¥ −2,000 （不利）$$
　　標準消費数量 実際消費数量　　標準単価

▶**32-2**

(1)	直接労務費差異	¥ ❶	13,500	（不利）
(2)	標準直接作業時間	❷	194	時間
(3)	賃 率 差 異	¥ ❸	9,900	（不利）
(4)	作 業 時 間 差 異	¥ ❸	3,600	（不利）

解説 ❶製品1個あたりの標準直接労務費に当月投入量を
かけて求めた標準原価から直接労務費の実際発生
額を差し引く。

当月投入量
100個＋20個×60％－30個×50％＝97個
¥1,800×97個－¥188,100＝－¥13,500（不利差異）

❷製品1個あたりの標準直接作業時間に当月投入量
をかける。
2時間×97個＝194時間

❸直接労務費差異の分析図

賃率差異
（¥900－¥950）×198時間＝－¥9,900（不利差異）
作業時間差異
（194時間－198時間）×¥900＝－¥3,600（不利差異）

▶**32-3**

(1) 製造間接費差異の計算
¥ |1,000| × |97| 個－ |103,000| ＝ |－6,000|（不利）
 　標準原価　　当月投入量　実際発生額

(2) 製造間接費差異の分析図

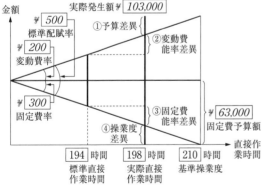

(3) 製造間接費差異の分析
① 予算差異
（¥ |200| × |198| 時間＋ |63,000| ）－¥ |103,000|
 　　変動費率 実際直接作業時間 固定費予算額　　　実際発生額
＝¥ |－400|（不利）

②＋③ 能率差異
（|194| 時間－ |198| 時間）×¥ |500| ＝¥ |－2,000|（不利）
 　標準直接作業時間 実際直接作業時間 　 標準配賦率

うち,
② 変動費能率差異
（|194| 時間－ |198| 時間）×¥ |200| ＝¥ |－800|（不利）
 　　　　　　　　　　　　　　　変動費率

③ 固定費能率差異
（|194| 時間－ |198| 時間）×¥ |300| ＝¥ |－1,200|（不利）
 　　　　　　　　　　　　固定費率

④ 操業度差異
（|198| 時間－ |210| 時間）×¥ |300| ＝¥ |－3,600|（不利）
 実際直接作業時間 基準操業度 　固定費率

▶**32-4**

(1)	直接材料費差異	¥ ❶	41,500	（不利）
(2)	標準消費数量	❷	3,600	kg
(3)	材料消費価格差異	¥ ❸	36,500	（不利）
(4)	材料消費数量差異	¥ ❹	5,000	（不利）

解説 ❶製品1個あたりの標準直接材料費に当月投入量を
かけて求めた標準原価から直接材料費の実際発生
額を差し引く。

当月投入量　800個＋200個－100個＝900個
¥400×900個－¥401,500＝－¥41,500（不利差異）

❷製品1個あたりの標準消費数量に当月投入量をか
ける。
4kg×900個＝3,600kg

❸（標準単価－実際単価）×実際消費数量
（¥100－¥110）×3,650kg＝－¥36,500（不利差異）

❹（標準消費数量－実際消費数量）×標準単価
（3,600kg－3,650kg）×¥100＝－¥5,000（不利差異）

▶**32-5**

(1)	直接労務費差異	¥ ❶	4,500	（不利）
(2)	標準直接作業時間	❷	2,120	時間
(3)	賃 率 差 異	¥ ❸	10,500	（不利）
(4)	作 業 時 間 差 異	¥ ❹	6,000	（有利）

解説 ❶製品1個あたりの標準直接労務費に当月投入量を
かけて求めた標準原価から直接労務費の実際発生
額を差し引く。

当月投入量
1,000個＋200個×50％－100個×40％＝1,060個
¥600×1,060個－¥640,500＝－¥4,500（不利差異）

❷製品1個あたりの標準直接作業時間に当月投入量
をかける。
2時間×1,060個＝2,120時間

❸（標準賃率－実際賃率）×実際直接作業時間
（¥300－¥305）×2,100時間＝¥－10,500（不利差異）

❹（標準直接作業時間－実際直接作業時間）×標準賃率
（2,120時間－2,100時間）×¥300＝¥6,000（有利差異）

▶**32-6**

(1)	製造間接費差異	¥ ❶	21,300	（不利）
(2)	予 算 差 異	¥ ❷	1,900	（有利）
(3)	能 率 差 異	¥ ❸	12,000	（不利）
(4)	操 業 度 差 異	¥ ❹	11,200	（不利）

解説 ❶製品1個あたりの標準製造間接費に当月投入量を
かけて求めた標準原価から製造間接費の実際発生
額を差し引く。

当月投入量
900個＋200個×60％－300個×40％＝900個…ⓐ

— 56 —

$¥400 × ⓐ900個 － ¥381,300 ＝ －¥21,300（不利差異）$
❷（変動費率×実際直接作業時間＋固定費予算額）
　－実際発生額
　$（¥120×1,860時間＋¥160,000）－¥381,300$
　$＝¥1,900（有利差異）$
❸（標準直接作業時間－実際直接作業時間）×標準配賦率
　標準直接作業時間＝2時間×ⓐ900個＝1,800時間
　$（1,800時間－1,860時間）×¥200$
　$＝－¥12,000（不利差異）$
❹（実際直接作業時間－基準操業度）×固定費率
　$固定費率＝\dfrac{¥160,000（固定費予算額）}{2,000時間（基準操業度）}＝¥80$
　または，
　$¥200（標準配賦率）－¥120（変動費率）＝¥80$
　$（1,860時間－2,000時間）×¥80＝－¥11,200（不利差異）$

▶**32-7**

(1)	製造間接費差異	¥	❶ 214,000	(不利)
(2)	予算差異	¥	❷ 20,000	(有利)
(3)	能率差異	¥	❸ 114,000	(不利)
(4)	操業度差異	¥	❹ 120,000	(不利)

解説 ❶製品1個あたりの標準製造間接費に当月投入量をかけて求めた標準原価から製造間接費の実際発生額を差し引く。
　当月投入量
　850個＋300個×40％－200個×50％＝870個…ⓐ
　$¥1,800×ⓐ870個－¥1,780,000$
　$＝－¥214,000（不利差異）$
❷固定予算額－実際発生額
　$¥1,800,000－¥1,780,000＝¥20,000（有利差異）$
❸（標準直接作業時間－実際直接作業時間）×標準配賦率
　標準直接作業時間　3時間×ⓐ870個＝2,610時間
　$（2,610時間－2,800時間）×¥600$
　$＝－¥114,000（不利差異）$
❹（実際直接作業時間－基準操業度）×標準配賦率
　$（2,800時間－3,000時間）×¥600$
　$＝－¥120,000（不利差異）$

▶**32-8**

仕 掛 品

前 月 繰 越	(21,000)	製 品	(150,000)
材 料	(60,900)	諸 口	(5,400)
労 務 費	(29,700)	次 月 繰 越	(14,400)
製 造 間 接 費	(58,200)		
	(169,800)		(169,800)

材 料 消 費 価 格 差 異

仕 掛 品 ❶	2,900	

材 料 消 費 数 量 差 異

仕 掛 品 ❷	1,000	

賃 率 差 異

仕 掛 品 ❸	2,700	

作 業 時 間 差 異

	仕 掛 品 ❹	1,800

予 算 差 異

仕 掛 品 ❺	1,200	

能 率 差 異

	仕 掛 品 ❻	3,600

操 業 度 差 異

仕 掛 品 ❼	3,000	

解説 不利差異は各差異勘定の借方に，有利差異は貸方に記入する。また，パーシャル・プランによる勘定記入において，各差異は仕掛品勘定から振り替えられるので，相手科目は「仕掛品」となる。
❶$（¥100－¥105）×580kg＝－¥2,900（不利差異）$
❷当月投入量　100個＋15個－20個＝95個
　$（6kg×95個－580kg）×¥100$
　$＝－¥1,000（不利差異）$
❸$（¥100－¥110）×270時間＝－¥2,700（不利差異）$
❹当月投入量
　100個＋15個×40％－20個×50％＝96個…ⓐ
　$（3時間×ⓐ96個－270時間）×¥100$
　$＝¥1,800（有利差異）$
❺$（¥100×270時間＋¥30,000）－¥58,200$
　$＝－¥1,200（不利差異）$
❻$（3時間×ⓐ96個－270時間）×¥200$
　$＝¥3,600（有利差異）$
❼$固定費率＝\dfrac{¥30,000}{300時間}＝¥100$
　$（270時間－300時間）×¥100＝－¥3,000（不利差異）$

▶**32-9**

材 料

60,900	仕 掛 品 ❶	(57,000)
	諸 口	(3,900)

労 務 費

29,700	仕 掛 品 ❷	(28,800)
	諸 口	(900)

製 造 間 接 費

58,200	仕 掛 品 ❸	(57,600)
	諸 口	(600)

仕 掛 品

前 月 繰 越	(21,000)	製 品	(150,000)
材 料 ❶	(57,000)	次 月 繰 越	(14,400)
労 務 費 ❷	(28,800)		
製 造 間 接 費 ❸	(57,600)		
	(164,400)		(164,400)

解説 シングル・プランでは，各原価要素の勘定から仕掛品勘定に当月投入量に対する標準原価が振り替えられるので，仕掛品勘定に貸借の差額は生じない。しかし，各原価要素の勘定において貸借の差額が生じ，その差額は各原価要素別の原価差異を示す。
❶当月投入量　100個＋15個－20個＝95個
　$95個×¥600＝¥57,000$
❷当月投入量
　100個＋15個×40％－20個×50％＝96個
　$96個×¥300＝¥28,800$
❸当月投入量は❷と同様。
　$96個×¥600＝¥57,600$

▶32-10

損 益 計 算 書

令和○1年4月1日から令和○2年3月31日まで

Ⅰ 売 上 高　　　　　　　　　（❶ 6,400,000）

Ⅱ 売 上 原 価

　1．期首製品棚卸高　　（❷ 270,000）

　2．当期製品製造原価　（❷ 3,780,000）

　　　合　　　計　　　（ 4,050,000）

　3．期末製品棚卸高　　（❷ 450,000）

　　　標準売上原価　　　（ 3,600,000）

　4．（原価差異）　　　（❸ 8,400）（❹ 3,608,400）

　　　売 上 総 利 益　　　　　　（ 2,791,600）

解説 ❶販売数量 150個＋2,100個－250個＝2,000個

　　　¥3,200×2,000個＝¥6,400,000

❷売上原価は標準原価カードの製品1個あたりの標準原価で計算する。

　　　期首製品棚卸高　¥1,800×150個＝¥270,000

　　　当期製品製造原価　¥1,800×2,100個

　　　　　　　　　　　　＝¥3,780,000

　　　期末製品棚卸高　¥1,800×250個＝¥450,000

❸¥5,840－¥1,200－¥7,680－¥3,840＋¥6,400

　　　－¥5,120－¥2,800＝－¥8,400（不利差異）

❹原価差異の総額が¥8,400の不利差異なので，標準売上原価に加算する。

　　　¥3,600,000＋¥8,400＝¥3,608,400

▶32-11

a	¥❶ 6,432,000	b	¥❷ 101,000
c	¥❸ 9,000		

解説 ❶¥6,700×960個＝¥6,432,000

❷(標準単価－実際単価)×実際消費数量

　　　(¥380－¥400)×5,050kg＝－¥101,000（不利差異）

❸当月投入量

　　　960個＋150個×60％－140個×50％＝980個

　　　作業時間差異

　　　(標準直接作業時間－実際直接作業時間)×標準賃率

　　　(3時間×980個－2,950時間)×¥900

　　　＝－¥9,000（不利差異）

▶32-12

a	¥❶ 920,000	b	¥❷ 45,000 （有利）
c	¥❸ 60,000 （不利）		

解説 ❶直接材料費　¥3,000×200個　　＝¥600,000

　　　直接労務費　¥1,800×200個×50％＝¥180,000

　　　製造間接費　¥1,400×200個×50％＝¥140,000

　　　　　　　　　　　　　　　　　　　¥920,000

❷当月投入量

　　　2,100個＋200個×50％－500個×40％＝2,000個

　　　作業時間差異

　　　(標準直接作業時間－実際直接作業時間)×標準賃率

　　　(2時間×2,000個－3,950時間)×¥900

　　　＝¥45,000（有利差異）

❸固定費率＝固定費予算額÷基準操業度

　　　　　　¥1,640,000÷4,100時間＝¥400

　　　（または，標準配賦率－変動費率）

　　　（¥700－¥300＝¥400）

操業度差異

(実際直接作業時間－基準操業度)×固定費率

(3,950時間－4,100時間)×¥400＝－¥60,000（不利差異）

▶32-13

a	¥❶ 22,400,000	b	¥❷ 67,000 （有利）
c	¥❸ 60,000 （不利）		

解説 ❶¥14,000×1,600個＝¥22,400,000

❷製品1個あたりの標準直接材料費に当月投入量をかけて求めた標準原価から，直接材料費の実際発生額を差し引く。

　　　当月投入量　1,600個＋500個－400個＝1,700個

　　　¥5,600×1,700個－(13,700kg×¥690)＝¥67,000（有利差異）

❸当月投入量

　　　1,600個＋500個×40％－400個×50％＝1,600個

　　　能率差異

　　　(標準直接作業時間－実際直接作業時間)×標準配賦率

　　　(3時間×1,600個－4,850時間)×¥1,200

　　　＝－¥60,000（不利差異）

▶32-14

①

a	¥❶ 1,040,000	b	¥❷ 48,000 （不利）

②

c	❸ 1	d	❹ 3

解説 ❶直接材料費　¥1,600×200個　　＝¥ 320,000

　　　直接労務費　¥3,000×200個×50％＝¥ 300,000

　　　製造間接費　¥4,200×200個×50％＝¥ 420,000

　　　　　　　　　　　　　　　　　　　　¥1,040,000

❷(変動費率×実際直接作業時間＋固定費予算額)－実際発生額

　　　(¥600×2,300時間＋¥1,920,000)－¥3,348,000

　　　＝－¥48,000（不利差異）

❸当月投入量

　　　800個＋200個×50％－300個×50％＝750個

　　　作業時間差異

　　　(標準直接作業時間－実際直接作業時間)×標準賃率

　　　(3時間×750個－2,300時間)×¥1,000

　　　＝－¥50,000（不利差異）

❹製造現場において，管理できる要因で発生する差異は，材料消費数量差異・作業時間差異・能率差異である。

▶32-15

a	¥❶ 2,280,000	b	¥❷ 49,000 （有利）
c	¥❸ 100,000 （不利）		

解説 ❶直接材料費　¥2,400×500個　　＝¥1,200,000

　　　直接労務費　¥3,000×500個×40％＝¥ 600,000

　　　製造間接費　¥2,400×500個×40％＝¥ 480,000

　　　　　　　　　　　　　　　　　　　　¥2,280,000

❷(標準単価－実際単価)×実際消費数量

　　　(¥600－¥590)×4,900kg＝¥49,000（有利差異）

❸当月投入量

　　　1,100個×500個×40％－400個×50％＝1,100個

　　　作業時間差異

　　　(標準直接作業時間－実際直接作業時間)×標準賃率

　　　(3時間×1,100個－3,400時間)×¥1,000

　　　＝－¥100,000（不利差異）

▶33-1

損　益　計　算　書

Ⅰ	売　上　高	(❶	*150,000*)
Ⅱ	(変動売上原価)	(❷	*60,000*)
	変動製造マージン	(	*90,000*)
Ⅲ	変動販売費	(❸	*25,000*)
	（貢　献　利　益）	(	*65,000*)
Ⅳ	固　定　費		
	1．固定製造間接費	(	*48,000*)
	2．固定販売費及び一般管理費	(*10,000*)	(*58,000*)
	営　業　利　益		(*7,000*)

解説 ❶売上高＝¥*3,000*×50個＝¥*150,000*
　　　❷変動売上原価＝¥*1,200*×50個＝¥*60,000*
　　　❸変動販売費＝¥*500*×50個＝¥*25,000*

▶33-2

(A)　（全部原価計算）損益計算書

売　上　高	(❶	*400,000*)
差引：売上原価	(❷	*288,000*)
売上総利益	(	*112,000*)
差引：販売費及び一般管理費	(❸	*42,000*)
営　業　利　益	(	*70,000*)

(B)　（直接原価計算）損益計算書

売　上　高	(❶	*400,000*)
差引：変動費（製造及び販売）	(❹	*272,000*)
貢　献　利　益	(	*128,000*)
差引：固定費	(❺	*64,000*)
営　業　利　益	(	*64,000*)

解説 ❶売上高　¥*500*×800kg＝¥*400,000*
　　　❷売上原価　¥*360*×800kg＝¥*288,000*
　　　❸販売費及び一般管理費
　　　　¥*40*×800kg＋¥*10,000*＝¥*42,000*
　　　❹変動売上原価　（¥*200*＋¥*100*）×800kg＝¥*240,000*
　　　　変動販売費　¥*40*×800kg　　　＝¥ *32,000*
　　　　　　　　　　　　　　　　変動費　¥*272,000*
　　　❺固定製造間接費は製造原価に算入せず，期間原価
　　　とする。したがって，製品1kgあたりの固定加
　　　工費に当月製品生産量をかけて固定製造間接費の
　　　総額を求める。
　　　　固定製造間接費　¥*60*×900kg＝¥*54,000*
　　　　固定販売費及び一般管理費　　¥*10,000*
　　　　　　　　　　　　　　固定費　¥*64,000*

▶33-3

損　益　計　算　書

Ⅰ	売　上　高	(❶	*2,000,000*)
Ⅱ	変動売上原価	(❷	*1,000,000*)
	変動製造マージン	(	*1,000,000*)
Ⅲ	変動販売費	(❸	*100,000*)
	（貢　献　利　益）	(	*900,000*)
Ⅳ	固　定　費		
	1．固定製造間接費	(*250,000*)	
	2．固定販売費及び一般管理費	(*200,000*)	(*450,000*)
	営　業　利　益		(*450,000*)

解説 ❶売上高　¥*5,000*×400個＝¥*2,000,000*
　　　❷変動売上原価
　　　　（¥*800*＋¥*1,200*＋¥*500*）×400個＝¥*1,000,000*
　　　❸変動販売費　¥*250*×400個＝¥*100,000*

▶33-4

損益計算書（全部原価計算）

	第　1　期	第　2　期
売　　上　　高	❶(*13,500,000*)	❶(*13,500,000*)
売　上　原　価	❷(*7,500,000*)	❹(*6,750,000*)
売　上　総　利　益	(*6,000,000*)	(*6,750,000*)
販売費・一般管理費	❸(*1,950,000*)	❸(*1,950,000*)
営　業　利　益	(*4,050,000*)	(*4,800,000*)

損益計算書（直接原価計算）

	第　1　期	第　2　期
売　　上　　高	❶(*13,500,000*)	❶(*13,500,000*)
変動売上原価	❺(*4,500,000*)	❺(*4,500,000*)
変動製造マージン	(*9,000,000*)	(*9,000,000*)
変　動　販　売　費	❻(*450,000*)	❻(*450,000*)
貢　献　利　益	(*8,550,000*)	(*8,550,000*)
固　　定　　費	❼(*4,500,000*)	❼(*4,500,000*)
営　業　利　益	(*4,050,000*)	(*4,050,000*)

解説 ❶販売単価¥*4,500*×販売量3,000個
　　　　　＝¥*13,500,000*
　　　❷1単位あたり変動製造原価¥*1,500*×販売量3,000個
　　　　＋固定製造間接費¥*3,000,000*
　　　　＝¥*7,500,000*
　　　❸1単位あたり変動販売費¥*150*×販売量3,000個
　　　　＋固定販売費¥*600,000*＋一般管理費¥*900,000*
　　　　＝¥*1,950,000*
　　　❹1単位あたり変動製造原価¥*1,500*×販売量3,000個
　　　　＋固定製造間接費¥*3,000,000*×$\frac{販売量3,000個}{生産量4,000個}$
　　　　＝¥*6,750,000*
　　　（注）製造間接費は，その期に生産された製品4,000
　　　　　個に配賦されるので，販売した3,000個分だけ
　　　　　を計上する。
　　　❺1単位あたり変動製造原価¥*1,500*×販売量3,000個
　　　　＝¥*4,500,000*
　　　❻1単位あたり変動販売費¥*150*×販売量*3,000*個
　　　　＝¥*450,000*
　　　❼固定製造間接費¥*3,000,000*＋固定販売費¥*600,000*
　　　　＋一般管理費¥*900,000*＝¥*4,500,000*

ア	1	イ	4	ウ	5	エ	9
オ	11	カ	3				

34 直接原価計算(2) (p.175)

▶34-1

(1) 損益分岐点売上高

$$\frac{（¥105,000）}{1-\dfrac{（¥202,500）}{（¥675,000）}}=\frac{（¥105,000）}{（0.7）}=（¥150,000）$$

(2) 目標営業利益¥210,000を達成するために必要な売上高

$$\frac{¥210,000+（¥105,000）}{1-\dfrac{（¥202,500）}{（¥675,000）}}=\frac{（¥315,000）}{（0.7）}=（¥450,000）$$

▶34-2

(1)	損 益 分 岐 点 売 上 高 ¥ ❶		3,250,000
	販 売 数 量 ❷		650個
(2)	目標営業利益¥300,000を 達成するために必要な売上高 ¥ ❸		4,000,000
	販 売 数 量 ❹		800個

解説 ❶損益分岐点売上高

$$\frac{¥1,300,000}{1-\dfrac{¥1,920,000+¥480,000}{¥4,000,000}}=¥3,250,000$$

❷販売数量 ¥3,250,000÷¥5,000=650個

❸目標営業利益¥300,000を達成するために必要な売上高

$$\frac{¥1,300,000+¥300,000}{1-\dfrac{¥1,920,000+¥480,000}{¥4,000,000}}=¥4,000,000$$

❹販売数量 ¥4,000,000÷¥5,000=800個

▶34-3

(1)	損 益 分 岐 点 売 上 高 ¥ ❶		11,750,000
	販 売 数 量 ❷		4,700個
(2)	目標営業利益¥900,000を 達成するために必要な売上高 ¥ ❸		14,250,000
	販 売 数 量 ❹		5,700個

解説 ❶損益分岐点売上高

$$\frac{¥2,940,000+¥1,290,000}{1-\dfrac{¥900+¥700}{¥2,500}}=¥11,750,000$$

❷販売数量 ¥11,750,000÷¥2,500=4,700個
損益分岐点の販売数量は，固定費総額を製品1個あたりの貢献利益で割って求めることもできる。

$$\frac{¥2,940,000+¥1,290,000}{¥2,500-（¥900+¥700）}=4,700個$$

❸目標営業利益¥900,000を達成するために必要な売上高

$$\frac{¥2,940,000+¥1,290,000+¥900,000}{1-\dfrac{¥900+¥700}{¥2,500}}$$

$$=¥14,250,000$$

❹販売数量 ¥14,250,000÷¥2,500=5,700個
または，

$$\frac{¥2,940,000+¥1,290,000+¥900,000}{¥2,500-（¥900+¥700）}=5,700個$$

▶34-4

(1)	販 売 数 量 が 4,000 個 の と き の 貢 献 利 益 ¥ ❶		1,440,000
	営 業 利 益 ¥ ❷		990,000
(2)	損 益 分 岐 点 売 上 高 ¥ ❸		1,500,000
(3)	目標営業利益¥540,000を 達成するために必要な売上高 ¥ ❹		3,300,000

解説 ❶製品1個あたりの貢献利益を求め，4,000個をかける。

¥720,000÷2,000個=¥360

¥360×4,000個=¥1,440,000

❷4,000個の貢献利益から固定費を差し引く。

¥1,440,000−¥450,000=¥990,000

❸損益分岐点売上高 $\dfrac{¥450,000}{\dfrac{¥720,000}{¥2,400,000}}=¥1,500,000$

❹目標営業利益¥540,000を達成するために必要な売上高

$$\frac{¥450,000+¥540,000}{\dfrac{¥720,000}{¥2,400,000}}=¥3,300,000$$

▶34-5

(1)	変 動 費 ¥ ❶		2,800,000
	固 定 費 ¥ ❷		900,000
(2)	損 益 分 岐 点 売 上 高 ¥ ❸		3,000,000

解説 ❶売上高と貢献利益の差額が変動費となる。

¥4,000,000−¥1,200,000=¥2,800,000

❷貢献利益と営業利益の差額が固定費となる。

¥1,200,000−¥300,000=¥900,000

❸損益分岐点売上高 $\dfrac{¥900,000}{\dfrac{¥1,200,000}{¥4,000,000}}=¥3,000,000$

▶34-6

(1)	販 売 数 量 が 4,000 個 の と き の 変 動 費 ¥ ❶		3,600,000
(2)	販 売 数 量 が 5,000 個 の と き の 営 業 利 益 ¥ ❷		465,000
(3)	目標営業利益¥600,000を 達成するための販売数量 ❸		5,450個

解説 ❶変動費率に貢献利益率を加えると100％となることから変動費率を求め，4,000個のときの売上高に変動費率をかける。

100％−25％=75％

¥1,200×4,000個×75％=¥3,600,000

❷4,000個のときの貢献利益から営業利益を差し引いて固定費を求め，5,000個のときの貢献利益から固定費を差し引く。

¥1,200×4,000個×25％−¥165,000

=¥1,035,000（固定費）

¥1,200×5,000個×25％−¥1,035,000

=¥465,000

❸目標営業利益¥600,000を達成するための販売数量

$$\frac{¥1,035,000+¥600,000}{¥1,200×25％}=5,450個$$

(1)	損益分岐点の売上高	¥ ❶	2,460,000
	販　売　数　量	❷	4,100個
(2)	目標営業利益¥540,000を達成するために必要な売上高	¥ ❸	3,540,000
	販　売　数　量	❹	5,900個
(3)	¥300,000の営業利益を達成するために必要な売上高	¥ ❺	4,080,000
	販　売　数　量	❻	8,500個
(4)	削減しなければならない固　定　費	¥ ❼	240,000

解説 ❶損益分岐点の売上高 $= \dfrac{¥1,230,000}{1 - \dfrac{¥300}{¥600}} = ¥2,460,000$

❷販売数量 $= ¥2,460,000 \div @¥600 = 4,100$個

❸目標営業利益¥540,000を達成するために必要な売上高
$= \dfrac{¥1,230,000 + ¥540,000}{1 - \dfrac{¥300}{¥600}} = ¥3,540,000$

❹販売数量 $= ¥3,540,000 \div @¥600 = 5,900$個

❺販売価格を20%値下げすると販売単価は¥480になる。

¥300,000の営業利益を達成するために必要な売上高
$= \dfrac{¥1,230,000 + ¥300,000}{1 - \dfrac{¥300}{¥480}} = ¥4,080,000$

❻販売数量 $= ¥4,080,000 \div @¥480 = 8,500$個

❼固定費をxとする。販売価格¥480,販売数量7,000個のとき営業利益¥270,000を達成するとなると,次の式が成り立つ。

$¥480 \times 7,000個 = \dfrac{x + ¥270,000}{1 - \dfrac{¥300}{¥480}}$

$¥3,360,000 = \dfrac{x + ¥270,000}{0.375}$

$x = ¥990,000$

よって,削減しなければならない固定費は,
$¥1,230,000 - ¥990,000 = ¥240,000$

a	¥ ❶ 12,300,000	b	❷	1,150個
c	❸	4 %		

解説 ❶貢献利益率　$1 - \dfrac{¥4,000}{¥10,000} = 0.6\cdots$ⓐ

$¥10,000 \times 3,200個 \times$ⓐ$0.6 - ¥6,900,000$
$= ¥12,300,000$

❷$\dfrac{¥6,900,000}{ⓐ0.6} = ¥11,500,000$

$¥11,500,000 \div ¥10,000 = 1,150$個

また,貢献利益率のかわりに「1個あたりの貢献利益」で割ることにより,数量を求めることができる。

1個あたりの貢献利益　$¥10,000 - ¥4,000 = ¥6,000$

$\dfrac{¥6,900,000}{¥6,000} = 1,150$個

❸変動費の変更後の貢献利益率

$1 - \dfrac{¥4,180}{¥10,000} = 0.582\cdots$ⓑ

減少後の固定費をxとして求める。

$¥10,000 \times 3,200個 \times$ⓑ$0.582 - x = ¥12,000,000$

$x = ¥6,624,000$

$\dfrac{¥6,900,000 - ¥6,624,000}{¥6,900,000} = 0.04（4\%）$

a	¥ ❶ 3,822,000	b	¥ ❷ 5,250,000
c	❸ 4,500個		

解説 ❶貢献利益率　$1 - \dfrac{¥1,230 + ¥450}{¥3,500} = 0.52\cdots$ⓐ

固定費　$¥1,760,000 + ¥970,000 = ¥2,730,000\cdots$ⓑ
$¥3,500 \times 3,600個 \times$ⓐ$0.52 - $ⓑ$¥2,730,000$
$= ¥3,822,000$

❷$\dfrac{ⓑ¥2,730,000}{ⓐ0.52} = ¥5,250,000$

❸$\dfrac{ⓑ¥2,730,000 + ¥5,460,000}{ⓐ0.52} = ¥15,750,000$

$¥15,750,000 \div ¥3,500 = 4,500$個

また,貢献利益率のかわりに「1個あたりの貢献利益」で割ることにより,数量を求めることができる。

1個あたりの貢献利益
$¥3,500 - (¥1,230 + ¥450) = ¥1,820$

$\dfrac{ⓑ¥2,730,000 + ¥5,460,000}{¥1,820} = 4,500$個

a	¥ ❶ 1,550,000	b	❷	1,100個
c	❸	930個		

解説 ❶貢献利益率　$1 - \dfrac{¥800 + ¥200}{¥2,500} = 0.6\cdots$ⓐ

固定費　$¥550,000 + ¥380,000 = ¥930,000\cdots$ⓑ

$\dfrac{ⓑ¥930,000}{ⓐ0.6} = ¥1,550,000$

❷$\dfrac{ⓑ¥930,000 + ¥720,000}{ⓐ0.6} = ¥2,750,000$

$¥2,750,000 \div ¥2,500 = 1,100$個

または,
1個あたりの貢献利益
$¥2,500 - (¥800 + ¥200) = ¥1,500$

$\dfrac{ⓑ¥930,000 + ¥720,000}{¥1,500} = 1,100$個

❸販売単価を20%引き下げた場合の貢献利益率
販売単価　$¥2,500 \times (100\% - 20\%) = ¥2,000$

貢献利益率　$1 - \dfrac{¥800 + ¥200}{¥2,000} = 0.5\cdots$ⓒ

$\dfrac{ⓑ¥930,000}{ⓒ0.5} = ¥1,860,000$

$¥1,860,000 \div ¥2,000 = 930$個

または,
1個あたりの貢献利益
$¥2,000 - (¥800 + ¥200) = ¥1,000$

$\dfrac{ⓑ¥930,000}{¥1,000} = 930$個

▶34-11

a	¥	❶	7,200,000	b	❷		3,640個
c	¥	❸	7,350,000				

解説 ❶貢献利益率　$1 - \dfrac{¥2,350 + ¥200}{¥5,000} = 0.49 \cdots$ⓐ

固定費　¥3,024,000 + ¥504,000 = ¥3,528,000 ⋯ⓑ

$\dfrac{ⓑ¥3,528,000}{ⓐ0.49} = ¥7,200,000$

❷当月の営業利益

¥5,000 × 3,200個 × ⓐ0.49 − ⓑ¥3,528,000

= ¥4,312,000

目標営業利益

¥4,312,000 × (100% + 25%) = ¥5,390,000

$\dfrac{ⓑ¥3,528,000 + ¥5,390,000}{ⓐ0.49} = ¥18,200,000$

¥18,200,000 ÷ ¥5,000 = 3,640個

または，

1個あたりの貢献利益

¥5,000 − (¥2,350 + ¥200) = ¥2,450

$\dfrac{ⓑ¥3,528,000 + ¥5,390,000}{¥2,450} = 3,640個$

❸変動製造費を1個あたり¥50増加させた場合の
貢献利益率

$1 - \dfrac{(¥2,350 + ¥50) + ¥200}{¥5,000} = 0.48 \cdots$ⓒ

$\dfrac{ⓑ¥3,528,000}{ⓒ0.48} = ¥7,350,000$

▶34-12

a	¥	❶	1,800,000	b	❷		1,590個
c	¥	❸	828,000				

解説 ❶貢献利益率　$1 - \dfrac{¥600 + ¥200}{¥2,000} = 0.6 \cdots$ⓐ

固定費　¥600,000 + ¥480,000 = ¥1,080,000 ⋯ⓑ

$\dfrac{ⓑ¥1,080,000}{ⓐ0.6} = ¥1,800,000$

❷$\dfrac{ⓑ¥1,080,000 + ¥828,000}{ⓐ0.6} = ¥3,180,000$

¥3,180,000 ÷ ¥2,000 = 1,590個

または，

1個あたりの貢献利益

¥2,000 − (¥600 + ¥200) = ¥1,200

$\dfrac{ⓑ¥1,080,000 + ¥828,000}{¥1,200} = 1,590個$

❸変動販売費を36%減少させた場合の貢献利益率

変動販売費　¥200 × (100% − 36%) = ¥128

貢献利益率　$1 - \dfrac{¥600 + ¥128}{¥2,000} = 0.636 \cdots$ⓒ

¥2,000 × 1,500個 × ⓒ0.636 − ⓑ¥1,080,000

= ¥828,000

▶34-13

a	¥	❶	270,000	b	¥	❷	360,000
c		❸	1,120個				

解説 ❶販売数量　0個 + 1,500個 − 500個 = 1,000個 ⋯ⓐ

貢献利益率　$1 - \dfrac{¥400 + ¥50}{¥900} = 0.5 \cdots$ⓑ

固定費　¥120,000 + ¥60,000 = ¥180,000 ⋯ⓒ

¥900 × ⓐ1,000個 × ⓑ0.5 − ⓒ¥180,000 = ¥270,000

❷$\dfrac{ⓒ¥180,000}{ⓑ0.5} = ¥360,000$

❸$\dfrac{ⓒ¥180,000 + ¥324,000}{ⓑ0.5} = ¥1,008,000$

¥1,008,000 ÷ ¥900 = 1,120個

または，

1個あたりの貢献利益

¥900 − (¥400 + ¥50) = ¥450

$\dfrac{ⓒ¥180,000 + ¥324,000}{¥450} = 1,120個$

▶34-14

a	¥	❶	4,050,000	b	¥	❷	6,750,000
c		❸	2,200個				

解説 ❶貢献利益率　$\dfrac{¥3,240,000}{¥9,000,000} = 0.36 \cdots$ⓐ

¥4,500 × (2,000個 × 2) × ⓐ0.36 − ¥2,430,000

= ¥4,050,000

❷$\dfrac{¥2,430,000}{ⓐ0.36} = ¥6,750,000$

❸$\dfrac{¥2,430,000 + ¥1,134,000}{ⓐ0.36} = ¥9,900,000$

¥9,900,000 ÷ ¥4,500 = 2,200個

▶34-15

a	¥	❶	4,800,000	b	❷		3,600個
c	¥	❸	3,210,000				

解説 ❶貢献利益率　$\dfrac{¥2,280,000}{¥6,000,000} = 0.38 \cdots$ⓐ

$\dfrac{¥1,824,000}{ⓐ0.38} = ¥4,800,000$

❷$\dfrac{¥1,824,000 + ¥456,000 × 2}{ⓐ0.38} = ¥7,200,000$

¥7,200,000 ÷ ¥2,000 = 3,600個

❸変動売上原価の金額を求め，(1)売上高から差し引くか，(2)変動販売費の金額を求め貢献利益に加算して求める。

なお，全部原価計算の項目と直接原価計算の項目との金額の関係は次のとおりである。

全部原価計算		直接原価計算
Ⅱ 売上原価　¥4,310,000	→	変動売上原価（¥2,790,000）
	→	固定製造間接費　¥1,520,000
Ⅲ 販売費及び一般管理費	→	変動販売費　（¥930,000）
¥1,234,000	→	固定販売費　¥304,000

(1)　¥6,000,000 − ¥2,790,000 = ¥3,210,000

(2)　¥930,000 + ¥2,280,000 = ¥3,210,000

◎全商検定試験出題形式別問題

 適語選択の問題 (p.180)

▶35-1

ア	1	イ	2	ウ	1	エ	❶ 3
オ	2						

解説 ❶原価計算の計算手続きは次のとおり。

第1段階・費目別計算…原価要素別に消費高を計算

第2段階・部門別計算…部門ごとに各原価要素の消費高を計算

第3段階・製品別計算…費目別・部門別に計算された各原価要素を製品別に集計して1単位あたりの原価を計算

▶35-2

(1)

ア	4	イ	2

(2)

ア	1	イ	3

(3)

ア	5	イ	4	ウ	2

▶35-3

(1)

ア	4	イ	1	ウ	10	エ	7
オ	9	カ	6	キ	12		

(2)

ア	6	イ	18	ウ	1	エ	8
オ	3	カ	9	キ	2	ク	4
ケ	19	コ	14				

(3)

ア	6	イ	3	ウ	8	エ	1

(4)

ア	3	イ	2	ウ	4	エ	5

 計算の問題 (p.182)

▶36-1

ア	¥❶	600	イ	¥❷	810,000

解説 ❶1級製品の等価係数は4,2級製品の等価係数は3となる。

各等級製品の単価の比は等価係数の比となるので,

1級製品：3級製品 ⇒ 4：2＝(ア)：¥300

¥300÷2×4＝¥600

❷2級製品の積数を計算してから,積数の比で分ける。

2級製品積数　3×1,800個＝5,400

¥2,430,000÷16,200×5,400＝¥810,000

▶36-2

a	¥❶	504,000	b	¥❷	21,000(不利)
c	¥❸ 112,000(不利)				

解説 ❶¥1,260×400個＝¥504,000

❷(標準消費数量－実際消費数量)×標準単価

当月投入量　1,300個＋400個－300個＝1,400個

(3 kg×1,400個－4,250 kg)×¥420

＝－¥21,000（不利差異）

❸標準直接労務費－実際直接労務費

当月投入量

1,300個＋400個×50％－300個×40％＝1,380個

(¥2,800×1,380個)－¥3,976,000

＝－¥112,000（不利差異）

▶36-3

ア	¥❶	248,000	イ	¥❷	5,760,000
ウ	¥❸	1,860,000			

解説　製造原価報告書と勘定の関係

製造原価報告書のⅠ材料費の金額は,仕掛品勘定と製造間接費勘定の材料費の合計である。労務費・経費についても同様である。期首仕掛品棚卸高は仕掛品勘定の前期繰越,期末仕掛品棚卸高は次期繰越である。

損益計算書と勘定の関係

損益計算書の売上原価は製品勘定の売上原価である。

貸借対照表と勘定の関係

貸借対照表の製品は製品勘定の次期繰越,仕掛品は仕掛品勘定の次期繰越である。

❶仕掛品勘定と製造間接費勘定の経費の合計額が,製造原価報告書の経費の金額になる。

¥560,000＋(ア)＋¥370,000＋¥60,000＝¥1,238,000

(ア)＝¥248,000

❷製造原価報告書の材料費の金額を計算し,製造原価報告書から求める。

材料費　¥1,320,000＋¥120,000＝¥1,440,000

(¥1,440,000＋¥3,130,000＋¥1,238,000)

＋¥480,000－¥528,000＝¥5,760,000

❸損益計算書の売上原価の金額を計算し,損益計算書から求める。売上原価は製品勘定の次期繰越(貸借対照表の製品の金額)を合計から差し引いて求める。

売上原価　¥6,520,000－¥820,000＝¥5,700,000

¥7,560,000－¥5,700,000＝¥1,860,000

▶36-4

a	¥❶	2,880,000	b	¥❷	3,300,000
c	❸	5,125個			

解説 ❶貢献利益率　$\frac{¥1,440,000}{¥4,800,000}＝0.3…ⓐ$

¥2,400×(2,000個×2)×ⓐ0.3＝¥2,880,000

❷$\frac{¥990,000}{ⓐ0.3}＝¥3,300,000$

❸$\frac{¥990,000＋¥2,700,000}{ⓐ0.3}＝¥12,300,000$

¥12,300,000÷¥2,400＝5,125個

a	¥❶	2,250,000	b	¥❷	600

解説 資料①～③で完成品総合原価を求め，等価係数と完成品数量から積数を計算し，完成品総合原価を積数の比で按分する。

完成品総合原価

¥503,000＋¥6,242,000－¥715,000＝¥6,030,000

	重　量	等価係数	完成品数量	積　数
1 級製品	750 g	5	1,500個	7,500
2 級製品	600 〃	4	2,300 〃	9,200
3 級製品	300 〃	2	1,700 〃	3,400
				20,100

	等級別製造原価	製品単価
1 級製品	❶ 2,250,000	¥1,500
2 級製品	2,760,000	¥1,200
3 級製品	1,020,000	❷ ¥ 600
	6,030,000	

❶¥6,030,000× $\frac{7,500}{20,100}$ ＝¥2,250,000

❷¥1,020,000÷1,700個＝¥600

a	¥❶	2,335,000	b	¥❷	22,000
c	¥❸	9,449,000			

解説 ❶素材と工場消耗品の消費高を合計する。

素材

¥274,000＋¥2,105,000－¥305,000＝¥2,074,000

工場消耗品

¥24,000＋¥265,000－¥28,000＝¥261,000…ⓐ

¥2,074,000＋ⓐ¥261,000＝¥2,335,000

❷製造間接費勘定の借方に実際発生額を，貸方に予定配賦額を記入し，その差額を求める。

製 造 間 接 費

工場消耗品 ⓐ261,000	ⓒ
賃　　金 ⓑ360,000	予定配賦額 2,125,000
給　　料 918,000	
電 力 料 139,000	
減価償却費 425,000	
（実際額）2,103,000	

¥1,200×300時間＝¥360,000…ⓑ

¥500×4,250時間＝¥2,125,000…ⓒ

¥2,125,000－¥2,103,000＝¥22,000（貸方差異）

❸売上原価勘定の製品・賃率差異・製造間接費配賦差異❷を記入して求める。

製品

110,000＋¥9,400,000－¥130,000＝¥9,380,000

賃率差異

（¥1,200－¥1,220）×（4,250時間＋300時間）

＝－¥91,000（借方差異）

¥9,380,000＋¥91,000－¥22,000＝¥9,449,000

a	¥❶	375,000	b	¥❷	40,000（不利）
c	¥❸	4,000（不利）			

解説 ❶直接材料費　¥ 700×250個　　　＝¥175,000

直接労務費　¥1,000×250個×40%＝¥100,000

製造間接費　¥1,000×250個×40%＝¥100,000

¥375,000

❷（標準直接作業時間－実際直接作業時間）

×標準配賦率

当月投入量

550個＋250個×40%－200個×50%＝550個

（2 時間×550個－1,180時間）×¥500

＝－¥40,000（不利差異）

❸（実際直接作業時間－基準操業度）×固定費率

固定費率　¥240,000÷1,200時間＝¥200

または，

¥500－¥300（標準配賦率－変動費率）＝¥200

（1,180時間－1,200時間）×¥200＝－¥4,000（不利差異）

a	¥❶	10,800,000	b	❷	800個
c	❸	5%			

解説 ❶貢献利益率　1－ $\frac{¥6,000}{¥15,000}$ ＝0.6…ⓐ

¥15,000×2,000個×ⓐ0.6－¥7,200,000

＝¥10,800,000

❷ $\frac{¥7,200,000}{ⓐ0.6}$ ＝¥12,000,000

¥12,000,000÷¥15,000＝800個

または，

1 個あたりの貢献利益¥15,000－¥6,000＝¥9,000

$\frac{¥7,200,000}{¥9,000}$ ＝800個

❸変動費の変動後の貢献利益率

1－ $\frac{¥6,270}{¥15,000}$ ＝0.582…ⓑ

減少後の固定費をxとして求める。

¥15,000×2,000個×ⓑ0.582－x＝¥10,620,000

x＝¥6,840,000

$\frac{¥7,200,000－¥6,840,000}{¥7,200,000}$ ＝0.05（5%）

a	¥❶	2,942,000	b	¥❷	684,000
c	¥❸	6,000,000			

解説 貸借対照表の材料¥872,000は素材と工場消耗品の期末棚卸高を，仕掛品¥840,000は仕掛品の期末棚卸高を，未払賃金¥265,000は賃金の当月未払高をそれぞれ表している。

❶素材と工場消耗品の消費高を一括して求める。

（¥682,000＋¥124,000）＋（¥2,352,000＋¥656,000）

－¥872,000＝¥2,942,000…ⓐ

❷外注加工賃・電力料・減価償却費の消費高を合計して求める。

外注加工賃

¥254,000＋¥28,000－¥18,000＝¥264,000

¥264,000＋¥230,000（測定高）＋¥190,000

＝¥684,000…ⓑ

❸期首仕掛品棚卸高＋当期製造費用－期末仕掛品棚卸高－副産物評価額で求める。なお，賃金については予定消費高を用いる。

賃金予定消費高
¥2,164,000 − ¥44,000 = ¥2,120,000…ⓒ
¥792,000 + (ⓐ¥2,942,000 + ⓒ¥2,120,000
+ ¥500,000 + ⓑ¥684,000) − ¥198,000 − ¥840,000
= ¥6,000,000

▶36-10

¥	4,711

解説 月末仕掛品原価(先入先出法)
正常減損数量　3,600kg − 3,000kg − 500kg = 100kg
正常減損は工程の終点で発生
→減損費は完成品のみに負担させる。
→減損数量を完成品数量に加えて計算する。
素材費
$$¥4,960,000 × \frac{500kg}{(3,000kg + 100kg − 400kg) + 500kg}$$
= ¥775,000
加工費
¥9,300,000
$$× \frac{500kg × 40\%}{(3,000kg + 100kg − 400kg × 50\%) + 500kg × 40\%}$$
= ¥600,000
完成品原価
(¥588,000 + ¥660,000) + (¥4,960,000 + ¥9,300,000)
− (¥775,000 + ¥600,000) = ¥14,133,000
完成品単価
¥14,133,000 ÷ 3,000kg = ¥4,711

▶36-11

a	¥❶	3,286,000	b	¥❷	1,710,000
c	¥❸	18,000(不利)			

解説 パーシャル・プランによる勘定記入では，仕掛品勘
定の前月繰越(月初仕掛品)・製品(完成品)・次月繰
越(月末仕掛品)は標準原価で記入され，当月製造費
用は実際消費額(実際発生額)が記入される。
❶労務費の実際消費額を記入する。
　¥1,060 × 3,100時間 = ¥3,286,000
❷月末仕掛品の標準原価を記入する。
　直接材料費　¥2,400 × 300個　　= ¥　720,000
　直接労務費　¥3,000 × 300個 × 50% = ¥　450,000
　製造間接費　¥3,600 × 300個 × 50% = ¥　540,000
　　　　　　　　　　　　　　　¥1,710,000
❸(変動費率 × 実際直接作業時間 + 固定費予算額)
　− 実際発生額
　(¥500 × 3,100時間 + ¥2,240,000) − ¥3,808,000
　= − ¥18,000（不利差異）

▶36-12

¥	35,000 （借方）

解説 (変動費率 × 実際直接作業時間 + 固定費予算額)
− 実際発生額
(¥500 × 2,200時間 + ¥1,725,000) − ¥2,860,000
= − ¥35,000（借方差異）

▶36-13

a	¥❶	72,000	b	¥❷	3,360,000
c	❸	2,000個			

解説 ❶貢献利益率　$1 − \dfrac{¥1,320 + ¥360}{¥2,400} = 0.3…$ⓐ
固定費　¥680,000 + ¥328,000 = ¥1,008,000…ⓑ
¥2,400 × 1,500個 × ⓐ0.3 − ⓑ¥1,008,000
= ¥72,000
❷ $\dfrac{ⓑ¥1,008,000}{ⓐ0.3} = ¥3,360,000$
❸ $\dfrac{ⓑ¥1,008,000 + ¥432,000}{ⓐ0.3} = ¥4,800,000$
¥4,800,000 ÷ ¥2,400 = 2,000個
または，
1個あたりの貢献利益
¥2,400 − (¥1,320 + ¥360) = ¥720
$\dfrac{ⓑ¥1,008,000 + ¥432,000}{¥720} = 2,000個$

▶36-14

¥	5,280,000

解説 月末仕掛品原価(平均法)
正常減損は工程の始点で発生
→減損費は完成品と月末仕掛品の両者に負担させ
る。
→減損数量を無視して計算する。
素材費
$$(¥356,000 + ¥2,920,000) × \frac{600kg}{3,000kg + 600kg}$$
= ¥546,000
加工費
(¥164,000 + ¥2,692,000)
$$× \frac{600kg × 60\%}{3,000kg + 600kg × 60\%} = ¥306,000$$
完成品原価
(¥356,000 + ¥164,000) + (¥2,920,000 + ¥2,692,000)
− (¥546,000 + ¥306,000) = ¥5,280,000

▶36-15

a	¥❶	3,106,000	b	¥❷	2,146,000
c	¥❸	10,487,000			

解説 ❶素材と工場消耗品の消費高を合計する。
素材
¥580,000 + ¥2,860,000 − ¥609,000 = ¥2,831,000
工場消耗品
¥31,000 + ¥280,000 − ¥36,000 = 275,000…ⓐ
¥2,831,000 + ⓐ¥275,000 = ¥3,106,000
❷製造間接費勘定の賃金・給料・退職給付費用・健
康保険料の金額を合計して求める。
賃金　¥1,100 × 500時間 = ¥550,000…ⓑ
ⓑ¥550,000 + ¥1,032,000 + ¥316,000 + ¥248,000
= ¥2,146,000
❸製品勘定で計算した売上原価に製造間接費配賦差
異が借方差異であれば加算し，貸方差異であれば
減算して求める。

	製		品	
前 期 繰 越	713,000	売 上 原 価	10,456,000
仕 掛 品	10,435,000	次 期 繰 越	692,000
	11,148,000		11,148,000

製造間接費配賦差異は，製造間接費勘定の予定配
賦額(貸方)と実際発生額(借方)の差額である。

		製 造 間 接 費		
素　　　材	205,000		ⓓ	
工場消耗品	ⓐ275,000	予定配賦額	3,024,000	
賃　　　金	ⓑ550,000			
給　　　料	1,032,000			
退職給付費用	316,000			
健康保険料	248,000			
水　道　料	ⓒ249,000			
減価償却費	180,000			
（実際額）	3,055,000			

水道料　¥15,000+¥130×1,800 m³＝¥249,000…ⓒ
予定配賦額　¥720×4,200時間＝¥3,024,000…ⓓ
製造間接費配賦差異
ⓓ¥3,024,000−¥3,055,000＝−¥31,000（借方差異）
¥10,456,000+¥31,000＝¥10,487,000

▶**36-16**

a	¥❶	265,000	b	¥❷	262,000
c	¥❸	270,000			

解説 ❶（¥1,400×125時間）+（¥1,200×75時間）
　　　＝¥265,000
　❷（¥1,400×220時間）+（¥1,200×180時間）
　　　＝¥524,000（実際消費高）
　　　¥524,000÷（220時間+180時間）
　　　＝¥1,310（実際平均賃率）
　　　¥1,310×（125時間+75時間）＝¥262,000
　❸¥6,561,000÷4,860時間＝¥1,350（予定賃率）
　　　¥1,350×（125時間+75時間）＝¥270,000

▶**36-17**

ア	¥❶	832,000	イ	¥❷	3,110,000
ウ	¥❸	2,400,000			

解説 製造原価報告書と勘定の関係
　　製造原価報告書のⅠ材料費の金額は仕掛品勘定と製造間接費勘定の材料費の合計である。労務費・経費についても同様である。期首仕掛品棚卸高は仕掛品勘定の前期繰越，期末仕掛品棚卸高は次期繰越である。
損益計算書と勘定の関係
　　損益計算書の売上原価は製品勘定の売上原価である。期首製品棚卸高は製品勘定の前期繰越，期末製品棚卸高は次期繰越である。
❶製造原価報告書の期首仕掛品棚卸高¥832,000である。
❷仕掛品勘定と製造間接費勘定の労務費の合計額が製造原価報告書の労務費の金額になる。
　¥2,010,000+¥206,000+¥580,000+¥110,000+¥204,000＝¥3,110,000
❸売上高¥8,400,000から製品勘定で求めた売上原価を差し引いて求める。
　製品勘定の仕掛は¥5,952,000であり，製造原価報告書の合計欄¥6,750,000（¥5,918,000+¥832,000）から期末仕掛品原価¥798,000を差し引いて求める。
売上原価
　¥653,000+¥5,952,000−¥605,000＝¥6,000,000
または，製品勘定の合計¥6,605,000から次期繰越¥605,000を差し引いて求める。

¥8,400,000−¥6,000,000＝¥2,400,000

▶**36-18**

a	¥❶	540,000	b	¥❷	1,700,000
c	¥❸	3,700,000			

解説 ❶貢献利益率　$1-\dfrac{¥1,850,000+¥460,000}{¥3,300,000}=0.3$…ⓐ
　　固定費　¥260,000+¥250,000＝¥510,000…ⓑ
　　¥3,500,000×ⓐ0.3−ⓑ¥510,000＝¥540,000
　❷$\dfrac{ⓑ¥510,000}{ⓐ0.3}=¥1,700,000$
　❸$\dfrac{ⓑ¥510,000+¥600,000}{ⓐ0.3}=¥3,700,000$

▶**36-19**

a	¥❶	21,500,000	b	¥❷	169,000（不利）
c	¥❸	60,000（不利）			

解説 ❶¥10,750×2,000個＝¥21,500,000
　❷（標準単価−実際単価）×実際消費数量
　　（¥1,000−¥1,020）×8,450 kg
　　＝−¥169,000（不利差異）
　❸（標準直接作業時間−実際直接作業時間）×標準賃率
　　当月投入量
　　2,000個+200個×50%−100個×40%＝2,060個
　　（3時間×2,060個−6,230時間）×¥1,200
　　＝−¥60,000（不利差異）

▶**36-20**

¥	600

解説 1級製品の重量を基準としているので，3級製品の等価係数は450g÷750g＝0.6となる。
　$¥6,210,000×\dfrac{2,880}{2,400+2,880+3,000}$
　＝¥2,160,000（2級製品の製造原価）
　¥2,160,000÷3,600個＝¥600

▶**36-21**

¥	1,764,000

解説 予算額＝変動費率×実際操業度+固定費予算額
　¥600×1,140時間+¥1,080,000＝¥1,764,000

37 総合原価計算の問題 （p.189）

▶**37-1**

単純総合原価計算表
令和○年6月分

摘　　　要	素　材　費	加　工　費	合　　　計
材　料　費	❶6,000,000	❷650,000	6,650,000
労　務　費	——	❸2,421,000	2,421,000
経　　　費	——	❹1,054,000	1,054,000
計	6,000,000	4,125,000	10,125,000
月初仕掛品原価	1,410,000	465,000	1,875,000
計	7,410,000	4,590,000	12,000,000
月末仕掛品原価	❺1,235,000	❻340,000	1,575,000
完成品原価	6,175,000	4,250,000	10,425,000
完成品数量	2,500kg	2,500kg	2,500kg
製　品　単　価	¥　2,470	¥　1,700	¥　4,170

製　　　　品

前 月 繰 越	780,000	(売上原価)(	9,954,000) ❽
❼(仕 掛 品)(	10,425,000)	次 月 繰 越 (	1,251,000)
(	11,205,000)	(	11,205,000)

解説 ❶4,800kg×¥1,250＝¥6,000,000

❷¥106,000＋¥678,000－¥134,000＝¥650,000

❸¥2,425,000＋¥398,000－¥402,000＝¥2,421,000

❹減価償却費　¥6,276,000÷12か月＝¥523,000

　　電 力 料　¥326,000(測定高)

　　雑　　　費　¥205,000

　　¥523,000＋¥326,000＋¥205,000＝¥1,054,000

❺月末仕掛品原価(平均法)

　　正常減損は工程の始点で発生

　　→減損費は完成品と月末仕掛品の両者に負担させる。

　　→減損数量を無視して計算する。

　　素材費

$$(¥1,410,000＋¥6,000,000)×\frac{500kg}{2,500kg＋500kg}$$

　　＝¥1,235,000

❻加工費

$$¥4,590,000×\frac{500kg×40\%}{2,500kg＋500kg×40\%}$$

　　＝¥340,000

❼単純総合原価計算表の完成品原価を用いて，次の仕訳がおこなわれ，各勘定に転記される。

　(借)製　　品 10,425,000　(貸)仕 掛 品 10,425,000

❽販売数量　┌月初棚卸 200kg　¥　780,000

2,400kg ┤

　　　　　　└当月完成2,200kg×¥4,170＝¥9,174,000

　　　　　　　　　　　　　　合　計　¥9,954,000

　次の仕訳がおこなわれ，各勘定に転記される。

　(借)売上原価 9,954,000　(貸)製　　品 9,954,000

▶**37-2**

(1)　　　　　単純総合原価計算表

令和○年1月分

摘　　要	素 材 費	加 工 費	合　　計
材 料 費	❶ 2,040,000	211,000	2,251,000
労 務 費	――	❸ 1,120,000	1,120,000
経　　費	――	❹ 216,000	216,000
計	❶ 2,040,000	❷ 1,547,000	3,587,000
月初仕掛品原価	410,000	155,000	565,000
計	2,450,000	1,702,000	4,152,000
月末仕掛品原価	❺ 680,000	❻ 252,000	932,000
完 成 品 原 価	1,770,000	1,450,000	3,220,000
完 成 品 数 量	2,000kg	2,000kg	2,000kg
製 品 単 価	¥　885	¥　725	¥　1,610

(2)

	¥ ❼	130,000

解説 ❶資料c 当月製造費用の素材費¥2,040,000の金額を記入する。

❷資料c 当月製造費用の加工費¥1,547,000の金額を記入する。

❸仕掛品勘定の労務費の金額を合計する。

　¥959,000＋¥120,000＋¥41,000＝¥1,120,000

❹❷¥1,547,000－❸¥1,120,000－211,000＝¥216,000

❺月末仕掛品原価(先入先出法)

　正常減損は工程の終点で発生

　→減損費は完成品のみに負担させる。

→減損数量を完成品数量に加えて計算する。

素材費

$$¥2,040,000×\frac{800kg}{(2,000kg＋100kg－500kg)＋800kg}$$

＝¥680,000

❻加工費

¥1,547,000

$$×\frac{800kg×45\%}{(2,000kg＋100kg－500kg×50\%)＋800kg×45\%}$$

＝¥252,000

❼❹から仕掛品勘定の電力料以外の経費の金額を差し引いて求める。

❹¥216,000－¥69,000－¥17,000＝¥130,000

▶**37-3**

(1)　　　　　　　仕　　掛　　品

前 月 繰 越 (❶	456,000	諸　　　口 (	4,026,000)
素　　材	1,660,000	次 月 繰 越 (❸	635,000)
工場消耗品	108,000		
賃　　金	1,638,000		
給　　料	314,000		
健康保険料	78,000		
減価償却費	331,000		
修 繕 料 (❷	64,000		
雑　　費	12,000		
(	4,661,000)	(	4,661,000)

(2) ❹　　　　　等級別総合原価計算表

等級別製品	重量	等価係数	完成品数量	積　数	等級別製造原価	製品単価
1級製品	120g	6	800個	4,800	1,584,000	¥ 1,980
2級製品	100〃	5	1,000 〃	5,000	1,650,000	〃 1,650
3級製品	80〃	4	600 〃	2,400	792,000	〃 1,320
				12,200	4,026,000	

(3)　　　　　　　2　級　製　品

前 月 繰 越	320,000	(売 上 原 価)(1,475,000) ❺	
仕 掛 品 (	1,650,000)	次 月 繰 越 (	495,000)
(	1,970,000)	(	1,970,000)

解説 ❶月初仕掛品原価

　¥254,000＋¥202,000＝¥456,000

❷¥60,000－¥4,000＋¥8,000＝¥64,000

❸仕掛品勘定の借方合計から，貸方の諸口の金額(完成品総合原価)を差し引く。

　¥4,661,000－¥4,026,000＝¥635,000

❹等級別総合原価計算表

　等価係数　(120g：100g：80g＝6：5：4)

　積数　1級製品　6×　800個＝4,800

　　　　2級製品　5×1,000個＝5,000

　　　　3級製品　4×　600個＝2,400

　等級別製造原価

$$\frac{¥4,026,000}{4,800＋5,000＋2,400}＝¥330$$

　　1級製品　¥330×4,800＝¥1,584,000

　　2級製品　¥330×5,000＝¥1,650,000

　　3級製品　¥330×2,400＝¥ 792,000

　製品単価

　　1級製品　¥1,584,000÷　800個＝¥1,980

　　2級製品　¥1,650,000÷1,000個＝¥1,650

　　3級製品　¥ 792,000÷　600個＝¥1,320

❺販売数量 →月初棚卸 200個×¥1,600＝¥   320,000
900個　　→当月完成 700個×¥1,650＝¥1,155,000
　　　　　　　　　　　合　計　¥1,475,000
次の仕訳がおこなわれ，各勘定に転記される。
（借）売上原価 1,475,000　（貸）２級製品 1,475,000

▶37-4

組別総合原価計算表
令和○年１月分

摘　　　要	A　　組	B　　組
組直接費　素材費	❶ 3,202,500	❶ 2,261,000
加工費	❷ 855,000	❷ 950,000
組間接費　加工費	❸ 860,000	❸ 1,290,000
当月製造費用	4,917,500	4,501,000
月初仕掛品原価　素材費	560,000	568,000
加工費	148,000	168,000
計	5,625,500	5,237,000
月末仕掛品原価　素材費	❹ 752,500	369,000
加工費	243,000	❺ 168,000
完　成　品　原　価	❻ 4,630,000	❻ 4,700,000
完　成　品　数　量	2,000個	4,000個
製　品　単　価	¥ 2,315	¥ 1,175

Ａ組仕掛品

前 月 繰 越	708,000	（A 組 製 品）（ 4,630,000)❻
素　　　　材	(3,202,500)	次 月 繰 越 (995,500)
賃　　　　金	(756,000)	
外 注 加 工 賃	(99,000)	
❸（組 間 接 費）	(860,000)	
	(5,625,500)	(5,625,500)

組　間　接　費

工 場 消 耗 品	(582,000)	諸　　　　口 (2,150,000)
賃　　　　金	(462,000)	
健 康 保 険 料	(80,000)	
諸　　　　口	(1,026,000)	
	(2,150,000)	(2,150,000)

解説 ❶素材費
　　A組　¥125×25,620個＝¥3,202,500
　　B組　¥500× 4,522個＝¥2,261,000
❷加工費
　　A組　¥1,200×630時間＋¥ 99,000＝¥855,000
　　B組　¥1,200×690時間＋¥122,000＝¥950,000
❸組間接費の配賦
　　組間接費　¥582,000＋¥1,200×385時間＋¥80,000
　　＋¥256,000＋¥52,000＋¥718,000＝¥2,150,000

$$\frac{¥2,150,000}{5,000時間＋7,500時間}＝¥172$$

　　A組　¥172×5,000時間＝¥   860,000
　　B組　¥172×7,500時間＝¥1,290,000
次の仕訳がおこなわれ，各勘定に転記される。
（借）A組仕掛品　860,000　（貸）組間接費 2,150,000
　　　B組仕掛品 1,290,000
❹A組月末仕掛品素材費

$$（¥560,000＋¥3,202,500）×\frac{500個}{2,000個＋500個}$$

$$＝¥752,500$$

❺B組月末仕掛品加工費
　　（¥168,000＋¥950,000＋¥1,290,000）

$$×\frac{600個×50\%}{4,000個＋600個×50\%}＝¥168,000$$

❻組別総合原価計算表の完成品原価を用いて次の仕
　訳がおこなわれ，各勘定に転記される。
　　（借）A 組 製 品 4,630,000　（貸）A組仕掛品 4,630,000
　　　　　B 組 製 品 4,700,000　　　　B組仕掛品 4,700,000

▶37-5

組別総合原価計算表
令和○年１月分

摘　　　要	A　　組	B　　組
組直接費　素材費	2,580,000	2,880,000
加工費	1,314,000	1,530,000
組間接費　加工費	❶ 450,000	❶ 540,000
当月製造費用	4,344,000	4,950,000
月初仕掛品原価　素材費	250,000	1,170,000
加工費	82,000	240,000
計	4,676,000	6,360,000
月末仕掛品原価　素材費	❷ 360,000	720,000
加工費	126,000	❸ 276,000
完　成　品　原　価	❹ 4,190,000	❹ 5,364,000
完　成　品　数　量	2,000個	1,800個
製　品　単　価	¥ 2,095	¥ 2,980

Ｂ組仕掛品

前 月 繰 越	1,410,000	（B 組 製 品）（ 5,364,000)❹
素　　　　材	2,880,000	次 月 繰 越 (996,000)
労　　　　務	1,200,000	
経　　　　費	330,000	
❶（組 間 接 費）	(540,000)	
	(6,360,000)	(6,360,000)

解説 ❶組間接費の配賦
　　組間接費
　　¥257,000＋¥238,000＋¥495,000＝¥990,000

$$\frac{¥990,000}{¥1,000,000＋¥1,200,000}＝0.45$$

　　A組　0.45×¥1,000,000＝¥450,000
　　B組　0.45×¥1,200,000＝¥540,000
次の仕訳がおこなわれ，各勘定に転記される。
（借）A組仕掛品 450,000　（貸）組 間 接 費 990,000
　　　B組仕掛品 540,000
❷A組月末仕掛品素材費(先入先出法)
　　仕損じは工程の終点で発生
　　　→仕損品は完成品のみに負担させる。
　　　→仕損数量を完成品数量に加えて計算する。

$$¥2,580,000×\frac{300個}{(2,000個＋50個－200個)＋300個}$$

$$＝¥360,000$$

❸B組月末仕掛品加工費
　　（¥1,530,000＋¥540,000）

$$×\frac{400個×60\%}{(1,800個－600個×40\%)＋400個×60\%}＝¥276,000$$

❹組別総合原価計算表の完成品原価を用いて次の仕
　訳がおこなわれ，各勘定に転記される。
　　（借）A 組 製 品 4,190,000　（貸）A組仕掛品 4,190,000
　　　　　B 組 製 品 5,364,000　　　　B組仕掛品 5,364,000

▶37-6

(1)
工程別総合原価計算表
令和○年6月分

摘　　　要	第1工程	第2工程
工程個別費　素材費	2,640,000	──
前工程費	──	❹ 3,220,000
労務費	860,000	630,000
経費	205,000	160,000
部門共通費配賦額	450,000	142,000
補助部門費配賦額	❶ 330,000	❶ 270,000
当月製造費用	4,485,000	4,422,000
月初仕掛品原価	453,000	872,000
計	4,938,000	5,294,000
月末仕掛品原価	❷ 638,000	704,000
工程完成品原価	❸ 4,300,000	4,590,000
工程完成品数量	2,500個	2,250個
工程完成品単価	￥ 1,720	￥ 2,040

(2)

￥❺	592,000

(3)
第1工程半製品

前月繰越	396,000	第2工程仕掛品	(3,220,000) ❹
❸(第1工程仕掛品)	(4,300,000)	次月繰越	(1,476,000)
	(4,696,000)		(4,696,000)

解説 ❶補助部門費配賦額

￥342,000＋￥170,000＋￥88,000＝￥600,000

第1工程　￥600,000×55％＝￥330,000

第2工程　￥600,000×45％＝￥270,000

❷第1工程月末仕掛品原価（平均法）

素材費

$(￥300,000＋￥2,640,000)×\dfrac{500個}{2,500個＋500個}$

＝￥490,000

加工費

$(￥153,000＋￥860,000＋￥205,000＋￥450,000＋￥330,000)$

$×\dfrac{500個×40％}{2,500個＋500個×40％}＝￥148,000$

￥490,000＋￥148,000＝￥638,000

❸ただし書きⅰより，第1工程の完成品原価を用いて，次の仕訳がおこなわれ，各勘定に転記される。

(借)第1工程半製品 4,300,000　(貸)第1工程仕掛品 4,300,000

❹資料ｄより，次工程に引き渡した第1工程の半製品￥3,220,000が記入される。また，次の仕訳がおこなわれ，各勘定に転記される。

(借)第2工程仕掛品 3,220,000　(貸)第1工程半製品 3,220,000

❺前工程費（平均法）

$(￥702,000＋￥3,220,000)×\dfrac{400個}{2,250個＋400個}$

＝￥592,000

▶37-7

(1)
工程別総合原価計算表
令和○年6月分

摘　　　要	第1工程	第2工程
工程個別費　素材費	2,714,000	──
前工程費	──	❺ 5,565,000
労務費	2,705,000	2,146,000
経費	624,000	570,000
部門共通費配賦額	❶ 288,000	❶ 320,000
補助部門費配賦額	273,000	❷ 182,000
当月製造費用	6,604,000	8,783,000
月初仕掛品原価	408,000	1,015,000
計	7,012,000	9,798,000
月末仕掛品原価	❸ 612,000	1,179,000
工程完成品原価	❹ 6,400,000	8,619,000
工程完成品数量	4,000個	3,400個
工程完成品単価	￥ 1,600	￥ 2,535

(2)

￥❻	951,000

(3)
第1工程半製品

前月繰越	755,000	(第2工程仕掛品)	(5,565,000) ❺
❹(第1工程仕掛品)	(6,400,000)	売上原価	(636,000) ❼
		次月繰越	954,000
	(7,155,000)		(7,155,000)

解説 ❶部門共通費配賦額

￥520,000＋￥120,000＝￥640,000

第1工程　￥640,000×45％＝￥288,000

第2工程　￥640,000×50％＝￥320,000

補助部門　￥640,000× 5％＝￥ 32,000

❷補助部門費配賦額

￥236,000＋￥187,000＋￥32,000＝￥455,000

第1工程　￥273,000

第2工程　￥455,000－￥273,000＝￥182,000

❸第1工程月末仕掛品原価（平均法）

仕損じは工程の途中で発生

　→仕損費は完成品と月末仕掛品に負担させる。

　→仕損数量を無視して計算する。

素材費

$(￥256,000＋￥2,714,000)×\dfrac{500個}{4,000個＋500個}$

＝￥330,000

加工費

$(￥152,000＋￥2,705,000＋￥624,000＋￥288,000＋￥273,000)$

$×\dfrac{500個×60％}{4,000個＋500個×60％}＝￥282,000$

￥330,000＋￥282,000＝￥612,000

❹ただし書きⅰより，第1工程の完成品原価を用いて，次の仕訳がおこなわれ，各勘定に転記される。

(借)第1工程半製品 6,400,000　(貸)第1工程仕掛品 6,400,000

❺資料ｄより，次工程に引き渡した第1工程の半製品3,500個について，次の仕訳がおこなわれ，各勘定に転記される。

3,500個×￥1,590＝￥5,565,000

(借)第2工程仕掛品 5,565,000　(貸)第1工程半製品 5,565,000

❻前工程費（平均法）

$(￥775,000＋￥5,565,000)×\dfrac{600個}{3,400個＋600個}$

＝￥951,000

❼資料dより，外部に販売された400個について，次の仕訳がおこなわれ，各勘定に転記される。
　400個×¥1,590＝¥636,000
　(借)売上原価　636,000　(貸)第1工程半製品　636,000

個別原価計算の問題（p.196）

▶**38-1**

(1)

	借　　　　方	貸　　　　方
1月11日	仕　掛　品　2,564,000	素　　　材　2,564,000　❶
31日①	製 造 間 接 費　156,000	工 場 消 耗 品　156,000　❷

(2)
消　費　賃　金

1/31 賃　　　金	2,618,000	1/31 諸　　　口	2,610,000　❸
		〃 賃 率 差 異	8,000　❻
	2,618,000		2,618,000

製　造　間　接　費

1/31 工場消耗品	156,000	1/31 諸　　　口	1,193,600
〃 消 費 賃 金	108,000		
〃 健康保険料	110,000		
〃 諸　　　口	819,600		
	1,193,600		1,193,600

第 1 製 造 部 門 費

1/31 製造間接費	514,400	1/31 仕 掛 品	631,800　❹
❺ 〃 諸　　　口	132,000	〃 製 造 部 門 費 配 賦 差 異	14,600　❼
	646,400		646,400

(3)
部 門 費 振 替 表
相互配賦法　　　　　令和○年1月分

部　門　費	配賦基準	金　額	製造部門 第1部門	製造部門 第2部門	補助部門 動力部門	補助部門 修繕部門
部門費合計		1,193,600	514,400	372,900	181,500	124,800
動力部門費	kW数× 運転時間数	181,500	❽82,500	89,100	—	9,900
修繕部門費	修繕回数	124,800	31,200	❾62,400	31,200	—
第1次配賦額		306,300	113,700	151,500	31,200	9,900
動力部門費	kW数× 運転時間数	31,200	15,000	❿16,200		
修繕部門費	修繕回数	9,900	⓫3,300	6,600		
第2次配賦額		41,100	18,300	22,800		
製造部門費合計		1,193,600	646,400	547,200		

(4)
製造指図書#1
原　価　計　算　表

直接材料費	直接労務費	製造間接費 部門	製造間接費 時間	製造間接費 配賦率	製造間接費 金額	集　計 摘要	集　計 金額
2,522,800	216,000	第1	120	780	93,600	直接材料費	2,522,800
	1,332,000	第1	360	780	280,800	直接労務費	1,548,000
	1,548,000	第2	380	960	364,800	製造間接費	739,200
					739,200	製造原価	4,810,000
						完成品数量	50個
						製品単価	¥ 96,200

(5)

¥ ⓬	4,277,000

解説
❶先入先出法
　消費数量 700個×¥1,400＝¥ 980,000（月初棚卸）
　1,800個 当月買入1,100個×¥1,440＝¥1,584,000
　　　　　　　　　　　　　　合　計　¥2,564,000
❷(450個＋1,150個－300個)×¥120＝¥156,000

---

❸直接賃金
　(740時間＋650時間)×¥1,800＝¥2,502,000
　間接賃金
　60時間×¥1,800＝¥108,000
　賃金予定消費高
　¥2,502,000＋¥108,000＝¥2,610,000
❹第1製造部門費予定配賦額
　予定配賦率　¥7,956,000÷10,200時間＝¥780
　予定配賦額　¥780×(360時間＋450時間)＝¥631,800
❺部門費振替表の補助部門費の第1次配賦額
　¥113,700と第2次配賦額¥18,300の合計額
　¥132,000。
❻消費賃金勘定は借方に実際消費高¥2,618,000を
　記入し，貸方に予定消費高¥2,610,000を記入す
　る。消費賃金勘定の差額¥8,000は賃率差異勘定
　に振り替える。
❼第1製造部門費勘定は，借方に製造間接費から
　の振替額¥514,400と補助部門費からの配賦額
　¥132,000を記入し，貸方に予定配賦額¥631,800
　を記入する。第1製造部門費勘定の差額¥14,600
　は製造部門費配賦差異勘定に振り替える。
❽¥181,500
　　× $\dfrac{10kW×250時間}{10kW×250時間＋15kW×180時間＋3kW×100時間}$
　＝¥82,500
❾¥124,800× $\dfrac{6回}{3回＋6回＋3回}$ ＝¥62,400
❿¥31,200× $\dfrac{15kW×180時間}{10kW×250時間＋15kW×180時間}$
　＝¥16,200
⓫¥9,900× $\dfrac{3回}{3回＋6回}$ ＝¥3,300
⓬製造指図書#2の製造原価
　直接材料費　　　　¥2,564,000（1月11日の取引）
　直接労務費　　　　¥1,170,000（@¥1,800×650時間）
　製造間接費配賦額
　　第1製造部門費　¥　351,000（@¥780×450時間）
　　第2製造部門費　¥　192,000（@¥960×200時間）
　　　　　製造原価　¥4,277,000

〈取引の仕訳〉

日付		借方			貸方	
1/7	(借)素 材	2,160,000	(貸)買 掛 金	2,298,000		
	工場消耗品	138,000				
11	(借)仕 掛 品	2,564,000	(貸)素 材	2,564,000		
23	(借)製 品	4,810,000	(貸)仕 掛 品	4,810,000		
31①	(借)製造間接費	156,000	(貸)工場消耗品	156,000		
②	(借)仕 掛 品	2,502,000	(貸)消 費 賃 金	2,610,000		
	製造間接費	108,000				
③	(借)仕 掛 品	1,188,600	(貸)第1製造部門費	631,800		
			第2製造部門費	556,800		
④	(借)製造間接費	110,000	(貸)健康保険料	110,000		
⑤	(借)製造間接費	819,600	(貸)電 力 料	320,600		
			保 険 料	30,000		
			減価償却費	469,000		
⑥	(借)第1製造部門費	514,400	(貸)製造間接費	1,193,600		
	第2製造部門費	372,900				
	動力部門費	181,500				
	修繕部門費	124,800				
⑦	(借)第1製造部門費	132,000	(貸)動力部門費	181,500		
	第2製造部門費	174,300	修繕部門費	124,800		
⑧	(借)消 費 賃 金	2,618,000	(貸)賃 金	2,618,000		
⑨	(借)賃 率 差 異	8,000	(貸)消 費 賃 金	8,000		
⑩	(借)製造部門費配賦差異	14,600	(貸)第1製造部門費	14,600		
⑪	(借)第2製造部門費	9,600	(貸)製造部門費配賦差異	9,600		

▶38-2

(1)

	借 方		貸 方	
1月27日	仕 掛 品	1,488,000	素 材	1,488,000 ❷

(2)

消 費 賃 金

1/31 賃 金	5,920,000	1/31 諸 口	6,000,000	❹
〃 賃率差異	80,000			
	6,000,000		6,000,000	

仕 掛 品

	1/1 前月繰越	4,160,000	1/13 製 品	6,380,000	
❶	4 素 材	960,000	31 次月繰越	7,258,000	
❷	27 素 材	1,488,000			
❹	31 消費賃金	5,700,000			
❺	〃 製造間接費	1,330,000			
		13,638,000		13,638,000	

製 造 間 接 費

❸	1/31 工場消耗品	130,000	1/31 仕 掛 品	1,330,000	❺
❹	〃 消費賃金	300,000	〃 製造間接費配賦差異	56,000	❼
	〃 健康保険料	248,000			
❻	〃 諸 口	708,000			
		1,386,000		1,386,000	

(3)

原 価 計 算 表 製造指図書#1

直接材料費	直接労務費	製造間接費	集 計 摘 要	金 額
1,200,000	2,400,000	560,000	直接材料費	1,200,000
――	❹ 1,800,000	❺ 420,000	直接労務費	4,200,000
1,200,000	4,200,000	980,000	製造間接費	980,000
			製造原価	6,380,000
			完成品数量	50個
			製品単価 ¥	127,600

原 価 計 算 表 製造指図書#2

直接材料費	直接労務費	製造間接費	集 計 摘 要	金 額
❶ 960,000	❹ 3,150,000	❺ 735,000	直接材料費	
			直接労務費	

(4)

¥❽ 26,000 （借方）

解説

❶ 移動平均法 400個×¥2,400＝¥960,000

❷ 移動平均法

前月繰越 600個×¥2,400＝¥1,440,000
1/4 消費 △400個×¥2,400＝△960,000
1/11購入 800個×¥2,500＝¥2,000,000
　　　　　 1,000個 　　　　¥2,480,000
平均単価 ¥2,480,000÷1,000個＝¥2,480
600個×¥2,480＝¥1,488,000

❸ （600個＋3,200個－550個）×¥40＝¥130,000

❹ 賃金予定消費高
直接賃金 ＃1 ¥1,500×1,200時間＝¥1,800,000
　　　　 ＃2 ¥1,500×2,100時間＝¥3,150,000
　　　　 ＃3 ¥1,500× 500時間＝¥ 750,000
　　　　　　　 合 計 ¥5,700,000
間接賃金 ¥1,500×200時間＝¥300,000

❺ 製造間接費予定配賦額
予定配賦率 ¥16,800,000÷48,000時間＝¥350
＃1 ¥350×1,200時間＝¥ 420,000
＃2 ¥350×2,100時間＝¥ 735,000
＃3 ¥350× 500時間＝¥ 175,000
　　　　　 合 計 ¥1,330,000

❻ 電力料 ¥108,000（測定高）
保険料 ¥360,000÷3か月＝¥120,000
減価償却費 ¥5,760,000÷12か月＝¥480,000
¥108,000＋¥120,000＋¥480,000＝¥708,000

❼ 製造間接費勘定は，借方に実際発生額¥1,386,000を記入し，貸方に予定配賦額¥1,330,000を記入する。製造間接費勘定の差額¥56,000は製造間接費配賦差異勘定に振り替える。

❽ （変動費率×実際直接作業時間＋固定費予算額）－実際発生額
実際直接作業時間
1,200時間（#1）＋2,100時間（#2）＋500時間（#3）
＝3,800時間
実際発生額
¥130,000＋¥300,000＋¥248,000＋¥708,000
＝¥1,386,000
（¥200×3,800時間＋¥600,000）－¥1,386,000
＝－¥26,000 （借方差異）

〈取引の仕訳〉

1/4	(借)仕 掛 品	960,000	(貸)素	材	960,000	
11	(借)素 材	2,000,000	(貸)買 掛 金		2,128,000	
	工場消耗品	128,000				
13	(借)製 品	6,380,000	(貸)仕 掛 品		6,380,000	
27	(借)仕 掛 品	1,488,000	(貸)素	材	1,488,000	
31①	(借)製造間接費	130,000	(貸)工場消耗品		130,000	
②	(借)仕 掛 品	5,700,000	(貸)消 費 賃 金		6,000,000	
	製造間接費	300,000				
③	(借)仕 掛 品	1,330,000	(貸)製造間接費		1,330,000	
④	(借)製造間接費	248,000	(貸)健康保険料		248,000	
⑤	(借)製造間接費	708,000	(貸)電 力 料		108,000	
			保 険 料		120,000	
			減価償却費		480,000	
⑥	(借)消 費 賃 金	5,920,000	(貸)賃	金	5,920,000	
⑦	(借)消 費 賃 金	80,000	(貸)賃 率 差 異		80,000	
⑧	(借)製造間接費配賦差異	56,000	(貸)製造間接費		56,000	

▶38-3

(1)

	借 方	貸 方	
6月12日	仕 掛 品 1,785,000	素 材 1,785,000	❶
30日①	製造間接費 175,000	工場消耗品 175,000	❷

(2)

消 費 賃 金

6/30 賃 金	4,356,000	6/30 諸 口	4,312,000 ❸
		〃 賃率差異	44,000 ❼
	4,356,000		4,356,000

第 1 製造部門費

6/30 製造間接費	455,000	6/30 仕 掛 品	660,000 ❹
❻ 〃 諸 口	200,000		
❽ 〃 製造部門費配賦差異	5,000		
	660,000		660,000

製造部門費配賦差異

❾ 6/30 第2製造部門費	3,000	6/1 前月繰越	4,000
〃 次 月 繰 越	6,000	30 第1製造部門費	5,000 ❽
	9,000		9,000

(3)

製造指図書#1 原 価 計 算 表

直接材料費	直接労務費	製 造 間 接 費				集 計	
		部門	時間	配賦率	金 額	摘 要	金 額
1,812,000	196,000	第1	200	300	60,000	直接材料費	1,812,000
	2,352,000	第1	1,000	300 ❹	300,000	直接労務費	2,548,000
	2,548,000	第2	1,400	200 ❺	280,000	製造間接費	640,000
					640,000	製造原価	5,000,000
						完成品数量	80個
						製品単価	¥ 62,500

製造指図書#2 原 価 計 算 表

直接材料費	直接労務費	製 造 間 接 費				集 計	
		部門	時間	配賦率	金 額	摘 要	金 額
❶1,785,000	❸1,764,000	第1	1,200	300 ❹	360,000	直接材料費	
		第2	600	200 ❺	120,000	直接労務費	

(4)

¥ ❿	990

解説 ❶移動平均法

前月繰越 200個×¥2,900＝¥ 580,000

6/6 購入 600個×¥3,000＝¥1,800,000

800個 ¥2,380,000

平均単価 ¥2,380,000÷800個＝¥2,975

600個×¥2,975＝¥1,785,000

❷(300個＋1,200個－250個)×¥140＝¥175,000

❸賃金予定消費高

直接賃金 #1 ¥980×2,400時間＝¥2,352,000

#2 ¥980×1,800時間＝¥1,764,000

合 計 ¥4,116,000

間接賃金 ¥980×200時間＝¥196,000

❹第1製造部門費予定配賦額

予定配賦率 ¥8,280,000÷27,600時間＝¥300

予定配賦額 #1 ¥300×1,000時間＝¥300,000

#2 ¥300×1,200時間＝¥360,000

合 計 ¥660,000

❺第2製造部門費予定配賦額

予定配賦率 ¥4,800,000÷24,000時間＝¥200

予定配賦額 #1 ¥200×1,400時間＝¥280,000

#2 ¥200× 600時間＝¥120,000

合 計 ¥400,000

❻補助部門費を次のように配賦する。

動力部門費 $\dfrac{¥160,000}{12kW×400時間＋8kW×200時間}＝¥25$

第1製造部門費 ¥25×(12kW×400時間)＝¥120,000

第2製造部門費 ¥25×(8kW×200時間)＝¥ 40,000

修繕部門費 $\dfrac{¥120,000}{4回＋2回}＝¥20,000$

第1製造部門費 ¥20,000× 4回＝¥80,000

第2製造部門費 ¥20,000× 2回＝¥40,000

	第1製造部門	第2製造部門
動力部門費	¥120,000	¥40,000
修繕部門費	¥ 80,000	¥40,000
	¥200,000	¥80,000

❼消費賃金勘定は，借方に実際消費高¥4,356,000を記入し，貸方に予定消費高¥4,312,000を記入する。消費賃金勘定の差額¥44,000は賃率差異勘定に振り替える。

❽第1製造部門費勘定は，借方に製造間接費からの振替額¥455,000と補助部門費からの配賦額¥200,000を記入し，貸方に予定配賦額¥660,000を記入する。第1製造部門費勘定の差額¥5,000は製造部門費配賦差異勘定に振り替える。

❾第2製造部門費勘定は，借方に製造間接費からの振替額¥323,000と補助部門費からの配賦額¥80,000を記入し，貸方に予定配賦額¥400,000を記入する。第2製造部門費勘定の差額¥3,000は製造部門費配賦差異勘定に振り替える。

❿実際平均賃率は賃金実際消費高を総作業時間で割って求める。

総作業時間：2,400時間(#1)＋1,800時間(#2)

＋200時間(間接作業)＝4,400時間

¥4,356,000÷4,400時間＝¥990

〈取引の仕訳〉

6/6	(借)素　　　材 1,800,000	(貸)買　掛　金 1,968,000	
	工場消耗品 168,000		
12	(借)仕　掛　品 1,785,000	(貸)素　　　材 1,785,000	
26	(借)賃　　　金 4,250,000	(貸)所得税預り金 340,000	
		(貸)健康保険料 預　り　金 170,000	
		(貸)当　座　預　金 3,740,000	
27	(借)製　　　品 5,000,000	(貸)仕　掛　品 5,000,000	
30①	(借)製造間接費 175,000	(貸)工場消耗品 175,000	
②	(借)仕　掛　品 4,116,000	(貸)消費賃金 4,312,000	
	製造間接費 196,000		
③	(借)仕　掛　品 1,060,000	(貸)第1製造部門費 660,000	
		第2製造部門費 400,000	
④	(借)製造間接費 170,000	(貸)健康保険料 170,000	
⑤	(借)製造間接費 517,000	(貸)電　力　料 178,000	
		保　険　料 65,000	
		減価償却費 274,000	
⑥	(借)第1製造部門費 455,000	(貸)製造間接費 1,058,000	
	第2製造部門費 323,000		
	動力部門費 160,000		
	修繕部門費 120,000		
⑦	(借)第1製造部門費 200,000	(貸)動力部門費 160,000	
	第2製造部門費 80,000	修繕部門費 120,000	
⑧	(借)消費賃金 4,356,000	(貸)賃　　　金 4,356,000	
⑨	(借)賃率差異 44,000	(貸)消費賃金 44,000	
⑩	(借)第1製造部門費 5,000	(貸)製造部門費 配賦差異 5,000	
⑪	(借)製造部門費 配賦差異 3,000	(貸)第2製造部門費 3,000	

▶38-4

(1)

	借　　　方	貸　　　方
6月27日	仕　掛　品 1,430,000	素　　　材 1,430,000 ❷

(2)

仕　掛　品

6/ 1	前月繰越	1,750,000	6/26 製　　　品 4,650,000
❶ 4	素　材	840,000	30 次月繰越 5,085,000
❷ 27	素　材	1,430,000	
❹ 30	消費賃金	4,255,000	
〃	外注加工賃	350,000	
❺ 〃	製造間接費	1,110,000	
		9,735,000	9,735,000

製　造　間　接　費

❸ 6/30	工場消耗品	150,000	6/30 仕　掛　品 1,110,000 ❺
❹ 〃	消費賃金	230,000	〃 製造間接費配賦差異 37,000 ❼
〃	健康保険料	178,000	
〃	諸　口	589,000	
		1,147,000	1,147,000

賃　率　差　異

❻ 6/30	消費賃金	12,000	6/ 1 前月繰越 9,000
			30 次月繰越 3,000
		12,000	12,000

(3)

製造指図書#1　　原　価　計　算　表

直接材料費	直接労務費	直接経費	製造間接費	集　　　計	
				摘　要	金　額
1,400,000	184,000	118,000	48,000	直接材料費	1,400,000
――	❹2,300,000	――	❺ 600,000	直接労務費	2,484,000
1,400,000	2,484,000	118,000	648,000	直接経費	118,000
				製造間接費	648,000
				製造原価	4,650,000
				完成品数量	50個
				製品単価 ￥	93,000

製造指図書#2　　原　価　計　算　表

直接材料費	直接労務費	直接経費	製造間接費	集　　　計	
				摘　要	金　額
❶ 840,000	❹1,495,000	350,000	❺ 390,000	直接材料費	
				直接労務費	

(4)

￥ ❽	1,059,000

(5)

￥ ❾ 30,000(借方)

解説 ❶先入先出法　300個×￥2,800=￥840,000

❷先入先出法
前月繰越　500個×￥2,800=　￥1,400,000
6/4 消費　△300個×￥2,800=△　840,000
6/4 残高　200個×￥2,800=￥　560,000
6/11買入　600個×￥2,900=￥1,740,000
6/27消費
消費数量　→月初棚卸200個×￥2,800=￥　560,000
　　500個　→当月買入300個×￥2,900=￥　870,000
　　　　　　　　　　　合　計　￥1,430,000

❸(300個+1,200個−250個)×￥120=￥150,000

❹賃金予定消費高
直接賃金　#1　￥1,150×2,000時間=￥2,300,000
　　　　　#2　￥1,150×1,300時間=￥1,495,000
　　　　　#3　￥1,150×　400時間=￥　460,000
　　　　　　　　合　計　￥4,255,000
間接賃金　￥1,150×200時間=￥230,000

❺製造間接費予定配賦額
#1　￥300×2,000時間=￥　600,000
#2　￥300×1,300時間=￥　390,000
#3　￥300×　400時間=￥　120,000
　　　合　計　￥1,110,000

❻消費賃金勘定は，借方に実際消費高￥4,497,000
が記入され，貸方に予定消費高￥4,485,000が記
入される。消費賃金勘定の差額￥12,000が賃率差
異勘定に振り替えられる。

❼製造間接費勘定は，借方に実際発生額￥1,147,000
を記入し，貸方に予定配賦額￥1,110,000を記入
する。製造間接費勘定の差額￥37,000は製造間接
費配賦差異勘定に振り替える。

❽当月賃金支払高＋当月賃金未払高−前月賃金未払
高＝当月賃金実際消費高
￥4,450,000(6/25)+□−￥1,012,000(前月繰越)
=￥4,497,000(6/30⑥)
よって，当月賃金未払高　￥1,059,000

❾（実際直接作業時間－基準操業度）×固定費率

固定費率　¥400,000÷4,000時間＝¥100

実際直接作業時間

2,000時間（#1）＋1,300時間（#2）＋400時間（#3）

＝3,700時間

（3,700時間－4,000時間）×¥100

＝－¥30,000（借方差異）

〈取引の仕訳〉

6/4	（借）仕 掛 品	840,000	（貸）素　　　材	840,000	
11	（借）素　　　材	1,740,000	（貸）買 掛 金	1,884,000	
	工場消耗品	144,000			
25	（借）賃　　　金	4,450,000	（貸）所得税預り金	356,000	
			健康保険料預 り 金	178,000	
			当 座 預 金	3,916,000	
26	（借）製　　　品	4,650,000	（貸）仕 掛 品	4,650,000	
27	（借）仕 掛 品	1,430,000	（貸）素　　　材	1,430,000	
30①	（借）製造間接費	150,000	（貸）工場消耗品	150,000	
②	（借）仕 掛 品	4,255,000	（貸）消 費 賃 金	4,485,000	
	製造間接費	230,000			
③	（借）製造間接費	178,000	（貸）健康保険料	178,000	
④	（借）仕 掛 品	350,000	（貸）外注加工賃	350,000	
	製造間接費	589,000	電 力 料	189,000	
			保 険 料	42,000	
			減価償却費	358,000	
⑤	（借）仕 掛 品	1,110,000	（貸）製造間接費	1,110,000	
⑥	（借）消 費 賃 金	4,497,000	（貸）賃　　　金	4,497,000	
⑦	（借）賃 率 差 異	12,000	（貸）消 費 賃 金	12,000	
⑧	（借）製造間接費配 賦 差 異	37,000	（貸）製造間接費	37,000	

㊴ 仕訳の問題（p.204）

▶39-1

	借　　　方		貸　　　方	
(1)	仕 掛 品	420,000	従業員賞与手当	420,000
(2)	1 級 製 品	2,240,000	仕 掛 品	4,376,000
	2 級 製 品	2,016,000		
	副 産 物	120,000		
(3)	材料消費価格差異❶	48,000	売 上 原 価	48,000
(4)	棚卸減耗損❷	31,000	買 入 部 品	31,000
(5)	減価償却費	144,000	建物減価償却累計額	720,000
	工　　　場❸	576,000		
(6)	仕 損 費❹	182,000	仕 掛 品	182,000
(7)	売 掛 金	8,460,000	売　　　上	8,460,000
	売 上 原 価	6,231,000	A 組 製 品	3,495,000
			B 組 製 品	2,736,000

解説 ❶

（消 費 材 料）

実際消費高	予定消費高
1,320,000	1,360,000
差異 40,000	

材料消費価格差異

売 上 原 価	48,000	前 月 繰 越	8,000
			40,000

売 上 原 価

			48,000

仮に消費材料勘定で考えると，予定消費高と実際消費高の差額¥40,000は，材料消費価格差異勘定貸方へ振り替えられ，材料消費価格差異勘定の残高¥48,000が売上原価勘定へ振り替えられる。

❷帳簿棚卸数量＝（1,000kg＋1,600kg＋2,400kg）

－3,870kg＝1,130kg

実地棚卸数量が1,080kgであるので，50個が棚卸減耗数量である。なお，総平均法による単価は，

（1,000kg×¥580＋1,600kg×¥615＋2,400kg×¥640）

÷（1,000kg＋1,600kg＋2,400kg）＝¥620

50個×¥620＝¥31,000

❸工場の仕訳は，次のとおりである。

（借）減価償却費　576,000　（貸）本　社　576,000

❹一部が仕損となったときは，代品を製造するために発行した製造指図書に集計された原価を仕損費とする。

▶39-2

	借　　　方		貸　　　方		
(1)	A組仕掛品	340,000	組 間 接 費	640,000	❶
	B組仕掛品	300,000			
(2)	賃 率 差 異❷	27,000	売 上 原 価	27,000	
(3)	健康保険料❸	240,000	本　　　社	240,000	
(4)	売　　　上	168,000	売 掛 金	168,000	
	製　　　品	108,000	売 上 原 価	108,000	
(5)	仕 掛 品	310,000	外注加工賃	310,000	
	製造間接費	160,000	水 道 料	160,000	
(6)	売 掛 金	2,375,000	売　　　上	2,375,000	
	売 上 原 価	1,900,000	第1工程半製品	1,900,000	
(7)	第1製造部門費	384,000	動力部門費	252,000	❹
	第2製造部門費	156,000	修繕部門費	288,000	
(8)	現　　　金	3,000	雑　　　益	3,000	

解説 ❶A組配賦額

¥640,000

$$\times \frac{¥225,000+¥175,000+¥25,000}{(¥225,000+¥175,000+¥25,000)+(¥230,000+¥130,000+¥15,000)}$$

＝¥340,000

B組配賦額

¥640,000

$$\times \frac{¥230,000+¥130,000+¥15,000}{(¥225,000+¥175,000+¥25,000)+(¥230,000+¥130,000+¥15,000)}$$

＝¥300,000

❷
賃 率 差 異

売上原価		前月繰越	2,000
	27,000	差　　異	25,000
（実際＞予定）		（実際＜予定）	

売 上 原 価

			27,000

賃率差異勘定借方には，賃金の実際消費高＞予定消費高の場合にその差額が振り替えられ，逆に実際消費高＜予定消費高の場合に貸方に振り替えられる。

❸健康保険料のうち半額が事業主負担分（健康保険料勘定）であり，半額が従業員負担分（健康保険料預り金勘定）となる。

❹補助部門費を次のように配賦する。

動力部門費 $\dfrac{¥252,000}{50\,kW×600時間＋30\,kW×500時間}=¥5.6$

第1製造部門費　¥5.6×（50kW×600時間）＝¥168,000
第2製造部門費　¥5.6×（30kW×500時間）＝¥84,000

修繕部門費 $\dfrac{¥288,000}{6回＋2回}=¥36,000$

第1製造部門費　¥36,000×6回＝¥216,000
第2製造部門費　¥36,000×2回＝¥72,000

	第1製造部門	第2製造部門
動力部門費	¥168,000	¥84,000
修繕部門費	¥216,000	¥72,000
	¥384,000	¥156,000

▶39-3

		借　　方		貸　　方	
(1)	仕 掛 品	120,000	特許権使用料	120,000	
(2)	材料消費価格差異	75,000	消 費 材 料	75,000	❶
(3)	工　　場 ❷	2,794,000	所得税預り金	164,000	
			健康保険料預り金	138,000	
			当 座 預 金	2,492,000	
(4)	売 上 原 価	6,000	材料消費価格差異	6,000	❸
(5)	仕 掛 品	420,000	退職給付費用	420,000	
(6)	棚卸減耗損 ❹	48,000	素　　材	48,000	
(7)	第1工程半製品	2,400,000	第1工程仕掛品	2,400,000	
	第2工程仕掛品	3,200,000	第1工程半製品	3,200,000	
	製　　品	3,800,000	第2工程仕掛品	3,800,000	
(8)	売 掛 金	8,000,000	売　　上	8,000,000	
	売 上 原 価	5,050,000	製　　品	5,050,000	

解説 ❶素材の実際単価 $\dfrac{¥780,000＋¥2,280,000}{2,500個＋6,000個}=¥360$

予定価格¥350と実際価格¥360では，1個につき¥10単価が上がっている。したがって，¥10×7,500個＝¥75,000が差額となる。

消 費 材 料

実際消費高		予定消費高	
2,700,000		2,625,000	
（¥360×7,500個）		（¥350×7,500個）	
		差　異	75,000
		（¥10×7,500個）	

材料消費価格差異

	75,000		

---

❷工場の仕訳は，次のとおりである。
（借）賃　金　2,794,000　（貸）本　社　2,794,000

❸
消 費 材 料

実際消費高		予定消費高	
		差　異	4,000

材料消費価格差異

前月繰越	2,000		6,000
	4,000		

売 上 原 価

	6,000		

❹棚卸減耗数量＝（600kg＋500kg－800kg＋700kg－750kg）－230kg＝20kg

消費単価の計算は先入先出法なので，期末棚卸高の単価は21日に受け入れた¥2,400となる。
よって棚卸減耗損は，20kg×¥2,400＝¥48,000となる。

▶39-4

	借　　方		貸　　方		
(1)	作業くず	25,000	製造間接費	25,000	❶
(2)	工　　場	934,000	買 掛 金	934,000	❷
(3)	仕 掛 品	210,000	仕 損 費	210,000	❸
(4)	製造間接費配賦差異	43,000	売 上 原 価	43,000	
(5)	A 組 製 品	8,610,000	A組仕掛品	8,610,000	❹
	B 組 製 品	4,913,000	B組仕掛品	4,913,000	
(6)	売　　上	15,000	売 掛 金	15,000	❺
	製　　品	9,600	売 上 原 価	9,600	
(7)	第2工程仕掛品	4,500,000	第1工程仕掛品	4,500,000	
	製　　品	6,000,000	第2工程仕掛品	6,000,000	

解説 ❶作業くずの発生が製造指図書別に区別できないときは，作業くずの評価額を製造間接費勘定から差し引く。

❷工場の仕訳は，次のとおりである。
（借）素　材　934,000　（貸）本　社　934,000

❸賦課とは，製造直接費を特定の製品に集計する手続きをいう。この場合は，仕損費勘定に集計されている製造原価¥210,000を製造指図書#13に集計することを指す。

❹各組の完成品原価は次のように計算する。
月初仕掛品原価＋当月製造費用－月末仕掛品原価
A組
¥636,000＋¥8,750,000－¥776,000＝¥8,610,000
B組
¥528,000＋¥5,060,000－¥675,000＝¥4,913,000

❺製品売上返品高＝30個×¥500＝¥15,000
製品売上原価返品高＝30個×¥320＝¥9,600

	借 方		貸 方	
(1)	賃　金	1,776,000	所得税預り金	175,000
	従業員賞与手当 ❶	386,000	健康保険料預り金	62,000
			当座預金	1,925,000
(2)	Ａ組仕掛品	170,000	外注加工賃	170,000
	組間接費	122,000	修繕料	98,000
			電力料	24,000
(3)	売上原価	81,000	製造間接費配賦差異	81,000
(4)	賃　金	2,648,000	本　社	2,648,000
(5)	売　上	12,000	売掛金	12,000	❷
	工　場	8,000	売上原価	8,000
(6)	仕損費	98,000	素材	46,000
			賃金	52,000
(7)	仕掛品	1,360,000	第1製造部門費	780,000	❸
			第2製造部門費	580,000

解説 ❶諸手当は賃金勘定に含めないため，従業員賞与手当勘定で処理する。

❷売り上げたときと反対の仕訳をおこなう。

❸第1製造部門
予定配賦率　¥8,580,000÷13,200時間＝¥650
予定配賦額　¥650×1,200時間＝¥780,000
第2製造部門
予定配賦率　¥7,200,000÷18,000時間＝¥400
予定配賦額　¥400×1,450時間＝¥580,000

◎日商ではこうでる！

☆ 第4問目対策（p.210）

1 仕訳問題

※解答は選択した記号と，学習の参考とするため実際の勘定科目を明示する。

▶1

	仕　　　　　訳			
	借方科目	金額	貸方科目	金額
(1)	ウ（仕掛品）	❶4,320,000	オ（賃金・給料）	5,284,000
	カ（製造間接費）	❷964,000		
(2)	ア（仕掛品）	❸2,430,000	エ（製造間接費）	2,430,000
(3)	カ（予算差異）	❹60,000	エ（製造間接費）	110,000
	キ（操業度差異）	❺50,000		

解説 ❶直接労務費（仕掛品勘定に振り替え）
・直接工の直接作業時間2,700時間×直接工予定平均賃率¥1,600＝¥4,320,000

❷間接労務費（製造間接費勘定に振り替え）
・直接工の間接作業時間240時間×直接工予定平均賃率¥1,600＝¥384,000
・間接工の賃金実際消費高　当月賃金支払高¥590,000−前月賃金未払高¥160,000＋当月賃金未払高¥150,000＝¥580,000
¥384,000＋¥580,000＝¥964,000

❸予定配賦額

予定配賦率
@¥900
（変動費率）$\dfrac{変動製造間接費予算額¥13,440,000}{予定総直接作業時間33,600時間}$＝@¥400

（固定費率）$\dfrac{固定製造間接費予算額¥16,800,000}{予定総直接作業時間33,600時間}$＝@¥500

予定配賦率@¥900×当月直接作業時間2,700時間
＝¥2,430,000

❹予算差異
＜実際作業時間に対する予算許容額＞
当月変動費予算額　変動費率@¥400×直接作業時間2,700時間＝¥1,080,000
月間固定費予算額
$\dfrac{年間固定製造間接費予算額¥16,800,000}{12か月}$＝¥1,400,000
当月予算許容額
¥1,080,000＋¥1,400,000＝¥2,480,000
予算差異
当月予算許容額¥2,480,000−実際発生額¥2,540,000
＝−¥60,000（借方差異）

❺操業度差異
月間基準操業度
$\dfrac{年間予定総直接作業時間33,600時間}{12か月}$＝2,800時間
操業度差異
（当月実際直接作業時間2,700時間−月間基準操業度2,800時間）×固定費率@¥500＝−¥50,000（借方差異）

▶2

	仕		訳	
	借方科目	金 額	貸方科目	金 額
(1)	イ（材　料）	❶ 3,080,000	カ（買 掛 金）	2,800,000
			ウ（材料副費）	280,000
(2)	キ（材料副費差異）	❷ 10,000	ウ（材料副費）	10,000
(3)	カ（価格差異）	❸ 42,000	イ（仕 掛 品）	98,000
	キ（数量差異）	❹ 56,000		

解説 ❶(i)材料の購入代価（買掛金計上額）
・素材　　　　1,200kg×@¥1,800＝¥2,160,000

・買入部品　3,000個×@¥ 160＝¥ 480,000
・工場消耗品　　　　　　　　¥ 160,000
　　　　　　　　合計　¥2,800,000
(ii)材料副費の予定配賦額
¥2,800,000×10％＝¥280,000
材料購入原価
¥2,800,000＋¥280,000＝¥3,080,000
❷材料副費差異
予定配賦額¥310,000－実際発生額¥320,000
＝－¥10,000（借方差異）
❸価格差異
（標準単価@¥560－実際単価@¥580）
×実際消費量2,100kg＝－¥42,000（借方差異）
❹数量差異
（標準消費量2,000kg－実際消費量2,100kg）
×標準単価@¥560＝－¥56,000（借方差異）
なお，パーシャル・プランにより記帳しているので，仕掛品勘定で差異が把握され，各差異勘定に振り替えられる。よって相手勘定は仕掛品勘定となる。

2 取引と勘定記入
▶1

	材		料	（単位：円）
月 初 有 高（❶	212,000)	直 接 材 料 費（❸	2,060,000)
当 月 仕 入 高（❷	2,356,000)	間 接 材 料 費（❹	204,000)
		月 末 有 高（❺	304,000)
	(2,568,000)		(2,568,000)

	製 造	間 接 費	（単位：円）
間 接 材 料 費（❹	204,000)	予 定 配 賦 額（❻	3,296,000)
間 接 労 務 費	1,552,000	配 賦 差 異（❼	160,000)
間 接 経 費	1,700,000		
	(3,456,000)		(3,456,000)

	仕	掛 品	（単位：円）
月 初 有 高	932,000	当 月 完 成 高（❽	5,836,000)
直 接 材 料 費（❸	2,060,000)	月 末 有 高	856,000
直 接 労 務 費	404,000		
製 造 間 接 費（❻	3,296,000)		
	(6,692,000)		(6,692,000)

解説 ❶材料月初有高
原料X¥176,000＋消耗品Y¥36,000＝¥212,000
❷材料当月仕入高
4 日¥1,060,000＋12日¥128,000
＋13日¥1,100,000＋22日¥68,000＝¥2,356,000
❸直接材料費は特定の製造指図書向けの原料X消費

額。
9 日¥880,000＋19日¥1,180,000
＝¥2,060,000……仕掛品勘定借方へ振替
❹間接材料費は消耗品Yの消費額（棚卸計算法）。
月初有高¥36,000
＋当月仕入高（12日¥128,000＋22日¥68,000)
－月末実地有高¥28,000
＝¥204,000……製造間接費勘定借方へ振替
❺材料月末有高
原料X分は，
月初有高¥176,000
＋当月仕入高（4 日¥1,060,000＋13日¥1,100,000)
－当月消費高（上記❸）¥2,060,000＝¥276,000
消耗品Y分は¥28,000
よって，¥276,000＋¥28,000＝¥304,000
❻製造間接費勘定の予定配賦額
原料X消費高に対する予定配賦率は，
$\dfrac{製造間接費年間予算額¥38,400,000}{原料X年間予定消費高¥24,000,000}×100＝160％$
よって，当月原料X消費高¥2,060,000×160％
＝¥3,296,000……仕掛品勘定借方へ振替
❼製造間接費勘定の配賦差異は貸借差額により算出。
❽仕掛品勘定の当月完成高は貸借差額により算出。

▶2

	仕	掛 品	（単位：円）
月 初 有 高（❶	4,230,000)	完 成 高（❽	19,970,000)
直接材料費（❺	12,580,000)	月 末 有 高（❷	4,380,000)
直接労務費（❻	3,380,000)		
製造間接費（❼	4,160,000)		
	(24,350,000)		(24,350,000)

	月 次 損 益 計 算 書	（単位：円）
Ⅰ 売　　上　　高		27,280,000
Ⅱ 売　上　原　価		
月初製品有高（❸	1,680,000)	
当月製品製造原価（❽	19,970,000)	
合　　計	(21,650,000)	
月末製品有高（❹	1,440,000)	
原 価 差 異（❾	60,000)	(20,270,000)
売 上 総 利 益		(7,010,000)

解説 ❶月初仕掛品有高は，資料1.棚卸資産有高の仕掛品月初有高¥4,230,000。
❷月末仕掛品有高は，資料1.棚卸資産有高の仕掛品月末有高¥4,380,000。
❸月次損益計算書の月初製品有高は，資料1.棚卸資産有高の製品月初有高¥1,680,000。
❹月次損益計算書の月末製品有高は，資料1.棚卸資産有高の製品月末有高¥1,440,000。
❺直接材料費は，素材と部品の当月実際消費高（資料1と資料3を参照）。
・素材　月初有高¥1,820,000＋当月仕入高¥6,960,000
－月末有高¥1,920,000＝¥6,860,000
・部品　月初有高¥1,680,000＋当月仕入高¥5,660,000
－月末有高¥1,620,000＝¥5,720,000
よって，¥6,860,000＋¥5,720,000＝¥12,580,000
❻直接労務費は，直接工の直接作業時間分（資料2参照）。

実際平均賃率＠¥1,300×直接作業時間2,600時間
　　＝¥3,380,000
❼製造間接費は，直接作業時間を配賦基準として予定配賦しているので，製造原価として仕掛品勘定に振り替えるのは予定配賦額（資料4参照）。

予定配賦率 $\dfrac{年間製造間接費予算¥51,200,000}{年間予定総直接作業時間32,000時間}$ ＝¥1,600

予定配賦率¥1,600×当月直接作業時間2,600時間
　　＝¥4,160,000

❽完成高は，仕掛品勘定の貸借差額から計算する。
なお，この金額は月次損益計算書の当月製品製造原価と連動している。

❾原価差異は，予定配賦をしている製造間接費の配賦差異が該当する。
　＜製造間接費の実際発生額＞
・燃料は間接材料費…月初有高¥300,000＋当月仕入高¥900,000－月末有高¥370,000＝¥830,000
・工場消耗品は間接材料費…消費額¥42,000
・直接工の間接作業分は間接労務費…実際平均賃率＠¥1,300×間接作業時間220時間＝¥286,000
・間接工の賃金消費高は間接労務費…当月支払高¥898,000－前月未払高¥144,000＋当月未払高¥156,000＝¥910,000
・電力料は間接経費…測定額¥288,000
・保険料は間接経費…月割額¥350,000
・減価償却費は間接経費…月割額¥1,390,000
・水道料は間接経費…測定額¥124,000
以上8項目の合計¥4,220,000が実際発生額。

原価差異は，
予定配賦額¥4,160,000－実際発生額¥4,220,000
　　＝－¥60,000（借方差異）
本問の借方差異¥60,000は売上原価計算において加算で処理する。

▶3
問1

	仕　　掛　　品	（単位：円）	
6/ 1 前月初有高（❶）	288,000	6/30 製　品（❺）	8,976,000
30 直接材料費（❷）	4,220,000	〃 月末有高（❻）	289,000
〃 直接労務費（❸）	2,795,000		
〃 製造間接費（❹）	1,962,000		
	（ 9,265,000）		（ 9,265,000）

月次損益計算書　　　　（単位：円）

売　上　高		18,640,000
売上原価		
月初製品有高	（❼ 1,120,000）	
当月製品製造原価	（❺ 8,976,000）	
合　　計	（ 10,096,000）	
月末製品有高	（❽ 4,260,000）	
差　　引	（ 5,836,000）	
原価差異	（❾ 278,000）	（ 6,114,000）
売上総利益		（ 12,526,000）
販売費及び一般管理費		3,740,000
営業利益		（ 8,786,000）

問2

予算差異＝❿　80,000 円

　　（ 借方差異 ）・ 貸方差異 ）

いずれかを○で囲むこと

操業度差異＝⓫　198,000 円

　　（ 借方差異 ）・ 貸方差異 ）
いずれかを○で囲むこと

解説 6月の仕掛品勘定と月次損益計算書を作成するので，資料(1)の備考により，各製造指図書による製品がいつ着手され，いつ完成したか，また販売済みかどうかを整理し，6月の月初・月中・月末のそれぞれの勘定記録を考える。
なお，#13-2は#13の正常仕損に対する補修指図書であることから，その原価は#13に賦課（加算）して考える。
仕掛品勘定と製品勘定を使い，全体像を示すと次のようになる。

仕 掛 品（6月）

月初有高（#12の5月分）	当月完成品
直接材料費（6月中の消費額）	（6月中に完成した#12, #13＋#13-2, #14）
直接労務費（6月中の消費額）	
製造間接費（6月中の配賦額）	月末有高（#15）

製　品（6月）

月初有高（#11）	売上原価
当月完成品	（6月中に販売した#11, #12, #13＋#13-2）
（6月中に完成した#12, #13＋#13-2, #14）	月末有高（#14）

※製造間接費の予定配賦率

$\dfrac{¥25,920,000（年間製造間接費予算額）}{14,400時間（年間正常直接作業時間）}$ ＝¥1,800

❶前月（5月）末未完成の#12の5月分原価
直接材料費¥100,000＋直接労務費¥80,000＋製造間接費（¥1,800×60時間）＝¥288,000
❷直接材料費の6月分消費高
#12の6月分¥600,000＋#13¥1,640,000＋#13-2¥140,000＋#14¥1,680,000＋#15¥160,000
　＝¥4,220,000
❸直接労務費の6月分消費高
#12の6月分¥320,000＋#13¥700,000＋#13-2¥200,000＋#14¥1,500,000＋#15¥75,000
　＝¥2,795,000
❹製造間接費の6月分予定配賦額
（#12の6月分直接作業時間の100時間＋#13の280時間＋#13-2の80時間＋#14の600時間＋#15の30時間）×予定配賦率¥1,800＝¥1,962,000
❺6月中の完成品原価
#12 月初仕掛品分¥288,000＋¥600,000＋¥320,000＋（¥1,800×100時間）
　　＝ ¥1,388,000
#13：¥1,640,000＋¥700,000＋（¥1,800×280時間）
　　＝¥2,844,000
#13-2：¥140,000＋¥200,000＋（¥1,800×80時間）
　　＝¥484,000
※#13の完成品原価は，
¥2,844,000＋¥484,000＝ ¥3,328,000
#14 ¥1,680,000＋¥1,500,000＋（¥1,800×600時間）
　　＝ ¥4,260,000
よって完成品の総額は，
¥1,388,000＋¥3,328,000＋¥4,260,000
＝¥8,976,000

❻ 6月末未完成の#15分

$¥160,000 + ¥75,000 + (¥1,800 × 30時間)$

$= ¥289,000$

❼ 前月（5月）中に完成の#11分

$¥604,000 + ¥300,000 + (¥1,800 × 120時間)$

$= ¥1,120,000$

❽ 6月末で製品在庫となっている#14の完成品原価

$¥4,260,000$。

❾ 製造間接費の6月分予定配賦額$¥1,962,000$

$- 6月分実際発生額¥2,240,000$

$= -¥278,000$（借方差異）

借方差異は売上原価の加算要因として賦課する。

❿ 年間の製造間接費予算額が変動費分と固定費分に分かれていないので，固定予算と考えて差異分析をおこなう。

月間の製造間接費予算額

$¥25,920,000 ÷ 12か月 = ¥2,160,000$

月間予算額$¥2,160,000$

$- 6月分実際発生額¥2,240,000$

$= -¥80,000$（借方差異）

⓫ 6月の実際直接作業時間は，

$100時間 + 280時間 + 80時間 + 600時間 + 30時間$

$= 1,090時間$

月間の正常直接作業時間

$14,400時間 ÷ 12か月 = 1,200時間$

（6月の実際直接作業時間1,090時間

$-$ 月間正常直接作業時間1,200時間）

$× 予定配賦率¥1,800 = -¥198,000$（借方差異）

③ 部門別個別原価計算

問1

月次予算部門別配賦表 （単位：円）

費　目	合　計	製造部門		補助部門		
		組立部門	切削部門	修繕部門	工場事務部門	材料倉庫部門
部 門 費	4,320,000	1,410,000	1,360,000	350,000	480,000	720,000
修繕部門費		❶ 210,000	❷ 140,000			
工場事務部門費		❸ 300,000	❹ 180,000			
材料倉庫部門費		❺ 480,000	❻ 240,000			
製造部門費	4,320,000	2,400,000	1,920,000			

問2

組立部門の原価差異（部門費差異）	❼	79,000 円	（⑯借方・貸方）
切削部門の原価差異（部門費差異）	❽	41,300 円	（⑯借方・貸方）

解説 ＜月次予算部門別配賦表の完成＞

直接配賦法をとっているので，補助部門相互間の用役提供は無視し，補助部門費を製造部門だけに配賦する。配賦基準としてどのデータを使うべきかは，それぞれの補助部門費が何に起因して発生するものなのかを考えて決定すること。

❶ 修繕部門費は各部門に対する修繕時間を配賦基準として使う。

$修繕部門費¥350,000 × \dfrac{組立部門45時間}{組立部門45時間 + 切削部門30時間}$

$= ¥210,000$

❷ $修繕部門費¥350,000 × \dfrac{切削部門30時間}{組立部門45時間 + 切削部門30時間}$

$= ¥140,000$

❸ 工場事務部門費は各部門の従業員数を配賦基準と

して使う。

$工場事務部門費¥480,000 × \dfrac{組立部門50人}{組立部門50人 + 切削部門30人}$

$= ¥300,000$

❹ $工場事務部門費¥480,000 × \dfrac{切削部門30人}{組立部門50人 + 切削部門30人}$

$= ¥180,000$

❺ 材料倉庫部門費は各部門への材料運搬回数を配賦基準として使う。

$材料倉庫部門費¥720,000 × \dfrac{組立部門60回}{組立部門60回 + 切削部門30回}$

$= ¥480,000$

❻ $材料倉庫部門費¥720,000 × \dfrac{切削部門30回}{組立部門60回 + 切削部門30回}$

$= ¥240,000$

❼ 製造部門費は直接作業時間を配賦基準として予定配賦しているので，まず予定配賦率を計算する。

組立部門予定配賦率

$\dfrac{組立部門月次予算¥2,400,000}{月次予定直接作業時間8,000時間} = ¥300$

組立部門予定配賦額

予定配賦率$¥300 ×$ 実際直接作業時間7,900時間

$= ¥2,370,000$

組立部門実際配賦額

実際配賦率$¥310 ×$ 実際直接作業時間7,900時間

$= ¥2,449,000$

組立部門の原価差異

予定配賦額$¥2,370,000 -$ 実際配賦額$¥2,449,000$

$= -¥79,000$（借方差異）

❽ 切削部門予定配賦率

$\dfrac{切削部門月次予算¥1,920,000}{月次予定直接作業時間6,000時間} = ¥320$

切削部門予定配賦額

予定配賦率$¥320 ×$ 実際直接作業時間5,900時間

$= ¥1,888,000$

切削部門実際配賦額

実際配賦率$¥327 ×$ 実際直接作業時間5,900時間

$= ¥1,929,300$

切削部門の原価差異

予定配賦額$¥1,888,000 -$ 実際配賦額$¥1,929,300$

$= -¥41,300$（借方差異）

④ 総合原価計算

▶1

月末仕掛品のA原料費 = ❶ | 560,000 | 円

月末仕掛品のB原料費 = ❷ | 140,000 | 円

月末仕掛品の加工費 = ❸ | 420,000 | 円

完成品総合原価 = ❹ | 8,800,000 | 円

完成品単位原価 = ❺ | 2,200 | 円/kg

解説 ❶ A原料は工程の始点で投入されるので仕掛品の完成品換算は不要。

正常仕損は工程終点での発生であり，正常仕損費をすべて完成品に負担させるため，仕損品分も含めた生産量で原価配分をする。原価配分は平均法

による。また，仕損品の処分価値は正常仕損費を負担している完成品原価から差し引くので，月末仕掛品原価を計算する段階では考慮しない。

❶（A原料月初仕掛品原価¥280,000
＋A原料当月製造費用¥3,220,000）

$$\times \frac{\text{月末仕掛品800kg}}{\text{完成品4,000kg＋正常仕損品200kg＋月末仕掛品800kg}}$$

＝¥560,000

❷B原料は工程を通じて平均的に投入されるので，加工費と同様に考え，仕掛品は完成品換算数量で計算する。正常仕損の扱いは❶と同じ。

（B原料月初仕掛品原価¥65,000
＋B原料当月製造費用¥1,545,000）

$$\times \frac{\text{月末仕掛品800kg×50\%}}{\text{完成品4,000kg＋正常仕損品200kg＋月末仕掛品800kg×50\%}}$$

＝¥140,000

❸加工費は❷と同じ考え方。

（加工費月初仕掛品原価¥200,000
＋加工費当月製造費用¥4,630,000）

$$\times \frac{\text{月末仕掛品800kg×50\%}}{\text{完成品4,000kg＋正常仕損品200kg＋月末仕掛品800kg×50\%}}$$

＝¥420,000

❹資料の〔原価データ〕月初仕掛品原価と当月製造費用の合計¥9,940,000から月末仕掛品原価（❶¥560,000＋❷¥140,000＋❸¥420,000）の¥1,120,000を差し引き，かつ正常仕損品の処分価額¥20,000も差し引いて¥8,800,000。

❺完成品総合原価¥8,800,000÷完成品量4,000kg
＝¥2,200

▶2

組別総合原価計算表　（単位：円）

	X　製　品		Y　製　品	
	直接材料費	加工費	直接材料費	加工費
月初仕掛品原価	―	―	―	―
当月製造費用	2,840,000	❶ 1,560,000	2,170,000	❷ 1,065,600
合　計	2,840,000	1,560,000	2,170,000	1,065,600
月末仕掛品原価	―	―	❸ 140,000	❹ 21,600
完成品原価	2,840,000	1,560,000	2,030,000	1,044,000

月次損益計算書（一部）（単位：円）

売　　上　　高		（❺	20,880,000）
売　上　原　価			
月初製品棚卸高	（❻	638,000）	
当月製品製造原価	（❼	7,474,000）	
小　　　計	（	8,112,000）	
月末製品棚卸高	（❽	582,000）	
売　上　総　利　益		（	7,530,000）
		（	13,350,000）

解説 ＜組別総合原価計算表の完成＞

加工費を各製品へ実際配賦する計算と，Y製品の月末仕掛品原価の計算，月末製品棚卸高の計算がポイント。

❶X製品加工費

加工費は各製品に機械稼働時間を基準に配賦する。

$$\text{加工費}¥2,625,600 \times \frac{\text{X製品9,750時間}}{\text{X製品9,750時間＋Y製品6,660時間}}$$

＝¥1,560,000

❷Y製品加工費

$$\text{加工費}¥2,625,600 \times \frac{\text{Y製品6,660時間}}{\text{X製品9,750時間＋Y製品6,660時間}}$$

＝¥1,065,600

❸Y製品月末仕掛品材料費は，月初仕掛品がないので当月製造費用から生じる。つまり，当月製造費用が完成品と月末仕掛品に按分される。

当月直接材料費¥2,170,000

$$\times \frac{\text{Y月末仕掛品4,000本}}{\text{Y完成品58,000本＋Y月末仕掛品4,000本}}$$

＝¥140,000

❹Y製品月末仕掛品加工費は，月初仕掛品がないので当月製造費用から生じる。つまり，当月製造費用が完成品と月末仕掛品に按分される。月末仕掛品は4,000本×加工進捗度30％＝1,200本の完成品換算数量を使う。

当月加工費¥1,065,600

$$\times \frac{\text{Y月末仕掛品1,200本}}{\text{Y完成品58,000本＋Y月末仕掛品1,200本}}$$

＝¥21,600

❺（X製品販売単価@¥120×X製品販売量104,000本）＋（Y製品販売単価@¥150×Y製品販売量56,000本）
＝¥20,880,000

❻X製品月初製品原価¥430,000＋Y製品月初製品原価¥208,000＝¥638,000

❼組別総合原価計算表のX製品当月完成品原価とY製品当月完成品原価の合計額。

X製品当月完成品原価
直接材料費¥2,840,000＋加工費¥1,560,000
＝¥4,400,000
（当月完成品単価は，
¥4,400,000÷完成品数量100,000本＝@¥44）

Y製品当月完成品原価
直接材料費¥2,030,000＋加工費¥1,044,000
＝¥3,074,000
（当月完成品単価は，
¥3,074,000÷完成品数量58,000本＝@¥53）

当月完成品原価
X製品¥4,400,000＋Y製品¥3,074,000
＝¥7,474,000

❽製品払出単価の計算方法が先入先出法なので，月末製品棚卸高は当月完成品単価から計算する。
（X製品当月完成品単価@¥44×月末X製品在庫量6,000本）＋（Y製品当月完成品単価@¥53×月末Y製品在庫量6,000本）
＝¥582,000

▶3

工程別総合原価計算表　（単位：円）

	第　1　工　程			第　2　工　程		
	原料費	加工費	合　計	前工程費	加工費	合　計
月初仕掛品原価	1,140,000	354,000	1,494,000	936,000	78,000	1,014,000
当月製造費用	6,336,000	4,176,000	10,512,000	❸ 11,214,000	3,870,000	15,084,000
合　計	7,476,000	4,530,000	12,006,000	12,150,000	3,948,000	16,098,000
差引：月末仕掛品原価	❶ 576,000	❷ 216,000	792,000	❹ 1,458,000	❺ 252,000	1,710,000
完成品総合原価	6,900,000	4,314,000	11,214,000	10,692,000	3,696,000	14,388,000

解説 ❶正常減損は工程終点での発生であり，正常減損費

— 80 —

をすべて完成品に負担させるため，減損分も含めた生産量で按分計算する。原料費は始点投入で，第1工程は先入先出法により計算する。

当月原料費¥6,336,000

$$\times \frac{月末仕掛品800kg}{完成品9,200kg - 月初仕掛品1,600kg + 正常減損400kg + 月末仕掛品800kg}$$

=¥576,000

❷当月加工費¥4,176,000

$$\times \frac{月末仕掛品800kg \times 60\%}{完成品9,200kg - 月初仕掛品1,600kg\times50\% + 正常減損400kg + 月末仕掛品800kg\times60\%}$$

=¥216,000

❸第2工程への当月投入量が第1工程完成品量と同量なので，第1工程完成品総合原価合計¥11,214,000を当月製造費用とする。

❹第2工程は平均法により計算する。

(¥936,000＋¥11,214,000)

$$\times \frac{月末仕掛品1,200kg}{完成品8,800kg + 月末仕掛品1,200kg}$$

=¥1,458,000

❺(¥78,000＋¥3,870,000)

$$\times \frac{月末仕掛品1,200kg\times50\%}{完成品8,800kg + 月末仕掛品1,200kg\times50\%}$$

=¥252,000

5 製造原価報告書の作成

製造原価報告書　　　　（単位：円）

Ⅰ　材　料　費
1．期首材料棚卸高　　　　60,000
2．当期材料仕入高　（　4,940,000）
　　　　合　　計　　（　5,000,000）
3．期末材料棚卸高　（　　75,000）（　4,925,000）
Ⅱ　労　務　費
1．賃　　　金　（❶ 2,180,000）
2．給　　　料　（❷ 150,000）（　2,330,000）
Ⅲ　経　　費　　　　　（❸ 2,695,000）
　　　合　　計　　　　（　9,950,000）
　製造間接費配賦差異　　（❺　50,000）
　当期総製造費用　　　（❻ 9,900,000）
　期首仕掛品棚卸高　　（　100,000）
　　　合　　計　　　（ 10,000,000）
　期末仕掛品棚卸高　　（　150,000）
　当期製品製造原価　　　9,850,000

仕　　掛　　品　　　（単位：円）

前期繰越（	100,000）	当期完成高（❼	9,850,000）
直接材料費	4,147,500	次期繰越（	150,000）
直接労務費（❶ⓐ	1,917,500）		
製造間接費（❹	3,835,000）		
（	10,000,000）	（	10,000,000）

解説 ❶賃金の当期消費高（直接工と間接工の合計）
　ⓐ直接工賃金消費高
　　当期支払高¥1,907,500－期首未払高¥100,000
　　＋期末未払高¥110,000＝¥1,917,500……仕掛品勘定の借方へ振替
　ⓑ間接工賃金消費高
　　当期支払高¥272,500－期首未払高¥50,000
　　＋期末未払高¥40,000＝¥262,500

よって，ⓐ¥1,917,500＋ⓑ¥262,500＝¥2,180,000
❷給料の当期消費高
　当期支払高¥145,000－期首未払高¥20,000
　＋期末未払高¥25,000＝¥150,000
❸経費の当期消費高
　水道光熱費¥750,000＋保険料¥600,000
　＋減価償却費¥1,200,000＋その他¥145,000
　＝¥2,695,000
❹当期製造間接費予定配賦額
　直接労務費（❶のⓐ）¥1,917,500×200%
　＝¥3,835,000……仕掛品勘定の借方へ振替
❺製造間接費配賦差異
　当期製造間接費実際発生額
　間接材料消費高¥777,500＋間接工賃金（❶のⓑ）
　¥262,500＋給料消費高（❷）¥150,000＋経費消費高（❸）¥2,695,000＝¥3,885,000
　よって，予定配賦額¥3,835,000－実際発生額
　¥3,885,000＝－¥50,000（不利差異）
❻❺の¥50,000は不利差異なので「合計¥9,950,000（実際額）」に対して減算要因として賦課し，当期総製造費用を予定額にする。
❼仕掛品勘定の当期完成高は製造原価報告書の当期製品製造原価¥9,850,000。

1 標準原価計算

▶1

問1

借方科目	金 額	貸方科目	金 額
製　品	❶ 12,240,000	仕 掛 品	12,240,000

問2

借方科目	金 額	貸方科目	金 額
原 価 差 異	❷ 623,200	仕 掛 品	623,200

問3

❸ 580,000円 （ 有利差異 ・ (不利差異) ）

（有利差異・不利差異）のいずれかを○で囲みなさい。

問4

予算差異	❹ⓐ180,000円 （ 有利差異 ・ (不利差異) ）
能率差異	❹ⓑ100,000円 （ 有利差異 ・ (不利差異) ）
操業度差異	❹ⓒ300,000円 （ 有利差異 ・ (不利差異) ）

（有利差異・不利差異）のいずれかを○で囲みなさい。

解説 パーシャル・プランは,

仕　掛　品

標準原価 月初仕掛品	当月完成品　標準原価
当月投入原価（材料費・労務費・経費）**実際原価**	月末仕掛品　標準原価
	原価差異

のように, 材料費・労務費・経費の消費額は実際原価で, 製品・仕掛品に関する原価は標準原価で記帳処理し, 仕掛品勘定で原価差異を把握する記帳方法である。

❶当月完成品標準原価
　1個あたりの標準原価¥8,160×生産量1,500個
　＝¥12,240,000

❷月初と月末の仕掛品がないので,

仕　掛　品

実際原価	直接材料費 1,459,200 直接労務費 3,624,000 製造間接費 7,780,000	当月完成品 12,240,000　標準原価 原価差異¥623,200(不利差異)

❸標準製造間接費
　1個あたり¥4,800×生産量1,500個＝¥7,200,000
　標準製造間接費¥7,200,000
　－実際製造間接費¥7,780,000＝－¥580,000(不利差異)

❹製造間接費総差異を分析する（シュラッター図）。

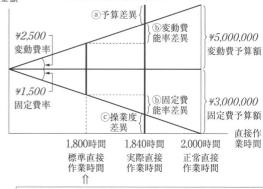

1個あたりの標準直接作業時間1.2時間×生産量1,500個

ⓐ予算差異は, 実際直接作業時間における予算許容額と実際発生額との差異であり, 予算管理の良否を示す。

（変動費率¥2,500×実際直接作業時間1,840時間＋固定費予算額¥3,000,000）予算許容額
－実際発生額¥7,780,000＝－¥180,000（不利差異）

ⓑ能率差異は, 標準直接作業時間と実際直接作業時間とのズレによる差異であり, 作業能率の良否を示す。今回は変動費から生じる分のみを能率差異と捉えることになる。

（標準直接作業時間1,800時間－実際直接作業時間1,840時間）×変動費率¥2,500
＝－¥100,000（不利差異）

ⓒ操業度差異は, 実際直接作業時間と正常直接作業時間のズレによる差異であり, 生産設備の利用状況の良否を示す。今回はこの金額に固定費から生じる能率差異を含めることになる。

（実際直接作業時間1,840時間－正常直接作業時間2,000時間）×固定費率¥1,500
＝－¥240,000（不利差異）……操業度差異
※固定費から生じる能率差異は（標準直接作業時間1,800時間－実際直接作業時間1,840時間）
×固定費率¥1,500＝－¥60,000（不利差異）
よって合計¥300,000の不利差異となる。

（補足）
なお, 日商2級での製造間接費差異の分析における各差異の種類・計算方法は, 下記のパターンがある。

差異の種類		能率差異を変動費と固定費の両方から計算する場合	能率差異を変動費のみで計算する場合
		問題の条件	
	予算差異	予算差異	予算差異
	変動費能率差異	能率差異	能率差異
	固定費能率差異		操業度差異
	操業度差異	操業度差異	

▶2

問1　**❶** 　*4,200,000*　円

問2　**❷** 　*4,410,000*　円

問3　※（　）内の「有利」または「不利」を○で囲むこと。

(1)　価格差異　**❸** *33,000*　円　（有利）・不利 ）

　　　数量差異　**❹** *35,000*　円　（ 有利・(不利) ）

(2)　予算差異　**❺** *24,000*　円　（ 有利・(不利) ）

　　　能率差異　**❻** *15,000*　円　（ 有利・(不利) ）

　　　操業度差異　**❼** *11,000*　円　（(有利)・不利 ）

解説 ❶製品Xの原価標準@¥2,100×予算生産量2,000個
　　＝¥4,200,000

❷製品Xの原価標準@¥2,100×実際生産量2,100個
　　＝¥4,410,000

❸製品Yの原料の実際単価は資料3の5月実績から
計算する。
　　原料費¥1,122,000÷原料消費量165,000g＝@¥6.8
　　（標準単価@¥7－実際単価@¥6.8）
　　×実際消費量165,000g＝¥33,000（有利差異）

❹製品Yの原料の標準消費量は資料3の5月実績と
原価標準から計算する。
　　5月実績生産量1,600個
　　×製品Y1個あたりの標準消費量100g
　　＝160,000g
　　（標準消費数量160,000g－実際消費量165,000g）
　　×標準単価@¥7＝－¥35,000（不利差異）

❺製品Yの実際直接作業時間における加工費の予算許容額
　変動加工費¥400/時間×実際直接作業時間810時間
　＋固定加工費¥880,000＝¥1,204,000
　予算差異
　予算許容額¥1,204,000－実際加工費発生額¥1,228,000
　＝－¥24,000（不利差異）

❻変動費と固定費両方からなる能率差異は，加工費
の標準配賦率をそのまま使って計算できる。まず，
製品Yの標準直接作業時間を，資料3の5月実績
と原価標準から計算する。
　　5月実績生産量1,600個
　　×製品Y1個あたりの標準直接作業時間0.5時間
　　＝800時間
　能率差異
　（標準直接作業時間800時間－実際直接作業時間810時間）
　×標準配賦率¥1,500/時間＝－¥15,000（不利差異）

❼まず製品Yの加工費の固定費率を計算する。製品
Y原価標準の加工費配賦率が¥1,500/時間で，5
月予算の製品Y変動加工費が¥400/時間であるこ
とから，固定加工費の配賦率は，¥1,500/時間
－¥400/時間＝¥1,100/時間と計算される。次に，
固定加工費5月予算¥880,000÷固定費率¥1,100/
時間で基準直接作業時間800時間を求める。
　操業度差異
　（実際直接作業時間810時間－基準直接作業時間800時間）
　×固定費率¥1,100/時間＝¥11,000（有利差異）

2　**直接原価計算**

▶1

直接原価計算による損益計算書 （単位：円）

	前々期	前期
売上高	（**❶** 6,400,000）	（**❶** 6,400,000）
変動費	（**❷**ⓐ3,080,000）	（**❷**ⓑ3,060,000）
貢献利益	（ 3,320,000 ）	（ 3,340,000 ）
固定費	（**❸** 2,560,000）	（**❸** 2,560,000）
営業利益	（ 760,000 ）	（ 780,000 ）

解説 まず，資料(1)の製品P1個あたり全部製造原価の空
欄を算出する。

(2)より前々期，前期の固定加工費は¥1,440,000で
実際生産量により実際配賦しているということか
ら，前々期は¥1,440,000÷生産量1,000個＝¥1,440
が1個あたりの固定加工費となる。また，前期は
¥1,440,000÷生産量1,200個＝¥1,200となる。

よって前々期の直接材料費は，合計¥4,080－変動加
工費¥320－固定加工費¥1,440＝¥2,320

前期の変動加工費は，合計¥3,820－直接材料費
¥2,280－固定加工費¥1,200＝¥340

次に(3)固定販売費及び一般管理費を算出する。

(5)の全部原価計算による損益計算書の「販売費及び
一般管理費」は，変動販売費総額と固定販売費及び
一般管理費の合計額であるから，

¥1,560,000－変動販売費¥440×販売量1,000個
＝¥1,120,000

❶「売上高」は全部原価計算でも直接原価計算でも同
額が計上される（原価計算方法が違うだけで販売
価額には影響がない）。

❷直接原価計算による損益計算書の「変動費」は，変
動売上原価と変動販売費の合計額。
　ⓐ前々期変動費
　　(i)製品P1個あたりの変動製造原価
　　　（直接材料費¥2,320＋変動加工費¥320）
　　　×販売量1,000個＝¥2,640,000
　　(ii)製品P1個あたりの変動販売費¥440
　　　×販売量1,000個＝¥440,000
　　(i)¥2,640,000＋(ii)¥440,000＝¥3,080,000
　ⓑ前期変動費
　　(i)製品P1個あたりの変動製造原価
　　　（直接材料費¥2,280＋変動加工費¥340）
　　　×販売量1,000個＝¥2,620,000
　　(ii)製品P1個あたりの変動販売費¥440
　　　×販売量1,000個＝¥440,000
　　(i)¥2,620,000＋(ii)¥440,000＝¥3,060,000

❸直接原価計算による損益計算書の「固定費」は固
定加工費と固定販売費及び一般管理費の合計額
（今回は前々期と前期とも同額となる）。
　固定加工費¥1,440,000
　＋固定販売費及び一般管理費¥1,120,000
　＝¥2,560,000

▶2

ア	❶	売 上 総 ・ 貢 献 ・ 経 常
①	❷	3,420,000
②	❸	3,990,000
イ	❹	比例して ・ 反比例して ・ 関係なく
③	❺	1,482,000
④	❻	5,100,000
⑤	❼	1,482,000
⑥	❽	1,662,000

解説 ❶直接原価計算では，売上高から変動費（変動製造
原価［直接材料費＋変動加工費］と変動販売費）を
差し引いて貢献利益を求める。
❷製品1kgあたりの販売価格 ¥1,500
製品1kgあたりの変動費
直接材料費¥600＋変動加工費¥210＋変動販売費¥120
＝¥930
製品1kgあたりの貢献利益 ¥1,500－¥930＝¥570
月間貢献利益
製品1kgあたり貢献利益¥570×販売量6,000kg
＝¥3,420,000
❸月間貢献利益
製品1kgあたり貢献利益¥570×販売量7,000kg
＝¥3,990,000
❹直接原価計算では，売上高から生産・販売量に比
例して発生する変動費を差し引いて貢献利益を求
めるので，売上高と貢献利益は比例関係となる。
❺直接原価計算では，貢献利益から固定費を期間費
用として差し引いて営業利益を求める。
月間固定費
固定加工費月額¥1,260,000
＋固定販売費及び一般管理費月額¥678,000
＝¥1,938,000
販売量6,000kgの月間貢献利益¥3,420,000
－月間固定費¥1,938,000＝¥1,482,000
❻損益分岐点とは，売上高と総原価（変動費＋固定
費）の金額が同じになる販売量もしくは売上高の
ことであり，損益計算書で考えると営業利益が
「0」となる場合である。営業利益が「0」とは，
貢献利益と固定費の金額が同額の場合と置き換え
られる。

$$貢献利益率＝\frac{製品1kgあたりの貢献利益¥570}{製品1kgあたりの販売価格¥1,500}＝0.38$$

売上高の38％が貢献利益として残り，その金額で
固定費を支払いきれるポイントが損益分岐点。
月間売上高x×貢献利益率0.38＝月間固定費¥1,938,000
⇓
x＝¥1,938,000÷0.38＝¥5,100,000 （＝損益分岐点売上高）
❼直接原価計算では，固定費は期間費用として扱う
ので，固定加工費を製造原価に配賦計算しない。
よって，生産量によって製品1単位あたりの製造
原価が変化することはない。
この製品を6,000kg販売すると，

Ⅰ 売 上 高（@¥1,500×6,000kg）＝¥9,000,000
Ⅱ 変動売上原価（@¥ 810×6,000kg）＝¥4,860,000
Ⅲ 変動販売費（@¥ 120×6,000kg）＝¥ 720,000
Ⅳ 固 定 費
　固定加工費　　　　　　　　　¥1,260,000
　固定販売費及び一般管理費　¥ 678,000
　　　　営 業 利 益　　　　　¥1,482,000

❽全部原価計算では，固定加工費を生産量に応じて
製造原価へ配賦計算するため，生産量によって製
品1単位あたりの製造原価が変化する。
生産量7,000kgの場合，固定加工費月額¥1,260,000
÷生産量7,000kg＝¥180が製造原価として配賦さ
れるので，製品1kgあたりの完成品原価は，直
接材料費¥600＋変動加工費¥210＋固定加工費配
賦額¥180＝¥990。
この製品を6,000kg販売すると，

Ⅰ 売 上 高（@¥1,500×6,000kg）＝¥9,000,000
Ⅱ 売 上 原 価（@¥ 990×6,000kg）＝¥5,940,000
Ⅲ 販売費及び一般管理費
　変動販売費（@¥120×6,000kg）＝¥ 720,000
　固定販売費及び一般管理費　＝¥ 678,000
　　　　営 業 利 益　　　　　¥1,662,000

25(2)

— 84 —

も く じ

1 原価と原価計算

要点の整理

① 経営活動と原価計算

(1) 商品売買業と商業簿記

商品売買業における経営活動は，商品の仕入れなどの購買活動と商品の売り上げなどの販売活動の二つに分けることができる。これらの購買活動と販売活動は商業簿記によって記録・計算・整理される。商業簿記は商品売買業に適用される簿記である。

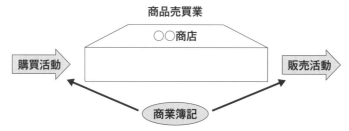

(2) 製造業と工業簿記

製造業における経営活動は，材料の仕入れなどの購買活動と製品を製造する製造活動，そして完成した製品の売り上げなどの販売活動の三つに分けることができる。これらの購買活動・製造活動・販売活動は**工業簿記**によって記録・計算・整理される。工業簿記は製造業に適用される簿記である。

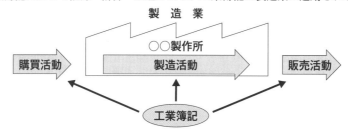

また，製造活動については，**原価計算**がおこなわれ，それによって得られたデータをもとに，工業簿記における仕訳や勘定記入などがおこなわれる。

(3) 原価計算

製品の製造のために経済的資源を消費した場合，その消費高を**原価**といい，原価を計算するシステムのことを**原価計算**という。

② 製造原価と総原価

(1) 製造原価……製品の製造に要する原価

(2) 総 原 価……製造原価に販売費と一般管理費を加えた原価

例 ① 製品Aの製造のために要した原価

材 料 費 ¥20,000 労 務 費 ¥10,000 経 費 ¥5,000

② 製品Aの販売と管理のために要した費用

販 売 費 ¥ 3,000 一般管理費 ¥ 400

製造原価＝¥20,000＋¥10,000＋¥5,000＝¥35,000

総 原 価＝¥35,000(製造原価)＋¥3,000＋¥400＝¥38,400

(3) 非原価項目……製品の製造および販売や企業全般の管理に関係しない項目は原価に含めない。たとえば，支払利息などの金融上の費用や火災損失などの異常な原因による損失である。

基本問題

❶-1 次の各文の □ のなかに，もっとも適当な語を記入しなさい。

(1) 商業簿記は，商品の仕入れや販売といった経営活動をおこなう ［ ア ］ に適用される簿記である。

(2) 工業簿記は，材料などの仕入れ，製品の ［ イ ］ や販売といった経営活動をおこなう ［ ウ ］ に適用される簿記である。

(3) 製造業とは，製品を ［ エ ］ し，その製品を販売する業種をいう。

ア	イ	ウ	エ

ポイント 商品売買業に適用される簿記が商業簿記であり，工業簿記は製造業に適用される。

❶-2 次の各取引のうち，購買活動にはA，製造活動にはB，販売活動にはCを解答欄に記入しなさい。

(1) 機械¥1,000,000を買い入れ，代金は小切手を振り出して支払った。

(2) A製品¥530,000を売り渡し，代金は掛けとした。

(3) 製品を製造するために電力料¥245,000を消費した。

(4) 本月分の賃金¥830,000を現金で支払った。

(5) 材料¥420,000を買い入れ，代金は掛けとした。

(6) B製品¥780,000が完成した。

(7) C製品を製造するために，S材料¥50,000，T材料¥30,000を消費した。

(8) 電力料¥210,000を，小切手を振り出して支払った。

(1)		(2)		(3)		(4)		(5)		(6)		(7)		(8)	

ポイント 製造活動とは，材料・労務費・経費の消費から製品の完成にいたるまでの活動をいう。

練習問題

❶-3 次の資料により製造原価と総原価を計算しなさい。

(1) 製品Pの製造のために要した原価
材 料 費 ¥450,000　労 務 費 ¥370,000　経 費 ¥180,000

(2) 製品Pの販売と管理のために要した費用
販 売 費 ¥16,000　一般管理費 ¥4,000

(3) 非原価項目
支 払 利 息 ¥2,000　火 災 損 失 ¥900,000

製 造 原 価	¥	総 原 価	¥

検定問題

❶-4 次の文の □ にあてはまるもっとも適当な語を，下記の語群のなかから選び，その番号を記入しなさい。 （第89回）

製造原価に販売費及び一般管理費を加えたものを ［ ア ］ という。なお，製品の製造・製品の販売・企業全般の管理に関係しない費用は，原価に含めない。このような費用のことを非原価項目といい，［ イ ］ や災害損失などがある。

1．販 売 価 格　2．総 原 価　3．支 払 利 息　4．支 払 家 賃

ア		イ	

2 原価計算のあらまし

要点の整理

① 原価要素の分類

製品の原価（製造原価）は，いくつかの要素によって構成されるが，この原価を構成する要素を**原価要素**という。

(1) 発生形態による分類

原価の三要素　① 材 料 費　② 労 務 費　③ 経　　費

(2) 製品との関連による分類

① **製造直接費**……特定の製品の製造のためにだけ消費され，その製品の原価として直接集計することができる原価要素をいう。**直接材料費・直接労務費・直接経費**に分類される。

なお，製造直接費を特定の製品に集計する手続きを**賦課**という。

② **製造間接費**……多種の製品の製造のために共通に消費され，特定の製品の原価として直接集計することができない原価要素をいう。**間接材料費・間接労務費・間接経費**に分類される。

なお，製造間接費は，直接に集計することができないので，一定の基準にしたがい各製品に配分しなければならない。この配分手続きを**配賦**という。原価の構成関係を図で示すと，次のようになる。

		販売費及び一般管理費	
直 接 材 料 費	製 造 間 接 費	製 造 原 価	総　　原　　価
直 接 労 務 費	製 造 直 接 費		
直 接 経 費			

(3) 操業度（一定の生産設備の利用度）との関連による分類

操業度とは，一定の生産設備の利用度をいい，一定期間の直接作業時間や製造数量などで示される。

① 固定費（操業度に関係なく発生額が一定）　② 変動費（操業度の変動にともなって発生額が比例的に増減）　③ 準固定費　④ 準変動費

② 簡単な例による原価計算

例 ① 直接材料費 ¥300,000（A製品 ¥200,000　B製品 ¥100,000）　間接材料費 ¥90,000
② 直接労務費 ¥250,000（A製品 ¥130,000　B製品 ¥120,000）　間接労務費 ¥50,000
③ 直 接 経 費 ¥ 10,000（A製品 ¥ 7,000　B製品 ¥ 3,000）　間 接 経 費 ¥60,000
④ 製造間接費 ¥200,000は，A製品に60％　B製品に40％の割合で配賦する。

A製品　　　原 価 計 算 表

直接材料費	直接労務費	直接経費	製造間接費	製造原価
200,000	130,000	7,000	120,000	457,000

B製品　　　原 価 計 算 表

直接材料費	直接労務費	直接経費	製造間接費	製造原価
100,000	120,000	3,000	80,000	303,000

③ 原価計算の目的

(1) 財務諸表の作成に必要な情報を提供する。　(2) 製品の販売価格計算に必要な情報を提供する。
(3) 原価管理に必要な情報を提供する。　(4) 利益計画に必要な情報を提供する。

④ 原価計算の手続き

費 目 別 計 算　⟶　部 門 別 計 算　⟶　製 品 別 計 算

⑤ 原価計算の種類

(1) 生産形態の違いによる分類

① **個別原価計算**……種類・規格の異なる特定の製品を生産する製造業，たとえば，造船業・家具製造業などに適用される。

② **総合原価計算**……同じ種類または異なる種類の製品を連続的に大量生産する製造業，たとえば，製粉業・製菓業などに適用される。

(2) 実際原価を使用するか標準原価を使用するかの違いによる分類

① **実際原価計算**　② **標準原価計算**

⑥ 原価計算期間

製造業では，ふつう1か月を計算期間として，原価計算をおこなう。この計算期間を**原価計算期間**という。

基本問題

2-1 次の各文の ☐ のなかに，もっとも適当な語を記入しなさい。

(1) 製品の原価を構成する要素を原価要素といい，その発生形態によって材料費・☐ ア ☐・経費に分類される。この三つの要素のことを原価の ☐ イ ☐ という。

(2) 特定の製品の製造のためにだけ消費され，その製品の原価として直接集計することができる原価要素を ☐ ウ ☐ といい，これを集計する手続きを賦課という。

(3) 多種の製品の製造のために共通に消費され，特定の製品の原価として直接集計することができない原価要素を ☐ エ ☐ といい，これは一定の基準にしたがい各製品に配分しなければならない。この手続きを ☐ オ ☐ という。

ア	イ	ウ	エ	オ

2-2 次の原価の構成関係を示す図の（　）のなかに，適当な語を記入しなさい。

	販売費及び一般管理費		
	（ イ ）		
（ ア ）	製造直接費	（ ウ ）	（ エ ）
直接労務費			
直接経費			

ア	イ
ウ	エ

2-3 次の資料によって，製造直接費・製造間接費・製造原価・総原価を計算しなさい。

直接材料費 ¥70,000　　直接労務費 ¥100,000　　直接経費 ¥15,000
間接材料費 ¥25,000　　間接労務費 ¥40,000　　間接経費 ¥60,000
販売費及び一般管理費 ¥50,000

製造直接費 ¥	製造間接費 ¥	製造原価 ¥	総原価 ¥

2-4 次の資料により，原価計算表を作成し，A製品（製造指図書#1）とB製品（製造指図書#2）の製造原価を計算しなさい。

(1) 材 料 費 ¥200,000
　　直接材料費 ¥180,000（製造指図書#1 ¥100,000　製造指図書#2 ¥80,000）
　　間接材料費 ¥20,000

(2) 労 務 費 ¥190,000
　　直接労務費 ¥160,000（製造指図書#1 ¥90,000　製造指図書#2 ¥70,000）
　　間接労務費 ¥30,000

(3) 経 費 ¥80,000
　　直接経費 ¥30,000（製造指図書#1 ¥20,000　製造指図書#2 ¥10,000）
　　間接経費 ¥50,000

(4) 製造間接費 ¥ 各自計算 は，A製品に70％，B製品に30％の割合で配賦する。

製造指図書#1
原 価 計 算 表

直接材料費	直接労務費	直接経費	製造間接費	製造原価

製造指図書#2
原 価 計 算 表

直接材料費	直接労務費	直接経費	製造間接費	製造原価

練習問題

❷-5 次の各文の ___ のなかに，もっとも適当な語を記入しなさい。

(1) 原価計算のおもな目的には，財務諸表の作成に必要な情報を提供すること，製品の ｜ ア ｜ 計算に必要な情報を提供すること，原価管理に必要な情報を提供すること，利益計画に必要な情報を提供することなどがある。

(2) 原価計算は，ふつう費目別計算・部門別計算・ ｜ イ ｜ 計算という三つの段階を経ておこなわれる。

(3) 製造業では，ふつう/か月を計算期間として原価計算をおこなう。この計算期間を ｜ ウ ｜ という。

(4) 種類の異なる特定の製品を個別的に生産する製造業，たとえば造船業・機械製造業などに適用される原価計算を ｜ エ ｜ という。

(5) 実際原価によって製品の原価を計算する方法を ｜ オ ｜ といい，標準原価によって製品の原価を計算する方法を標準原価計算という。

ア	イ	ウ	エ	オ

❷-6 次の図は操業度との関連により，原価を分類したものである。(   ) にあてはまる原価要素を答えなさい。

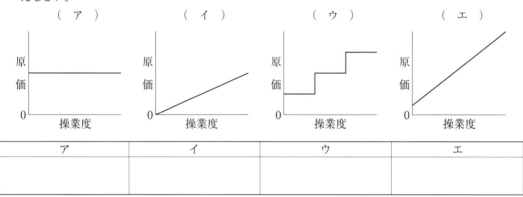

ア	イ	ウ	エ

❷-7 次の資料から，原価計算表を作成し，A製品（製造指図書#/）とB製品（製造指図書#2）の製造原価を計算しなさい。

　資　料

① 材　料　費　¥420,000
　　直接材料費　¥320,000（製造指図書#/¥200,000　製造指図書#2¥/20,000）
　　間接材料費　¥/00,000

② 労　務　費　¥500,000
　　直接労務費　¥370,000（製造指図書#/¥/70,000　製造指図書#2¥200,000）
　　間接労務費　¥/30,000

③ 経　　　費　¥230,000
　　直接経費　¥ 60,000（製造指図書#/¥ 20,000　製造指図書#2¥ 40,000）
　　間接経費　¥/70,000

④ 製造間接費は，直接材料費の金額を基準として，製造指図書#/と製造指図書#2に配賦する。

製造指図書#/　原　価　計　算　表

直接材料費	直接労務費	直 接 経 費	製造間接費	製 造 原 価
(　　　　　)	(　　　　　)	(　　　　　)	(　　　　　)	(　　　　　)

製造指図書#2　原　価　計　算　表

直接材料費	直接労務費	直 接 経 費	製造間接費	製 造 原 価
(　　　　　)	(　　　　　)	(　　　　　)	(　　　　　)	(　　　　　)

||||||||||||||検 定 問 題||||||||||||||||||||||||||||||||||||

2-8 次の各文の 　　　 のなかに，それぞれ下記の語群のなかから，もっとも適当なものを選び，その番号を記入しなさい。

(1) 原価計算基準によると，実際原価の計算手続きにおいて，製造原価は，原則として，その実際発生額を，まず ア に計算し，次に原価部門別に計算し，最後に イ に集計する。　（第93回）
　　　 1．等 級 別　　2．製 品 別　　3．機 能 別　　4．費 目 別

(2) 製品の原価を構成する要素を原価要素といい，その発生形態によって材料費・労務費・経費に分類される。その消費高を計算する手続きを，原価の ウ という。この手続きにより，把握された消費高のうち，特定の製品の製造のためにだけ消費され，その製品の原価として直接に集計される原価要素を製造直接費といい，これらの原価を集計する手続きを エ という。　（第86回）
　　　 1．製 品 別 計 算　　2．費 用 別 計 算　　3．賦　　　課　　4．配　　　賦

(3) 原価は集計される原価の範囲によって2つに区別される。/つめは，製品を製造するために消費したすべての原価要素を製品の原価として計算する オ であり，財務諸表の作成や，製品の販売価格の設定に必要な資料を提供する目的に適している。2つめは，原価要素の一部を集計して製品の原価を計算する カ であり，原価管理や利益計画に必要な資料を提供する目的に適している。この代表的な計算方法が直接原価計算である。　（第84回）
　　　 1．実 際 原 価 計 算　　2．部 分 原 価 計 算　　3．標 準 原 価 計 算　　4．全 部 原 価 計 算

(4) 実際原価計算は，実際原価によって製品の製造原価を計算することにより，主として キ の作成に必要な資料を提供することを目的としている。これに対して標準原価計算は，標準原価によって製品の製造原価を計算し，標準原価と実際原価との差額を分析することにより，むだをはぶき，生産能率を高め，原価の発生を抑えるといった ク に役立つ資料を提供することを目的としている。　（第80回）
　　　 1．製 造 指 図 書　　2．部 門 別 計 算　　3．原 価 管 理　　4．財 務 諸 表

ア		イ		ウ		エ	
オ		カ		キ		ク	

3 工業簿記

要点の整理

① 工業簿記に特有な勘定科目

(1) 原価要素の勘定……**材料勘定・労務費勘定・経費勘定**
(2) 原価要素集計の勘定……**仕掛品勘定・製造間接費勘定**
(3) 製品の増減を処理する勘定……**製品勘定**

② 工業簿記における諸勘定の振替関係

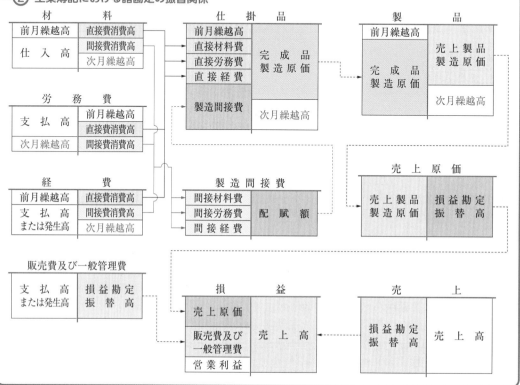

基本問題

3-1 次の取引の仕訳を示し，原価計算表に記入しなさい。

(1) 材料￥400,000 を掛けで仕入れた。

(2) 労務費￥250,000 を，当座預金から支払った。

(3) 経費￥80,000 を現金で支払った。

(4) 材料を直接材料費として￥200,000（製造指図書#/￥120,000　製造指図書#2￥80,000）　間接材料費として￥70,000消費した。

(5) 労務費を直接労務費として￥180,000（製造指図書#/￥110,000　製造指図書#2￥70,000）間接労務費として￥100,000消費した。

(6) 経費を直接経費として￥20,000（製造指図書#/￥10,000　製造指図書#2￥10,000）　間接経費として￥50,000　販売費及び一般管理費として￥30,000消費した。

(7) 製造間接費￥220,000 を，製造指図書#/ に60％，製造指図書#2に40％の割合で配賦し，仕掛品勘定に振り替えた。

	借　　　　方	貸　　　　方
(1)		
(2)		
(3)		
(4)		
(5)		
(6)		
(7)		

製造指図書#/ 　　　原　価　計　算　表

直接材料費	直接労務費	直 接 経 費	製造間接費	製 造 原 価
( )	( )	( )	( )	

製造指図書#2 　　　原　価　計　算　表

直接材料費	直接労務費	直 接 経 費	製造間接費	製 造 原 価
( )	( )	( )	( )	

ポイント 仕掛品勘定，製造間接費勘定とすべきところを，誤って，直接材料費勘定，間接材料費勘定としないように注意すること。

3-2 次の取引の仕訳を示しなさい。
(1) 完成品の製造原価は¥650,000であった。
(2) 製品¥800,000を掛けで売り渡した。
(3) 売上製品の製造原価は¥650,000であった。
(4) 売上勘定の残高¥4,600,000を損益勘定に振り替えた。
(5) 売上原価勘定の残高¥3,500,000と販売費及び一般管理費勘定の残高¥400,000を損益勘定に振り替えた。

	借　　　　方	貸　　　　方
(1)		
(2)		
(3)		
(4)		
(5)		

ポイント 収益（売上）・費用（売上原価）の諸勘定残高を損益勘定に振り替えるための仕訳は，「簿記」で学習した方法と同じである。

❸-❸ 次の連続した取引の仕訳を示し，原価計算表に記入しなさい。

(1) 材料¥773,000を次のとおり消費した。

製造指図書#1　¥550,000　　製造指図書#2　¥37,000　　間接材料費　¥186,000

(2) 労務費¥818,000を次のとおり消費した。

製造指図書#1　¥370,000　　製造指図書#2　¥121,000　　間接労務費　¥173,000
販売費及び一般管理費　¥154,000

(3) 経費¥572,500を次のとおり消費した。

製造指図書#1　¥24,000　　製造指図書#2　¥7,500　　間接経費　¥363,000
販売費及び一般管理費　¥178,000

(4) 製造間接費¥722,000を製造指図書#1に¥686,000，製造指図書#2に¥36,000配賦し，仕掛品勘定に振り替えた。

(5) 製造指図書#1の製品が完成し，その製造原価は¥1,630,000であった。

(6) 売上製品の製造原価は¥1,467,000であった。

(7) 製品¥1,834,000を掛けで売り渡した。

(8) 売上原価勘定の残高¥1,467,000を損益勘定に振り替えた。

(9) 販売費及び一般管理費¥332,000を損益勘定に振り替えた。

(10) 製品売上高¥1,834,000を損益勘定に振り替えた。

	借　　　　　方	貸　　　　　方
(1)		
(2)		
(3)		
(4)		
(5)		
(6)		
(7)		
(8)		
(9)		
(10)		

ポイント (4)「製造間接費を製造指図書に配賦した」とき，（借）製品 ×××　と仕訳しないように注意すること。

製造指図書#1

原	価	計	算	表
直接材料費	直接労務費	直 接 経 費	製造間接費	製 造 原 価
( )	( )	( )	( )	( )

製造指図書#2

原	価	計	算	表
直接材料費	直接労務費	直 接 経 費	製造間接費	製 造 原 価
( )	( )	( )	( )	

❸-❹ ある原価計算期間の下記の資料によって，各勘定口座に記入して締め切りなさい。
- (1) 材　　料　月初棚卸高 ¥78,000　当月仕入高（掛け）¥1,450,000
  消費高は，直接材料費 ¥1,190,000　間接材料費 ¥207,000である。
- (2) 労　務　費　前月未払高 ¥54,000　当月支払高 ¥761,000
  （小切手振り出し）
  消費高は，直接労務費 ¥630,000　間接労務費 ¥139,000
- (3) 経　　費　前月前払高 ¥35,000　当月支払高 ¥124,000
  （小切手振り出し）
  消費高は，直接経費 ¥21,000　間接経費 ¥157,000
- (4) 完成品製造原価　¥2,314,000
- (5) 売上製品製造原価　¥2,379,000

材	料
前 月 繰 越　78,000	

労	務	費
	前 月 繰 越　54,000

経	費
前 月 繰 越　35,000	

製	造	間	接	費

仕	掛	品
前 月 繰 越　216,000	

製	品
前 月 繰 越　273,000	

練習問題

❸-5 次の連続した取引の仕訳を示し，総勘定元帳の各勘定に転記しなさい。また，原価計算表の記入も
おこないなさい。

　　　ただし， i　取引は，すべて／か月分をまとめて示してある。

　　　　　　　　ii　転記にあたっては，取引番号・相手科目・金額を記入すること。

(1) 材 料 仕 入 高　　掛 け 買 い　¥1,050,000

(2) 材 料 消 費 高　　直 接 材 料 費　¥ 730,000
　　　　　　　　　　　　（製造指図書#／¥380,000　製造指図書#2¥350,000）
　　　　　　　　　　　間 接 材 料 費　¥ 240,000

(3) 労 務 費 支 払 高　　小切手振り出し　¥ 980,000

(4) 労 務 費 消 費 高　　直 接 労 務 費　¥ 690,000
　　　　　　　　　　　　（製造指図書#／¥370,000　製造指図書#2¥320,000）
　　　　　　　　　　　間 接 労 務 費　¥ 180,000　　　販売費及び一般管理費　¥230,000

(5) 経 費 支 払 高　　小切手振り出し　¥ 410,000

(6) 経 費 消 費 高　　直 接 経 費　¥ 70,000
　　　　　　　　　　　　（製造指図書#／¥40,000　製造指図書#2¥30,000）
　　　　　　　　　　　間 接 経 費　¥ 250,000　　　販売費及び一般管理費　¥100,000

(7) 製造間接費配賦額　　¥ 670,000（製造指図書#／¥420,000　製造指図書#2¥250,000）

(8) 完成品製造原価　　¥1,400,000（製造指図書#／完成）

(9) 製 品 売 上 高　　掛 け 売 り　¥1,560,000

(10) 売上製品製造原価　¥1,200,000

(11) 売上高¥1,560,000 を損益勘定に振り替える。

(12) 売上原価¥1,200,000　販売費及び一般管理費¥330,000 を損益勘定に振り替える。

	借　　　　　　　　　方	貸　　　　　　　　　方
(1)		
(2)		
(3)		
(4)		
(5)		
(6)		
(7)		
(8)		

(9)		
(10)		
(11)		
(12)		

材　　料

前月繰越　75,000

労　務　費

前月繰越　110,000

経　　費

前月繰越　48,000

仕　掛　品

前月繰越　190,000

製　造　間　接　費

製　　品

前月繰越　430,000

売　上　原　価

販売費及び一般管理費

売　　上

損　　益

製造指図書#1　　　　　原　価　計　算　表

直接材料費	直接労務費	直接経費	製造間接費	製造原価
100,000	50,000	40,000		
( )	( )	( )	( )	
( )	( )	( )	( )	( )

製造指図書#2　　　　　原　価　計　算　表

直接材料費	直接労務費	直接経費	製造間接費	製造原価
( )	( )	( )	( )	

4 材料費の計算(1) (材料仕入高の計算)

要点の整理

① 材料費の分類

(1) **素材費**（原料費）……製品の主要部分となる材料を**素材**（原料）といい，その消費高を**素材費（原料費）**という。

例 パン製造業における小麦粉，家具製造業における木材など。

(2) **買入部品費**……外部の企業からの買い入れた部品で，加工されずにそのまま製品の一部となるものを**買入部品**といい，その消費高を**買入部品費**という。

例 自動車製造業におけるタイヤ・計器など。

(3) **燃料費**……石炭・石油などのうち，素材として用いられないものを**燃料**といい，その消費高を**燃料費**という。

(4) **工場消耗品費**……製品を製造するために補助的に使用されるくぎ・ねじ・塗料などを**工場消耗品**といい，その消費高を**工場消耗品費**という。

(5) **消耗工具器具備品費**……製品を製造するために用いられるペンチ・ものさし・木型など，耐用年数が1年未満か，金額が比較的安いものを**消耗工具器具備品**といい，その消費高を**消耗工具器具備品費**という。

素材費・買入部品費はふつう**直接材料費**となり，燃料費・工場消耗品費・消耗工具器具備品費は**間接材料費**となる。

② 材料の仕入れ

(1) **材料の仕入原価**

材料の仕入原価には，仕入代価のほかに，引取運賃・仕入手数料などの付随費用を加算する。

材料の仕入原価＝仕入代価＋付随費用

(2) **材料を仕入れたときの記帳**

材料を仕入れたときには，仕入れた材料の種類を示す勘定を用いて仕訳をおこない，総勘定元帳に転記する。また，**材料元帳**の受入欄にも記入する。

③ 材料の保管

(1) **材料の保管**

材料倉庫に保管される材料については，材料の種類ごとに受入数量・払出数量・残高数量を継続的に**材料棚札**に記入する。

(2) **棚卸減耗の処理**

材料の保管中または受け渡しのさい，破損・減失することがある。これを**棚卸減耗**という。倉庫係は会計期末などに実地棚卸をおこない，帳簿有高と実際有高を照合する。このときの帳簿有高と実際有高との差額が棚卸減耗高である。棚卸減耗高は**棚卸減耗損**として処理する。なお，棚卸減耗損は，原価の三要素のうち経費に分類される。

例 A素材　帳簿有高　800個　@¥500　¥400,000
実際有高　790〃　〃〃500　¥395,000

→ (借)棚卸減耗損　5,000　(貸)素　　材　5,000

──── 基本問題 ────

4-1 次の取引の仕訳を示しなさい。
(1) 素材¥730,000を買い入れ，代金は掛けとした。
(2) 買入部品¥160,000を買い入れ，代金は掛けとした。なお，引取費¥3,000を現金で支払った。
(3) 熱処理用として重油¥70,000を買い入れ，代金は現金で支払った。
(4) 工場消耗品¥40,000を買い入れ，代金は小切手を振り出して支払った。
(5) 材料の加工作業用として，ペンチ・スパナなど工具類¥45,000を買い入れ，代金は掛けとした。

	借 方	貸 方
(1)		
(2)		
(3)		
(4)		
(5)		

ポイント 材料の購入価格には，ふつう購入代価のほかに運賃・保険料などを加算する。

──── 練習問題 ────

4-2 次の取引の仕訳を示しなさい。
(1) 帳簿残高¥300,000の素材について実地棚卸をおこなった結果，実際有高が¥285,000であることがわかった。
(2) 素材の実地棚卸をおこなった結果，帳簿有高600kgが滅失により実地有高580kgとなっていた。なお，この素材の1kgあたりの価格は@¥1,200である。
(3) 素材の実地棚卸をおこなった結果，帳簿有高と実地有高に次のような違いがあることがわかった。
　　　帳簿有高　500kg　@¥1,000　　　実地有高　470kg　@¥1,000

	借 方	貸 方
(1)		
(2)		
(3)		

❹-❸ 次の連続した取引の仕訳を示し，下記の勘定口座に転記しなさい。ただし，元帳には日付と金額を記入すればよい。

　　6月/0日　船橋商会から素材¥400,000と包装用品¥30,000を買い入れ，代金は掛けとした。

　　　　/6日　千葉石油商店から燃料として使用する石油¥160,000を買い入れ，代金と引取費¥5,000をあわせて現金で支払った。

　　　　23日　市原商店から部品¥80,000と消耗工具器具備品¥28,000を買い入れ，代金は小切手を振り出して支払った。

	借　　　　　方	貸　　　　　方
6/10		
16		
23		

素　　　　材　　3	燃　　　　料　　5

買　入　部　品　　4	工　場　消　耗　品　　6

	消耗工具器具備品　　7

検定問題

❹-❹ 次の取引の仕訳を示しなさい。

(1) 素材および工場消耗品を次のとおり買い入れ，代金は掛けとした。　　　　　　　　　（第83回）

　　　素　　　　材　1,700 kg　@¥1,500　¥2,550,000

　　　工場消耗品　6,200 個　 〃 　70　¥ 434,000

(2) 次の買入部品に関する当月の資料にもとづいて，買入部品勘定の残高を修正した。

　　　帳簿棚卸高　430 個　@¥2,700　　実地棚卸高　400 個　@¥2,700　　（第86回一部修正）

(3) 素材の帳簿棚卸数量は480 kgであり，実地棚卸数量は430 kgであった。よって，素材勘定を修正した。ただし，素材/kgあたりの価格は@¥620である。　　　　　　　　（第88回一部修正）

	借　　　　　方	貸　　　　　方
(1)		
(2)		
(3)		

5 材料費の計算(2)（材料消費高の計算）

要点の整理

① 材料の消費

(1) 材料の消費

　材料倉庫に保管されている材料は，出庫伝票によって製造現場に払い出され，製品の製造のために消費される。したがって，材料消費の記帳は，材料を倉庫から製造現場に払い出したときにおこなう。また，**材料元帳**の払出欄に記入する。

(2) 材料を消費したときの記帳

　出庫伝票に製造指図書番号があれば，その材料は直接材料費を意味するので，その消費高を材料の勘定から仕掛品勘定の借方に振り替える。製造指図書番号のない出庫伝票は，間接材料費を意味するので，製造間接費勘定の借方に振り替える。

② 材料消費高の計算

$$\boxed{材料消費高＝消費単価×消費数量}$$

$$\downarrow$$

$$\boxed{継続記録法・棚卸計算法}$$

(1) 消費数量の計算

　① 継続記録法……材料の受け入れ，払い出しのつど，材料元帳などに数量を記入し，払出数量を消費数量とする。

　② 棚卸計算法……材料の払い出しのつど記録はおこなわないで，月末などに実地棚卸をおこなって，次の式により消費数量を求める。

$$\boxed{消費数量＝（繰越数量＋受入数量）－実地棚卸数量}$$

(2) 消費単価の計算

　① 原　価　法……仕入原価をもとに消費単価を計算する方法で，次のようなものがある。

　　　　ア：先入先出法　イ：移動平均法　ウ：総平均法

　② 予定価格法……予定価格によって消費高を計算する方法である。予定価格とは，あらかじめ将来の一定期間における取得価格を予想することによって定めた消費単価である。この方法によれば，原価法の欠点を補うことができる。

$$\boxed{予定消費高＝予定価格×消費数量}$$

③ 予定価格法による場合

(1) 消費材料勘定を設ける方法

　① 予定価格による消費高を，**消費材料勘定**の貸方と仕掛品勘定・製造間接費勘定の借方に記入する。

　② 実際価格による消費高を，消費材料勘定の借方と材料勘定（素材・原料）の貸方に記入する。

　③ 消費材料勘定に生じた差額（予定消費高と実際消費高との差額）を，**材料消費価格差異勘定**に振り替える。

　④ 材料消費価格差異勘定の残高は会計期末に，原則として**売上原価勘定**に振り替える。

(2) 消費材料勘定を設けない方法

　① 予定価格による消費高を，**材料勘定**（素材・原料）の貸方と仕掛品勘定・製造間接費勘定の借方に記入する。

　② 材料勘定に生じた差額（予定消費高と実際消費高との差額）を，**材料消費価格差異勘定**に振り替える。

　③ 材料消費価格差異勘定の残高は会計期末に，原則として**売上原価勘定**に振り替える。

基本問題

5-1 次の取引の仕訳を示しなさい。
(1) 素材 ¥160,000 を製造指図書 #1 のために消費した。
(2) 当月の工場消耗品の消費高は ¥42,000 であった。（間接材料）
(3) 材料を次のとおり消費した。ただし，買入部品の出庫伝票には製造指図書番号 #5 が記入されている。

買入部品 ¥60,000　　燃　料 ¥12,000　　工場消耗品 ¥21,000

	借　　　　　　方	貸　　　　　　方
(1)		
(2)		
(3)		

5-2 次のS型素材の資料によって，先入先出法・移動平均法・総平均法によって，材料元帳の記入をおこない，締め切りなさい。また，当月の消費高を計算しなさい。

6月 1日　前月繰越　100個　@¥220　¥22,000
　　 5日　受　入　300〃　〃〃260　¥78,000
　　12日　払　出　300〃
　　20日　受　入　200〃　〃〃280　¥56,000
　　28日　払　出　200〃

材　料　元　帳

（先入先出法）　　　　　S　型　素　材　　　　　　　　　単位:個

令和○年	摘　要	受　入			払　出			残　高		
		数　量	単　価	金　額	数　量	単　価	金　額	数　量	単　価	金　額

先入先出法による消費高	¥

材　料　元　帳

(移動平均法)　　　　　　　　　　　　S　型　素　材　　　　　　　　　　　　単位:個

令和 ◯年	摘　　要	受　　　入			払　　　出			残　　　高		
		数　量	単　価	金　　額	数　量	単　価	金　　額	数　量	単　価	金　　額

移動平均法による消費高	¥

材　料　元　帳

(総平均法)　　　　　　　　　　　　　S　型　素　材　　　　　　　　　　　　単位:個

令和 ◯年	摘　　要	受　　　入			払　　　出			残　　　高		
		数　量	単　価	金　　額	数　量	単　価	金　　額	数　量	単　価	金　　額

総平均法による消費高	¥

5-3　次の資料によって，(1)先入先出法，(2)移動平均法，(3)総平均法による，当月の材料消費高を計算しなさい。

　　7月　1日　　前月繰越　　400個　　@¥420
　　　　3日　　受　　入　　400〃　　〃〃440
　　　12日　　払　　出　　600〃
　　　18日　　受　　入　　800〃　　〃〃470
　　　25日　　払　　出　　700〃

(1)	先入先出法による材料消費高	¥
(2)	移動平均法による材料消費高	¥
(3)	総平均法による材料消費高	¥

練習問題

5-4 次の取引の仕訳を示し，下記の各勘定に転記しなさい。ただし，勘定口座には相手科目と金額を記入すること。

(1) 素材¥350,000を仕入れ，代金は掛けとした。

(2) 予定価格による素材の消費高は，次のとおりであった。

製造指図書#11用 ¥120,000 製造指図書#12用 ¥100,000

(3) 当月の素材の実際価格による消費高は¥235,000であった。

(4) 予定価格による消費高と実際価格による消費高との差額を，材料消費価格差異勘定に振り替えた。

	借　　　　　方	貸　　　　　方
(1)		
(2)		
(3)		
(4)		

```
        素        材                  消  費  材  料
------------------------        ------------------------

        仕    掛    品
------------------------        ------------------------
                                   材料消費価格差異
------------------------        ------------------------
```

ポイント 消費材料勘定の借方には実際価格による消費高を，貸方には予定価格による消費高を記入する。

5-5 次の取引の仕訳を示し，下記の勘定口座に転記しなさい。

ただし，ⅰ 素材について¥870の予定価格を用いている。

ⅱ 素材勘定だけで処理する方法によること。

ⅲ 勘定口座には，相手科目・金額を示すこと。

(1) 当月材料仕入高（掛け）　素　材　200個 @¥850 ¥170,000

(2) 当月の素材消費数量　製造指図書#3用 120個　機械修理用 5個

(3) 当月の実際価格による消費高は¥112,000であったので，予定価格と実際価格による消費高の差額を処理した。

	借　　　　　方	貸　　　　　方
(1)		
(2)		
(3)		

```
          素        材                  材料消費価格差異
前 月 繰 越   43,000                 ------------------------
------------------------
```

5-6 素材に関する次の取引の仕訳を示し，下記の勘定口座に転記しなさい。

ただし， i 月初棚卸高は次のとおりである。 素　材　1,000個 @¥900 ¥900,000
ii 素材の消費高の計算は，@¥980の予定価格を用いている。
iii 消費材料勘定を設けている。
iv 勘定口座の記入は，相手科目・金額を示すこと。
v 会計期間は原価計算期間と一致しているものとする。

(1) 当月素材仕入高（掛け）　素　材　3,000個 @¥980 ¥2,940,000
(2) 当月消費数量　直接材料 3,400個　間接材料 200個
(3) 当月実際価格による消費高　消費単価の計算は総平均法による。
(4) 予定価格による消費高と実際価格による消費高との差額を，材料消費価格差異勘定に振り替えた。
(5) 材料消費価格差異勘定の残高を，売上原価勘定に振り替えた。

	借　　　　　方	貸　　　　　方
(1)		
(2)		
(3)		
(4)		
(5)		

素　　　材		消　費　材　料	
前月繰越　900,000			

材料消費価格差異		売　上　原　価	

5-7 買入部品に関する次の取引の仕訳を示しなさい。

ただし， i 月初棚卸高は次のとおりである。 買入部品 2,200個 @¥530 ¥1,166,000
ii 買入部品の消費高の計算は@¥550の予定価格を用いている。
iii 消費材料勘定を設けていない。
iv 会計期間は原価計算期間と一致しているものとする。

(1) 当月買入部品仕入高（掛け）　買入部品 6,000個 @¥570 ¥3,420,000
(2) 当月消費数量　直接材料のみ 7,000個
(3) 予定価格による消費高と実際価格による消費高との差額を，材料消費価格差異勘定に振り替えた。
なお，当月実際価格による消費高の計算は先入先出法による。
(4) 材料消費価格差異勘定の残高を，売上原価勘定に振り替えた。

	借　　　　　方	貸　　　　　方
(1)		
(2)		
(3)		
(4)		

!!! 検 定 問 題 !!!

5-8 次の取引の仕訳を示しなさい。

(1) 個別原価計算を採用している沖縄製作所の月末における買入部品の実地棚卸数量は520個であった。よって，次の買入部品に関する当月の資料にもとづいて，買入部品勘定の残高を修正した。ただし，消費単価の計算は先入先出法によっている。 (第83回)

　　　　　前 月 繰 越 高　　500個　@¥4,570　¥2,285,000
　　　　　当 月 仕 入 高　1,000〃　〃〃4,600　¥4,600,000
　　　　　当月消費数量　　970〃

(2) 神奈川工業株式会社は，会計期末にあたり，材料消費価格差異勘定の残高を売上原価勘定に振り替えた。なお，材料消費価格差異勘定の前月繰越高は¥7,000（借方）であり，当月の素材の実際消費高は予定消費高より¥6,000少なく，この額は材料消費価格差異勘定に振り替えられている。 (第84回)

(3) 鹿児島製作所の素材に関する資料は次のとおりであった。よって，予定価格による消費高と実際価格による消費高との差額を消費材料勘定から材料消費価格差異勘定に振り替えた。ただし，素材の予定価格は@¥900であり，実際消費単価の計算は総平均法によっている。 (第85回)

　　　　　前 月 繰 越 高　　400個　@¥880　¥　352,000
　　　　　当 月 仕 入 高　2,000〃　〃〃940　¥1,880,000
　　　　　当月消費数量　2,100〃

(4) 栃木工業株式会社は，会計期末にあたり，材料消費価格差異勘定の残高を売上原価勘定に振り替えた。なお，材料消費価格差異勘定の前月繰越高は¥9,000（貸方）であり，当月の素材の実際消費高は予定消費高より¥8,000少なく，この額は材料消費価格差異勘定に振り替えられている。 (第87回)

(5) 個別原価計算を採用している山梨製作所の6月末における素材の実地棚卸数量は430kgであった。よって，次の素材に関する6月の資料にもとづいて，素材勘定の残高を修正し，棚卸減耗損勘定に計上した。ただし，消費数量は2,520kgである。なお，消費単価の計算は総平均法によっている。 (第88回)

　　　6月／日　　前月繰越　　600kg　　／kgにつき¥600　¥360,000
　　　　／0日　　仕　　入　1,200〃　　　〃　　〃620　¥744,000
　　　　20日　　仕　　入　1,200〃　　　〃　　〃630　¥756,000

(6) 東北製作所の素材に関する資料は次のとおりであった。よって，予定価格による消費高と実際価格による消費高との差額を消費材料勘定から材料消費価格差異勘定に振り替えた。ただし，素材の予定価格は@¥400であり，実際消費単価の計算は総平均法によっている。 (第89回)

　　　　　前 月 繰 越 高　　300個　@¥380　¥114,000
　　　　　当 月 仕 入 高　1,200〃　〃〃430　¥516,000
　　　　　当月消費数量　　800〃

(7) 宮崎工業株式会社は，会計期末にあたり，材料消費価格差異勘定の残高を売上原価勘定に振り替えた。なお，材料消費価格差異勘定の前月繰越高は¥/3,000（借方）であり，当月の素材の実際消費高は予定消費高より¥4,000少なく，この額は材料消費価格差異勘定に振り替えられている。 (第91回)

	借　　　　　　　方	貸　　　　　　　方
(1)		
(2)		
(3)		
(4)		
(5)		
(6)		
(7)		

労務費の計算(1)

要点の整理

① 労務費の分類

(1) **賃　　　　　金**……製造現場の従業員に支払われる給与をいう。

(2) **給　　　　　料**……工場長・技師・工場事務員などに支払われる給与をいう。

(3) **雑　　　　　給**……臨時雇いの従業員などに支払われる給与をいう。

(4) **従業員賞与手当**……工場従業員に対して支払われる賞与（ボーナス），および家族手当・住宅手当などの諸手当をいう。

(5) **退職給付費用**……工場従業員の退職後に支給される退職給付の当期見積額をいう。

(6) **福　　利　　費**……健康保険料・雇用保険料などの社会保険料のうち，事業主が負担する工場従業員に関係する部分をいう。

② 賃金支払高の計算

(1) **賃金支払高の計算**

基 本 賃 金 ┌ 時間給＝／時間あたりの賃率×実際作業時間
　　　　　 ┤ 日　給＝／日あたりの賃率×出勤日数
　　　　　 └ 月　給＝月額の基本賃金

賃金支払高の総額＝基本賃金＋割増賃金＋諸手当

(2) **賃金を支払ったときの記帳**

賃金を支払ったときは，賃金勘定と従業員賞与手当勘定を用いて仕訳をおこない，総勘定元帳に転記する。

［仕　訳］4月27日　（借）賃　　　　金　600,000　（貸）所得税預り金　　60,000
　　　　　　　　　　　　　従業員賞与手当　100,000　　　　当 座 預 金　640,000

賃　　金	
4/27 諸　口 600,000	

従 業 員 賞 与 手 当	
4/27 諸　口 100,000	

基本問題

6-1 次の各文の [＿＿＿] のなかに，もっとも適当な語を記入しなさい。

(1) 製造に従事する工場の従業員に対して支払われる給与は [　ア　] 勘定で処理し，基本賃金のほか，割増賃金なども含まれる。

(2) 工場長・技師・工場事務員などに支払われる給与は [　イ　] 勘定で処理する。

(3) 工場従業員に対して支払われる賞与・扶養手当・住宅手当などの諸手当は [　ウ　] 勘定で処理する。

(4) 賃金のうち，特定製品を製造する従業員に対して支払われるものは直接労務費となり，修繕・運搬などの作業をする従業員に対して支払われるものは [　エ　] となる。

ア	イ	ウ	エ

6-2 次の資料によって，賃金と諸手当を小切手で支払ったときの仕訳を示しなさい。ただし，諸手当は賃金勘定に含めない方法で処理している。

資　　料

基 本 賃 金 ¥2,080,000　割 増 賃 金 ¥350,000　諸 手 当 ¥300,000

うち，控除額　所得税預り金 ¥195,000　健康保険料控除額 ¥240,000

借　　　　　　　方	貸　　　　　　　方

━━━━━━━━━━━━━━━ 練 習 問 題 ━━━━━━━━━━━━━━━

6-3 次の資料によって，賃金の支払いおよび消費に関する仕訳を示し，賃金勘定に記入して締め切りなさい。ただし，前月末の賃金未払高は¥358,000である。なお，諸手当は賃金勘定に含めない方法で処理している。

(1) 9月分の賃金支払帳の内訳は，次のとおりであった。正味支払額は当座預金から支払った。

基 本 賃 金 ¥2,650,000　　割 増 賃 金 ¥437,000　　諸　手　当 ¥381,000
（控除額　　所 得 税 額 ¥259,000　　健康保険料 ¥213,000）

(2) 9月分の賃金消費高は，次のとおりであった。

直 接 賃 金 ¥2,870,000　　間 接 賃 金 ¥268,000

	借　　　　　　方	貸　　　　　　方
(1)		
(2)		

賃　　　　　金

		前 月 繰 越	358,000

━━━━━━━━━━━━━━━ 検 定 問 題 ━━━━━━━━━━━━━━━

6-4 本月分の賃金支払いに関する資料は次のとおりであった。よって，賃金を支払ったときの仕訳を示しなさい。ただし，諸手当は賃金勘定に含めないで処理すること。なお，正味支払高¥1,351,000は当座預金から支払った。　　　　　　　　　　　　　　　　　　　　　　（第82回一部修正）

資　　料

基 本 賃 金 ¥1,276,000　　諸　手　当 ¥256,000
控 除 額 ¥ 181,000
（内訳：所 得 税 ¥125,000　　健康保険料 ¥56,000）

借　　　　　　方	貸　　　　　　方

ポイント 諸手当については賃金勘定ではなく，従業員賞与手当勘定で処理する。

6-5 本月分の賃金支払いに関する資料は次のとおりであった。よって，賃金を支払ったときの仕訳を示しなさい。ただし，諸手当は賃金勘定に含めないで処理すること，なお，正味支払高¥1,586,000は当座預金から支払った。　　　　　　　　　　　　　　　　　　　　　　（第91回一部修正）

資　　料

基 本 賃 金 ¥1,498,000　　諸　手　当 ¥299,000
控 除 額 ¥ 211,000
（内訳：所 得 税 ¥147,000　　健康保険料 ¥64,000）

借　　　　　　方	貸　　　　　　方

7 労務費の計算⑵

要点の整理

① 賃金消費高の計算

賃金の消費高は，**消費賃率×作業時間** で求める。

消費賃率には，⑴実際賃率を用いる方法と⑵予定賃率を用いる方法がある。

⑴ 実際賃率を用いる方法

① **実際個別賃率**……支払賃金の計算に用いた従業員ごとの賃率。

② **実際平均賃率**……職種別などに，／か月間の実際消費賃金総額を総作業時間で割って求めた実際平均賃率。

なお，実際賃率を用いると，月末にならないと賃率が確定しないため，月の途中で完成した製品の原価が計算できないなどの欠点がある。

⑵ 予定賃率を用いる方法

実際賃率を用いる方法の欠点を補い，原価計算を迅速におこなうため，将来の一定期間に予想される予定賃金総額を予定総作業時間で割って求めた予定賃率（予定平均賃率）を用いる方法。

予定賃率を用いる場合は，**消費賃金勘定**を設けて，次のように記帳する。

㋐ 予定賃率による消費高を，**消費賃金勘定**の貸方と仕掛品勘定・製造間接費勘定の借方に記入する。

㋑ 実際賃率による消費高を，賃金勘定の貸方と消費賃金勘定の借方に記入する。

㋒ 消費賃金勘定に生じた差額を月末に**賃率差異勘定**に振り替える。賃率差異勘定は，ふつう会計期末にその残高を売上原価勘定に振り替える。

なお，消費賃金勘定を設けないで，賃金勘定だけで記帳する方法もある。

② 賃金以外の労務費の計算 （消費高は製造間接費として処理する）

⑴ 給 料・雑 給……支払高をそのまま消費高とする。

⑵ 従業員賞与手当……諸手当は毎月の支払額を，賞与は予定支払高の月割額を消費高とする。

⑶ 退 職 給 付 費 用……会計期末に見積もり計上する金額の月割額を消費高とする。

⑷ 福 利 費……健康保険料などの事業主負担分を消費高とする。

基本問題

7-1 次の資料によって，(1)賃金の支払い，(2)賃金の消費に関する仕訳を示し，賃金勘定・仕掛品勘定・製造間接費勘定に転記しなさい。ただし，賃金勘定は締め切ること。なお，前月賃金未払高は¥685,000である。

① 当月賃金支払高　　　　　　　　　¥3,470,000
　　　控除額：所得税額　¥287,000
　　　　　　　健康保険料　245,000　　　532,000
　　　正味支払高（小切手振り出し）　¥2,938,000
② 当月賃金消費高
　　　直接賃金　¥2,860,000　　　間接賃金　¥640,000

	借　　　　　　　方	貸　　　　　　　方
(1)		
(2)		

賃　　　　　金		仕　　掛　　品	
	前 月 繰 越　685,000		
		製　造　間　接　費	

7-2 次の連続する取引の仕訳を示しなさい。ただし，消費賃金勘定を設けている。
(1) 予定賃率による予定消費高は¥1,450,000である。うち，直接賃金は¥1,100,000で，残額は間接賃金である。
(2) 実際賃率による消費高は¥1,500,000であった。
(3) 予定賃率による消費高と実際賃率による消費高との差額を賃率差異勘定に振り替えた。
(4) 賃率差異勘定の借方残高¥90,000を会計期末に売上原価勘定に振り替えた。

	借　　　　　　　方	貸　　　　　　　方
(1)		
(2)		
(3)		
(4)		

ポイント 消費賃金勘定の借方には実際賃率による消費高が，貸方には予定賃率による消費高が記入される。

7-3 問題**7-2**の取引を，賃金勘定だけで処理する方法で仕訳を示しなさい。

	借　　　　　　方	貸　　　　　　方
(1)		
(3)		
(4)		

ポイント 実際賃率による消費高が予定賃率による消費高より¥50,000多かったので，賃金勘定の貸方に¥50,000を加える考え方で仕訳する。

練習問題

7-4 下記の資料によって，
(1) 取引の仕訳を示しなさい。
(2) 賃金勘定と消費賃金勘定に記入して，締め切りなさい。なお，勘定には相手科目と金額を示すこと。

　　取　　引
　① 賃金を次のとおり小切手¥2,175,000を振り出して支払った。
　　　賃金総額　¥2,475,000
　　　うち，控除額　所得税　¥201,000　　健康保険料　¥99,000
　② 当月の賃金予定消費高を次の作業時間によって計上した。ただし，賃金の消費高の計算には，作業時間/時間につき¥810の予定賃率を用いている。なお，消費賃金勘定を用いている。
　　　直接作業時間　2,900時間　　間接作業時間　200時間
　③ 当月の賃金実際消費高¥2,513,000を計上した。
　④ 賃金の予定消費高と実際消費高の差額を，賃率差異勘定に振り替えた。

(1)

	借　　　　　　方	貸　　　　　　方
①		
②		
③		
④		

(2)

賃　　　　金		消　費　賃　金	
	前月繰越　324,000		

7-5 次の資料によって仕訳を示し，(1)〜(5)について下記の各勘定に転記しなさい。ただし，勘定記入は相手科目と金額を示し，賃金勘定・消費賃金勘定だけ締め切りなさい。
(1) 当月賃金支払高 ¥3,720,000（正味支払高 小切手¥3,127,000振り出し）
　　　控除額：所得税額 ¥315,000　　健康保険料 ¥278,000
(2) 当月賃金予定消費高 予定賃率は1時間あたり¥800
　　　直接作業時間 3,900時間　　間接作業時間 860時間
(3) 当月賃金未払高 ¥1,260,000 よって，当月の実際賃率による消費高を計上する。
(4) 予定賃率による消費高と実際賃率による消費高との差額を，賃率差異勘定に振り替えた。
(5) 会計期末に，賃率差異勘定の貸方残高¥75,000を売上原価勘定に振り替えた。

	借　　方	貸　　方
(1)		
(2)		
(3)		
(4)		
(5)		

賃　　　　金		
	前 月 繰 越 1,180,000	

消 費 賃 金		

仕 　 掛 　 品		

製 造 間 接 費		

賃 率 差 異		
	前 月 繰 越 67,000	

7-6 次の取引の仕訳を示しなさい。
(1) 月末に，健康保険料の事業主負担分¥83,000を製造間接費とした。
(2) 賃金から控除して預かっていた健康保険料¥83,000と事業主負担分の健康保険料¥83,000とをあわせて，健康保険組合に現金で支払った。
(3) 月末に，賞与の月割額¥450,000を製造間接費とした。
(4) 上半期の従業員賞与¥2,700,000を小切手を振り出して支払った。
(5) 月末に，退職給付費用¥150,000（月割額）を製造間接費とした。
(6) 従業員が退職し，退職金¥720,000を現金で支払った。ただし，退職給付引当金が¥4,100,000ある。

	借　　　　　方	貸　　　　　方
(1)		
(2)		
(3)		
(4)		
(5)		
(6)		

検定問題

7-7 次の取引の仕訳を示しなさい。

(1) 個別原価計算を採用している富山製作所は，月末に工場の従業員に対する賞与の月割額を計上した。ただし，半年分の賞与の支払予定額は¥2,100,000である。　　　　　　　　　（第72回一部修正）

(2) 徳島産業株式会社は，会計期末にあたり，賃率差異勘定の残高を売上原価勘定に振り替えた。なお，賃率差異勘定の前月繰越高は¥10,000（貸方）であり，当月の賃金の予定消費高¥1,250,000と実際消費高¥1,285,000との差額は，賃率差異勘定に振り替えられている。　　　　　（第83回）

(3) 水戸産業株式会社は，会計期末にあたり，賃率差異勘定の残高を売上原価勘定に振り替えた。なお，賃率差異勘定の前月繰越高は¥5,000（貸方）であり，当月の賃金の実際消費高は予定消費高より少なく，この差額の¥3,000は賃率差異勘定に振り替えられている。　　　　　　　　（第90回）

	借　　　　　方	貸　　　　　方
(1)		
(2)		
(3)		

7-8 岡山工業株式会社では個別原価計算を採用し，従業員Aと従業員Bによって当月からX製品（製造指図書#1）とY製品（製造指図書#2）の製造をおこなっている。下記の資料から次の金額を求めなさい。　　　　　　　　　　　　　　　　　　　　　　　　　　　　　　　　　　　　　（第75回）

　　　a．実際個別賃率によるX製品（製造指図書#1）の直接労務費

　　　b．実際平均賃率によるX製品（製造指図書#1）の直接労務費

　　　c．予定賃率によるX製品（製造指図書#1）の直接労務費

資　　　料

① 当社は作業時間1時間につき，従業員Aに¥1,200　従業員Bに¥1,600の賃金を支払っている。

② 当月実際作業時間

	直接作業時間		間接作業時間	総作業時間
	製造指図書#1	製造指図書#2		
従 業 員 A	75時間	95時間	10時間	180時間
従 業 員 B	125時間	85時間	10時間	220時間

③ 当社の1年間の予定賃金総額は¥6,804,000　予定総作業時間は4,860時間である。

a	実際個別賃率によるX製品（製造指図書#1）の直接労務費	¥	b	実際平均賃率によるX製品（製造指図書#1）の直接労務費	¥
c	予定賃率によるX製品（製造指図書#1）の直接労務費	¥			

8 経費の計算

要点の整理

① 経費

原価要素のうち，材料費・労務費以外のものを**経費**という。経費の多くは間接経費となるが，外注加工賃・特許権使用料などは直接経費となる。

② 経費の分類と計算

(1) **支払経費**……原則として，その月の支払高を消費高とする経費である。

ただし，原価計算期末に未払高や前払高があるときは，次のように支払高に加減して消費高を計算する。（経費支払表）

$$\boxed{当月支払高}+\begin{bmatrix}前月前払高\\当月未払高\end{bmatrix}-\begin{bmatrix}当月前払高\\前月未払高\end{bmatrix}=\boxed{当月消費高}$$

例 外注加工賃，厚生費，修繕料，旅費交通費など

(2) **月割経費**…… /年または一会計期間などで計算された総額を，月割計算した額を消費高とする経費である。（経費月割表）

例 特許権使用料，減価償却費，保険料，棚卸減耗損など

(3) **測定経費**……計量器などで測定した額を消費高とする経費である。（経費測定表）

例 電力料，ガス代，水道料など

基本問題

8-1 次の経費は，支払経費・月割経費・測定経費のいずれに属するか番号で答えなさい。

(1) 電 力 料	(2) 減価償却費	(3) 修 繕 料	(4) 保 険 料	(5) 水 道 料
(6) 賃 借 料	(7) 特許権使用料	(8) 厚 生 費	(9) 棚卸減耗損	(10) 租 税 公 課
(11) 外注加工賃	(12) 通 信 費	(13) ガ ス 代	(14) 雑 費	(15) 旅費交通費

支 払 経 費	
月 割 経 費	
測 定 経 費	

ポイント 棚卸減耗損のように，その月の発生高をそのままその月の消費高とみなす場合，その経費を発生経費ということがある。

8-2 問題8-1のなかで，ふつう，直接経費となるものを選び，番号で答えなさい。

直 接 経 費	

ポイント 特定の製品の製造にのみ使用される機械装置の減価償却費など，一部直接経費となるものがある。

8-3 次の各経費の当月消費高を計算しなさい。

(1) 外注加工賃　当月支払高 ¥279,000　　前月前払高 ¥28,000　　当月前払高 ¥25,000
(2) 修 繕 料　　当月支払高 ¥138,000　　前月未払高 ¥17,000　　当月未払高 ¥12,000
(3) 保 険 料　　支 払 高 /年分¥24,000
(4) 電 力 料　　当月支払高 ¥ 81,000　　当月測定高 ¥79,500

(1)	外 注 加 工 賃　¥	(2)	修 繕 料　¥
(3)	保 険 料　¥	(4)	電 力 料　¥

ポイント (1)・(2)は支払経費で，前月前払高と当月未払高は当月支払高に加え，前月未払高と当月前払高は当月支払高から差し引く。

練習問題

8-4 次の取引の仕訳を示しなさい。
(1) 次の製造経費を小切手を振り出して支払った。
　　外注加工賃 ¥103,000　　電 力 料 ¥257,000　　修 繕 料 ¥162,000
(2) 当月の製造経費消費高を，製造間接費とした。
　　電 力 料 ¥305,000　　保 険 料 ¥240,000
(3) 月末に，減価償却費の月割額¥180,000を，製造間接費とした。
(4) 外注加工賃の当月消費高（製造指図書#3）¥275,000を計上した。
(5) 当月の製造経費について，次の資料を得たので，消費高を製造間接費とした。
　　修 繕 料　当月支払高 ¥35,000　　前月未払高 ¥3,000　　当月未払高 ¥2,000
　　保 険 料　6か月分¥48,000

	借　　　　　方	貸　　　　　方
(1)		
(2)		
(3)		
(4)		
(5)		

8-5 茨城製作所の下記の勘定記録と資料により，次の消費高を求めなさい。
(1) 直 接 経 費　　(2) 間 接 経 費

仕　　掛　　品	
特許権使用料　256,000	
（　　　）（　　　　）	

製 造 間 接 費	
（　　　）（　　　）	
減価償却費　6,000	
（　　　）（　　　）	

　資　　料
　　a．水 道 料　当月支払高 ¥102,000　　当月測定高 ¥105,000
　　b．保 険 料　支 払 高 ¥660,000（12か月分）
　　c．外注加工賃（製造指図書#9）
　　　　当月支払高 ¥158,000　　前月未払高 ¥31,000　　当月前払高 ¥28,000

(1)	¥	(2)	¥

┃┃**検定問題**┃┃┃

8-6 次の取引の仕訳を示しなさい。

(1) 個別原価計算を採用している佐賀製作所は，当月の製造経費である水道料について，次の資料を得たので消費高を計上した。 (第91回一部修正)

基本料金 ¥12,000
当月使用量 1,900 m³ 単価 / m³あたり ¥120
水道料の計算方法は，基本料金に当月使用料を加算して求める。

(2) 個別原価計算を採用している島根製作所は，当月の製造経費について次の資料を得たので，消費高を計上した。(外注加工賃以外はすべて間接経費) (第89回一部修正)

外注加工賃（製造指図書#2用）

　　　　前月未払高 ¥ 70,000　　当月支払高 ¥540,000
　　　　当月未払高 ¥ 50,000
電 力 料　当月支払高 ¥ 190,000　　当月測定高 ¥194,000
減価償却費　年間見積高 ¥2,400,000

(3) 個別原価計算を採用している香川製作所は，当月分の水道料の消費高¥215,000を計上した。ただし，このうち20％は販売部の消費高として，販売費及び一般管理費勘定で処理する。 (第76回)

(4) 個別原価計算を採用している大分製作所は，月末に外注加工賃¥250,000および工場の水道料¥140,000を消費高として計上した。ただし，外注加工賃は製造指図書#2のために消費されたものである。 (第73回)

(5) 個別原価計算を採用している栃木工業株式会社は，当月の製造経費について，次の資料を得たので，消費高を計上した。 (第71回一部修正)

電 力 料　当月支払高 ¥ 138,000　　当月測定高 ¥132,000
保 険 料　6 か月分 ¥ 270,000
減価償却費　年間見積高 ¥4,632,000

(6) 個別原価計算を採用している福井製作所は，当月の製造経費について，次の資料を得たので，消費高を計上した。 (第69回一部修正)

電 力 料　当月支払高 ¥ 265,000　　当月測定高 ¥261,000
保 険 料　6 か月分 ¥ 570,000
減価償却費　年間見積高 ¥3,744,000
修 繕 料　前月未払高 ¥ 26,000　　当月支払高 ¥123,000
　　　　　当月未払高 ¥ 18,000

	借　　　　　方	貸　　　　　方
(1)		
(2)		
(3)		
(4)		
(5)		
(6)		

8-7 福岡製作所のある会計期間における製造に関する下記の資料によって，次の金額を求めなさい。

(第41回一部修正)

(1) 当期材料費　　(2) 当期労務費　　(3) 電　力　料
(4) 修　繕　料　　(5) 保　管　料　　(6) 当期製品製造原価

資　料
- a. 素　　材　　期首棚卸高 ¥500,000　当期仕入高 ¥2,100,000　期末棚卸高 ¥852,000
- b. 工場消耗品　期首棚卸高 ¥150,000　当期仕入高 ¥355,000　期末棚卸高 ¥123,000
- c. 賃　　金　　前期未払高 ¥65,000　当期支払高 ¥996,000　当期未払高 ¥73,000
- d. 給　　料　　当期消費高 ¥190,000
- e. 従業員賞与手当　当期消費高 ¥30,000
- f. 電　力　料　当期支払高 ¥267,000　当期測定高 ¥288,000
- g. 修　繕　料　当期支払高 ¥189,000　当期未払高 ¥45,000
- h. 保　管　料　前期前払高 ¥47,000　当期支払高 ¥135,000　当期前払高 ¥49,000
- i. 減価償却費　当期消費高 ¥57,000
- j. 雑　　費　　当期消費高 ¥130,000
- k. 仕　掛　品　期首棚卸高 ¥360,000　期末棚卸高 ¥433,000

(1)	当 期 材 料 費 ¥	(2)	当 期 労 務 費 ¥
(3)	電　力　料 ¥	(4)	修　繕　料 ¥
(5)	保　管　料 ¥	(6)	当期製品製造原価 ¥

8-8 鹿児島製作所の下記の資料により，製造原価報告書に記載する次の金額を求めなさい。

(第83回一部修正)

a. 当期材料費　　b. 当期経費　　c. 当期製品製造原価

資　料
- ① 素　　材　　期首棚卸高 ¥239,000　当期仕入高 ¥2,147,000　期末棚卸高 ¥265,000
- ② 工場消耗品　期首棚卸高 ¥48,000　当期仕入高 ¥306,000　期末棚卸高 ¥51,000
- ③ 賃　　金　　当期予定消費高 ¥3,831,000　当期実際消費高 ¥3,824,000
- ④ 給　　料　　当期消費高 ¥795,000
- ⑤ 外注加工賃　前期未払高 ¥56,000　当期支払高 ¥403,000　当期未払高 ¥71,000
- ⑥ 電　力　料　当期支払高 ¥169,000　当期測定高 ¥179,000
- ⑦ 減価償却費　当期消費高 ¥240,000
- ⑧ 仕　掛　品　期首棚卸高 ¥620,000　期末棚卸高 ¥570,000

a	当 期 材 料 費 ¥	b	当 期 経 費 ¥
c	当期製品製造原価 ¥		

9 原価計算表

要点の整理

① 個別原価計算

個別原価計算は，種類の異なる特定の製品を個別的に受注生産する製造業で用いられる。

② 個別原価計算の手続き

個別原価計算の基本的な手続きは，次のとおりである。

① 受注した製品の製造開始を命令する製造指図書を発行する。

② 製造原価を集計するため，製造指図書番号別に原価計算表を用意する。

③ 製造に要した直接材料費・直接労務費・直接経費・製造間接費配賦額を原価計算表に記入する。この場合，製造直接費は各製造指図書に直接的に集計（賦課）し，製造間接費は一定の基準によって各製造指図書に配分（配賦）する。

③ 原価計算表

製造指図書にもとづいて，各製品の製造原価を集計するために作成する表を原価計算表という。

④ 原価計算表の記入方法

製造直接費は，製造指図書番号を手がかりに原価計算表の製造直接費欄に記入し，製造間接費は，製造指図書別の配賦額を原価計算表の製造間接費欄に記入する。製造が完了した製品は，直接材料費・直接労務費・直接経費・製造間接費の各欄の金額を合計して締め切り，集計欄に転記して製造原価を計算する。

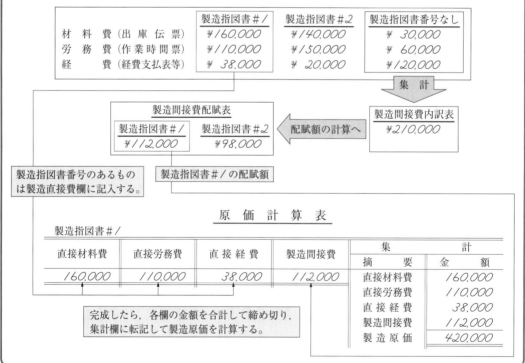

基 本 問 題

9-1 個別原価計算を採用している横浜工業株式会社の4月分の次の資料によって，製造指図書#1の原価計算表を完成しなさい。ただし，製造指図書#1は月末に完成し，月初仕掛品はなかったものとする。

(1) 直 接 材 料 費　　製造指図書#1　¥500,000　　製造指図書#2　¥400,000
(2) 直 接 労 務 費　　製造指図書#1　¥600,000　　製造指図書#2　¥500,000
(3) 直 接 経 費　　製造指図書#1　¥100,000　　製造指図書#2　¥ 80,000
(4) 製造間接費配賦額　製造指図書#1　¥300,000　　製造指図書#2　¥240,000

製造指図書#1

原 価 計 算 表

直接材料費	直接労務費	直 接 経 費	製造間接費	集 計	
				摘　　要	金　　額
				直接材料費	
				直接労務費	
				直 接 経 費	
				製造間接費	
				製 造 原 価	
				完成品数量	300個
				製 品 単 価	¥

練 習 問 題

9-2 次の資料によって，(1)製造指図書#51の原価計算表を完成しなさい。(2)製造指図書#52の製品単価を算出しなさい。ただし，製造指図書#51・#52は月末に完成している。月初仕掛品はない。

(a) 直 接 材 料 費　　製造指図書#51　¥368,000　　製造指図書#52　¥408,000
(b) 直 接 労 務 費　　製造指図書#51　¥283,000　　製造指図書#52　¥324,000
(c) 直 接 経 費　　製造指図書#51　¥ 75,000　　製造指図書#52　¥ 40,000
(d) 製造間接費配賦額　製造指図書#51　¥136,000　　製造指図書#52　¥156,000
(e) 完 成 品 数 量　　製造指図書#51　200個　　　製造指図書#52　400個

(1) 製造指図書#51

原 価 計 算 表

直接材料費	直接労務費	直 接 経 費	製造間接費	集 計	
				摘　　要	金　　額
				直接材料費	
				直接労務費	
				直 接 経 費	
				製造間接費	
				製 造 原 価	
				完成品数量	200個
				製 品 単 価	¥

(2)

製造指図書#52の製品単価　¥

10 原価元帳と仕掛品勘定

要点の整理

① 原価元帳と仕掛品勘定

原価元帳（製造元帳）は原価計算表をつづりあわせて作成した仕掛品勘定の内訳明細を示す補助簿である。仕掛品勘定からは，製造原価の総額を知ることができ，原価元帳からは，製造指図書別の製造原価の明細を知ることができる。

したがって，仕掛品勘定の借方合計は各原価計算表の製造費用の合計額と一致し，仕掛品勘定の貸方合計（次月繰越高を除く）は製造を完了した原価計算表の合計額と一致する。

② 原価元帳と仕掛品勘定の関係

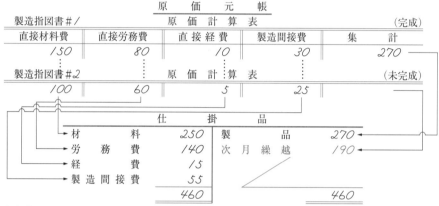

(注)① 原価計算表は，完成時に締め切り，製品（完成品）の製造原価を算出する。
② 仕掛品（未完成品）は，仕掛品勘定では次月繰越として記入する。

基本問題

10-1 次の原価元帳の記録から，仕掛品勘定に記入して締め切りなさい。ただし，製造指図書#10・#11は月末に完成した。

	製造指図書　#10	製造指図書　#11	製造指図書　#12
前　月　繰　越	23,000	41,000	――
直　接　材　料　費	186,000	273,000	116,000
直　接　労　務　費	159,000	195,000	105,000
直　接　経　費	35,000	40,000	10,000
製　造　間　接　費	89,000	97,000	48,000
計	(　　　　　)	(　　　　　)	

仕　掛　品

前　月　繰　越	(　　　　　)	製　　　品	(　　　　　)
材　　　料	(　　　　　)	(　　　　　)	(　　　　　)
労　務　費	(　　　　　)		
経　　　費	(　　　　　)		
製　造　間　接　費	(　　　　　)		
	(　　　　　)		(　　　　　)

ポイント 原価計算表は仕掛品勘定の内訳記入であることに留意する。

仕掛品勘定の材料費は#10の直接材料費¥186,000＋#11の直接材料費¥273,000＋#12の直接材料費¥116,000＝¥575,000である。また，#10・#11は完成品であるので，製品の金額になる。

練習問題

⑩-2 次の資料によって，原価元帳と仕掛品勘定に記入しなさい。

a．月初仕掛品原価 ¥750,000
製造指図書#/ ¥340,000　　製造指図書#2 ¥410,000
b．当月材料消費高 ¥5,290,000　うち，直接材料費は次のとおりであった。
製造指図書#/ ¥2,100,000　　製造指図書#2 ¥1,800,000　　製造指図書#3 ¥900,000
c．当月賃金消費高 ¥3,980,000　うち，直接賃金は次のとおりであった。
製造指図書#/ ¥1,700,000　　製造指図書#2 ¥1,320,000　　製造指図書#3 ¥480,000
d．当月経費消費高 ¥280,000　うち，直接経費は次のとおりであった。
製造指図書#/ ¥50,000
e．製造間接費配賦額
製造指図書#/ ¥525,000　　製造指図書#2 ¥450,000　　製造指図書#3 ¥225,000
f．製造指図書#/および#2は完成した。

原 価 元 帳

摘　　要	製 造 指 図 書 #/	製 造 指 図 書 #2	製 造 指 図 書 #3
月 初 仕 掛 品			——
直 接 材 料 費			
直 接 労 務 費			
直 接 経 費		——	——
製 造 間 接 費			
製 造 原 価			

仕 掛 品

(	)(	)	(	)(	)
(	)(	)	(	)(	)
(	)(	)			
(	)(	)			
(	)(	)			
	(	)		(	)

⑩-3 次の仕掛品勘定および原価元帳の（　　）内に適切な金額を記入し，仕掛品勘定を完成しなさい。なお，月末までに#//は完成したが，ほかの製品は未完成である。

仕 掛 品

前 月 繰 越	250,000	製 品	1,000,000
材　　　料	800,000	次 月 繰 越	( )
労 務 費	720,000		
経　　　費	( )		
製 造 間 接 費	365,000		
	( )		( )

原 価 元 帳

摘　　要	#//	#/2	#/3	#/4
前 月 繰 越	( )	150,000	——	——
直 接 材 料 費	( )	200,000	( )	100,000
直 接 労 務 費	270,000	( )	( )	50,000
直 接 経 費	130,000	( )	30,000	20,000
製 造 間 接 費	150,000	120,000	70,000	( )
合　　　計	( )	800,000	370,000	( )

⑩-4 製品A（製造指図書#/）および製品B（製造指図書#2）を製造している札幌製作所の次の資料によって，

(1) 原価計算表（製造指図書#/）を完成しなさい。

(2) 仕掛品勘定の記入をおこない，締め切りなさい。

資　料

ⅰ　材　料　費

	素　　材	工場消耗品
月 初 棚 卸 高	¥1,070,000	¥ 166,000
当 月 仕 入 高	1,782,000	376,000
月 末 棚 卸 高	673,000	136,000
うち　製造指図書#/	1,175,000	——
直接費　製造指図書#2	974,000	——

ⅱ　労　務　費

	賃　　金
前 月 未 払 高	¥ 178,000
当 月 正 味 支 払 高	1,166,000
所得税その他当月控除高	308,000
当 月 未 払 高	182,000
うち　製造指図書#/	632,000
直接費　製造指図書#2	520,000

ⅲ　経　　費

	経　　費
当 月 消 費 高	¥ 446,000
うち　製造指図書#/	54,000
直接費　製造指図書#2	——

ⅳ　製造間接費のうち，製造指図書#/に¥563,000を配賦する。

ⅴ　製造指図書#/は当月に完成し，その数量は100個であった。製造指図書#2は未完成であった。

ⅵ　前月から繰り越された仕掛品はないものとする。

製造指図書#/　　　　　　　　原　価　計　算　表

直接材料費	直接労務費	直 接 経 費	製造間接費	集		計
				摘　　　　要	金　　　額	
				直接材料費		
				直接労務費		
				直 接 経 費		
				製造間接費		
				製 造 原 価		
				完成品数量		個
				製 品 単 価	¥	

仕　　　掛　　　品

⑩-5 次の文の ☐ のなかに，下記の語群のなかから，もっとも適当なものを選び，その番号を記入しなさい。

個別原価計算では，特定の製品ごとに製造の命令をする ア を発行し，これにつけられた番号が製造着手から完成まで特定製品を代表することになり，この番号別に原価計算表が作成される。この番号別に作成された原価計算表をつづりあわせて仕掛品勘定の内訳明細を示した補助簿を イ という。

（第51回一部修正）

1．製 造 指 図 書　　2．製造原価報告書

3．総 勘 定 元 帳　　4．原 価 元 帳

ア		イ	

11 製造間接費の配賦方法

要点の整理

① 製造間接費の集計と配賦

製造間接費は，製造指図書番号のない出庫伝票・作業時間票・経費支払表などから，**製造間接費内訳表**を作成し，一原価計算期間の製造間接費総額を計算する。次に，製造間接費総額を，**製造間接費配賦表**によって各製造指図書に配賦する。

② 製造間接費の配賦方法

製造間接費の配賦方法には，配賦基準の違いによって，**時間法・価額法**などがある。

(1) **時間法**……製品の製造に要した時間を基準として製造間接費を配賦する方法。

a. 直接作業時間法

$$\frac{\text{一原価計算期間の製造間接費総額}}{\text{同期間の総直接作業時間}} = \text{配賦率（1時間あたり）}$$

配賦率×各製造指図書の直接作業時間＝配賦額

b. 機械運転時間法

$$\frac{\text{一原価計算期間の製造間接費総額}}{\text{同期間の総機械運転時間}} = \text{機械率（1時間あたり）}$$

機械率×各製造指図書の機械運転時間＝配賦額

(2) **価額法**……製品の製造に要した製造直接費の価額を基準として製造間接費を配賦する方法。

a. 直接材料費法

$$\frac{\text{一原価計算期間の製造間接費総額}}{\text{同期間の直接材料費総額}} \times 100 = \text{配賦率（\%）}$$

配賦率(%)×各製造指図書の直接材料費＝配賦額

b. 直接労務費法

$$\frac{\text{一原価計算期間の製造間接費総額}}{\text{同期間の直接労務費総額}} \times 100 = \text{配賦率（\%）}$$

配賦率(%)×各製造指図書の直接労務費＝配賦額

c. 直接費法

$$\frac{\text{一原価計算期間の製造間接費総額}}{\text{同期間の製造直接費総額}} \times 100 = \text{配賦率（\%）}$$

配賦率(%)×各製造指図書の製造直接費＝配賦額

③ 製造間接費の記帳

製造間接費配賦表により，各製造指図書の配賦額が計算されたら，製造間接費総額で下記の仕訳をおこない，製造間接費を仕掛品勘定に振り替える。

<u>製 造 間 接 費 配 賦 表</u>

令和○年9月分

令和○年		製造指図書番号	配　賦　率（／時間あたり）	配　賦　基　準（直接作業時間）	配　賦　額
9	30	#121	150	110	16,500
	〃	#122	150	120	18,000
	〃	#123	150	170	25,500
				400	60,000

（借）仕　掛　品　60,000　（貸）製造間接費　60,000 ◀

基本問題

⑪-1 次の資料から，直接作業時間法によって，製造間接費配賦表を作成し，仕訳を示しなさい。

　資　料
　　製造間接費総額　¥680,000　　総直接作業時間　2,000時間

　　　　　　　　　内訳：製造指図書#1　750時間　　製造指図書#2　820時間
　　　　　　　　　　　　製造指図書#3　430時間

製 造 間 接 費 配 賦 表
令和○年9月分

令和○年		製造指図書番号	配　賦　率 （1時間あたり）	配　賦　基　準 （直接作業時間）	配　賦　額
9	30				
	〃				
	〃				

借　　　　　方		貸　　　　　方	

⑪-2 次の資料から，直接材料費法によって，製造間接費配賦表を作成し，仕訳を示しなさい。

　資　料
　　製造間接費総額　¥840,000　　直接材料費総額　¥1,680,000

　　　　　　　　　内訳：製造指図書#1　¥590,000　　製造指図書#2　¥920,000
　　　　　　　　　　　　製造指図書#3　¥170,000

製 造 間 接 費 配 賦 表
令和○年9月分

令和○年		製造指図書番号	配　賦　率	配　賦　基　準 （直接材料費）	配　賦　額
9	30		%		
	〃		%		
	〃		%		

借　　　　　方		貸　　　　　方	

⑪-3 次の資料から，直接労務費法によって，製造間接費配賦表を作成し，仕訳を示しなさい。

　資　料
　　製造間接費総額　¥377,000　　直接労務費総額　¥650,000

　　　　　　　　　内訳：製造指図書#1　¥300,000　　製造指図書#2　¥200,000
　　　　　　　　　　　　製造指図書#3　¥150,000

製 造 間 接 費 配 賦 表
令和○年9月分

令和 ○年		製造指図書番号	配　賦　率	配　賦　基　準 （直接労務費）	配　賦　額
9	30		％		
	〃		％		
	〃		％		

借	方	貸	方

練 習 問 題

⓫-❹　次の資料によって，下記に示したそれぞれの配賦方法により製造指図書#/の製造間接費配賦額および，製造指図書#/の製造原価を計算しなさい。

資　　料

(1)　製造間接費総額　¥555,000

(2)　製造指図書別の製造直接費および直接作業時間・機械運転時間

	製造指図書#/	製造指図書#2	製造指図書#3
直 接 材 料 費	¥550,000	¥300,000	¥260,000
直 接 労 務 費	¥450,000	¥275,000	¥200,000
直 接 経 費	¥150,000	¥105,000	¥22,500
直 接 作 業 時 間	460時間	340時間	200時間
機 械 運 転 時 間	280時間	220時間	100時間

配　賦　法	製造指図書#/の製造間接費配賦額（計算式）	製造指図書#/ の製造原価
直接作業時間法	（配賦率） （配賦額） 　　　　　　　　　　　　　　　　　　　　¥	¥
機械運転時間法	（機械率） （配賦額） 　　　　　　　　　　　　　　　　　　　　¥	¥
直 接 材 料 費 法	（配賦率） （配賦額） 　　　　　　　　　　　　　　　　　　　　¥	¥
直 接 労 務 費 法	（配賦率） （配賦額） 　　　　　　　　　　　　　　　　　　　　¥	¥
直 接 費 法	（配賦率） （配賦額） 　　　　　　　　　　　　　　　　　　　　¥	¥

ポイント　製造間接費の配賦額は計算式にあてはめて求める。製造指図書#/の製造原価は，製造指図書#/の直接材料費・直接労務費・直接経費と，算出された製造間接費配賦額の合計額である。

┃┃┃ 検 定 問 題 ┃┃┃┃┃┃┃┃┃┃┃┃┃┃┃┃┃┃┃┃┃┃┃┃┃┃┃┃┃┃┃┃┃┃┃┃┃┃

⓫-5 山陽製作所は，A製品（製造指図書#/）およびB製品（製造指図書#2）を製造している。/月中の下記の資料によって，次の金額を求めなさい。 (第42回)

a．当月の材料消費高

b．当月の労務費消費高

c．B製品（製造指図書#2）の製造間接費配賦額

d．A製品（製造指図書#/）の完成品原価

資 料

i 材 料 費

	素 材	工場消耗品
月 初 棚 卸 高	¥ 205,000	¥ 45,000
当 月 仕 入 高	1,230,000	124,000
月 末 棚 卸 高	160,000	39,000
消費高のうち 製造指図書#/	660,000	——
直 接 費 製造指図書#2	590,000	——

ii 労 務 費

	賃 金	給 料
前 月 未 払 高	¥ 180,000	——
当 月 支 払 高	1,074,000	¥ 226,000
当 月 未 払 高	170,000	——
消費高のうち 製造指図書#/	480,000	——
直 接 費 製造指図書#2	440,000	——

iii 経 費 当月消費高 ¥126,000（全額間接費）

iv 製造間接費は直接費法（製造直接費法）で配賦する。

v 月初仕掛品 A製品（製造指図書#/）¥370,000

vi A製品（製造指図書#/）およびB製品（製造指図書#2）とも月末に完成した。

a	当 月 の 材 料 消 費 高 ¥	b	当 月 の 労 務 費 消 費 高 ¥
c	B製品(製造指図書#2)の製造間接費配賦額 ¥	d	A製品(製造指図書#/)の 完 成 品 原 価 ¥

⓫-6 山陽製作所は，A製品（製造指図書#/）およびB製品（製造指図書#2）を製造している。下記の製造に関する資料によって，次の計算をおこないなさい。 (第24回)

ただし， i 製造間接費は直接労務費法によって配賦している。

ⅱ 材料・製品の棚卸減耗はなかった。

(1) 当月材料消費高 (2) 製造指図書#/への製造間接費配賦額

(3) 当月労務費未払高 (4) 当月完成品数量

資 料

a．材 料 月初棚卸高 ¥30,000 当月仕入高 ¥350,000 月末棚卸高 ¥25,000
消費高のうち，製造指図書#/ ¥180,000 製造指図書#2 ¥125,000

b．労 務 費 前月未払高 ¥20,000 当月支払高 ¥365,000 当月消費高 ¥360,000
消費高のうち，製造指図書#/ ¥100,000 製造指図書#2 ¥150,000

c．経 費 当月消費高 ¥250,000（すべて製造間接費である。）

d．製 品 月初棚卸数量 5,000個 月末棚卸数量 8,000個
当月売上数量 45,000個

(1)	当 月 材 料 消 費 高 ¥	(2)	製造指図書#/への製造間接費配賦額 ¥
(3)	当 月 労 務 費 未 払 高 ¥	(4)	当 月 完 成 品 数 量 個

12 製造間接費の予定配賦と記帳

要点の整理

① 製造間接費の予定配賦

製造間接費の実際配賦には次の欠点がある。
① 製造原価の計算が遅れる。
② 操業度の変動により配賦率が変化する。
以上の欠点をなくすために予定配賦がおこなわれる。予定配賦額の計算は**製造間接費予定配賦表**において予定配賦率に各製造指図書の実際直接作業時間をかけて求める。

$$予定配賦率＝\frac{基準操業度における製造間接費の予算額}{基準操業度（直接作業時間等）}$$

予定配賦額＝予定配賦率×各製造指図書の直接作業時間

基準操業度は，予定配賦率を求める基準となる操業度で，直接作業時間などが用いられる。

② 予定配賦の記帳

① 製造間接費予定配賦表より，製造間接費を予定配賦したときは，予定配賦額で次の仕訳をする。
（借）仕 掛 品 75 （貸）製 造 間 接 費 75
② 材料・労務費・経費の各勘定から製造間接費が発生したときは，実際発生額で次の仕訳をする。
（借）製 造 間 接 費 80 （貸）材 料 30
労 務 費 40
経 費 10
③ 製造間接費勘定の貸方に記入された予定配賦額と借方に記入された実際発生額との差額を**製造間接費配賦差異勘定**へ振り替える。
（借）製造間接費配賦差異 5 （貸）製 造 間 接 費 5

基本問題

12-1 次の資料によって，製造間接費予定配賦表を作成し，予定配賦の仕訳を示しなさい。

資 料
a．基準操業度（直接作業時間）25,000時間
b．基準操業度における製造間接費予算額 ¥6,000,000
c．製造指図書別の直接作業時間 製造指図書#1 750時間 製造指図書#2 900時間
製造指図書#3 350時間

製造間接費予定配賦表
令和○年9月分

令和○年	製造指図書番号	予定配賦率	配賦基準（直接作業時間）	予定配賦額
9 30				
〃				
〃				

借	方	貸	方

ポイント 予定配賦率を計算し，これに各製造指図書の直接作業時間をかけて，予定配賦額を算出する。

12-2 次の一連の取引について仕訳を示し，下記の勘定に転記しなさい。ただし，勘定には問題番号，相手科目と金額を示すこと。

(1) 製造間接費予定配賦表の合計額は¥238,000であった。

(2) 月末における製造間接費の実際発生額は，次のとおりであった。

間接材料費 ¥65,000　　間接労務費 ¥102,000　　間接経費 ¥78,000

(3) 上記の予定配賦額と実際発生額との差額を製造間接費配賦差異勘定に振り替えた。

	借　　　　方	貸　　　　方
(1)		
(2)		
(3)		

製　造　間　接　費	仕　　掛　　品

製造間接費配賦差異

ポイント (3) 製造間接費勘定の貸借のどちら側に差額を記入したら合計が一致するかを考える。

════════ 練習問題 ════════

12-3 次の一連の取引の仕訳を示しなさい。

(1) 製造間接費を予定配賦した。ただし，予定配賦率は直接作業時間／時間あたり¥200とし，各製造指図書の実際直接作業時間は，次のとおりであった。

製造指図書#1　800時間　　製造指図書#2　600時間　　製造指図書#3　400時間

(2) 製造間接費の実際発生額は，次のとおりであった。

間接材料費 ¥70,000　　間接労務費 ¥165,000　　間接経費 ¥120,000

(3) 原価計算期末に，製造間接費の実際発生額と予定配賦額との差額を処理した。

(4) 会計期末に製造間接費配賦差異勘定の借方残高¥3,000を売上原価勘定に振り替えた。

	借　　　　方	貸　　　　方
(1)		
(2)		
(3)		
(4)		

12-4 富山製作所は個別原価計算を採用し，A製品（製造指図書#/）・B製品（製造指図書#2）の2種類の製品を製造している。下記の資料から，
(a) 仕訳を示しなさい。
(b) 製造間接費勘定および仕掛品勘定の記入を完成しなさい。
　　ただし，i　月初仕掛品はなかった。
　　　　　　ii　製造間接費は予定配賦をおこなっている。

資　料
(1) 当月製造間接費予定配賦額
　　製造指図書#/　¥/00,000　　製造指図書#2　¥64,000
(2) 当月材料消費高
　　素　　材　製造指図書#/　¥809,000　　製造指図書#2　¥484,000
　　工場消耗品　¥84,000（間接材料）
(3) 当月賃金消費高　製造指図書#/　¥375,000　　製造指図書#2　¥240,000
(4) 事業主負担分の健康保険料　¥/7,400
(5) 当月経費消費高（外注加工賃以外すべて間接経費）
　　外注加工賃　¥50,000（製造指図書#/用）
　　減価償却費　¥//,000　　保険料　¥8,500　　電力料　¥35,200
(6) A製品（製造指図書#/）/0個（製造原価¥/,334,000）が完成した。
(7) 製造間接費の予定配賦額と実際発生額との差額を製造間接費配賦差異勘定に振り替えた。

(a)

	借　　　　方	貸　　　　方
(1)		
(2)		
(3)		
(4)		
(5)		
(6)		
(7)		

(b)

```
         製　造　間　接　費                     仕　掛　品
(      )(      )(        )(        )     (     )(       )製　品(        )
(      )(      )           /            (     )(       )次月繰越(      )
(      )(      )          /             (     )(       )
(      )(      )         /              製造間接費(       )      /
        (     ) (        )                     (       )      (        )
```

検定問題

12-5 次の取引の仕訳を示しなさい。

(1) 個別原価計算を採用している福岡製作所は，製造間接費を機械運転時間を基準に各製品に予定配賦した。ただし，予定配賦率は機械運転時間１時間につき¥300であり，各製造指図書の機械運転時間は次のとおりであった。 (第54回)

製造指図書#1 180時間　　製造指図書#2 250時間

(2) 月末に，製造間接費の予定配賦額と実際発生額との差額を製造間接費配賦差異勘定に振り替えた。なお，当月の製造間接費勘定の記入は次のとおりである。 (第51回一部修正)

製　造　間　接　費

素　　　　材	180,000	仕　掛　品	1,500,000
賃　　　　金	430,000		
従業員賞与手当	290,000		
諸　　　　口	640,000		

(3) 奈良工業株式会社は，会計期末にあたり，製造間接費配賦差異勘定の残高を売上原価勘定に振り替えた。なお，製造間接費配賦差異勘定の前月繰越高は¥10,000（貸方）であり，当月の製造間接費の実際発生額は予定配賦額より¥2,000多く，この額は製造間接費配賦差異勘定に振り替えられている。 (第86回)

(4) 会計期末にあたり，製造間接費配賦差異勘定の残高を売上原価勘定に振り替えた。なお，製造間接費配賦差異勘定の前月繰越高は¥68,000（借方）であり，当月の製造間接費の実際発生額は予定配賦額より¥5,000多く，この額は製造間接費配賦差異勘定に振り替えられている。 (第81回)

	借　　　　方	貸　　　　方
(1)		
(2)		
(3)		
(4)		

12-6 京都産業株式会社の下記の資料により，製造原価報告書に記載する次の金額を求めなさい。(第93回)

a．当期材料費　　b．当期労務費　　c．当期製品製造原価

資　　料

① 素　　　　材　期首棚卸高 ¥277,000　当期仕入高 ¥1,962,000　期末棚卸高 ¥283,000
② 工場消耗品　　期首棚卸高 ¥ 58,000　当期仕入高 ¥ 342,000　期末棚卸高 ¥ 60,000
③ 消耗工具器具備品　当期消費高 ¥192,000
④ 賃　　　　金　前期未払高 ¥251,000　当期支払高 ¥1,723,000　当期未払高 ¥247,000
⑤ 給　　　　料　当期消費高 ¥953,000
⑥ 健康保険料　　当期消費高 ¥136,000
⑦ 水　道　料　基本料金 ¥ 18,000
　　　　　　　　当期使用料 ¥◻◻◻◻◻ （当期使用量 2,100 m³ 単価１m³あたり¥130)
　　　　　　　　水道料の計算方法は，基本料金に当期使用料を加算して求める。
⑧ 減価償却費　　当期消費高 ¥175,000
⑨ 仕　掛　品　期首棚卸高 ¥594,000　期末棚卸高 ¥ 608,000

a	¥	b	¥	c	¥

⑫-7 北海道製作所の下記の勘定記録と資料により，次の金額を求めなさい。ただし，会計期間は原価計算期間と一致しているものとする。　　　　　　　　　　　　　　　　　　　　（第86回一部修正）

　　　a．間接労務費の実際発生額　　b．当期製品製造原価　　c．製造間接費配賦差異

仕　　掛　　品		
前期繰越　410,000	製　　品（　　　　）	
素　　材（　　　　）	次期繰越　780,000	
賃　　金　3,276,000		
外注加工賃　520,000		
製造間接費（　　　　）		
（　　　　）	（　　　　）	

製　造　間　接　費		
素　　材　50,000	仕　掛　品（　　　　）	
工場消耗品（　　　）	製造間接費配賦差異（　　　）	
賃　　金（　　　）		
給　　料　1,200,000		
退職給付費用　105,000		
電　力　料　164,000		
減価償却費　280,000		
（　　　　）	（　　　　）	

　　資　　料
　　① 素　　材　期首棚卸高 ¥264,000　当期仕入高 ¥3,434,000　期末棚卸高 ¥288,000
　　② 工場消耗品　期首棚卸高 ¥80,000　当期仕入高 ¥620,000　期末棚卸高 ¥110,000
　　③ 賃　　金　実際平均賃率　作業時間／時間につき ¥780
　　　　　　　　　直接作業時間4,200時間　間接作業時間350時間
　　④ 製造間接費配賦額は，直接作業時間／時間につき ¥620の予定配賦率を用いている。

a	間接労務費の実際発生額 ¥	b	当期製品製造原価 ¥
c	製造間接費配賦差異 ¥		

⑫-8 熊本製作所における下記の勘定記録と資料により，次の金額を求めなさい。ただし，会計期間は原価計算期間と一致しているものとする。　　　　　　　　　　　　　　　　　　　（第88回一部修正）

　　　a．材料の実際消費高　　b．製造間接費配賦差異　　c．売上原価勘定の(ア)の金額

仕　　掛　　品		
前期繰越　1,090,000	製　　品　11,384,000	
素　　材（　　　　）	次期繰越　760,000	
賃　　金　4,140,000		
製造間接費（　　　　）		
（　　　　）	（　　　　）	

売　上　原　価		
製　　品（　　　）	製造間接費配賦差異（　　　）	
賃率差異（　　　）	損　　益（　ア　）	
（　　　）	（　　　）	

　　資　　料
　　① 素　　材　期首棚卸高 ¥348,000　当期仕入高 ¥3,672,000　期末棚卸高 ¥391,000
　　　　　　　　　素材の消費高はすべて製造直接費である。
　　② 工場消耗品　期首棚卸高 ¥40,000　当期仕入高 ¥740,000　期末棚卸高 ¥60,000
　　③ 賃　　金　予定平均賃率　@¥920　直接作業時間4,500時間　間接作業時間250時間
　　　　　　　　　実際平均賃率　@¥940
　　④ 給　　料　当期消費高 ¥1,800,000
　　⑤ 電　力　料　当期支払高 ¥170,000　当期測定高 ¥173,000
　　⑥ 減価償却費　当期消費高 ¥315,000
　　⑦ 製　　品　期首棚卸高 ¥80,000　期末棚卸高 ¥110,000
　　⑧ 製造間接費配賦額は，直接作業時間／時間につき ¥730の予定配賦率を用いている。

a	材料の実際消費高 ¥	b	製造間接費配賦差異 ¥
c	売上原価勘定の(ア)の金額 ¥		

⑫-9 次の文の □□□ のなかに，下記の語群のなかから，もっとも適当なものを選び，その番号を記入しなさい。

　　実際原価計算において，材料や労務費の消費高の計算にそれぞれ予定価格や予定賃率を用いたり，製造間接費の配賦高の計算に予定配賦率を用いるのは，□ ア □ の途中で製品が完成したとき，ただちに
□ イ □ を計算することができるなどの利点を備えているからである。　　　　　　　　　（第52回）

　　　1．標準原価　　　2．原価計算期間
　　　3．製造原価　　　4．販売期間

ア	イ

12-10 個別原価計算を採用している秋田製作所の下記の資料によって，次の各問いに答えなさい。

(第31回一部修正)

(1) ／月中の取引の仕訳を示しなさい。

(2) 製造間接費勘定・仕掛品勘定に記入して締め切りなさい。なお，勘定記入は日付・相手科目・金額を示すこと。

(3) A製品（製造指図書#／）の原価計算表を完成しなさい。

ただし，i 月初棚卸高は，次のとおりである。

    素　　　材　／,500個　@¥550　¥　825,000

    工場消耗品　　450 〃　〃〃／20　¥　　54,000

    仕　掛　品（製造指図書#／）　　¥／,341,000（原価計算表に記入済み）

  ii 素材の消費高の計算は移動平均法により，工場消耗品の消費数量の計算は棚卸計算法によっている。

  iii 賃金の消費高は，作業時間／時間につき¥560の予定賃率を用いて計算し，消費賃金勘定を設けて記帳している。

  iv 製造間接費は，直接作業時間を基準として予定配賦している。予定配賦率は，直接作業時間／時間につき¥350である。

<u>取　　　引</u>

／月8日　素材および工場消耗品を次のとおり買い入れ，代金のうち¥400,000は小切手を振り出して支払い，残額は掛けとした。

    素　　　材　3,000個　@¥580　¥／,740,000

    工場消耗品　／,000 〃　〃〃／20　¥　／20,000

／／日　B製品（製造指図書#2）の注文を受け，素材2,000個を消費して製造を開始した。

／6日　次の製造経費を小切手を振り出して支払った。

    外注加工賃　¥／30,000　　電　力　料　¥73,000　　雑　　　費　¥66,000

25日　／月分の賃金を，次のとおり当座預金から支払った。

    賃　金　総　額　¥962,000

    うち，控除額　　所得税額　¥64,000　　健康保険料　¥37,000

3／日　① 当月の賃金予定消費高を次の作業時間によって計上した。

    製造指図書#／　900時間　　製造指図書#2　600時間　　間　接　作　業　200時間

  ② 製造間接費を次の製造間接費予定配賦表によって予定配賦した。

製 造 間 接 費 予 定 配 賦 表
令和○年／月分

令和○年		製造指図書番号	予 定 配 賦 率	配 賦 基 準 （直接作業時間）	予 定 配 賦 額
／	20	#／	350	900	3／5,000
	3／	#2	350	600	2／0,000
				1,500	525,000

  ③ 工場消耗品の月末棚卸数量は700個であった。よって消費高を計上した。（間接材料）

  ④ 健康保険料の事業主負担分¥37,000を計上した。

  ⑤ 当月経費実際消費高は次のとおりであった。（外注加工賃以外はすべて間接経費）

    外注加工賃　¥／50,000（製造指図書#2用）　　　　電　力　料　¥89,000

    保　険　料　¥　35,000　　減価償却費　¥／33,000　　雑　　　費　¥46,000

  ⑥ A製品（製造指図書#／）400個が完成した。

  ⑦ 当月の賃金実際消費高¥944,000を計上した。

  ⑧ 賃金の予定消費高と実際消費高との差額を，賃率差異勘定に振り替えた。

  ⑨ 製造間接費の予定配賦額と実際発生額との差額を，製造間接費配賦差異勘定に振り替えた。

(1)

		借　　　方	貸　　　方
1月 8日			
11日			
16日			
25日			
3/日	①		
	②		
	③		
	④		
	⑤		
	⑥		
	⑦		
	⑧		
	⑨		

(2)

製　造　間　接　費

仕　　掛　　品

1/1　前月繰越 1,341,000

(3)

製造指図書#1

原　価　計　算　表

直接材料費	直接労務費	直接経費	製造間接費	集　　　計	
				摘　　要	金　　額
1,110,000	105,000	70,000	56,000	直接材料費	
				直接労務費	
				直接経費	
				製造間接費	
				製造原価	
				完成品数量	400個
				製品単価	¥

13 製造間接費の差異分析

要点の整理

① 固定予算と変動予算

製造間接費予算額は，その設定方法によって**固定予算**と**変動予算**の二つに分類できる。固定予算では，実際操業度に関係なく基準操業度における予算額を用いるため，予算額が一定である。変動予算は実際操業度によって予算額が変動する予算をいう。

基準操業度と実際操業度の差異がわずかである場合などは，固定予算による予算額を設定し，差異を計算・分析するが，実際操業度の変化に応じて製造間接費予算を設定する変動予算を用いて計算・分析する方が望ましい。

本書では，変動予算を用いた製造間接費の差異分析を中心に学習する。

② 製造間接費予算額

製造間接費予算額は，**公式法変動予算**では，次のように求める。

> **製造間接費予算額＝変動費率×操業度＋固定費予算額**

変動費率は操業度／単位あたりの変動費の額であり，**固定予算額**は操業度に関係なく一定額発生する固定費の額である。

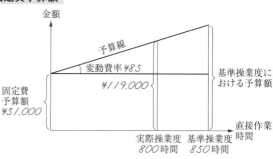

例 次の資料によって，実際操業度800時間における製造間接費予算額を求めなさい。

　資　料
　a．基準操業度(直接作業時間)　850時間
　b．固定費予算額　¥51,000
　　　変動費率　／時間あたり¥85

〈解　答〉　¥85×800時間＋¥51,000＝¥119,000

③ 差異分析

製造間接費配賦差異は，**予算差異**と**操業度差異**に分析する。

① 予　算　差　異……実際操業度における製造間接費予算額と実際発生額との差額

> **予算差異＝(変動費率×実際操業度＋固定費予算額)−実際発生額**

② 操業度差異……固定費の予定配賦額と固定費予算額との差額

> **操業度差異＝固定費率×実際操業度−固定費予算額**

または，　**操業度差異＝固定費率×(実際操業度−基準操業度)**

固定費率は操業度／単位あたりの固定費の額である。なお，変動費率と固定費率の合計が予定配賦率となる。

> **固定費率＝固定費予算額／基準操業度**　　**予定配賦率＝変動費率＋固定費率**

①②の差異の計算において，マイナス(−)は**借方差異**を示し，プラス(＋)は**貸方差異**を示す。

例 次の資料によって，製造間接費配賦差異の金額を求め，予算差異と操業度差異に分析しなさい。

　資　料
　a．基準操業度（直接作業時間）
　　　850時間
　b．固定費予算額　¥51,000
　　　変動費率　／時間あたり¥85
　c．実際直接作業時間　800時間
　d．製造間接費実際発生額　¥120,000

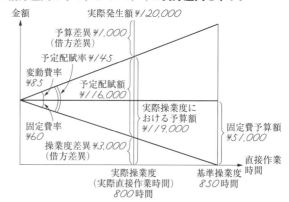

〈解　答〉
製造間接費配賦差異　¥145×800時間−¥120,000＝−¥4,000（借方差異）
予　算　差　異　（¥85×800時間＋¥51,000）−¥120,000＝−¥1,000（借方差異）
操　業　度　差　異　（800時間−850時間）×¥60＝−¥3,000（借方差異）

基本問題

⓭-1 次の資料によって，基準操業度における製造間接費予算額と予定配賦率を求めなさい。
　資　料
　　a．基準操業度（直接作業時間）24,000時間
　　b．固定費予算額　¥4,320,000
　　c．変動費率　直接作業時間／時間あたり¥200

基準操業度における製造間接費予算額 ¥	予 定 配 賦 率 ¥

⓭-2 次の資料から，製造間接費配賦差異を求めるための(1)の計算式と製造間接費配賦差異の差異分析をするための(2)の図と(3)の計算式を完成しなさい。
　資　料
　　a．月間の基準操業度（直接作業時間）2,000時間
　　b．月間の製造間接費予算　¥760,000
　　　　変動費率　/時間あたり¥200　　固定費予算額　¥360,000
　　c．当月の製造間接費実際発生額　¥759,000
　　d．当月の実際直接作業時間　1,980時間

(1)　製造間接費配賦差異の計算

予定配賦率　　実際直接作業時間　　実際発生額　　　（　　）差異

(2)　差異分析の図

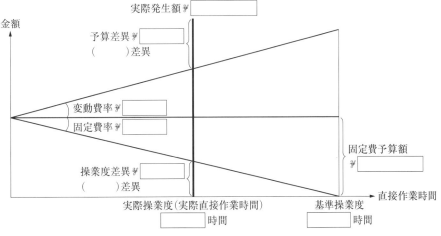

(3)　差異分析
　①　予算差異の計算

（¥[　　　]×[　　　]時間＋¥[　　　]）−¥[　　　]＝[　]¥[　　　]
　　　変動費率　　実際直接作業時間　　固定費予算額　　　実際発生額　　　（　　）差異

　②　操業度差異の計算

（[　　　]時間−[　　　]時間）×¥[　　　]＝[　]¥[　　　]
　実際直接作業時間　　　基準操業度　　　固定費率　　　　（　　）差異

==練習問題==

⓭-❸ 次の資料によって，実際操業度における製造間接費予算額を求めなさい。
　　　資　　料
　　　　a．月間の基準操業度（直接作業時間）　2,400時間
　　　　b．月間の製造間接費予算　¥840,000
　　　　　　変動費率　／時間あたり¥150
　　　　　　固定費予算額　¥480,000
　　　　c．実際直接作業時間　2,360時間

実際操業度における製造間接費予算額　¥

⓭-❹ 次の資料によって，製造間接費配賦差異を求め，予算差異と操業度差異に分析しなさい。ただし，
　　解答欄の（　　　）のなかに借方差異の場合は（借方），貸方差異の場合は（貸方）と記入すること。
　　　資　　料
　　　　a．月間の基準操業度（直接作業時間）　2,400時間
　　　　b．月間の製造間接費予算　¥840,000
　　　　　　変動費率　／時間あたり¥150
　　　　　　固定費予算額　¥480,000
　　　　c．当月の製造間接費実際発生額　¥832,000
　　　　d．当月の実際直接作業時間　2,360時間

製造間接費配賦差異　¥	（　　　）	予　算　差　異　¥	（　　　）
操　業　度　差　異　¥	（　　　）		

⓭-❺ 次の資料によって，製造間接費配賦差異を求め，予算差異と操業度差異に分析しなさい。ただし，
　　解答欄の（　　　）のなかに借方差異の場合は（借方），貸方差異の場合は（貸方）と記入すること。
　　　資　　料
　　　　a．月間の基準操業度（直接作業時間）　3,000時間
　　　　b．月間の製造間接費予算　¥1,500,000
　　　　　　変動費率　／時間あたり¥ [　　　　]
　　　　　　固定費予算額　¥600,000
　　　　c．当月の製造間接費実際発生額　¥1,483,000
　　　　d．当月の実際直接作業時間　2,890時間

製造間接費配賦差異　¥	（　　　）	予　算　差　異　¥	（　　　）
操　業　度　差　異　¥	（　　　）		

⓭-❻ 次の資料によって，製造間接費配賦差異を求め，予算差異と操業度差異に分析しなさい。ただし，
　　解答欄の（　　　）のなかに借方差異の場合は（借方），貸方差異の場合は（貸方）と記入すること。
　　　資　　料
　　　　a．当月の製造間接費予定配賦額　¥2,124,000
　　　　b．当月の実際操業度における製造間接費予算額　¥2,148,000
　　　　c．当月の製造間接費実際発生額　¥2,145,000

製造間接費配賦差異　¥	（　　　）	予　算　差　異　¥	（　　　）
操　業　度　差　異　¥	（　　　）		

⓭-7 次の資料と製造間接費予定配賦表から，製造間接費配賦差異を求め，予算差異と操業度差異に分析しなさい。ただし，解答欄の（　　）のなかに借方差異の場合は（借方），貸方差異の場合は（貸方）と記入すること。

　　資　　料
　　　a．月間の基準操業度（直接作業時間）2,100時間
　　　b．変動費率　／時間あたり¥100
　　　c．当月の製造間接費実際発生額　¥506,000

製 造 間 接 費 予 定 配 賦 表

令和○年9月分

令和○年		製造指図書番号	予 定 配 賦 率	配 賦 基 準 （直接作業時間）	予 定 配 賦 額
9	30	#1	240	750	180,000
	〃	#2	240	900	216,000
	〃	#3	240	350	84,000
				2,000	480,000

製造間接費配賦差異 ¥	（　　　　）	予　算　差　異 ¥	（　　　　）
操　業　度　差　異 ¥	（　　　　）		

⓭-8 次の資料と製造間接費勘定から，製造間接費配賦差異を予算差異と操業度差異に分析しなさい。ただし，解答欄の（　　）のなかに借方差異の場合は（借方），貸方差異の場合は（貸方）と記入すること。

　　資　　料
　　　a．月間の基準操業度（直接作業時間）2,800時間
　　　b．月間の製造間接費予算　¥1,344,000
　　　　変動費率　／時間あたり¥220
　　　　固定費予算額　¥728,000

製 造 間 接 費

工 場 消 耗 品	348,000	仕 　 掛 　 品	1,272,000
賃　　　　金	225,000	製造間接費配賦差異	21,000
給　　　　料	52,000		
諸　　　口	668,000		
	1,293,000		1,293,000

予　算　差　異 ¥	（　　　　）	操　業　度　差　異 ¥	（　　　　）

13-9 個別原価計算を採用している大阪製作所の下記の取引(一部)によって,次の各問いに答えなさい。

(1) 6月30日①の取引の仕訳を示しなさい。

(2) 消費賃金勘定・仕掛品勘定・製造間接費勘定に記入して締め切りなさい。

(3) A製品(製造指図書#1)の原価計算表を完成しなさい。

  ただし, i 前月繰越高は,次のとおりである。

    素　　材　　1,800個　@¥750　¥1,350,000
    工場消耗品　　500 〃　〃250　¥　125,000
    仕　掛　品(製造指図書#1)　　　¥　830,000 (原価計算表に記入済み)

  ii 素材の消費高の計算は移動平均法,工場消耗品の消費数量の計算は棚卸計算法によっている。

  iii 賃金の消費高の計算には,作業時間1時間につき¥680の予定賃率を用いて計算し,消費賃金勘定を設けて記帳している。

  iv 製造間接費は直接作業時間を配賦基準として予定配賦している。

年間製造間接費予定額(予　算　額)	¥11,340,000
年間予定直接作業時間(基準操業度)	21,000時間

  v 製造間接費勘定を設けている。

(4) 製造間接費配賦差異における次の資料から,予算差異および操業度差異の金額を求めなさい。なお,解答欄の(　　)のなかは借方差異の場合は借方,貸方差異の場合は貸方を○で囲むこと。

  資　料
    a. 製造間接費については,公式法変動予算により予算を設定して予定配賦をおこなっている。
    b. 年間の固定費予算額 ¥6,510,000　変動費率 ¥230

取　引

6月 3日 素材800個を消費した。(製造指図書#1)

  5日 素材および工場消耗品を次のとおり買い入れ,代金は掛けとした。

    素　　材　1,500個　@¥850　¥1,275,000
    工場消耗品　1,000 〃　〃250　¥　250,000

  8日 素材1,000個を消費した。(製造指図書#2)

  12日 A製品(製造指図書#1)1,500個が完成した。なお,A製品の賃金予定消費高と製造間接費予定配賦高を,次の作業時間によって計算し,原価計算表に記入した。ただし,賃金予定消費高と製造間接費予定配賦高を計上する仕訳は,月末におこなっている。

    製造指図書#1　800時間

  25日 賃金を次のとおり当座預金から支払った。

    賃金総額　¥1,435,000

      うち,控除額　所得税 ¥115,000　健康保険料 ¥60,000

  30日 ① 工場消耗品の月末棚卸数量は600個であった。よって,消費高を計上した。(間接材料)

    ② 当月の賃金予定消費高を次の作業時間によって計上した。

      製造指図書#1　800時間　製造指図書#2　1,000時間
      間 接 作 業　　300時間

    ③ 健康保険料の事業主負担分¥60,000を計上した。

    ④ 当月の製造経費消費高を計上した。

      外注加工賃 ¥　90,000 (製造指図書#2用)　減価償却費 ¥173,000
      電 力 料 ¥170,000　　　　　　　　　　　　雑 費 ¥105,000

    ⑤ 上記②の直接作業時間によって,製造間接費を予定配賦した。

    ⑥ 当月の賃金実際消費高¥1,440,000を計上した。

    ⑦ 賃金の予定消費高と実際消費高との差額を,賃率差異勘定に振り替えた。

    ⑧ 製造間接費の予定配賦高と実際発生額との差額を,製造間接費配賦差異勘定に振り替えた。

(1)

	借 方	貸 方
6月30日①		

(2)

消　費　賃　金

```
................................｜................................
................................｜................................
```

仕　掛　品

6/1 前 月 繰 越	830,000	

製　造　間　接　費

(3)

製造指図書#1

原　価　計　算　表

直 接 材 料 費	直 接 労 務 費	製 造 間 接 費	集　　　計	
			摘　要	金　額
525,000	170,000	135,000	直 接 材 料 費	
			直 接 労 務 費	
			製 造 間 接 費	
			製 造 原 価	
			完 成 品 数 量	個
			製 品 単 価	¥

(4)

予　算　差　異　¥	（借方・貸方）

操　業　度　差　異　¥	（借方・貸方）

※（借方・貸方）のいずれかを○で囲むこと

検定問題

13-10 個別原価計算を採用している長崎製作所は，製造間接費について公式法変動予算により予算を設定し，予定配賦をおこなっている。下記の資料によって，次の文の □ のなかにあてはまる金額を示すとともに { } のなかからいずれか適当な語を選び，その番号を記入しなさい。　　(第88回)

当月の実際操業度における予算差異は¥ [a] の b {1．借方差異　2．貸方差異} となる。

資　料
① 月間の基準操業度（直接作業時間）*2,300*時間
② 月間の製造間接費予算額 ¥*2,875,000*（変動費率¥*500*　固定費予算額¥*1,725,000*）
③ 当月の実際直接作業時間 *2,200*時間
④ 当月の実際製造間接費発生額 ¥*2,860,000*

a	¥	b	

13-11 個別原価計算を採用している北海道製作所の下記の取引（一部）によって，次の各問いに答えなさい。　　(第92回一部修正)
(1) 6月30日①の取引の仕訳を示しなさい。
(2) 消費賃金勘定・仕掛品勘定・製造間接費勘定に必要な記入をおこない，締め切りなさい。なお，勘定記入は日付・相手科目・金額を示すこと。
(3) A製品（製造指図書#*1*）の原価計算表を作成しなさい。
ただし，i 前月繰越高は，次のとおりである。
素　　材　*200*個 @¥*3,125* ¥ *625,000*
工場消耗品　*240*〃 〃 *50* ¥ *12,000*
仕 掛 品（製造指図書#*1*）　　¥*3,030,000*（原価計算表に記入済み）
ii 素材の消費高の計算は移動平均法，工場消耗品の消費数量の計算は棚卸計算法によっている。
iii 賃金の消費高の計算には，作業時間1時間につき¥*1,400*の予定賃率を用いて計算し，消費賃金勘定を設けて記帳している。
iv 製造間接費は直接作業時間を配賦基準として予定配賦している。

年間製造間接費予定額(予　算　額)	¥*12,696,000*
年間予定直接作業時間(基準操業度)	*27,600*時間

v 製造間接費勘定を設けている。
(4) 製造間接費配賦差異における次の資料から，予算差異の金額を求めなさい。なお，解答欄の（　）のなかは借方差異の場合は借方，貸方差異の場合は貸方を○で囲むこと。
資　料
a．製造間接費については公式法変動予算により予算を設定して予定配賦をおこなっている。
b．月間の基準操業度（直接作業時間）は*2,300*時間である。
c．月間の製造間接費予算額 ¥*1,058,000*（変動費率¥*260*　固定費予算額 ¥*460,000*）である。
d．当月の実際直接作業時間は*2,200*時間であった。
e．当月の実際製造間接費発生額は¥*984,000*であった。
取　引（一部）
6月 8日 素材および工場消耗品を次のとおり買い入れ，代金は掛けとした。
素　　材　*500*個 @¥*3,300* ¥*1,650,000*
工場消耗品　*900*〃 〃 *50* ¥ *45,000*
12日 B製品（製造指図書#*2*）の注文を受け，素材*500*個を消費して製造を開始した。
25日 賃金を次のとおり小切手を振り出して支払った。
賃 金 総 額 ¥*3,550,000*
うち，控除額 所得税¥*274,000*　健康保険料¥*143,000*
26日 A製品（製造指図書#*1*）*300*個が完成した。なお，A製品の賃金予定消費高と製造間接費予定配賦高を，次の作業時間によって計算し，原価計算表に記入した。ただし，賃金予定消費高と製造間接費予定配賦高を計上する仕訳は，月末におこなっている。
製造指図書#*1* *1,200*時間

30日　①　工場消耗品の月末棚卸数量は180個であった。よって，消費高を計上した。(間接材料)
　　　②　当月の賃金予定消費高を次の作業時間によって計上した。ただし，消費賃金勘定を設けている。
　　　　　製造指図書#1　1,200時間　　　製造指図書#2　1,000時間
　　　　　間 接 作 業　　　300時間
　　　③　健康保険料の事業主負担分¥143,000を計上した。
　　　④　当月の製造経費消費高を計上した。
　　　　　外注加工賃　¥168,000（製造指図書#2）　　電 力 料　¥157,000
　　　　　減価償却費　¥204,000　　　　　　　　　　　雑 　 　費　¥ 12,000
　　　⑤　上記②の直接作業時間によって，製造間接費を予定配賦した。
　　　⑥　当月の賃金実際消費高¥3,525,000を計上した。
　　　⑦　賃金の予定消費高と実際消費高との差額を，賃率差異勘定に振り替えた。
　　　⑧　製造間接費の予定配賦高と実際発生額との差額を，製造間接費配賦差異勘定に振り替えた。

(1)

	借　　　　　方	貸　　　　　方
6月30日①		

(2)

消 費 賃 金

仕 掛 品

6/1　前 月 繰 越　3,030,000

製 造 間 接 費

(3)

製造指図書#1

原 価 計 算 表

直 接 材 料 費	直 接 労 務 費	製 造 間 接 費	集　　　　　計	
			摘　　　要	金　　　額
2,100,000	700,000	230,000	直 接 材 料 費	
			直 接 労 務 費	
			製 造 間 接 費	
			製 造 原 価	
			完 成 品 数 量	個
			製 品 単 価	¥

(4)

予 算 差 異　¥　　　　　　　　　（ 借方・貸方 ）

※(借方・貸方) のいずれかを○で囲むこと

13-12 個別原価計算を採用している山口製作所の下記の取引によって，次の各問いに答えなさい。

(1) 6月13日の取引の仕訳を示しなさい。 （第94回一部修正）

(2) 消費賃金勘定・仕掛品勘定・製造間接費勘定に必要な記入をおこない，締め切りなさい。なお，勘定記入は日付・相手科目・金額を示すこと。

(3) A製品（製造指図書＃1）の原価計算表を作成しなさい。

　　ただし，i　前月繰越高は，次のとおりである。

　　　　　　　素　　材　　　700個　＠￥2,800　￥1,960,000
　　　　　　　工場消耗品　　650〃　〃〃　20　￥　13,000
　　　　　　　仕　掛　品（製造指図書＃1）　　￥　936,000（原価計算表に記入済み）
　　　　　　　保　険　料（前払高7か月分）　　￥　301,000

　　　　ii　素材の消費高の計算は移動平均法，工場消耗品の消費数量の計算は棚卸計算法によっている。

　　　　iii　賃金の消費高の計算には，作業時間1時間につき￥1,200の予定賃率を用いて計算し，消費賃金勘定を設けて記帳している。

　　　　iv　製造間接費は直接作業時間を配賦基準として予定配賦している。なお，年間製造間接費予定額は￥8,700,000であり，年間予定直接作業時間（基準操業度）は17,400時間である。

(4) 製造間接費配賦差異における次の資料から，操業度差異の金額を求めなさい。なお，解答欄の（　　）のなかは借方差異の場合は借方，貸方差異の場合は貸方を〇で囲むこと。

　資　　料

　　a．製造間接費については，公式法変動予算により予算を設定して予定配賦をおこなっている。
　　b．月間の基準操業度（直接作業時間）は1,450時間である。
　　c．月間の製造間接費予算は，変動費率　￥300　固定費予算額　￥290,000である。
　　d．当月の実際直接作業時間は1,430時間である。
　　e．当月の実際製造間接費発生額は￥709,000であった。

(5) 保険料勘定の次月繰越高を求めなさい。

　取　　引

　6月　2日　B製品（製造指図書＃2）の注文を受け，素材300個を消費して製造を開始した。

　　　　6日　素材および工場消耗品を次のとおり買い入れ，代金は掛けとした。

　　　　　　　素　　材　　　600個　＠￥2,850　￥1,710,000
　　　　　　　工場消耗品　3,450〃　〃〃　20　￥　69,000

　　　　9日　A製品（製造指図書＃1）90個が完成した。なお，A製品の賃金予定消費高と製造間接費予定配賦高を，次の作業時間によって計算し，原価計算表に記入した。ただし，賃金予定消費高と製造間接費予定配賦高を計上する仕訳は，月末におこなっている。

　　　　　　　製造指図書＃1　270時間

　　　13日　C製品（製造指図書＃3）の注文を受け，素材500個を消費して製造を開始した。

　　　30日　①　工場消耗品の月末棚卸数量は750個であった。よって，消費高を計上した。（間接材料）

　　　　　　②　当月の賃金予定消費高を次の作業時間によって計上した。
　　　　　　　　製造指図書＃1　270時間　　製造指図書＃2　690時間
　　　　　　　　製造指図書＃3　470時間　　間　接　作　業　　150時間

　　　　　　③　健康保険料の事業主負担分￥79,000を計上した。

　　　　　　④　当月の製造経費消費高を次のとおり計上した。
　　　　　　　　電　力　料　当月支払高　￥91,000　　当月測定高　￥93,000
　　　　　　　　保　険　料　1か月分
　　　　　　　　減価償却費　年間見積高　￥2,964,000

　　　　　　⑤　上記②の直接作業時間によって，製造間接費を予定配賦した。

　　　　　　⑥　当月の賃金実際消費高￥1,911,800を計上した。

　　　　　　⑦　賃金の予定消費高と実際消費高との差額を，賃率差異勘定に振り替えた。

　　　　　　⑧　製造間接費の予定配賦額と実際発生額との差額を，製造間接費配賦差異勘定に振り替えた。

(1)

	借　　　　　方	貸　　　　　方
6月13日		

(2)

消　費　賃　金

_____|_____

仕　掛　品

6/1　前　月　繰　越　　936,000

_____|_____

製　造　間　接　費

_____|_____

(3)

製造指図書#1

原　価　計　算　表

直 接 材 料 費	直 接 労 務 費	製 造 間 接 費	集	計
			摘　　　要	金　　額
630,000	216,000	90,000	直 接 材 料 費	
			直 接 労 務 費	
			製 造 間 接 費	
			製 造 原 価	
			完 成 品 数 量	個
			製 品 単 価	¥

(4)

¥ 　　　　　　　　　（ 借方 ・ 貸方 ）

※（借方・貸方）のいずれかを○で囲むこと

(5)

¥

14 仕損品・作業くずの処理

要点の整理

① 仕損品と仕損費

製造中に材料の不良，機械の故障などの理由で，加工に失敗し，合格品とならなかったものを**仕損品**といい，仕損品の補修や代品の製造のために生じた費用を**仕損費**という。

② 仕損費の計算

(1) 仕損品を補修して合格品にする場合

補修のための指図書（補修指図書）に集計された製造原価を仕損費とする。

(借) 仕 損 費 *120*　　(貸) 材　　料 *60* ◀
　　　　　　　　　　　　　　労 務 費 *40* ◀----補修指図書に集計された製造原価
　　　　　　　　　　　　　　経　　費 *20* ◀

(2) 新たに製造指図書を発行して代品を製造する場合

① 旧製品の全部が仕損じとなったとき……旧製造指図書に集計された製造原価を仕損費とする。
② 旧製品の一部が仕損じとなったとき……新製造指図書に集計された製造原価を仕損費とする。

なお，仕損品が売却価値または利用価値をもつときは，その評価額を差し引いた金額を仕損費とする。

(借) 仕 損 品 *50*　　(貸) 仕 掛 品 *250* ◀━━製造指図書に集計された製造原価
　　　仕 損 費 *200* ◀━仕損品の評価額

(3) 仕損品の補修または代品製造のために別個の製造指図書を発行しない場合

仕損品の補修または代品製造に要する製造原価の見積額を仕損費とする。

③ 仕損費の処理

仕損費は，その発生した製造指図書に直接に賦課するか，製造間接費として各製造指図書に配賦する。なお，異常な仕損費は，製造原価としないで，直接，損益勘定に振り替える。

製造指図書に賦課	各製造指図書に配賦
(借)仕 掛 品 *120* (貸)仕 損 費 *120*	(借)製造間接費 *200* (貸)仕 損 費 *200*

④ 作業くずの処理

製造中に生じた使用材料の残りくずなどを**作業くず**という。作業くずは次のように処理する。

(1) 作業くずが売却価値または利用価値をもつ場合

① その発生が製造指図書ごとに区別できるとき……作業くずの評価額をその製造指図書の直接材料費，または製造原価から差し引く。

(借) 作 業 く ず *20*　　(貸) 仕 掛 品 *20*

② その発生が製造指図書ごとに区別できないとき……作業くずの評価額を製造間接費から差し引く。

(借) 作 業 く ず *20*　　(貸) 製造間接費 *20*

(2) 作業くずの発生がわずかで評価する必要がない場合……売却時に雑益とする。

(借) 現　　金 *10*　　(貸) 雑　　益 *10*

基本問題

14-1 次の取引の仕訳を示しなさい。

(1) 製造指図書#5の製品が仕損じとなったので，これを補修するために補修指図書# *1* を発行した。その補修費用は，素材¥*10,000*　賃金¥*6,000*である。
(2) 上記の仕損費を製造指図書#5に賦課した。
(3) 製造指図書#9の製品全部が仕損じとなり，新たに製造指図書を発行して，代品を製造することにした。これまでの製造原価は¥*170,000*であり，仕損品を¥*40,000*と評価し，残額は仕損費とした。

	借	方	貸	方
(1)				
(2)				
(3)				

15 製造部門費予定配賦表の作成

要点の整理

① 部門別計算の意味

大規模な製造業の場合，正しい原価の算出のため原価要素を発生場所別に計算する。この計算方法を原価の**部門別計算**といい，個別原価計算の場合はふつう製造間接費について部門別計算をおこなう。

② 原価部門

部門別計算をおこなうために，工場をいくつかの部門（原価の発生場所）に区分する。これを**原価部門**といい，各原価部門に集計された製造間接費を**部門費**という。

原価部門の例には，次のようなものがある。

　製 造 部 門……第 / 製造部門・第 2 製造部門

　補 助 部 門……動力部門・修繕部門・工場事務部門

③ 製造部門費予定配賦表の作成

一般的に製造部門費は各製品に予定配賦する。このため，**製造部門費予定配賦表**を作成する。

> 各製造部門の予定配賦率＝$\dfrac{\text{各製造部門の基準操業度における製造部門費予算額}}{\text{各製造部門の基準操業度}}$
>
> 予定配賦額＝各製造部門の予定配賦率×製造指図書別の実際操業度

製 造 部 門 費 予 定 配 賦 表

令和 ○年		製造指図書 番　　号	第 / 製 造 部 門			第 2 製 造 部 門		
			予定配賦率	配賦基準 （直接作業時間）	予定配賦額	予定配賦率	配賦基準 （直接作業時間）	予定配賦額
9	10	#/	250	110	27,500	190	140	26,600
	30	#2	250	90	22,500	190	60	11,400
				200	50,000		200	38,000

（借）仕　掛　品　88,000　　（貸）第/製造部門費　50,000 ←
　　　　　　　　　　　　　　　　　　第2製造部門費　38,000 ←

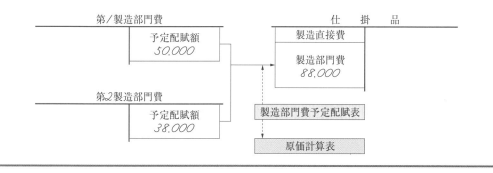

基本問題

⑮-1 次の資料によって，製造部門費予定配賦表を作成し，原価計算表#/に記入しなさい。

取　　引

① /年間の製造部門費予算額および基準操業度（直接作業時間）

	第/製造部門	第2製造部門
/年間の製造部門費予算額	¥924,000	¥594,000
/年間の基準操業度	4,200時間	3,300時間

② 実際直接作業時間

製造指図書番号	第/製造部門	第2製造部門	完成日
#/	/50時間	/20時間	9月/5日
#2	70 〃	90 〃	（未完成）
#3	//0 〃	60 〃	（未完成）

製造部門費予定配賦表

令和○年	製造指図書番号	第/製造部門 予定配賦率	配賦基準（直接作業時間）	予定配賦額	第2製造部門 予定配賦率	配賦基準（直接作業時間）	予定配賦額

原価計算表

製造指図書#/

直接材料費	直接労務費	直接経費	製造間接費 部門	時間	配賦率	金　額	集計 摘要	金　額
220,000	160,000	73,400					直接材料費	
							直接労務費	
							直接経費	
							製造間接費	
							製造原価	
							完成品数量	4個
							製品単価	¥

ポイント 予定配賦率＝/年間の製造部門費予算額÷/年間の基準操業度
予定配賦額＝予定配賦率×直接作業時間 ｝の式で算出する。

⑮-2 次の製造部門費予定配賦表にもとづいて，各製造部門費を予定配賦する仕訳を示しなさい。

製造部門費予定配賦表

令和○年	製造指図書番号	第/製造部門 予定配賦率	配賦基準（直接作業時間）	予定配賦額	第2製造部門 予定配賦率	配賦基準（直接作業時間）	予定配賦額
			550	/76,000		640	/28,000

借 方	貸 方

練習問題

⑮-3 神奈川製作所は個別原価計算を採用し，A製品（製造指図書＃/）とB製品（製造指図書＃2）を製造している。下記の資料によって，(1)製造部門費予定配賦表を作成しなさい。(2)製造部門費を予定配賦したときの仕訳を示しなさい。(3)下記の勘定に転記しなさい。ただし，勘定には相手科目と金額を示すこと。

資　料

		第/製造部門	第2製造部門
予定配賦率　/時間につき		¥350	¥340
直接作業時間	製造指図書＃/	600時間	500時間
	製造指図書＃2	400時間	350時間

(1)　　　　　　　　　製造部門費予定配賦表

令和○年	製造指図書番号	第/製造部門 予定配賦率	配賦基準（直接作業時間）	予定配賦額	第2製造部門 予定配賦率	配賦基準（直接作業時間）	予定配賦額
9 30							
〃							

(2)

借 方	貸 方

(3)　　　第/製造部門費　　　　　　　　　　　仕　掛　品

第2製造部門費

⑮-4 次の資料から，製造部門費を予定配賦したときの仕訳を示しなさい。ただし，直接作業時間を基準として予定配賦している。

資　料

	年間製造部門費予算額	年間予定直接作業時間	当月実際直接作業時間
第/製造部門	¥4,560,000	12,000時間	1,100時間
第2製造部門	¥7,560,000	18,000時間	1,400時間

借 方	貸 方

15-5 次の取引の仕訳を示しなさい。

　川崎製作所は個別原価計算を採用し，製造間接費については部門別計算をおこなっている。製造部門費予定配賦表による/0月分の予定配賦額は，第/製造部門費¥360,000　第2製造部門費¥280,000である。

借	方	貸	方

================================ **検定問題** ================================

15-6 次の取引の仕訳を示しなさい。

　個別原価計算を採用している岩手製作所は，製造間接費について部門別計算をおこなっている。次の資料により，製造部門費の当月分を予定配賦した。ただし，直接作業時間を基準として予定配賦している。

（第94回一部修正）

	年間製造部門費予算額	年間予定直接作業時間	当月実際直接作業時間
第/製造部門	¥6,450,000	/5,000時間	/,300時間
第2製造部門	¥/0,920,000	2/,000時間	/,700時間

借	方	貸	方

16 部門費配分表の作成

要点の整理

① 部門費配分表の作成

部門別個別原価計算においては，製造間接費を**部門個別費**と**部門共通費**に分けて各部門に配賦する。このため，**部門費配分表**を作成する。

部 門 費 配 分 表
令和○年9月分

費　　目	配賦基準	金　　額	製 造 部 門		補 助 部 門		
			第　1 製造部門	第　2 製造部門	動　力 部　門	修　繕 部　門	工　場 事務部門
部門個別費							
間接材料費	－	47,200	24,110	18,790	2,500	1,800	－
間接賃金	－	29,300	15,000	12,000	550	1,000	750
部門個別費計		76,500	39,110	30,790	3,050	2,800	750
部門共通費							
給　　料	従業員数	5,000	2,000	1,500	700	500	300
建物減価償却費	床　面　積	2,400	900	600	450	300	150
電　力　料	機械運転時間	4,000	1,600	1,200	800	400	－
部門共通費計		11,400	4,500	3,300	1,950	1,200	450
部門費合計		87,900	43,610	34,090	5,000	4,000	1,200

（借）第1製造部門費　43,610　　（貸）製造間接費　87,900
　　　第2製造部門費　34,090
　　　動 力 部 門 費　5,000
　　　修 繕 部 門 費　4,000
　　　工場事務部門費　1,200

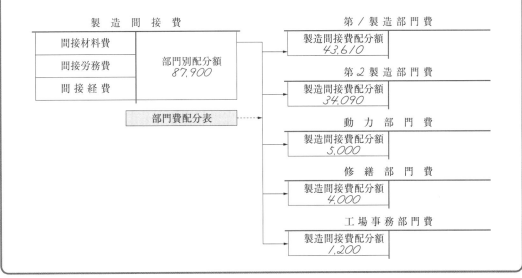

基本問題

16-1 次の資料から，部門費配分表を作成しなさい。

製造間接費総額　¥287,000

① 部門個別費

費 目	第1製造部門	第2製造部門	動力部門	修繕部門	工場事務部門	合 計
間接材料費	¥38,000	¥44,000	¥8,000	¥4,000	－	¥94,000
間接賃金	¥52,000	¥36,000	¥12,000	¥6,000	¥4,000	¥110,000

② 部門共通費

費 目	金 額	配賦基準	第1製造部門	第2製造部門	動力部門	修繕部門	工場事務部門
給 料	¥48,000	従 業 員 数	32人	24人	12人	8人	4人
建物減価償却費	¥20,000	床 面 積	400m²	300m²	150m²	100m²	50m²
保 険 料	¥15,000	機械帳簿価額	¥150,000	¥50,000	¥25,000	¥25,000	－

部 門 費 配 分 表
令和○年6月分

費 目	配賦基準	金 額	製造部門 第1製造部門	製造部門 第2製造部門	補助部門 動力部門	補助部門 修繕部門	補助部門 工場事務部門
部門個別費							
間接材料費	－						
間接賃金	－						
部門個別費計							
部門共通費							
給 料	従業員数						
建物減価償却費	床面積						
保 険 料	機械帳簿価額						
部門共通費計							
部門費合計							

16-2 次の部門費配分表にもとづいて，製造間接費を各部門に配分する仕訳を示し，各勘定に転記しなさい。

部 門 費 配 分 表
令和○年6月分

費 目	配賦基準	金 額	製造部門 第1製造部門	製造部門 第2製造部門	補助部門 動力部門	補助部門 修繕部門	補助部門 工場事務部門
部門費合計		198,000	82,000	69,000	23,000	19,000	5,000

借　　　　　方		貸　　　　　方	

製 造 間 接 費		動 力 部 門 費	

第 / 製 造 部 門 費		修 繕 部 門 費	

第 2 製 造 部 門 費		工 場 事 務 部 門 費	

練習問題

16-3 次の資料から，部門費配分表を完成しなさい。また，製造間接費を各部門に配分する仕訳を示しなさい。

① 部門個別費

費　　目	第/製造部門	第2製造部門	動力部門	修繕部門	工場事務部門	合　　計
間 接 材 料 費	¥30,000	¥40,000	¥10,000	¥ 8,000	¥ 5,000	¥93,000
間 接 賃 金	〃20,000	〃10,000	〃 9,000	〃 5,000	〃 6,000	〃50,000

② 部門共通費

費　　目	金　額	配賦基準	第/製造部門	第2製造部門	動力部門	修繕部門	工場事務部門
給　　料	¥100,000	従業員数	8人	7人	2人	/人	2人
建物減価償却費	〃 80,000	床 面 積	300m²	370m²	60m²	30m²	40m²
電 力 料	〃 40,000	機械運転時間	600時間	800時間	300時間	200時間	/00時間

部 門 費 配 分 表
令和○年/0月分

費　　目	配賦基準	金　　額	製 造 部 門 第 / 製造部門	製 造 部 門 第 2 製造部門	補 助 部 門 動 力 部 門	補 助 部 門 修 繕 部 門	補 助 部 門 工 場 事務部門
部門個別費							
間接材料費	——						
間接賃金	——						
部門個別費計							
部門共通費							
給　　料	従業員数						
建物減価償却費	床 面 積						
電 力 料	機械運転時間						
部門共通費計							
部 門 費 合 計							

借 　　　　　　方	貸 　　　　　　方

17 部門費振替表の作成

① 部門費振替表の作成

補助部門費は，製造部門が補助部門の用役を利用した程度に応じて製造部門に配賦する。このため，**部門費振替表**を作成する。補助部門費の配賦には，次のような方法がある。

(1) **直接配賦法**…補助部門費を製造部門だけに配賦する方法。

部門費振替表
直接配賦法　　　　　　　令和○年9月分

部　門　費	配賦基準	金　額	製　造　部　門		補　助　部　門		
			第1部門	第2部門	動力部門	修繕部門	工場事務部門
部門費合計		87,900	43,610	34,090	5,000	4,000	1,200
動力部門費	kW数×運転時間数	5,000	3,000	2,000			
修繕部門費	修繕回数	4,000	2,500	1,500			
工場事務部門費	従業員数	1,200	720	480			
配賦額計		10,200	6,220	3,980			
製造部門費合計		87,900	49,830	38,070			

(2) **相互配賦法**…補助部門費を製造部門および他の補助部門にも配賦（第1次配賦）し，これによって配賦された補助部門費をさらに製造部門に配賦（第2次配賦）する方法。

部門費振替表
相互配賦法　　　　　　　令和○年9月分

部　門　費	配賦基準	金　額	製　造　部　門		補　助　部　門		
			第1部門	第2部門	動力部門	修繕部門	工場事務部門
部門費合計		87,900	43,610	34,090	5,000	4,000	1,200
動力部門費	kW数×運転時間数	5,000	2,400	1,600	——	1,000	——
修繕部門費	修繕回数	4,000	1,600	1,200	800	——	400
工場事務部門費	従業員数	1,200	500	300	200	200	——
第1次配賦額		10,200	4,500	3,100	1,000	1,200	400
動力部門費	kW数×運転時間数	1,000	600	400			
修繕部門費	修繕回数	1,200	750	⊕ 450	⊕		
工場事務部門費	従業員数	400	240	160			
第2次配賦額		2,600	1,590	1,010			
製造部門費合計		87,900	49,700	38,200			

（借）第1製造部門費　6,090 ← （貸）動力部門費　5,000
　　　第2製造部門費　4,110 ←　　　修繕部門費　4,000
　　　　　　　　　　　　　　　　　　工場事務部門費　1,200

第1製造部門費

製造間接費配分額 43,610	
補助部門費配賦額 6,090	

第2製造部門費

製造間接費配分額 34,090	
補助部門費配賦額 4,110	

動力部門費

製造間接費配分額 5,000	動力部門費振替額 5,000

修繕部門費

製造間接費配分額 4,000	修繕部門費振替額 4,000

工場事務部門費

製造間接費配分額 1,200	工場事務部門費振替額 1,200

部門費振替表

基本問題

17-1 次の資料によって，部門費振替表を直接配賦法によって完成しなさい。また，補助部門費を製造部門に配賦する仕訳を示し，各勘定に転記しなさい。

補助部門費の配賦基準

	配 賦 基 準	第 1 製 造 部 門	第 2 製 造 部 門
動 力 部 門 費	kW数×運転時間数	10kW×1,800時間	8kW×1,500時間
修 繕 部 門 費	修 繕 回 数	7回	3回
工 場 事 務 部 門 費	従 業 員 数	12人	8人

部 門 費 振 替 表
直接配賦法　　　　　　　　　　令和○年5月分

部 門 費	配賦基準	金 額	製 造 部 門 第1部門	第2部門	補 助 部 門 動力部門	修繕部門	工場事務部門
部 門 費 合 計		856,000	261,000	259,000	132,000	101,000	103,000
動 力 部 門 費	kW数×運転時間数						
修 繕 部 門 費	修繕回数						
工 場 事 務 部 門 費	従業員数						
配 賦 額 計							
製 造 部 門 費 合 計							

借　　　　　　方	貸　　　　　　方

第 1 製 造 部 門 費

製造間接費　261,000

第 2 製 造 部 門 費

製造間接費　259,000

動 力 部 門 費

製造間接費　132,000

修 繕 部 門 費

製造間接費　101,000

工 場 事 務 部 門 費

製造間接費　103,000

⑰-2 次の資料によって，部門費振替表を相互配賦法によって完成しなさい。また，補助部門費を製造部門に配賦する仕訳を示し，各勘定に転記しなさい。

補助部門費の配賦基準

	配賦基準	第/製造部門	第2製造部門	動力部門	修繕部門	工場事務部門
動力部門費	kW数×運転時間数	50kW×600時間	40kW×500時間	——	25kW×400時間	——
修繕部門費	修繕回数	/4回	6回	4回	——	/回
工場事務部門費	従業員数	5人	3人	/人	/人	——

部門費振替表

相互配賦法　　　　　　　　令和○年/0月分

部門費	配賦基準	金額	製造部門		補助部門		
			第/部門	第2部門	動力部門	修繕部門	工場事務部門
部門費合計		1,740,000	300,000	200,000	600,000	400,000	240,000
動力部門費	kW数×運転時間数				——		——
修繕部門費	修繕回数					——	
工場事務部門費	従業員数						——
第/次配賦額							
動力部門費	kW数×運転時間数						
修繕部門費	修繕回数						
工場事務部門費	従業員数						
第2次配賦額							
製造部門費合計							

借　　　　　　方	貸　　　　　　方

第/製造部門費

製造間接費	300,000	

第2製造部門費

製造間接費	200,000	

動力部門費

製造間接費	600,000	

修繕部門費

製造間接費	400,000	

工場事務部門費

製造間接費	240,000	

【練習問題】

⑰-3 下記の資料によって,
(1) 部門費振替表を直接配賦法によって完成しなさい。
(2) 補助部門費を製造部門に配賦する仕訳を示しなさい。
(3) 各勘定に転記しなさい。ただし, 勘定には相手科目と金額を示すこと。

資　料
補助部門費の配賦基準

	配　賦　基　準	第 1 製 造 部 門	第 2 製 造 部 門
動 力 部 門 費	kW数×運転時間数	30kW×4,000時間	10kW×3,000時間
修 繕 部 門 費	修 繕 回 数	4回	2回
工 場 事 務 部 門 費	従 業 員 数	12人	8人

(1)
部 門 費 振 替 表
直接配賦法　　　　　令和○年10月分

部 門 費	配賦基準	金　　額	製 造 部 門 第 1 部門	製 造 部 門 第 2 部門	補 助 部 門 動力部門	補 助 部 門 修繕部門	補 助 部 門 工場事務部門
部 門 費 合 計		2,680,000	1,180,000	800,000	240,000	120,000	340,000
動 力 部 門 費	kW数×運転時間数	240,000					
修 繕 部 門 費	修繕回数	120,000					
工 場 事 務 部 門 費	従業員数	340,000					
配 賦 額 計		700,000					
製 造 部 門 費 合 計		2,680,000					

(2)

借　　　　方	貸　　　　方

(3)
第 1 製 造 部 門 費

工 場 事 務 部 門 費

17-4 次の資料によって，
(1) 部門費振替表を相互配賦法によって作成しなさい。
(2) 補助部門費を製造部門に配賦する仕訳を示しなさい。
(3) 各勘定に転記しなさい。ただし，勘定には相手科目と金額を示すこと。

資　料

	配賦基準	第1製造部門	第2製造部門	動力部門	修繕部門	工場事務部門
動力部門費	kW数 × 運転時間数	60kW×200時間	50kW×160時間	――	40kW×100時間	――
修繕部門費	修繕回数	10回	6回	4回	――	2回
工場事務部門費	従業員数	18人	12人	4人	2人	――

(1)

部 門 費 振 替 表

相互配賦法　　　　　　　　　　令和○年12月分

部門費	配賦基準	金額	製造部門		補助部門		
			第1部門	第2部門	動力部門	修繕部門	工場事務部門
部門費合計		455,000	182,000	144,000	60,000	33,000	36,000
動力部門費	kW数 × 運転時間数	60,000	30,000	20,000	――	10,000	――
修繕部門費	修繕回数	33,000	15,000	9,000	6,000	――	3,000
工場事務部門費	従業員数	36,000	18,000	12,000	4,000	2,000	――
第1次配賦額					10,000	12,000	3,000
動力部門費	kW数 × 運転時間数	10,000	6,000	4,000			
修繕部門費	修繕回数	12,000	7,500	4,500			
工場事務部門費	従業員数	3,000	1,800	1,200			
第2次配賦額			15,300	9,700			
製造部門費合計			260,300	194,700			

(2)

借　　　方	貸　　　方
第1製造部門費　78,300	動力部門費　60,000
第2製造部門費　50,700	修繕部門費　33,000
	工場事務部門費　36,000

(3)

第1製造部門費

諸口　78,300

第2製造部門費

諸口　50,700

動力部門費

諸口　60,000

修繕部門費

諸口　33,000

工場事務部門費

諸口　36,000

検定問題

17-5 次の各文の ☐ のなかに，下記の語群のなかから，もっとも適当なものを選び，その番号を記入しなさい。

(1) 個別原価計算において，製造間接費を発生場所ごとに集計する ☐ ア ☐ をおこなうと，より正確な製品の原価を計算することができる。この手続きにおいて，二つ以上の場所にまたがって発生する製造間接費を ☐ イ ☐ といい，一定の配賦基準によって各発生場所に配賦する。　　　　(第53回)

　　　1．部 門 別 計 算　　　2．部 門 個 別 費
　　　3．費 目 別 計 算　　　4．部 門 共 通 費

ア		イ	

(2) 原価計算は原則として3つの段階の計算手続きを経ておこなわれる。そのうち，第1段階で計算した材料費・労務費・経費の各原価要素別の消費高を，発生場所別に分類・集計する第2段階の計算手続きを ☐ という。　　　　(第75回)

　　　1．製 品 別 計 算　　　2．費 目 別 計 算　　　3．部 門 別 計 算

17-6 次の取引の仕訳を示しなさい。

(1) a．次の部門費配分表によって，製造間接費を各部門に配分した。

部 門 費 配 分 表
令和○年1月分

費　　　目	配賦基準	金　　　額	製 造 部 門		補 助 部 門	
			第1部門	第2部門	動力部門	修繕部門
部門費合計		1,750,000	720,000	560,000	290,000	180,000

　　　b．上記の補助部門費を，次の割合によって各製造部門に配賦した。

	第1製造部門	第2製造部門
動 力 部 門 費	50%	50%
修 繕 部 門 費	60%	40%

(第39回一部修正，類題第31回)

(2) 個別原価計算を採用している滋賀製作所では，補助部門費を次の配賦基準によって各製造部門に配賦した。ただし，部門費配分表に集計された補助部門費の金額は，動力部門費 ¥504,000　工場事務部門費 ¥288,000 であった。　　　　(第92回)

	配 賦 基 準	第1製造部門	第2製造部門
動 力 部 門 費	kW数×運転時間数	50kW×600時間	30kW×500時間
工 場 事 務 部 門 費	従 業 員 数	6人	2人

		借　　　　　方	貸　　　　　方
(1)	a		
	b		
(2)			

17-7 長野製作所は，個別原価計算を採用し，X製品（製造指図書＃*/*）とY製品（製造指図書＃*2*）を
製造している。下記の資料によって，次の各問いに答えなさい。 （第81回一部修正）

(1) 部門費振替表を相互配賦法によって完成しなさい。

(2) 補助部門費を各製造部門に配賦する仕訳を示しなさい。

(3) X製品（製造指図書＃*/*）の原価計算表を完成しなさい。

ただし， i 月初仕掛品はなかった。

　　　　 ii 賃金の消費高の計算には，作業時間/時間につき¥*/,280*の予定賃率を用いている。

　　　　 iii 製造間接費は部門別計算をおこない，直接作業時間を基準として予定配賦している。

資　料

a. 年間製造間接費予定額・年間予定直接作業時間

	第/製造部門	第2製造部門
年間製造間接費予定額（予算額）	¥*/3,392,000*	¥*8,400,000*
年間予定直接作業時間（基準操業度）	*18,600*時間	*15,000*時間

b. 製造部門の当月直接作業時間

直接作業時間		第/製造部門	第2製造部門
	製造指図書＃/	*850*時間	*750*時間
	製造指図書＃2	*650*時間	*550*時間

c. 補助部門費の配賦基準

	配賦基準	第/製造部門	第2製造部門	動力部門	修繕部門
動力部門費	kW数×運転時間数	20kW×800時間	16kW×500時間	——	6kW×/00時間
修繕部門費	修繕回数	5回	4回	2回	

d. 完成品数量　X製品（製造指図書＃/）80個

(1)

部門費振替表

相互配賦法　　　　　　　　　　令和○年/月分

部門費	配賦基準	金額	製造部門		補助部門	
			第/部門	第2部門	動力部門	修繕部門
部門費合計		1,810,000	676,000	501,000	369,000	264,000
動力部門費	kW数×運転時間数					
修繕部門費	修繕回数					——
第/次配賦額						
動力部門費	kW数×運転時間数					
修繕部門費	修繕回数					
第2次配賦額						
製造部門費合計						

(2)

借　　方	貸　　方

(3) 製造指図書＃/

原価計算表

直接材料費	直接労務費	製造間接費				集計	
		部門	時間	配賦率	金額	摘要	金額
1,656,000		第/				直接材料費	
		第2				直接労務費	
						製造間接費	
						製造原価	
						完成品数量	80個
						製品単価	¥

17-8 愛媛製作所は，個別原価計算を採用し，A製品（製造指図書＃ノ）とB製品（製造指図書＃２）を製造している。下記の資料によって，次の各問いに答えなさい。　　　　　　（第73回一部修正）

(1)　製造部門費を予定配賦したときの仕訳を示しなさい。

(2)　部門費振替表を直接配賦法によって完成しなさい。

(3)　A製品（製造指図書＃ノ）の原価計算表を完成しなさい。

　　ただし，ⅰ　月初仕掛品はなかった。

　　　　　　ⅱ　製造間接費は部門別計算をおこない，各製品に予定配賦している。なお，第ノ製造部門は機械運転時間を基準とし，第２製造部門は直接作業時間を基準としている。

　資　　料

　a．年間製造間接費予定額・年間予定機械運転時間および年間予定直接作業時間

	第ノ製造部門	第２製造部門
年間製造間接費予定額	¥7,812,000	¥5,100,000
年間予定機械運転時間	12,600時間	——
年間予定直接作業時間		7,500時間

　b．製造部門の当月機械運転時間および当月直接作業時間

	第ノ製造部門		第２製造部門	
	機械運転時間	直接作業時間	機械運転時間	直接作業時間
製造指図書＃ノ	600時間	160時間	70時間	350時間
製造指図書＃２	400時間	200時間	130時間	250時間

　c．補助部門費の配賦基準

	配　賦　基　準	第ノ製造部門	第２製造部門
動 力 部 門 費	kW数×運転時間数	15kW×1,000時間	10kW×200時間
修 繕 部 門 費	修　繕　回　数	3回	2回

　d．完成品数量　A製品（製造指図書＃ノ）　45個

(1)

借　　　　方		貸　　　　方	

(2)　部　門　費　振　替　表

直接配賦法　　　　　　　　　　令和○年ノ月分

部　門　費	配賦基準	金　　額	製　造　部　門		補　助　部　門	
			第 ノ 部 門	第 ２ 部 門	動力部門	修繕部門
部 門 費 合 計		1,027,000	325,000	327,000	255,000	120,000
動 力 部 門 費	kW数×運転時間数					
修 繕 部 門 費	修 繕 回 数					
配 賦 額 合 計						
製造部門費合計						

(3)

製造指図書＃ノ　　　　　　　原　価　計　算　表

直接材料費	直接労務費	製　造　間　接　費				集　　　　　計	
		部　門	時　間	配賦率	金　　額	摘　要	金　　額
839,000	918,000					直接材料費	
						直接労務費	
						製造間接費	
						製 造 原 価	
						完成品数量	45個
						製 品 単 価	¥

18 製造部門費配賦差異の処理

要点の整理

① 製造部門費配賦差異の処理

予定配賦により実際額との配賦差額が生じた場合には，月末に各製造部門費勘定から，**製造部門費配賦差異勘定**に振り替える。

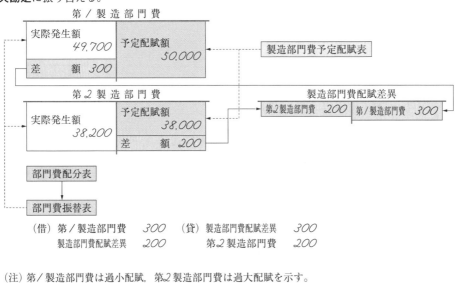

(借) 第 / 製造部門費 　 300 　 (貸) 製造部門費配賦差異 　 300
　　　製造部門費配賦差異 　 200 　　　　第2製造部門費 　 200

(注) 第 / 製造部門費は過小配賦，第2製造部門費は過大配賦を示す。

基本問題

18-1 次の一連の取引について仕訳を示しなさい。また，下記の勘定に転記して締め切りなさい。

(1) 製造部門費予定配賦表による予定配賦額は，次のとおりであった。
　　第 / 製造部門　¥453,000 　　 第2製造部門　¥382,000

(2) 製造部門費の実際発生額は，次のとおりである。よって，各製造部門費勘定の差額を製造部門費配賦差異勘定に振り替えた。
　　第 / 製造部門　¥452,000 　　 第2製造部門　¥385,000

	借	方	貸	方
(1)				
(2)				

第 / 製造部門費	
製造間接費　350,000	
諸　　口　102,000	

第 2 製造部門費	
製造間接費　290,000	
諸　　口　95,000	

⑱-2 次の資料から仕訳を示し，下記の勘定に転記しなさい。ただし，勘定には相手科目と金額を示すこと。

(1) 製造部門費を予定配賦した。ただし，直接作業時間を基準として予定配賦している。

	年間製造間接費予定額	年間予定直接作業時間	当月実際直接作業時間
第 1 製 造 部 門	¥7,040,000	16,000時間	1,300時間
第 2 製 造 部 門	¥9,870,000	21,000時間	1,700時間

(2) 製造間接費を各部門に配分した。

第1製造部門	第2製造部門	動 力 部 門	修 繕 部 門	工場事務部門
¥480,000	¥650,000	¥80,000	¥110,000	¥55,000

(3) 補助部門費を製造部門に配賦した。

第1製造部門 ¥100,000　　第2製造部門 ¥145,000

(4) 各製造部門費の配賦差異を製造部門費配賦差異勘定に振り替えた。

	借　　　　　　　方	貸　　　　　　　方
(1)		
(2)		
(3)		
(4)		

第 1 製 造 部 門 費

仕　　掛　　品

第 2 製 造 部 門 費

製造部門費配賦差異

練習問題

18-3 個別原価計算を採用している山梨製作所の次の取引の仕訳を示しなさい。また，下記の勘定を完成しなさい。

(1) 製造間接費については部門別計算をおこなっているが，製造部門費予定配賦表の本月分の予定配賦額は，第1製造部門費¥1,845,000　第2製造部門費¥1,350,000である。

(2) 本月分の部門費配分表の集計結果は，次のとおりであった。よって，第1製造部門費と第2製造部門費の実際発生額と予定配賦額との差額を，製造部門費配賦差異勘定に振り替えた。
　　なお，各補助部門費は，第1製造部門へ60％，第2製造部門へ40％の割合で配賦している。
　　　第1製造部門　¥1,480,000　　第2製造部門　¥1,090,000
　　　動 力 部 門　¥ 370,000　　修 繕 部 門　¥ 250,000

	借　　　　　方	貸　　　　　方
(1)		
(2)		

第 1 製造部門費

製造間接費 (　　)	(　) (　　)
諸　　口 (　　)	(　) (　　)
(　　)	(　) (　　)

第 2 製造部門費

製造間接費 (　　)	(　) (　　)
諸　　口 (　　)	
(　) (　　)	(　) (　　)

18-4 静岡製作所は個別原価計算を採用し，A製品（製造指図書＃1）とB製品（製造指図書＃2）とを製造している。下記の資料によって，

(1) 製造部門費を予定配賦したときの仕訳を示しなさい。

(2) 補助部門費を各製造部門に振り替えたときの仕訳を示しなさい。

(3) 第1製造部門費勘定に記入して，締め切りなさい。

(4) A製品（製造指図書＃1）の原価計算表を完成しなさい。

　ただし，i　月初仕掛品はなかった。
　　　　　ii　製造部門費は直接作業時間を基準として予定配賦している。

資　　料

a．1年間の製造部門費予定総額および予定直接作業時間

	第1製造部門	第2製造部門
1年間の製造部門費予算額	¥7,800,000	¥4,500,000
1年間の基準操業度	19,500時間	15,000時間

b．製造部門の当月直接作業時間

直接作業時間		第1製造部門	第2製造部門
	製造指図書＃1	800時間	700時間
	製造指図書＃2	600時間	450時間

c．製造間接費の各部門への当月配分額

第1製造部門	第2製造部門	動 力 部 門	修 繕 部 門	工場事務部門
¥450,000	¥210,000	¥140,000	¥20,000	¥80,000

d. 補助部門費の配賦基準

	配 賦 基 準	第 1 製造部門	第 2 製造部門
動 力 部 門	kW数×運転時間	40kW×500時間	50kW×600時間
修 繕 部 門	修 繕 回 数	4回	4回
工 場 事 務 部 門	従 業 員 数	6人	14人

e. A製品（製造指図書＃1）500個が完成した。

	借　　　　方	貸　　　　方
(1)		
(2)		

(3)

第 1 製 造 部 門 費

(4)

製造指図書＃1

原 価 計 算 表

直接材料費	直接労務費	製 造 間 接 費				集 　 計	
		部　門	時　間	配賦率	金　　額	摘　　要	金　　額
1,284,000	956,000					直接材料費	
						直接労務費	
						製造間接費	
						製造原価	
						完成品数量	500個
						製品単価	¥

18-5 新潟製作所は個別原価計算を採用し，A製品（製造指図書＃/）とB製品（製造指図書＃2）とを製造している。下記の資料によって，

(1) 製造部門費を予定配賦したときの仕訳を示しなさい。
(2) 製造間接費を各部門へ配分したときの仕訳を示しなさい。
(3) 部門費振替表を直接配賦法によって完成しなさい。
(4) 各製造部門費の配賦差異を製造部門費配賦差異勘定に振り替える仕訳を示しなさい。
(5) A製品（製造指図書＃/）の原価計算表を完成しなさい。

　　ただし，i　月初仕掛品はなかった。
　　　　　　ii　製造部門費は，直接作業時間を基準として予定配賦している。

　資　　料

　a．/年間の製造部門費予定総額および予定直接作業時間

	第/製造部門	第2製造部門
/年間の製造部門費予算額	¥7,560,000	¥5,460,000
/年間の基準操業度	42,000時間	26,000時間

　b．製造部門の当月直接作業時間

		第/製造部門	第2製造部門
直接作業時間	製造指図書＃/	2,000時間	1,200時間
	製造指図書＃2	1,000時間	800時間

　c．補助部門費の配賦基準

部門費	配賦基準	第/製造部門	第2製造部門
動力部門費	kW数×運転時間数	20kW×3,000時間	10kW×2,000時間
修繕部門費	修繕回数	25回	/5回
工場事務部門費	従業員数	/2人	8人

　d．完成品数量　A製品（製造指図書＃/）200個

	借　　　　方	貸　　　　方
(1)		
(2)		

(3)

直接配賦法　　　　　　　　　部　門　費　振　替　表

部門費	配賦基準	金額	製造部門		補助部門		
			第/部門	第2部門	動力部門	修繕部門	工場事務部門
部門費合計		954,000	329,000	295,000	140,000	80,000	110,000
動力部門費	kW数×運転時間数	140,000					
修繕部門費	修繕回数	80,000					
工場事務部門費	従業員数	110,000					
配賦額計		330,000					
製造部門費合計		954,000					

(4)

借	方	貸	方

(5)

製造指図書#/

原　価　計　算　表

直接材料費	直接労務費	製　造　間　接　費				集	計	
		部　門	時　間	配賦率	金　　額	摘　　　要	金　　額	
1,273,000	895,000					直接材料費		
						直接労務費		
						製造間接費		
						製造原価		
						完成品数量	200	個
						製品単価	¥	

||||||||||| 検 定 問 題 |||||||||||||||||||||||||||||||||||

18-6 次の取引の仕訳を示しなさい。

(1) 個別原価計算を採用している山口機械製造株式会社は，製造間接費について部門別計算をおこなっているが，製造部門費予定配賦表の9月分の予定配賦高は，第/製造部門費¥1,834,000 第2製造部門費¥1,340,000であった。

(2) 上記山口機械製造株式会社の9月分の部門費配分表の集計結果は，次のとおりであったので，第/製造部門費と第2製造部門費の実際発生額と予定配賦額との差額を製造部門費配賦差異勘定に振り替えた。なお，各補助部門費は第/製造部門へ55％，第2製造部門へ45％の割合で配賦している。

(第42回一部修正)

第/製造部門　¥1,480,000　　第2製造部門　¥1,070,000
動　力　部　門　¥　380,000　　修　繕　部　門　¥　240,000

	借	方	貸	方
(1)				
(2)				

18-7 佐賀製作所は，個別原価計算を採用し，X製品（製造指図書#1）とY製品（製造指図書#2）を製造している。下記の資料によって，次の各問いに答えなさい。 （第83回）

(1) 製造間接費を部門費配分表にもとづいて，各部門に配分する仕訳を示しなさい。

(2) 部門費振替表を相互配賦法によって完成しなさい。

(3) 第1製造部門費および第2製造部門費の配賦差異を，製造部門費配賦差異勘定に振り替える仕訳を示しなさい。

(4) X製品（製造指図書#1）の原価計算表を完成しなさい。

　ただし，i　月初仕掛品はなかった。

　　　　　ii　賃金の消費高の計算には，作業時間1時間につき¥1,600の予定賃率を用いている。

　　　　　iii　製造間接費は部門別計算をおこない，直接作業時間を基準として予定配賦している。

　　　　　iv　製造間接費勘定を設けている。

資　料

a. 年間製造間接費予定額・年間予定直接作業時間

	第1製造部門	第2製造部門
年間製造間接費予定額(予算額)	¥12,480,000	¥6,804,000
年間予定直接作業時間(基準操業度)	15,600時間	12,600時間

b. 製造部門の当月直接作業時間

		第1製造部門	第2製造部門
直接作業時間	製造指図書#1	750時間	650時間
	製造指図書#2	500時間	450時間

c. 当月の部門費配分表

部　門　費　配　分　表
令和○年1月分

費　目	配賦基準	金　額	製造部門 第1部門	第2部門	補助部門 動力部門	修繕部門
部門費合計		1,589,000	780,000	500,000	225,000	84,000

d. 補助部門費の配賦基準

	配賦基準	第1製造部門	第2製造部門	動力部門	修繕部門
動力部門費	kW数×運転時間数	25kW×800時間	20kW×400時間	――	10kW×200時間
修繕部門費	修繕回数	6回	4回	2回	――

e. 完成品数量　X製品（製造指図書#1）　50個

(1)

借　　　方	貸　　　方

(2)

相互配賦法

部 門 費 振 替 表

令和○年/月分

部 門 費	配 賦 基 準	金 額	製 造 部 門		補 助 部 門	
			第 / 部 門	第 2 部 門	動 力 部 門	修 繕 部 門
部 門 費 合 計						
動 力 部 門 費	kW数×運転時間数					——
修 繕 部 門 費	修 繕 回 数				——	
第 / 次 配 賦 額						
動 力 部 門 費	kW数×運転時間数					
修 繕 部 門 費	修 繕 回 数					
第 2 次 配 賦 額						
製 造 部 門 費 合 計						

(3)

借	方	貸	方

(4)

製造指図書#/

原 価 計 算 表

直接材料費	直接労務費	製 造 間 接 費				集 計	
		部 門	時 間	配 賦 率	金 額	摘 要	金 額
2,609,000		第 /				直 接 材 料 費	
		第 2				直 接 労 務 費	
						製 造 間 接 費	
						製 造 原 価	
						完 成 品 数 量	50個
						製 品 単 価	¥

18-8 佐賀製作所は，個別原価計算を採用し，A製品（製造指図書＃/）とB製品（製造指図書＃2）を製造している。下記の資料によって，次の各問いに答えなさい。　　　　　　（第76回）

(1) 製造部門費を予定配賦したときの仕訳を示しなさい。

(2) 部門費振替表を直接配賦法によって完成しなさい。

(3) 製造部門費配賦差異勘定を完成しなさい。

(4) A製品（製造指図書＃/）の原価計算表を完成しなさい。

ただし，i　月初仕掛品はなかった。

ⅱ　賃金の消費高の計算には，予定賃率を用いている。

ⅲ　製造間接費は部門別計算をおこない，機械運転時間を基準として予定配賦している。

資　料

a．年間予定賃金総額および年間予定総作業時間

年間予定賃金総額	¥32,400,000
年間予定総作業時間	27,000時間

b．年間製造間接費予定額および年間予定機械運転時間

	第/製造部門	第2製造部門
年間製造間接費予定額	¥6,272,000	¥7,540,000
年間予定機械運転時間	9,800時間	13,000時間

c．製造部門の当月直接作業時間および当月機械運転時間

	第/製造部門		第2製造部門	
	直接作業時間	機械運転時間	直接作業時間	機械運転時間
製造指図書＃/	750時間	450時間	600時間	650時間
製造指図書＃2	550時間	350時間	100時間	450時間

d．補助部門費の配賦基準

	配賦基準	第/製造部門	第2製造部門
動力部門費	kW数×運転時間数	12kW×800時間	20kW×1,100時間
修繕部門費	修繕回数	2回	3回
工場事務部門費	従業員数	9人	5人

e．完成品数量　A製品（製造指図書＃/）　35個

(1)

借　　　　　方	貸　　　　　方

(2)

部　門　費　振　替　表

直接配賦法　　　　　　　　　令和○年6月分

部　門　費	配賦基準	金　　額	製　造　部　門		補　　助　　部　　門		
			第/部門	第2部門	動力部門	修繕部門	工場事務部門
部門費合計		1,153,000	360,000	422,000	158,000	115,000	98,000
動力部門費	kW数×運転時間数						
修繕部門費	修繕回数						
工場事務部門費	従業員数						
配賦額計							
製造部門費合計							

(3)

製造部門費配賦差異

前 月 繰 越	8,000	( )	( )	
( )	( )	次 月 繰 越	( )	
	( )		( )	

(4)

製造指図書#/

原 価 計 算 表

直接材料費	直接労務費	製 造 間 接 費				集 計	
		部 門	時 間	配 賦 率	金 額	摘 要	金 額
2,790,000						直接材料費	
						直接労務費	
						製造間接費	
						製 造 原 価	
						完成品数量	35個
						製 品 単 価	¥

18-9 個別原価計算を採用している近畿製作所の下記の資料によって，次の各問いに答えなさい。

(第82回)

(1) 6月13日と30日①の取引の仕訳を示しなさい。

(2) 消費賃金勘定・第2製造部門費勘定・製造部門費配賦差異勘定に必要な記入をおこない，締め切りなさい。なお，勘定記入は日付・相手科目・金額を示すこと。

(3) 部門費振替表を直接配賦法によって完成しなさい。

(4) A製品（製造指図書＃1）の原価計算表を完成しなさい。

(5) 月末仕掛品原価を求めなさい。

ただし，i 前月繰越高は，次のとおりである。

素　　材　　150個　@¥3,200　¥480,000

工場消耗品　200〃　〃〃120　¥24,000

仕　掛　品（製造指図書＃1）　　　　¥3,110,000（原価計算表に記入済み）

製造部門費配賦差異　　　　　　　¥7,000（借方）

ii 素材の消費高の計算は先入先出法，工場消耗品の消費数量の計算は棚卸計算法によっている。

iii 賃金の消費高は，作業時間1時間につき¥1,300の予定賃率を用いて計算し，消費賃金勘定を設けて記帳している。

iv 製造間接費は部門別計算をおこない，直接作業時間を基準として予定配賦している。

	第1製造部門	第2製造部門
年間製造間接費予定額(予　算　額)	¥7,350,000	¥3,264,000
年間予定直接作業時間(基準操業度)	15,000時間	10,200時間

v 製造間接費勘定を設けている。

取　引

6月 6日 素材および工場消耗品を次のとおり買い入れ，代金は掛けとした。

素　　材　　600個　@¥3,300　¥1,980,000

工場消耗品　900〃　〃〃120　¥108,000

13日 B製品（製造指図書＃2）の注文を受け，素材500個を消費して製造を開始した。

25日 賃金を次のとおり小切手を振り出して支払った。

賃金総額　¥3,260,000

うち，控除額　所得税　¥258,000　健康保険料　¥129,000

30日 ① 工場消耗品の月末棚卸数量は150個であった。よって，消費高を計上した。（間接材料）

② 当月の賃金予定消費高を次の作業時間によって計上した。

製造指図書＃1　1,100時間　製造指図書＃2　1,150時間

間　接　作　業　　　200時間

③ 健康保険料の事業主負担分¥129,000を計上した。

④ 当月の製造経費消費高を次のとおり計上した。

電　力　料　¥149,000　保　険　料　¥52,000　減価償却費　¥234,000

⑤ 当月の直接作業時間は次のとおりであった。よって，製造部門費を予定配賦した。

		第1製造部門	第2製造部門
直接作業時間	製造指図書＃1	400時間	700時間
	製造指図書＃2	900時間	250時間

⑥ 製造間接費を次のとおり各部門に配分した。

第1製造部門　¥486,000　第2製造部門　¥238,000

動力部門　150,000　修繕部門　64,000

⑦ 補助部門費を次の配賦基準によって各製造部門に配賦した。

	配　賦　基　準	第1製造部門	第2製造部門
動力部門費	kW数×運転時間数	60kW×900時間	50kW×420時間
修繕部門費	修　繕　回　数	6回	2回

⑧ A製品（製造指図書＃1）40個が完成した。

⑨ 当月の賃金実際消費高¥3,234,000を計上した。

⑩ 賃金の予定消費高と実際消費高との差額を，賃率差異勘定に振り替えた。

⑪ 第1製造部門費および第2製造部門費の配賦差異を，製造部門費配賦差異勘定に振り替えた。

(1)

	借　　　　　方	貸　　　　　方
6月/3日		
30日①		

(2)

消　費　賃　金

第　2　製　造　部　門　費

製造部門費配賦差異

| 6/1 | 前　月　繰　越 | 7,000 | | | |

(3)

部　門　費　振　替　表

直接配賦法　　　　　　　　令和○年6月分

部　門　費	配賦基準	金　　額	製　造　部　門		補　助　部　門	
			第　/　部門	第　2　部門	動力部門	修繕部門
部門費合計						
動力部門費	kW数×運転時間数					
修繕部門費	修　繕　回　数					
配賦額合計						
製造部門費合計						

(4)

製造指図書#/

原　価　計　算　表

直接材料費	直接労務費	製　造　間　接　費				集　　　　計	
		部門	時間	配賦率	金　　額	摘　　要	金　　額
2,573,000	390,000	第/	300	490	147,000	直接材料費	
						直接労務費	
						製造間接費	
						製造原価	
						完成品数量	個
						製品単価	¥

(5)

月　末　仕　掛　品　原　価　　¥

18-10 個別原価計算を採用している和歌山製作所の下記の取引によって，次の各問いに答えなさい。

(1) /月3/日⑨の取引の仕訳を示しなさい。　　　　　　　　　　　　　　　（第93回一部修正）

(2) 素材勘定・製造間接費勘定・第/製造部門費勘定に必要な記入をおこない，締め切りなさい。なお，勘定記入は日付・相手科目・金額を示すこと。

(3) A製品（製造指図書＃/）の原価計算表を作成しなさい。

(4) 部門費振替表を相互配賦法によって完成しなさい。

(5) /月末の賃金未払高を求めなさい。

　　ただし，i　前月繰越高は，次のとおりである。

　　　　　　　　素　　材　　200個　@¥3,200　¥ 640,000
　　　　　　　　工場消耗品　240 〃　〃 150　¥　36,000
　　　　　　　　仕　掛　品（製造指図書＃/）　　　　¥3,160,000（原価計算表に記入済み）
　　　　　　　　賃　　金（未払高）　　　　　　　　　¥1,538,000

　　　　　ii　素材の消費高の計算は先入先出法，工場消耗品の消費数量の計算は棚卸計算法によっている。

　　　　　iii　賃金の消費高の計算には，作業時間/時間につき¥1,500の予定賃率を用いている。

　　　　　iv　製造間接費は部門別計算をおこない，直接作業時間を基準として予定配賦している。

　　　　　　　予定配賦率　　第/製造部門　¥850　　第2製造部門　¥600

<u>　取　　　引　</u>

/月 8日　素材および工場消耗品を次のとおり買い入れ，代金は掛けとした。

　　　　　　　　素　　材　　750個　@¥3,300　¥2,475,000
　　　　　　　　工場消耗品　900 〃　〃 150　¥ 135,000

　　//日　B製品（製造指図書＃2）の注文を受け，素材700個を消費して製造を開始した。

　　25日　本日分の賃金¥3,946,000について，所得税額¥317,000および健康保険料¥283,000を控除した正味支払額を小切手を振り出して支払った。

　　27日　A製品（製造指図書＃/）60個が完成した。なお，A製品の賃金予定消費高と製造部門費予定配賦高を次の作業時間によって計算し，原価計算表に記入した。ただし，賃金予定消費高と製造部門費予定配賦高を計上する仕訳は，月末におこなっている。

　　　　　　　製造指図書＃/　1,250時間（第/製造部門 380時間　第2製造部門 870時間）

　　3/日　①　工場消耗品の月末棚卸数量は160個であった。よって，消費高を計上した。（間接材料）

　　　　　②　当月の賃金予定消費高を次の作業時間によって計上した。ただし，消費賃金勘定を設けている。

		合計　　内訳	第/製造部門	第2製造部門
直接作業時間	製造指図書＃/	1,250時間	380時間	870時間
	製造指図書＃2	1,010時間	900時間	110時間
間接作業時間		340時間		

　　　　　③　上記②の直接作業時間によって，製造部門費を予定配賦した。

　　　　　④　健康保険料の事業主負担分¥283,000を計上した。

　　　　　⑤　当月の製造経費消費高を計上した。

　　　　　　　電　力　料　¥379,000　保　険　料　¥99,000　減価償却費　¥260,000

　　　　　⑥　製造間接費を次のように各部門に配分した。

　　　　　　　第/製造部門　¥873,000　　　第2製造部門　¥448,000
　　　　　　　動　力　部門　¥252,000　　　修　繕　部門　¥105,000

　　　　　⑦　補助部門費を次の配賦基準によって，各製造部門に配賦した。

配　賦　基　準		第/製造部門	第2製造部門	動　力　部　門	修　繕　部　門
動力部門費	kW数×運転時間数	40kW×600時間	20kW×800時間	———	10kW×200時間
修繕部門費	修　繕　回　数	4回	2回	/回	———

　　　　　⑧　当月の賃金実際消費高¥3,913,000を計上した。

　　　　　⑨　賃金の予定消費高と実際消費高との差額を，賃率差異勘定に振り替えた。

⑩　第/製造部門費の配賦差異を，製造部門費配賦差異勘定に振り替えた。
⑪　第2製造部門費の配賦差異を，製造部門費配賦差異勘定に振り替えた。

(1)

	借　　　　　　方	貸　　　　　　方
/月3/日⑨		

(2)

素　　　　　　材

/ / /	前　月　繰　越　　640,000	

製　造　間　接　費

第 / 製　造　部　門　費

(3)

製造指図書#/

原　価　計　算　表

直接材料費	直接労務費	製　造　間　接　費				集　　　計	
		部　門	時　間	配賦率	金　額	摘　　要	金　額
1,938,000	780,000	第/	520	850	442,000	直接材料費	
						直接労務費	
						製造間接費	
						製造原価	
						完成品数量	個
						製品単価	¥

(4)

部　門　費　振　替　表

相互配賦法　　　　　　　　令和○年/月分

部　門　費	配賦基準	金　額	製　造　部　門		補　助　部　門	
			第 / 部門	第 2 部門	動 力 部門	修 繕 部門
部門費合計		1,678,000	873,000	448,000	252,000	105,000
動力部門費	kW数×運転時間数				———	
修繕部門費	修 繕 回 数					———
第/次配賦額						
動力部門費	kW数×運転時間数					
修繕部門費	修 繕 回 数					
第2次配賦額						
製造部門費合計						

(5)

¥

18-11 個別原価計算を採用している高知製作所の下記の取引（一部）によって，次の各問いに答えなさい。

(1) 6月30日①と⑨の取引の仕訳を示しなさい。 （第90回一部修正）

(2) 素材勘定・仕掛品勘定・第2製造部門費勘定に必要な記入をおこない，締め切りなさい。なお，勘定記入は日付・相手科目・金額を示すこと。

(3) A製品（製造指図書#1）とB製品（製造指図書#2）の原価計算表を作成しなさい。

(4) 6月中の実際平均賃率を求めなさい。

ただし， i 前月繰越高は，次のとおりである。

素　材	100個	@¥5,400	¥540,000
工場消耗品	200 〃	〃〃 140	¥28,000
仕掛品（製造指図書#1）			¥1,996,000（原価計算表に記入済み）

ii 素材の消費高の計算は移動平均法，工場消耗品の消費数量の計算は棚卸計算法によっている。

iii 賃金の消費高は，作業時間1時間につき¥1,380の予定賃率を用いて計算し，消費賃金勘定を設けて記帳している。

iv 製造間接費は部門別計算をおこない，直接作業時間を配賦基準として予定配賦している。

	第1製造部門	第2製造部門
年間製造間接費（予　算　額）	¥6,600,000	¥4,560,000
年間予定直接作業時間（基準操業度）	13,200時間	12,000時間

取　引（一部）

6月 8日 素材および工場消耗品を次のとおり買い入れ，代金は掛けとした。

素　材	400個	@¥5,300	¥2,120,000
工場消耗品	650 〃	〃〃 140	¥91,000

12日 B製品（製造指図書#2）の注文を受け，素材300個を消費して製造を開始した。

27日 A製品（製造指図書#1）100個が完成した。なお，A製品の賃金予定消費高と製造部門費予定配賦高を，次の作業時間によって計算し，原価計算表に記入した。ただし，賃金予定消費高と製造部門費予定配賦高を計上する仕訳は，月末におこなっている。

製造指図書#1 1,200時間（第1製造部門 400時間　第2製造部門 800時間）

30日 ① 工場消耗品の月末棚卸数量は250個であった。よって，消費高を計上した。（間接材料）

② 当月の作業時間は，次のとおりであった。よって，当月の賃金予定消費高を計上した。

		合計　　内訳	第1製造部門	第2製造部門
直接作業時間	製造指図書#1	1,200時間	400時間	800時間
	製造指図書#2	900時間	700時間	200時間
間接作業時間		150時間		

③ 上記②の直接作業時間によって，製造部門費を予定配賦した。

④ 健康保険料の事業主負担分¥94,000を計上した。

⑤ 当月の製造経費消費高を計上した。

電力料 ¥138,000　保険料 ¥86,000　減価償却費 ¥400,000

⑥ 製造間接費を次のとおり各部門に配分した。

第1製造部門 ¥485,000　　第2製造部門 ¥374,000

動力部門　90,000　　修繕部門　60,000

⑦ 補助部門費を次の配賦基準によって，直接配賦法で各製造部門に配賦した。

	配賦基準	第1製造部門	第2製造部門
動力部門費	kW数×運転時間数	20kW×300時間	15kW×200時間
修繕部門費	修繕回数	3回	2回

⑧ 当月の賃金実際消費高¥3,195,000を計上した。

⑨　賃金の予定消費高と実際消費高との差額を，賃率差異勘定に振り替えた。
⑩　第１製造部門費の配賦差異を，製造部門費配賦差異勘定に振り替えた。
⑪　第２製造部門費の配賦差異を，製造部門費配賦差異勘定に振り替えた。

(1)

	借　　　　　方	貸　　　　　方
6月30日①		
30日⑨		

(2)

素　　　　　材

6 / 1	前　月　繰　越	540,000		

仕　　掛　　品

6 / 1	前　月　繰　越	1,996,000		

第　2　製　造　部　門　費

(3)

製造指図書#1　　　　　原　価　計　算　表

直接材料費	直接労務費	製　造　間　接　費				集　　　　計	
		部　門	時　間	配賦率	金　額	摘　　要	金　　額
1,620,000	276,000	第1	200	500	100,000	直接材料費	
						直接労務費	
						製造間接費	
						製造原価	
						完成品数量	個
						製品単価	¥

製造指図書#2　　　　　原　価　計　算　表

直接材料費	直接労務費	製　造　間　接　費				集　　　　計	
		部　門	時　間	配賦率	金　額	摘　　要	金　　額
						直接材料費	
						直接労務費	

(4)

6月中の実際平均賃率	¥

19 月末仕掛品原価の計算(1)（平均法）

要点の整理

① 総合原価計算

総合原価計算は，同じ種類または異なる種類の製品を連続して製造する場合に用いられる。

総合原価計算 ┤ ① 単純総合原価計算
　　　　　　　② 等級別総合原価計算
　　　　　　　③ 組別総合原価計算

　総合原価計算では，月初仕掛品原価に当月製造費用を加え，月末仕掛品原価を差し引き，一原価計算期間の完成品原価を計算する。そのため，月末仕掛品原価の計算が重要である。

② 月末仕掛品原価の計算

平 均 法

(1) 素材が製造着手のときにすべて投入される場合

> 月末仕掛品素材費＝（月初仕掛品素材費＋当月素材費）× $\dfrac{\text{月末仕掛品数量}}{\text{完成品数量＋月末仕掛品数量}}$
>
> 月末仕掛品加工費＝（月初仕掛品加工費＋当月加工費）× $\dfrac{\text{月末仕掛品の完成品換算数量}}{\text{完成品数量＋月末仕掛品の完成品換算数量}^*}$
>
> 　＊月末仕掛品の完成品換算数量＝月末仕掛品数量×加工進捗度
> 月末仕掛品原価＝月末仕掛品素材費＋月末仕掛品加工費

(2) 素材が製造の進行に応じて投入される場合

> 月末仕掛品素材費＝（月初仕掛品素材費＋当月素材費）× $\dfrac{\text{月末仕掛品の完成品換算数量}}{\text{完成品数量＋月末仕掛品の完成品換算数量}}$

　月末仕掛品加工費は上の式に準じる。したがって，素材費と加工費の加工進捗度が同じときは，素材費と加工費を区別しないで計算できる。

> 月末仕掛品原価＝（月初仕掛品原価＋当月製造費用）× $\dfrac{\text{月末仕掛品の完成品換算数量}}{\text{完成品数量＋月末仕掛品の完成品換算数量}}$

例 次の資料によって，平均法により月末仕掛品原価を計算する。

① 生産データ

　　月初仕掛品　　40個（加工進捗度25％）
　　当月投入　　160個
　　　合　計　　200個
　　月末仕掛品　　80個（加工進捗度50％）
　　完　成　品　120個

② 月初仕掛品原価　素材費 ¥ 38,400
　　　　　　　　　加工費 ¥ 35,200

③ 当月製造費用　素材費 ¥144,000
　　　　　　　　加工費 ¥600,000

(1)の場合

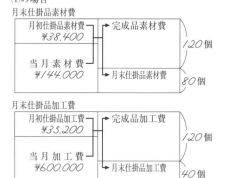

(1) 素材が製造着手のときにすべて投入される場合

　月末仕掛品素材費

　$(¥38,400＋¥144,000)×\dfrac{80\text{個}}{120\text{個}＋80\text{個}}＝¥72,960$

　月末仕掛品加工費

　$(¥35,200＋¥600,000)×\dfrac{80\text{個}×50％}{120\text{個}＋80\text{個}×50％}＝¥158,800$

　月末仕掛品原価
　¥72,960＋¥158,800＝¥231,760

(2) 素材が製造の進行に応じて投入される場合

　月末仕掛品原価

　$\{(¥38,400＋¥35,200)＋(¥144,000＋¥600,000)\}×\dfrac{80\text{個}×50％}{120\text{個}＋80\text{個}×50％}＝¥204,400$

━━━━━ 基 本 問 題 ━━━━━

⓳-1 次の資料によって，月末仕掛品原価を平均法によって計算しなさい。ただし，素材は製造着手のときにすべて投入されるものとする。

(a) 生産データ

月初仕掛品	150個	（加工進捗度40％）
当月投入	1,800個	
合　計	1,950個	
月末仕掛品	250個	（加工進捗度60％）
完成品	1,700個	

(b) 月初仕掛品原価　　素材費 ¥ 34,000　　加工費 ¥ 28,500

(c) 当月製造費用　　素材費 ¥317,000　　加工費 ¥434,000

計　算　式

━━━━━ 練 習 問 題 ━━━━━

⓳-2 次の資料によって，月末仕掛品原価を平均法によって計算しなさい。ただし，素材は製造の進行に応じて投入されるものとする。

(a) 生産データ

月初仕掛品	200個	（加工進捗度50％）
当月投入	1,900個	
合　計	2,100個	
月末仕掛品	100個	（加工進捗度60％）
完成品	2,000個	

(b) 月初仕掛品原価　　素材費 ¥ 60,200　　加工費 ¥120,400

(c) 当月製造費用　　素材費 ¥372,400　　工場消耗品費 ¥ 25,000

　　　　　　　　　　　労務費 ¥421,880　　経費 ¥297,920

月末仕掛品原価	¥

▮▮▮▮▮▮▮▮▮▮▮▮▮▮▮ 検 定 問 題 ▮▮▮▮▮▮▮▮▮▮▮▮▮▮▮

⓳-3 次の資料によって，仕掛品勘定の記入面を示しなさい。ただし，月末仕掛品原価の計算は平均法によること。なお，素材は製造着手のときに投入される。　　　　　　　（第53回一部修正）

(1) 月初仕掛品原価 ¥803,000（素材費 ¥615,000　加工費 ¥188,000）

(2) 当月製造費用　素材費 ¥5,190,000　　工場消耗品費 ¥249,000

　　　　　　　　　労務費 ¥2,941,000　　経費 ¥798,000

(3) 当月完成品数量　4,200個

(4) 月末仕掛品数量　300個（加工進捗度50％）

仕　　　掛　　　品						
前 月 繰 越	(	)	(	)	(	)
(	)	(	)	(	)	(	)
(	)	(	)			
(	)	(	)			
(	)	(	)			
		(	)	(	)	

20 月末仕掛品原価の計算(2)（先入先出法）

要点の整理

① 月末仕掛品原価の計算

先入先出法

(1) 素材が製造着手のときにすべて投入される場合

$$月末仕掛品素材費＝当月素材費×\frac{月末仕掛品数量}{（完成品数量－月初仕掛品数量）＋月末仕掛品数量}$$

$$月末仕掛品加工費＝当月加工費×\frac{月末仕掛品の完成品換算数量}{（完成品数量－月初仕掛品の完成品換算数量）＋月末仕掛品の完成品換算数量}$$

$$月末仕掛品原価＝月末仕掛品素材費＋月末仕掛品加工費$$

(2) 素材が製造の進行に応じて投入される場合

$$月末仕掛品素材費＝当月素材費×\frac{月末仕掛品の完成品換算数量}{（完成品数量－月初仕掛品の完成品換算数量）＋月末仕掛品の完成品換算数量}$$

月末仕掛品加工費は上の式に準じる。したがって，素材費と加工費の加工進捗度が同じときは，素材費と加工費は区別しないで計算できる。

$$月末仕掛品原価＝当月製造費用×\frac{月末仕掛品の完成品換算数量}{（完成品数量－月初仕掛品の完成品換算数量）＋月末仕掛品の完成品換算数量}$$

例 次の資料によって，先入先出法により月末仕掛品原価を計算する。

① 生産データ
 月初仕掛品 *40*個（加工進捗度25 %）
 当月投入 *160*個
 合 計 *200*個
 月末仕掛品 *80*個（加工進捗度50 %）
 完 成 品 *120*個

(1)の場合
月末仕掛品素材費

② 月初仕掛品原価
 素材費 ¥ *38,400*
 加工費 ¥ *35,200*

月末仕掛品加工費

③ 当月製造費用
 素材費 ¥*144,000*
 加工費 ¥*600,000*

(1) 素材が製造着手のときにすべて投入される場合
 月末仕掛品素材費

$$¥144,000×\frac{80個}{（120個－40個）＋80個}＝¥72,000$$

 月末仕掛品加工費

$$¥600,000×\frac{80個×50 \%}{（120個－40個×25 \%）＋80個×50 \%}＝¥160,000$$

 月末仕掛品原価

$$¥72,000＋¥160,000＝¥232,000$$

(2) 素材が製造の進行に応じて投入される場合
 月末仕掛品原価

$$（¥144,000＋¥600,000）×\frac{80個×50 \%}{（120個－40個×25 \%）＋80個×50 \%}＝¥198,400$$

―――――**基本問題**―――――

⓴-1 次の資料によって，月末仕掛品原価を先入先出法によって計算しなさい。ただし，素材は製造着手のときにすべて投入されるものとする。

(a) 生産データ
  月初仕掛品 *400*個（加工進捗度*60*％）
  当月投入 *3,360*個
   合 計 *3,760*個
  月末仕掛品 *560*個（加工進捗度*50*％）
  完 成 品 *3,200*個
(b) 月初仕掛品原価 素材費 ¥*80,000*   加工費 ¥*27,060*
(c) 当月製造費用 素材費 ¥*672,000*   加工費 ¥*388,800*

計 算 式

―――――**練習問題**―――――

⓴-2 次の資料によって，月末仕掛品原価を先入先出法によって計算しなさい。ただし，素材は製造の進行に応じて投入されるものとする。

(a) 生産データ
  月初仕掛品 *400*個（加工進捗度*50*％）
  当月投入 *3,800*個
   合 計 *4,200*個
  月末仕掛品 *200*個（加工進捗度*60*％）
  完 成 品 *4,000*個
(b) 月初仕掛品原価 素材費 ¥*120,400*   加工費 ¥*240,800*
(c) 当月製造費用 素材費 ¥*744,800*   労務費 ¥*893,760*   経 費 ¥*595,840*

月 末 仕 掛 品 原 価	¥

―――――**検定問題**―――――

⓴-3 次の資料によって，仕掛品勘定に記入し，月末仕掛品の素材費と加工費を求めなさい。
  ただし，ⅰ 素材は製造着手のときにすべて投入する。   （第56回一部修正）
     ⅱ 月末仕掛品原価の計算は，先入先出法によること。

(1) 月初仕掛品原価 *100*個（加工進捗度*50*％）   素材費 ¥*67,000*   加工費 ¥*51,000*
(2) 当月製造費用 素 材 費 ¥*625,000*   工場消耗品費 ¥*42,000*
         労 務 費 ¥*904,000*   経   費 ¥*170,000*
(3) 当月完成品数量 *900*個
(4) 月末仕掛品数量 *200*個（加工進捗度*40*％）

仕		掛		品	
前 月 繰 越（	）（	）（	）
（	）（	）（	）（	）
（	）（	）
（	）（	）
（	）（	）
（	）（	）

月末仕掛品素材費	¥

月末仕掛品加工費	¥

21 単純総合原価計算

① 単純総合原価計算

単純総合原価計算は，製粉業・セメント製造業などのように同じ種類の製品を連続して大量生産する製造業で用いられる原価計算の方法である。

② 原価計算の方法

当月製造費用に月初仕掛品原価を加え，月末仕掛品原価を差し引き，完成品原価を計算する。完成品原価を当月の完成品数量で割って製品単価を求める。この手続きは，単純総合原価計算表を作成しておこなう。

③ 単純総合原価計算の記帳法

単純総合原価計算は，製品の種類が同じであるため，原価要素を製造直接費と製造間接費に分ける必要がない。したがって，製造間接費勘定は設けない。

例 単純総合原価計算を採用している滋賀製作所は，/月分の水道料消費高 ¥/,000 を計上した。

(借) 仕 掛 品 /,000　　(貸) 水 道 料 /,000

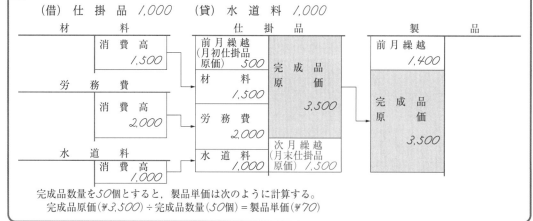

完成品数量を50個とすると，製品単価は次のように計算する。

完成品原価(¥3,500) ÷ 完成品数量(50個) = 製品単価(¥70)

基本問題

21-1 島根製作所の下記の資料によって，単純総合原価計算表を完成しなさい。

ただし，i 素材は製造着手のときにすべて投入され，加工費は製造の進行に応じて消費される。

ii 月末仕掛品原価の計算は平均法による。

資　料

(a) 生産データ

月初仕掛品　600個（加工進捗度50％）

当 月 投 入　5,000個

合　計　5,600個

月末仕掛品　800個（加工進捗度55％）

完 成 品　4,800個

(b) 月初仕掛品原価　素 材 費 ¥/04,000　加 工 費 ¥/30,000

(c) 当月製造費用　素 材 費 ¥680,000　工場消耗品費 ¥360,000

　　　　　　　　　労 務 費 ¥860,000　経　費 ¥484,000

単 純 総 合 原 価 計 算 表

島根製作所　　　　　　　　　　令和○年/月分

摘　　　要	素　材　費	加　工　費	合　　計
当 月 製 造 費 用			
材　料　費	680,000	360,000	
労　務　費	――	860,000	
経　　費	――		
計	680,000		
月 初 仕 掛 品 原 価	104,000		
計	784,000		
月 末 仕 掛 品 原 価		154,000	
完 成 品 原 価			
完 成 品 数 量	4,800個	4,800個	4,800個
製 品 単 価	¥	¥	¥

ポイント 素材費の月末仕掛品原価＝¥784,000×$\dfrac{800個}{4,800個+800個}$

21-2 次の取引の仕訳を示しなさい。

(1) 単純総合原価計算を採用している岡山製作所の当月の材料消費高は，次のとおりであった。
　　　素　　　材 ¥50,000　　工場消耗品 ¥30,000

(2) 単純総合原価計算を採用している広島製作所では，当月の賃金消費高¥70,000，給料消費高 ¥40,000 を計上した。

(3) 単純総合原価計算を採用している山口製作所では，月末に健康保険料の事業主負担分¥90,000 を計上した。

(4) 単純総合原価計算を採用している鳥取製作所では，月末に電力料の測定高¥10,000，減価償却費の月割額¥30,000 を計上した。

	借　　　　方	貸　　　　方
(1)		
(2)		
(3)		
(4)		

ポイント (1) 単純総合原価計算では製造間接費勘定を使用しない。

練習問題

21-3 次の取引の仕訳を示しなさい。
(1) 単純総合原価計算を採用している三重製作所で、月末に機械の減価償却費の月割額¥300,000 を計上した。
(2) 単純総合原価計算を採用している松山製作所は、月末に工場従業員に対する賞与の月割額を計上した。ただし、半期分（6か月）の賞与の支払予定額は¥3,000,000である。
(3) 単純総合原価計算を採用している高知製作所は、工場の従業員に対する退職給付費用について、月末に当月分の消費高¥70,000（月割額）を計上した。

	借 方	貸 方
(1)		
(2)		
(3)		

21-4 (1) 徳島製作所の下記の資料によって、単純総合原価計算表を完成しなさい。
ただし、i 素材は製造着手のときにすべて投入され、加工費は製造の進行に応じて消費される。
ii 月末仕掛品原価の計算は平均法による。
(2) 月末仕掛品原価を先入先出法によって計算しなさい。

資　料
(a) 生産データ
月初仕掛品　400個（加工進捗度60%）
当月投入　3,600個
合　計　4,000個
月末仕掛品　1,000個（加工進捗度50%）
完成品　3,000個
(b) 月初仕掛品原価　素材費 ¥576,000　加工費 ¥175,000
(c) 当月製造費用　素材費 ¥2,016,000　工場消耗品費 ¥110,000
　　　　　　　　労務費 ¥813,200　経費 ¥217,800

(1)
単純総合原価計算表
徳島製作所　　　　　令和○年/月分

摘　要	素 材 費	加 工 費	合 計
当月製造費用			
材 料 費			
労 務 費			
経 費			
計			
月初仕掛品原価			
計			
月末仕掛品原価			
完 成 品 原 価			
完 成 品 数 量	3,000個	3,000個	3,000個
製 品 単 価	¥	¥	¥

(2)

先入先出法による月末仕掛品原価	¥

||||||||||||||||||||||||||||||||||||||||||||検定問題||||||||||||||||||||||||||||||||||||||||||||

㉑-5 次の取引の仕訳を示しなさい。

(1) 単純総合原価計算を採用している富山製作所では，月末に特許権使用料の月割額を計上した。ただし，/年分の特許権使用料は¥4,800,000である。 （第93回一部修正）

(2) 単純総合原価計算を採用している新潟製作所，月末に工場の機械に対する減価償却費の月割額を消費高として計上した。ただし，/年分の減価償却費は¥264,000である。 （第92回一部修正）

(3) 単純総合原価計算を採用している岩手製作所は，月末に工場の従業員に対する賞与の月割額を計上した。なお，半年分の賞与の支払予定額は¥3,480,000である。 （第89回一部修正）

(4) 単純総合原価計算を採用している茨城工業株式会社は，月末に当月分の特許権使用料¥270,000および工場の建物に対する減価償却費¥190,000を消費高として計上した。 （第87回一部修正）

(5) 単純総合原価計算を採用している香川工業株式会社は，月末に工場の建物に対する保険料の月割額を消費高として計上した。ただし，/年分の保険料は¥576,000である。 （第79回一部修正）

(6) 単純総合原価計算を採用している高知製作所は，当月分の修繕料の消費高を計上した。ただし，前月未払高は¥4,000であり，当月支払高は¥72,000 当月未払高は¥6,000である。（第67回一部修正）

(7) 単純総合原価計算を採用している香川製作所は，当月分の電力料の消費高を計上した。ただし，消費高のうち20％は，販売費及び一般管理費勘定で処理する。 （第55回一部修正）

当月支払高 ¥203,000　　当月測定高 ¥205,000

	借　　　　　方	貸　　　　　方
(1)		
(2)		
(3)		
(4)		
(5)		
(6)		
(7)		

21-6 山梨製作所は，単純総合原価計算を採用し，A製品を製造している。下記の資料と仕掛品勘定によって，

(1) 単純総合原価計算表を完成しなさい。

(2) 仕掛品勘定の特許権使用料（アの金額）を求めなさい。 （第91回一部修正）

ただし，i 素材は製造着手のときにすべて投入され，加工費は製造の進行に応じて消費されるものとする。

ii 月末仕掛品原価の計算は平均法による。

資　料

a．生産データ

月初仕掛品　　800個（加工進捗度50%）
当月投入　　3,950個
合　計　　4,750個
月末仕掛品　　750個（加工進捗度40%）
完成品　　4,000個

b．月初仕掛品原価

素材費　¥1,502,000
加工費　¥410,000

c．当月製造費用

素材費　¥6,478,000
加工費　¥4,836,000

仕　掛　品			
前月繰越	(　　　)	製　品	(　　　)
素　材	(　　　)	次月繰越	(　　　)
工場消耗品	684,000		
賃　金	2,204,000		
従業員賞与手当	1,136,000		
健康保険料	260,000		
特許権使用料	(　ア　)		
減価償却費	213,000		
電力料	97,000		
雑費	56,000		
(　　　)		(　　　)	

(1)

単純総合原価計算表
令和○年1月分

摘　　要	素　材　費	加　工　費	合　　計
材　料　費	6,478,000	684,000	7,162,000
労　務　費		3,600,000	3,600,000
経　　費		552,000	552,000
計	6,478,000	4,836,000	11,314,000
月初仕掛品原価	1,502,000	410,000	1,912,000
計	7,980,000	5,246,000	13,226,000
月末仕掛品原価	1,260,000	366,000	1,626,000
完成品原価	6,720,000	4,880,000	11,600,000
完成品数量	4,000個	4,000個	4,000個
製品1個あたりの原価	¥1,680	¥1,220	¥2,900

(2)

仕掛品勘定の特許権使用料 （ア　の　金　額）	¥186,000

21-7 鳥取製作所は，単純総合原価計算を採用し，A製品を製造している。次の資料によって，単純総合原価計算表と製品勘定を完成しなさい。 （第75回一部修正）

ただし， i 素材の消費高の計算は予定価格法による。

ii 素材は製造着手のときにすべて投入され，加工費は製造の進行に応じて消費されるものとする。

iii 月末仕掛品原価の計算は平均法による

iv 売上製品の払出単価の計算は先入先出法による。

資　料

a．当月製造費用

① 素　　　材　当月実際消費数量 4,800個　予定価格 @¥1,250　実際価格 @¥1,300

② 工場消耗品　月初棚卸高 ¥ 106,000　当月仕入高 ¥ 678,000　月末棚卸高 ¥134,000

③ 賃　　　金　前月未払高 ¥ 402,000　当月支払高 ¥2,425,000　当月未払高 ¥398,000

④ 減価償却費　年間見積高 ¥6,276,000

⑤ 電　力　料　当月支払高 ¥ 340,000　当月測定高 ¥ 326,000

⑥ 雑　　　費　当月消費高 ¥ 205,000

b．仕　掛　品　月末棚卸数量 500個（加工進捗度40 %）

c．製　　　品　月初棚卸数量 200個　当月完成品数量 2,500個　当月販売数量 2,400個

単 純 総 合 原 価 計 算 表

令和○年/月分

摘　　　　要	素　材　費	加　工　費	合　　　計
材　料　費			
労　務　費			
経　　　費			
計			
月 初 仕 掛 品 原 価	1,410,000		
計		4,590,000	
月 末 仕 掛 品 原 価			
完 成 品 原 価			
完 成 品 数 量	2,500個	2,500個	2,500個
製 品 単 価	¥	¥	¥

製　　　　　　　品

前 月 繰 越	780,000	(	)(	)
(	)(	)	次 月 繰 越	1,251,000
	(	)		(	)

21-8 北海道製作所は，単純総合原価計算を採用し，A製品を製造している。次の資料によって，仕掛品勘定と単純総合原価計算表を完成しなさい。 (第68回一部修正)

ただし， i 素材は製造着手のときにすべて投入され，加工費は製造の進行に応じて消費されるものとする。

ii 月末仕掛品原価の計算は先入先出法による。

資　料
a　生産データ
月初仕掛品　　300個（加工進捗度40％）
当月投入　1,100個
合　計　1,400個
月末仕掛品　　200個（加工進捗度50％）
完成品　1,200個
b. 電力料　当月支払高 ¥350,000　　当月測定高 ¥360,000
ただし，消費高のうち10％は販売費及び一般管理費に区分される。

仕　掛　品

前 月 繰 越	1,509,000	製　　　品 (7,656,000)
素　　　材	4,345,000	次 月 繰 越 (1,030,000)
工 場 消 耗 品	401,000	
賃　　　金	1,560,000	
従業員賞与手当	390,000	
健 康 保 険 料	69,000	
減 価 償 却 費	75,000	
電 力 料	(324,000)	
雑　　　費	13,000	
	(8,686,000)	(8,686,000)

単 純 総 合 原 価 計 算 表
令和○年6月分

摘　　　　要	素　材　費	加　工　費	合　　　計
材　料　費	4,345,000	401,000	4,746,000
労　務　費		2,019,000	2,019,000
経　　　費		412,000	412,000
計	4,345,000	2,832,000	7,177,000
月初仕掛品原価	1,245,000	264,000	1,509,000
計	5,590,000	3,096,000	8,686,000
月末仕掛品原価	790,000	240,000	1,030,000
完 成 品 原 価	4,800,000	2,856,000	7,656,000
完 成 品 数 量	1,200個	1,200個	1,200個
製 品 単 価	¥ 4,000	¥ 2,380	¥ 6,380

21-9 栃木製作所は，単純総合原価計算を採用し，A製品を製造している。下記の資料と仕掛品勘定によって，

(1) 単純総合原価計算表を完成しなさい。

(2) 仕掛品勘定の電力料（アの金額）を求めなさい。　　　　　　　　　　　（第80回一部修正）

　　　ただし，i　素材は製造着手のときにすべて投入され，加工費は製造の進行に応じて消費されるものとする。

　　　　　　　ii　月末仕掛品原価の計算は平均法による。

仕　掛　品

前月繰越（　　　　）	製　　品（　　　　）
素　材（　　　　）	次月繰越（　　　　）
工場消耗品 561,000	
賃　金 1,750,000	
従業員賞与手当 513,000	
健康保険料 70,000	
減価償却費 160,000	
電力料（　ア　）	
雑　費 12,000	
（　　　　）	（　　　　）

資　　料

a．生産データ

月初仕掛品	500個（加工進捗度40%）
当月投入	2,500個
合　計	3,000個
月末仕掛品	400個（加工進捗度60%）
完成品	2,600個

b．月初仕掛品原価

　素　材　費　¥1,150,000

　加　工　費　¥　208,000

c．当月製造費用

　素　材　費　¥6,350,000

　加　工　費　¥3,200,000

(1)
単 純 総 合 原 価 計 算 表
令和○年6月分

摘　　　要	素　材　費	加　工　費	合　　　計
材　料　費			
労　務　費			
経　　　費			
計			
月初仕掛品原価	1,150,000	208,000	1,358,000
計			
月末仕掛品原価			
完成品原価			
完成品数量	個	個	個
製品単価	¥	¥	¥

(2)

仕掛品勘定の電力料（ア の 金 額）	¥

21-10 石川工業株式会社は，単純総合原価計算を採用し，A製品を製造している。下記の資料によって，次の各問いに答えなさい。 (第77回一部修正)

(1) ／月中の取引の仕訳を示しなさい。

(2) 賃金勘定と仕掛品勘定に記入して締め切りなさい。なお，勘定記入は日付・相手科目・金額を示すこと。

(3) 単純総合原価計算表を完成しなさい。

ただし， i 前月繰越高は，次のとおりである。

素　　　材　　　450kg　@¥4,560　¥2,052,000
工場消耗品　2,350個　〃　　60　¥ 141,000
仕　掛　品　¥969,000 (うち，素材費¥672,000　加工費¥297,000)
賃　　　金 (未払高)　　　　　¥ 684,000

ii 素材の消費高の計算は先入先出法により，工場消耗品の消費数量の計算は棚卸計算法によっている。

iii 賃金の消費高の計算には，作業時間／時間につき¥1,160の予定賃率を用いている。

iv 素材は製造着手のときにすべて投入され，加工費は製造の進行に応じて消費されるものとする。

v 月末仕掛品原価の計算は平均法による。

vi 勘定記入は，日付・相手科目・金額を示すこと。

取　　引

／月 4日　素材400kgを消費した。

　　 8日　素材および工場消耗品を次のとおり買い入れ，代金は掛けとした。

素　　　材　　1,000kg　@¥4,640　¥4,640,000
工場消耗品　16,000個　〃　　60　¥ 960,000

　　 /0日　事業主負担分の健康保険料¥148,000と従業員から預かっている健康保険料¥148,000をともに現金で支払った。

　　 /3日　素材950kgを消費した。

　　 2/日　製造経費を次のとおり小切手を振り出して支払った。

電 力 料　¥216,000　保 険 料　¥876,000　雑　　費　¥21,000

　　 25日　賃金を次のとおり小切手を振り出して支払った。

賃金総額　¥3,170,000

うち，控除額　所 得 税　¥298,000　健康保険料　¥148,000

　　 3/日　① 工場消耗品の月末棚卸数量は2,000個であった。よって，消費高を計上した。

　　　　　② 当月の作業時間は2,750時間であった。よって，賃金の予定消費高を計上した。ただし，消費賃金勘定を設けている。

　　　　　③ 健康保険料の事業主負担分¥148,000を計上した。

　　　　　④ 当月の製造経費消費高を次のとおり計上した。

電 力 料　¥205,000　保 険 料　¥73,000
減価償却費　¥575,000　雑　　費　¥22,000

　　　　　⑤ 当月の生産データは次のとおりであった。よって，完成品原価を計上した。

月初仕掛品　　600個 (加工進捗度55％)
当 月 投 入　5,400個
合　　計　　6,000個
月末仕掛品　　400個 (加工進捗度45％)
完 成 品　　5,600個

　　　　　⑥ 当月の賃金実際消費高¥3,245,000を計上した。

　　　　　⑦ 賃金の予定平均賃率による消費高と実際消費高との差額を，賃率差異勘定に振り替えた。

(1)

	借　　方	貸　　方
/月 4日		
8日		
/0日		
/3日		
2/日		
25日		
3/日 ①		
②		
③		
④		
⑤		
⑥		
⑦		

(2)

賃　　金
1/1 前月繰越 684,000

仕　掛　品
1/1 前月繰越 969,000

(3)

単純総合原価計算表
令和○年/月分

摘　　要	素 材 費	加 工 費	合 計
材 料 費			
労 務 費			
経 費			
計			
月初仕掛品原価			
計			
月末仕掛品原価			
完成品原価			
完成品数量	個	個	個
製品単価	¥	¥	¥

21-11 九州工業株式会社は，単純総合原価計算を採用し，A製品を製造している。下記の資料によって，次の各問いに答えなさい。 (第83回一部修正)

(1) ／月／／日と／月3／日⑦の取引の仕訳を示しなさい。
(2) 消費賃金勘定・仕掛品勘定に必要な記入をおこない，締め切りなさい。なお，勘定記入は日付・相手科目・金額を示すこと。
(3) 単純総合原価計算表を完成しなさい。
(4) ／月末の賃金未払高を求めなさい。

ただし， i 前月繰越高は，次のとおりである。

    素　　　材　　300kg　@¥／,520　¥456,000
    工場消耗品　　600個　　〃　　70　¥ 42,000
    仕　掛　品　　¥972,000 （うち，素材費¥600,000　加工費¥372,000）
    賃　　　金　（未払高）¥657,000
    健康保険料預り金　¥／59,000

ii 素材の消費高は，仕入単価が変動するため，／kgあたり¥／,500の予定価格を用いて計算し，消費材料勘定を設けて記帳している。なお，実際消費高の計算は総平均法によっている。

iii 工場消耗品の消費数量の計算は棚卸計算法によっている。

iv 賃金の消費高は，作業時間／時間につき¥／,260の予定賃率を用いて計算し，消費賃金勘定を設けて記帳している。

v 素材は製造着手のときにすべて投入され，加工費は製造の進行に応じて消費されるものとする。

vi 月末仕掛品原価の計算は先入先出法による。

<u>取　　　引</u>

／月　6日　素材および工場消耗品を次のとおり買い入れ，代金は掛けとした。

    素　　　材　　／,700kg　@¥／,500　¥2,550,000
    工場消耗品　6,200個　　〃　　70　¥ 434,000

／／日　事業主負担分の健康保険料¥／59,000と従業員から預かっている健康保険料¥／59,000をともに現金で支払った。

／2日　素材を次のとおり買い入れ，代金は掛けとした。

    素　　　材　　2,600kg　@¥／,480　¥3,848,000

20日　製造経費を次のとおり小切手を振り出して支払った。

    電　力　料　¥273,000　　保　険　料　¥9／2,000

25日　賃金を次のとおり小切手を振り出して支払った。

    賃　金　総　額　¥3,540,000
    うち，控除額　所　得　税　¥283,000　　健康保険料　¥／59,000

3／日　① 当月の素材消費数量は4,200kgであった。よって，素材の予定消費高を計上した。
　　　② 工場消耗品の月末棚卸数量は500個であった。よって，消費高を計上した。
　　　③ 当月の作業時間は2,700時間であった。よって，賃金の予定消費高を計上した。
　　　④ 健康保険料の事業主負担分¥／59,000を計上した。
　　　⑤ 当月の製造経費消費高を次のとおり計上した。

    電　力　料　¥269,000　　保　険　料　¥76,000　　減価償却費　¥93／,000

　　　⑥ 当月の生産データは次のとおりであった。よって，完成品原価を計上した。

    月初仕掛品　　200個（加工進捗度60％）
    当月投入　　2,／00個
    合　　計　　2,300個
    月末仕掛品　　300個（加工進捗度50％）
    完　成　品　2,000個

　　　⑦ 当月の素材実際消費高を計上した。なお，消費数量は4,200kgである。
　　　⑧ 当月の賃金実際消費高¥3,429,000を計上した。
　　　⑨ 素材の予定消費高と実際消費高との差額を，材料消費価格差異勘定に振り替えた。
　　　⑩ 賃金の予定消費高と実際消費高との差額を，賃率差異勘定に振り替えた。

(1)

	借　　　　　方	貸　　　　　方
/月//日		
3/日⑦		

(2)

消　費　賃　金

仕　掛　品

/// 前 月 繰 越　972,000	

(3)

単 純 総 合 原 価 計 算 表
令和○年/月分

摘　　　要	素 材 費	加 工 費	合　　　計
材 料 費			
労 務 費			
経 費			
計			
月 初 仕 掛 品 原 価			
計			
月 末 仕 掛 品 原 価			
完 成 品 原 価			
完 成 品 数 量	個	個	個
製 品 単 価	¥	¥	¥

(4)

/月末の賃金未払高　¥

22 等級別総合原価計算

要点の整理

① 等級別総合原価計算

等級別総合原価計算は，衣料品製造業・醸造業などのように同じ製造工程から種類は同じであるが，大きさ・重さ・品質などが異なる製品（等級製品）を連続して生産する製造業で用いられる原価計算の方法である。

② 原価計算の方法

① 各等級製品の重量などによって**等価係数**を決める。
② 各等級製品の等価係数に完成品数量を掛けて**積数**を求める。
③ 一原価計算期間の完成品の総合原価を積数の比で各等級製品に比例配分する。
④ 各等級製品の製造原価を各等級製品の完成品数量で割って製品単価（単位原価）を計算する。

例 次の資料によって，等級別総合原価計算表を作成し，製品が完成したときの仕訳を示しなさい。

(1) 月初仕掛品原価　¥5,000
(2) 当月製造費用　材料費 ¥10,000　労務費 ¥13,000　経費 ¥9,000
(3) 月末仕掛品原価　¥7,000
(4) 完成品数量　1級製品 40個　2級製品 50個　3級製品 80個
(5) 製品1個の重量　1級製品 6kg　2級製品 4kg　3級製品 2kg
(6) 等価係数は，製品1個あたりの重量を基準として定める。

等級別総合原価計算表
令和○年1月分

等級別製品	重　量	等価係数	完成品数量	積　数	等級別製造原価	製品単価
1 級 製 品	6kg	3	40個	120	12,000	¥ 300
2 級 製 品	4 〃	2	50 〃	100	10,000	〃 200
3 級 製 品	2 〃	1	80 〃	80	8,000	〃 100
				300	30,000	

（表の見出し上）① ② ④ ⑤

① 等価係数を計算する。　6kg：4kg：2kg＝3：2：1
② 積数＝等価係数×完成品数量を計算する。
　　3×40個＝120　　2×50個＝100　　1×80個＝80
③ 当月完成品総合原価を計算する。
　　¥5,000＋(¥10,000＋¥13,000＋¥9,000)－¥7,000＝¥30,000
　　月初仕掛品原価　材料費　労務費　経費　月末仕掛品原価　当月完成品総合原価
④ 当月完成品総合原価を積数の比で比例配分し，等級別製造原価を計算する。
　　$¥30,000×\dfrac{120}{300}=¥12,000$　　$¥30,000×\dfrac{100}{300}=¥10,000$　　$¥30,000×\dfrac{80}{300}=¥8,000$
⑤ 製品単価を計算する。
　　¥12,000÷40個＝¥300　　¥10,000÷50個＝¥200　　¥8,000÷80個＝¥100
⑥ 製品が完成したときの仕訳
　　(借) 1 級 製 品　12,000　　(貸) 仕 掛 品　30,000
　　　　 2 級 製 品　10,000
　　　　 3 級 製 品　 8,000

③ 等級別総合原価計算の記帳法

上記の例によって記帳関係を図示すれば次のとおりである。

基本問題

22-1 次の資料によって，等級別総合原価計算表を作成し，製品が完成したときの仕訳を示しなさい。ただし，等価係数は，製品 / 個あたりの重量を基準とする。

(a) 月初仕掛品原価　¥142,000

(b) 当月製造費用　材料費 ¥354,000　労務費 ¥483,800　経費 ¥125,600

(c) 月末仕掛品原価　¥71,000

(d) 完成品数量および製品 / 個の重量

製　　品	製品 / 個の重量	完成品数量
1 級 製 品	16kg	260個
2 級 製 品	12 〃	360 〃
3 級 製 品	8 〃	400 〃

等 級 別 総 合 原 価 計 算 表
令和○年 1 月分

等級別製品	重　　量	等 価 係 数	完成品数量	積　　数	等級別製造原価	製 品 単 価
1 級 製 品						¥
2 級 製 品						〃
3 級 製 品						〃

借　　　　方	貸　　　　方

ポイント ① 等価係数を計算する。② 積数＝等価係数×完成品数量を計算する。③ 当月完成品総合原価を計算する。④ 当月完成品総合原価を積数の比で比例配分し，等級別製造原価を計算する。⑤ 製品単価＝等級別製造原価÷完成品数量を計算する。

練習問題

22-2 静岡製作所は，等級別総合原価計算を採用し，1 級製品・2 級製品・3 級製品の 3 種類の製品を製造している。下記の資料によって，等級別総合原価計算表を作成し，次の金額を求めなさい。ただし，等価係数は，製品 1 個あたりの重量を基準とする。

(1) 1 級製品の製造原価　(2) 2 級製品の製品単価　(3) 3 級製品の売上原価

資　　料

ⅰ 当月完成品総合原価　¥2,220,000

ⅱ

	1 級製品	2 級製品	3 級製品
1 個あたりの重量	200 g	160 g	120 g
月 初 棚 卸 数 量	400個	480個	200個
月 末 棚 卸 数 量	440 〃	520 〃	260 〃
当月完成品数量	6,000 〃	8,000 〃	4,000 〃

ⅲ 当月売上製品（3 級製品）の払出単価は ¥90 である。

等 級 別 総 合 原 価 計 算 表
令和○年 10 月分

等級別製品	重　　量	等 価 係 数	完成品数量	積　　数	等級別製造原価	製 品 単 価
1 級 製 品						¥
2 級 製 品						〃
3 級 製 品						〃

(1)	1 級製品の製造原価 ¥	(2)	2 級製品の製品単価 ¥	(3)	3 級製品の売上原価 ¥

█▌▌検 定 問 題▌▌

22-3 次の取引の仕訳を示しなさい。

(1) 等級別総合原価計算を採用している鳥取工業株式会社において，/級製品4,800個と2級製品4,000個が完成した。ただし，この完成品の総合原価は¥4,800,000であり，等価係数は次の各製品/個あたりの重量を基準としている。　　　　　　　　　　　　　　　　　　　　　（第94回一部修正）

　　　/級製品　300g　　2級製品　240g

(2) 等級別総合原価計算を採用している宮城工業株式会社は，月末に等級別総合原価計算表を次のとおり作成し，等級別に製造原価を計上した。　　　　　　　　　　　　　　　　　　　　　　　（第89回一部修正）

等 級 別 総 合 原 価 計 算 表
令和○年/月分

等級別製品	重　　　量	等価係数	完成品数量	積　　数	等級別製造原価	製品単価
/ 級 製 品	120g	1.2	800個	960	1,584,000	¥ 1,980
2 級 製 品	100〃	1.0	1,000〃	1,000	1,650,000	〃 1,650
3 級 製 品	80〃	0.8	600〃	480	792,000	〃 1,320
				2,440	4,026,000	

(3) 等級別総合原価計算を採用している秋田製作所は，月末に工場の建物に対する減価償却費の月割額を消費高として計上した。ただし，/年分の減価償却高は¥936,000である。　　　（第84回一部修正）

(4) 等級別総合原価計算を採用している青森製作所は，工場の従業員に対する退職給付費用について，月末に当月分の消費高¥380,000を計上した。　　　　　　　　　　　　　　　　　　　　（第80回一部修正）

(5) 等級別総合原価計算を採用している奈良工業株式会社において，/級製品2,000個と2級製品3,000個が完成した。ただし，完成品の総合原価は¥2,100,000であり，等価係数は次の各製品/個あたりの重量を基準としている。　　　　　　　　　　　　　　　　　　　　　　　（第78回一部修正）

　　　/級製品　300g　　2級製品　150g

	借　　　　　　　　方	貸　　　　　　　　方
(1)		
(2)		
(3)		
(4)		
(5)		

22-4 次の文の ▢ のなかに，下記の語群のなかから，もっとも適当なものを選び，その番号を記入しなさい。　　　　　　　　　　　　　　　　　　　　　　　　　　　　　　　　　　　　　（第77回）

　　等級別総合原価計算では，製品の重量や大きさ・品質など，原価の発生と関係のある製品の性質にもとづいて ▢ を決定する。これは各等級製品の単位原価の比率になる。

　　1．準 固 定 費　　2．積　　　数　　3．原 価 標 準

　　4．準 変 動 費　　5．等 価 係 数　　　　　　　　　　　　　　　　　　▢

22-5 大阪製作所は，等級別総合原価計算を採用し，/級製品と2級製品を製造している。次の資料によって，2級製品の製品単価を求めなさい。ただし，等価係数は，各製品/個あたりの重量を基準としている。　　　　　　　　　　　　　　　　　　　　　　　　　　　　　　　　　　　（第93回）

　　資　　　料

　　ⅰ　当月完成品総合原価　　¥9,280,000

　　ⅱ　製品/個あたりの重量　　/級製品　150g　　2級製品　120g

　　ⅲ　完成品数量　　　　　　/級製品　3,000個　　2級製品　2,050個

¥	

22-6 静岡工業株式会社における次の等級別総合原価計算表の（ ア ）に入る金額を求めなさい。ただし，等価係数は，各製品の / 個あたりの重量を基準としている。 (第91回)

等 級 別 総 合 原 価 計 算 表
令和○年 / 月分

等級別製品	重 量	等 価 係 数	完成品数量	積 数	等級別製造原価	製 品 単 価
/ 級製品	950 g	1.0	2,400個	（ ）	（ ）	¥（ ）
2 級製品	760 〃	0.8	3,600 〃	（ ）	（ ）	〃（ ）
3 級製品	570 〃	（ ）	5,000 〃	（ ）	（ ）	〃（ ア ）
				（ ）	4,968,000	

ア	¥

22-7 佐賀製作所は，単純総合原価計算によって総合原価を計算したあと，等級別製品の原価を計算している。下記の資料によって，次の各問いに答えなさい。 (第88回一部修正)

(1) 仕掛品勘定を完成しなさい。
(2) 等級別総合原価計算表を完成しなさい。
(3) 3 級製品勘定を完成しなさい。

　ただし， i　等級別製品は， / 級製品・2 級製品・3 級製品を製造している。
　　　　　 ii　等価係数は，各製品の / 個あたりの重量による。
　　　　　 iii　等級別製品の払出単価の計算方法は，先入先出法による。

資　　料
a．月初仕掛品原価　　素材費 ¥770,000　　加工費 ¥315,000
b．当月製造費用（一部）
　　修繕料　前月未払高 ¥4,000　　当月支払高 ¥60,000　　当月未払高 ¥8,000
c．当月完成品総合原価　 ¥6,500,000
d．等級別製品データ

製 品	/ 個あたり の 重 量	当月完成品 数 量	当月販売 数 量	月初製品棚卸高 数量	月初製品棚卸高 単価	月末製品棚卸高 数量	月末製品棚卸高 単価
/ 級製品	500 g	3,000個	2,700個	500個	¥600	800個	¥（ ）
2 級製品	300 g	6,000個	5,800個	1,000個	¥360	1,200個	¥（ ）
3 級製品	100 g	17,000個	18,000個	3,000個	¥120	2,000個	¥（ ）

(1)
仕　　掛　　品

前 月 繰 越（ ）	諸　　　　口 6,500,000
素　　　材 4,235,000	次 月 繰 越（ ）
工 場 消 耗 品 280,000	
賃　　　金 1,751,000	
給　　　料 192,000	
健 康 保 険 料 73,000	
減 価 償 却 費 276,000	
修　繕　料（ ）	
雑　　　費 17,000	
（ ）	（ ）

(2)
等 級 別 総 合 原 価 計 算 表
令和○年4月分

等級別製品	重 量	等 価 係 数	完成品数量	積 数	等級別製造原価	製 品 単 価
/ 級製品	500 g		個			¥
2 級製品	300 〃		〃			〃
3 級製品	100 〃		〃			〃
					6,500,000	

(3)
3　級　製　品

前 月 繰 越 360,000	（ ）（ ）
仕 掛 品（ ）	次 月 繰 越（ ）
（ ）	（ ）

22-8 関東工業株式会社は，等級別総合原価計算を採用し，1級製品・2級製品・3級製品を製造している。なお，同社では，単純総合原価計算によって総合原価を計算した後，等級別製品の原価を計算している。下記の資料によって，次の各問いに答えなさい。　　　　　　　　　　　　（第45回一部修正）

(1) 1月中の取引の仕訳を示しなさい。

(2) 賃金勘定・仕掛品勘定に記入して締め切りなさい。

(3) 単純総合原価計算表および等級別総合原価計算表を完成しなさい。ただし，

　　i　前月繰越高は次のとおりである。

　　　　素　　　材　　1,000kg　@¥652　¥652,000
　　　　工場消耗品　　130個　〃320　¥41,600
　　　　賃　　　金（未払高）　　　　　¥257,000
　　　　仕　掛　品　¥456,000（うち，素材費¥254,000　加工費¥202,000）

　　ii　素材の消費高の計算は移動平均法により，工場消耗品の消費数量の計算は棚卸計算法によっている。

　　iii　賃金の消費高の計算には，作業時間1時間につき¥780の予定賃率を用いている。

　　iv　素材は製造着手のときに投入され，加工費は製造の進行に応じて消費されるものとする。

　　v　月末仕掛品原価の計算は平均法による。

　　vi　等価係数は，各製品の容量（L）による。

　　vii　製品に関する勘定は，1級製品勘定・2級製品勘定・3級製品勘定を設けている。

　　viii　勘定には，日付・相手科目・金額を示すこと。

取　　　引

　1月　8日　素材および工場消耗品を次のとおり買い入れ，代金のうち¥452,000は小切手を振り出して支払い，残額は掛けとした。

　　　　　　素　　　材　　2,000kg　@¥670　¥1,340,000
　　　　　　工場消耗品　　350個　〃320　¥112,000

　　　11日　素材2,500kgを消費した。

　　　25日　賃金を次のとおり小切手を振り出して支払った。

　　　　　　賃　金　総　額　¥1,724,000
　　　　　　　うち，控除額　所得税額　¥103,000　　健康保険料　¥62,000

　　　31日　① 工場消耗品の月末棚卸数量は140個であった。よって，消費高を計上した。

　　　　　　② 当月の作業時間は2,100時間であった。よって，賃金の予定消費高を計上した。（消費賃金勘定を設けている。）

　　　　　　③ 健康保険料の事業主負担分¥62,000を計上した。

　　　　　　④ 当月の製造経費消費高を計上した。

　　　　　　　　電　力　料　¥314,000　　保　険　料　¥28,000
　　　　　　　　減価償却費　¥360,000　　雑　　　費　¥34,450

　　　　　　⑤ 当月の生産データは次のとおりであった。よって，各等級製品の完成品原価を計上した。

　　　　　　　　月初仕掛品　　400個（加工進捗度50％）
　　　　　　　　当月投入　　2,500個
　　　　　　　　　合　計　　2,900個
　　　　　　　　月末仕掛品　　500個（加工進捗度60％）
　　　　　　　　完　成　品　2,400個

　　　　　　　各製品の容量と等級別完成品数量

製　　　品	容　　　量	完成品数量
1　級　製　品	120L	800個
2　級　製　品	100〃	1,000〃
3　級　製　品	80〃	600〃

　　　　　　⑥ 当月の賃金未払高は¥185,000である。よって，賃金実際消費高を計上した。

　　　　　　⑦ 予定賃率による消費高と実際消費高との差額を，賃率差異勘定に振り替えた。

(1)

		借	方	貸	方
/月 8日					
	//日				
	25日				
3/日	①				
	②				
	③				
	④				
	⑤				
	⑥				
	⑦				

(2)

賃　　　金

/ / / 前月繰越　257,000

仕　掛　品

/ / / 前月繰越　456,000

(3)

単 純 総 合 原 価 計 算 表
令和○年/月分

摘　　　　　要	素 材 費	加 工 費	合　　　計
材　料　費			
労　務　費			
経　　　費			
計			
月初仕掛品原価			
計			
月末仕掛品原価			
完 成 品 原 価			4,026,000

等 級 別 総 合 原 価 計 算 表
令和○年/月分

等級別製品	容　　量	等価係数	完成品数量	積　　数	等級別製造原価	製品単価
/ 級 製 品	/20L		個			¥
2 級 製 品	100〃		〃			〃
3 級 製 品	80〃		〃			〃

23 組別総合原価計算

要点の整理

① 組別総合原価計算

組別総合原価計算は，食品工業・機械製造業など種類の異なる製品を組別に連続生産する製造業で用いられる原価計算の方法である。

② 原価計算の方法

① 当月製造費用を**組直接費**と**組間接費**に分ける。

② 組直接費は各組に賦課し，組間接費は適当な配賦基準によって各組に配賦する。

③ 各組ごとに月末仕掛品原価を計算し，完成品原価を求め，完成品数量で割って製品単価を計算する。

例 次の資料によって，組別総合原価計算表を作成しなさい。

資　料

(a) 組間接費は，各組の直接加工費を基準として配賦する。

(b) 生産データ

	A組	B組
月初仕掛品	50個（加工進捗度20％）	100個（加工進捗度30％）
当月投入	550個	380個
合　計	600個	480個
月末仕掛品	100個（加工進捗度40％）	80個（加工進捗度50％）
完成品	500個	400個

(c) 素材は製造着手のときにすべて投入され，加工費は製造の進行に応じて消費される。

(d) 月末仕掛品原価の計算は平均法による。

組別総合原価計算表

摘　　　　要	A　組	B　組	合　計
組直接費　素材費	3,200	3,000	6,200
加工費	3,000	2,400	5,400
組間接費　加工費	（① 1,800）	（② 1,440）	3,240
当月製造費用	（ 8,000）	（ 6,840）	（14,840）
月初仕掛品原価　素材費	880	840	1,720
加工費	600	340	940
計	（ 9,480）	（ 8,020）	（17,500）
月末仕掛品原価　素材費	（③ 680）	（④ 640）	（ 1,320）
加工費	（⑤ 400）	（⑥ 380）	（ 780）
完成品原価	（ 8,400）	（ 7,000）	（15,400）
完成品数量	500個	400個	——
製品単価	（¥ 16.8）	（¥ 17.5）	——

(1) 組間接費は直接加工費を基準に配賦

① $¥3,240 \times \dfrac{¥3,000}{¥5,400} = ¥1,800$

② $¥3,240 \times \dfrac{¥2,400}{¥5,400} = ¥1,440$

(2) 月末仕掛品原価の計算

③ $(¥3,200 + ¥880) \times \dfrac{100個}{500個 + 100個} = ¥680$

④ $(¥3,000 + ¥840) \times \dfrac{80個}{400個 + 80個} = ¥640$

⑤ $(¥3,000 + ¥1,800 + ¥600) \times \dfrac{100個 \times 40\%}{500個 + 100個 \times 40\%} = ¥400$

⑥ $(¥2,400 + ¥1,440 + ¥340) \times \dfrac{80個 \times 50\%}{400個 + 80個 \times 50\%} = ¥380$

③ 組別総合原価計算の記帳法

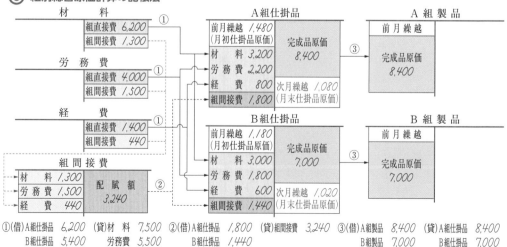

①(借)A組仕掛品　6,200　(貸)材　料　7,500　②(借)A組仕掛品　1,800　(貸)組間接費　3,240　③(借)A組製品　8,400　(貸)A組仕掛品　8,400
　　　B組仕掛品　5,400　　　労務費　5,500　　　　B組仕掛品　1,440　　　　　　　　　　　　B組製品　7,000　　　B組仕掛品　7,000
　　　組間接費　3,240　　　経　費　1,840

基本問題

23-1 次の資料によって，組別総合原価計算表を作成しなさい。

a．素材は製造着手のときにすべて投入され，加工費は製造の進行に応じて消費されるものとする。

b．月末仕掛品の評価は平均法によること。

c．組間接費¥540,000は，A組に40％，B組に60％の割合で配賦する。

d．生産データ

	A組	B組
月初仕掛品	500個（加工進捗度30％）	300個（加工進捗度40％）
当月投入	2,000個	2,700個
合計	2,500個	3,000個
月末仕掛品	400個（加工進捗度50％）	500個（加工進捗度60％）
完成品	2,100個	2,500個

組別総合原価計算表
令和○年/月分

摘要	A 組	B 組	合 計
組直接費			
素材費	1,320,000	2,100,000	3,420,000
労務費	900,000	1,500,000	2,400,000
経費	694,000	752,000	1,446,000
組間接費配賦額	( )	( )	540,000
当月製造費用	( )	( )	( )
月初仕掛品原価			
素材費	330,000	360,000	690,000
加工費	260,000	224,000	484,000
計	( )	( )	( )
月末仕掛品原価			
素材費	( )	( )	( )
加工費	( )	( )	( )
完成品原価	( )	( )	( )
完成品数量	2,100個	2,500個	——
製品単価	(¥)	(¥)	——

ポイント ① 組間接費は，合計の40％をA組に，60％をB組に記入する。

② 月末仕掛品原価の計算は，A組，B組ともに素材費，加工費に分けておこなう。組間接費を加工費に加えることを忘れないようにする。

23-2 組別総合原価計算を採用している横浜製作所の次の取引の仕訳を示しなさい。

(1) 当月分の材料消費高は次のとおりであった。

組直接費 A 組 ¥197,000 B 組 ¥125,000

組間接費 ¥36,000

(2) 組間接費¥84,000を次の直接労務費を基準として，A組とB組に配賦した。

直接労務費 A 組 ¥150,000 B 組 ¥90,000

(3) 当月の製品完成高は次のとおりであった。

A 組製品 ¥540,000 B 組製品 ¥380,000

	借 方	貸 方
(1)		
(2)		
(3)		

練習問題

23-3 次の資料によって，
(1) 組別総合原価計算表を作成しなさい。
(2) A組製品・B組製品が完成したときの仕訳を示しなさい。
(3) 下の各勘定に転記して締め切りなさい。

資　料

　a．素材は製造着手のときにすべて投入され，加工費は製造の進行に応じて消費されるものとする。
　b．月末仕掛品の評価は先入先出法によること。
　c．組間接費 ¥304,000 は，A組に 45 ％，B組に 55 ％の割合で配賦する。
　d．生産データ

	A組	B組
月初仕掛品	200個（加工進捗度50％）	150個（加工進捗度60％）
当月投入	800個	600個
合計	1,000個	750個
月末仕掛品	250個（加工進捗度40％）	200個（加工進捗度50％）
完成品	750個	550個

(1)

組別総合原価計算表
令和○年12月分

摘　　要	A　　組	B　　組
組直接費　素材費	1,190,400	794,400
加工費	475,200	672,800
組間接費　加工費		
当月製造費用		
月初仕掛品原価　素材費	283,200	192,000
加工費	84,000	154,800
計		
月末仕掛品原価　素材費		
加工費		
完成品原価		
完成品数量	750個	550個
製品単価	¥	¥

(2)

借　　　　　　　方	貸　　　　　　　方

(3)

A　組　仕　掛　品			
前月繰越	367,200	( )	( )
素　材	1,190,400	( )	( )
諸　口	475,200		
( )	( )		
	( )		( )

B　組　仕　掛　品			
前月繰越	346,800	( )	( )
素　材	794,400	( )	( )
諸　口	672,800		
( )	( )		
	( )		( )

A　組　製　品			
前月繰越	227,000	売上原価	1,599,800
( )	( )	( )	( )
	( )		( )

B　組　製　品			
前月繰越	114,400	売上原価	1,538,400
( )	( )	( )	( )
	( )		( )

検定問題

23-4 次の取引の仕訳を示しなさい。

(1) 組別総合原価計算を採用している石川工業株式会社は，組間接費¥860,000を機械運転時間を基準にA組とB組に配賦した。なお，当月の機械運転時間はA組3,250時間　B組1,750時間であった。　　　　　　　　　　　　　　　　　　　　　　　　　　　　　　　　　　（第93回一部修正）

(2) 組別総合原価計算を採用している長野工業株式会社は，組間接費を各組の組直接費を基準として配賦率を求め，A組とB組に配賦した。なお，当月の製造費用は次のとおりである。（第91回一部修正）

	A組直接費	B組直接費	組間接費
材 料 費	¥3,350,000	¥1,650,000	¥ 570,000
労 務 費	¥4,176,000	¥2,024,000	¥ 980,000
経 費	¥1,574,000	¥1,226,000	¥1,950,000

(3) 組別総合原価計算を採用している岐阜製作所は，月末に組別総合原価計算表を次のとおり作成し，各組の完成品原価を計上した。　　　　　　　　　　　　　　　　　　　　　　（第88回一部修正）

組別総合原価計算表　（一部）
令和○年4月分

摘　　　要	A　　組	B　　組
組直接費　素材費	1,940,000	1,250,000
〜〜〜〜〜〜〜	〜〜〜〜〜	〜〜〜〜〜
完 成 品 原 価	4,200,000	3,000,000
完 成 品 数 量	2,000個	1,500個
製 品 単 価	¥　　　2,100	¥　　　2,000

(4) 組別総合原価計算を採用している京都工業株式会社における6月分の原価計算表の金額は，次のとおりであった。よって，各組の完成品原価を計上した。　　　　　　　　　　（第86回一部修正）

	A　組	B　組
当 月 製 造 費 用	¥7,640,000	¥4,059,000
月 初 仕 掛 品 原 価	¥ 525,000	¥ 417,000
月 末 仕 掛 品 原 価	¥ 665,000	¥ 564,000

(5) 組別総合原価計算を採用している京都製作所は，当月分の製造経費の消費高を次のとおり計上した。なお，外注加工賃はA組製品に対するものである。　　　　　　　　　　　　（第82回一部修正）

組 直 接 費　　外注加工賃　¥180,000
組 間 接 費　　修 繕 料　¥ 95,000　　電 力 料　¥22,000

(6) 組別総合原価計算を採用している大阪製作所は，当月分の外注加工賃の消費高を計上した。ただし，外注加工賃はA組製品を製造するために消費したものであり，前月前払高は¥15,000　当月支払高は¥490,000　当月前払高は¥12,000である。　　　　　　　　　　　　（第75回一部修正）

	借　　　　　　　方	貸　　　　　　　方
(1)		
(2)		
(3)		
(4)		
(5)		
(6)		

23-5 兵庫製作所は，組別総合原価計算を採用し，A組製品とB組製品を製造している。下記の資料によって，
(1) 組別総合原価計算表を完成しなさい。 （第92回一部修正）
(2) A組仕掛品勘定を完成しなさい。

ただし， i 組間接費は直接労務費を基準として配賦する。
ii 素材は製造着手のときにすべて投入され，加工費は製造の進行に応じて消費されるものとする。
iii 月末仕掛品原価の計算は先入先出法による。

資　料
a. 月初仕掛品原価　A組　¥1,432,000（素材費　¥955,000　　加工費　¥477,000）
　　　　　　　　　　B組　¥ 594,000（素材費　¥411,000　　加工費　¥183,000）

b. 当月製造費用

	A組直接費	B組直接費	組間接費
材 料 費	¥4,050,000	¥1,955,000	¥ 229,000
労 務 費	¥2,520,000	¥1,080,000	¥ 559,000
経 費	¥ 950,000	¥ 212,000	¥ 112,000

c. 生産データ

	A組	B組
月初仕掛品	1,000個（加工進捗度50%）	500個（加工進捗度60%）
当月投入	4,500個	2,300個
合　計	5,500個	2,800個
月末仕掛品	1,500個（加工進捗度40%）	600個（加工進捗度50%）
完 成 品	4,000個	2,200個

(1)
組別総合原価計算表
令和○年6月分

摘　　　要	A　　組	B　　組
組 直 接 費　素材費		
加工費		
組 間 接 費　加工費		
当 月 製 造 費 用		
月初仕掛品原価　素材費	955,000	411,000
加工費	477,000	183,000
計		
月末仕掛品原価　素材費		510,000
加工費	600,000	
完 成 品 原 価		
完 成 品 数 量	個	個
製 品 単 価	¥	¥

(2)
A 組 仕 掛 品

前 月 繰 越	1,432,000	（　　　　　　）（　　　　　）	
素　　　　材	4,050,000	次 月 繰 越（　　　　　）	
労 務 費（　　　　）			
経 費（　　　　）			
（　　　　）（　　　　）			
	（　　　　）	（　　　　）	

23-6 神奈川製作所は，組別総合原価計算を採用し，A組製品とB組製品を製造している。下記の資料によって，
(1) 組間接費をA組とB組に配賦する仕訳を示しなさい。　　　　　　　　　　　　　（第87回一部修正）
(2) 組別総合原価計算表を完成しなさい。
(3) A組仕掛品勘定を完成しなさい。
　　ただし，ⅰ　組間接費は直接労務費を基準として配賦しており，組間接費勘定を設けて記帳している。
　　　　　　ⅱ　素材は製造着手のときにすべて投入され，加工費は製造の進行に応じて消費されるものとする。
　　　　　　ⅲ　月末仕掛品原価の計算は平均法による。

資　　料
　a．生産データ

	A組	B組
月初仕掛品	600個（加工進捗度50％）	1,000個（加工進捗度60％）
当月投入	2,850個	3,800個
合　計	3,450個	4,800個
月末仕掛品	450個（加工進捗度40％）	800個（加工進捗度50％）
完成品	3,000個	4,000個

　b．月初仕掛品原価

	A　組	B　組
素 材 費	¥ 450,000	¥ 710,000
加 工 費	¥ 372,000	¥ 489,000

　c．当月製造費用

	A組直接費	B組直接費	組間接費
素 材 費	¥2,172,000	¥2,746,000	¥ 524,000
労 務 費	¥1,925,000	¥1,575,000	¥1,645,000
経 　 費	¥ 138,000	¥ 284,000	¥ 631,000

(1)

借　　　　　　　方	貸　　　　　　　方

(2)

組 別 総 合 原 価 計 算 表
令和○年/月分

摘　　　　要	A　　　組	B　　　組
組 直 接 費　素材費		
加工費		
組 間 接 費　加工費		
当 月 製 造 費 用		
月初仕掛品原価　素材費	450,000	710,000
加工費	372,000	489,000
計		
月末仕掛品原価　素材費	342,000	
加工費		328,000
完 成 品 原 価		
完 成 品 数 量	個	個
製 品 単 価	¥	¥

(3)

A 組 仕 掛 品

前 月 繰 越	822,000	（　　　　　）	（　　　　）
素　　　　材	2,172,000	次 月 繰 越	（　　　　）
労 　 務 　 費	1,925,000		
経 　 　 費	138,000		
（　　　　）	（　　　　）		
	（　　　　）		（　　　　）

23-7 鹿児島工業株式会社は，組別総合原価計算を採用し，A組製品とB組製品を製造している。下記の資料によって，次の各問いに答えなさい。 (第76回一部修正)

(1) 6月中の取引の仕訳を示しなさい。

(2) 組別総合原価計算表を完成しなさい。

(3) 6月末の賃金未払高を求めなさい。

ただし，i 前月繰越高は，次のとおりである。

素　　　　材　　6,700個　@¥750　¥5,025,000
工場消耗品　　2,850 〃　 〃 20　¥　57,000
仕　掛　品　A　組　¥708,000（うち，素材費¥560,000　加工費¥148,000）
　　　　　　　B　組　¥736,000（うち，素材費¥568,000　加工費¥168,000）
賃　　　　金（未払高）¥504,000

ii 素材の消費高の計算は移動平均法により，工場消耗品の消費数量の計算は棚卸計算法によっている。

iii 賃金の消費高の計算には，作業時間1時間につき¥900の予定賃率を用いている。

iv 素材は製造着手のときにすべて投入され，加工費は製造の進行に応じて消費されるものとする。

v 月末仕掛品原価の計算は先入先出法による。

vi 組間接費勘定を設けている。

取　　引

6月 3日　素材4,200個をA組のために消費した。

5日　素材および工場消耗品を次のとおり買い入れ，代金は小切手を振り出して支払った。

素　　　　材　　5,000個　@¥765　¥3,825,000
工場消耗品　　24,000 〃　 〃 20　¥　480,000

7日　素材3,800個をB組のために消費した。

25日　本月分の賃金支払帳は次のとおりであった。よって，正味支払高を小切手を振り出して支払った。ただし，諸手当は賃金勘定に含めないで処理している。

賃　金　支　払　帳

| 番号 | 氏名 | 支　払　高 | | | 控　除　額 | | | 正味支払高 |
		基本賃金	諸手当	合　計	所得税	健康保険料	合　計	
		1,792,000	336,000	2,128,000	172,000	93,000	265,000	1,863,000

30日　① 工場消耗品の月末棚卸数量は2,750個であった。よって，消費高を計上した。（組間接費）

② 当月の賃金予定消費高を次の作業時間によって計上した。ただし，消費賃金勘定を設けている。

A　組　850時間　　B　組　920時間　　間接作業　130時間

③ 当月の従業員賞与手当の消費高¥680,000を計上した。

④ 健康保険料の事業主負担分¥93,000を計上した。

⑤ 当月の外注加工賃について，次のとおり消費高を計上した。

A　組　¥249,000　　B　組　¥319,000

⑥ 当月の間接経費について，次のとおり消費高を計上した。

電　力　料　¥315,000　　保　険　料　¥84,000　　減価償却費　¥629,000

⑦ 組間接費¥2,400,000を，次の機械運転時間を基準に配賦した。

A　組　500時間　　B　組　750時間

⑧ 当月の生産データは次のとおりであった。よって，各組の完成品原価を計上した。

	A　組	B　組
月初仕掛品	400個（加工進捗度50 %）	800個（加工進捗度40 %）
当月投入	2,100個	3,800個
合　計	2,500個	4,600個
月末仕掛品	500個（加工進捗度60 %）	600個（加工進捗度50 %）
完成品	2,000個	4,000個

⑨ 当月の賃金実際消費高¥1,748,000を計上した。

⑩ 賃金の予定消費高と実際消費高との差額を，賃率差異勘定に振り替えた。

(1)

		借　　　　方	貸　　　　方
6月 3日			
5日			
7日			
25日			
30日	①		
	②		
	③		
	④		
	⑤		
	⑥		
	⑦		
	⑧		
	⑨		
	⑩		

(2)

組 別 総 合 原 価 計 算 表
令和○年6月分

摘　　　要		A　　　組	B　　　組
組 直 接 費	素材費		
	加工費		
組 間 接 費	加工費		
当 月 製 造 費 用			
月初仕掛品原価	素材費	560,000	568,000
	加工費	148,000	168,000
計			
月末仕掛品原価	素材費		456,000
	加工費	282,000	
完 成 品 原 価			
完 成 品 数 量		2,000個	4,000個
製 品 単 価		¥	¥

(3)

6月末の賃金未払高	¥

23-8 北陸工業株式会社は，組別総合原価計算を採用し，A組製品とB組製品を製造している。下記の資料によって，次の各問いに答えなさい。 (第81回一部修正)

(1) 1月31日⑨の取引の仕訳を示しなさい。

(2) 消費賃金勘定・組間接費勘定・A組仕掛品勘定に必要な記入をおこない，締め切りなさい。なお，勘定記入は日付・相手科目・金額を示すこと。

(3) 組別総合原価計算表を完成しなさい。

(4) 1月末の賃金未払高を求めなさい。

ただし，i 前月繰越高は，次のとおりである。

素　　材　2,000個 @¥800 ¥1,600,000
工場消耗品　3,200〃 〃〃30 ¥ 96,000
仕 掛 品 A 組 ¥1,504,000（うち，素材費¥820,000 加工費¥684,000）
　　　　 B 組 ¥ 728,000（うち，素材費¥492,000 加工費¥236,000）
賃　　金（未払高）¥1,192,000

ⅱ 素材の消費高は，1個あたり¥820の予定価格を用いて計算し，消費材料勘定を設けて記帳している。なお，実際消費高の計算は総平均法によっている。

ⅲ 工場消耗品の消費数量の計算は棚卸計算法によっている。

ⅳ 賃金の消費高は，作業時間1時間につき¥1,500の予定賃率を用いて計算し，消費賃金勘定を設けて記帳している。

ⅴ 素材は製造着手のときにすべて投入され，加工費は製造の進行に応じて消費されるものとする。

ⅵ 月末仕掛品原価の計算は先入先出法による。

取　　引

1月 9日 素材および工場消耗品を次のとおり買い入れ，代金は掛けとした。
素　　材　6,000個 @¥840 ¥5,040,000
工場消耗品 12,000〃 〃〃30 ¥ 360,000

24日 賃金を次のとおり小切手を振り出して支払った。
賃 金 総 額 ¥3,725,000
うち，控除額　所 得 税 ¥298,000　健康保険料 ¥149,000

31日 ① 当月の素材予定消費高を次の消費数量によって計上した。
A 組 2,800個　B 組 2,700個

② 工場消耗品の月末棚卸数量は3,900個であった。よって，消費高を計上した。（組間接費）

③ 当月の賃金予定消費高を次の作業時間によって計上した。
A 組 1,200時間　B 組 1,000時間　間接作業 200時間

④ 健康保険料の事業主負担分¥149,000を計上した。

⑤ 当月の外注加工賃について，次のとおり消費高を計上した。
A 組 ¥245,000　B 組 ¥74,000

⑥ 当月の間接経費について，次のとおり消費高を計上した。
電 力 料 ¥426,000　保 険 料 ¥213,000　減価償却費 ¥718,000

⑦ 組間接費¥2,145,000を，次の機械運転時間を基準に配賦した。
A 組 4,290時間　B 組 2,860時間

⑧ 当月の生産データは次のとおりであった。よって，各組の完成品原価を計上した。

	A 組	B 組
月初仕掛品	500個（加工進捗度60％）	200個（加工進捗度50％）
当月投入	1,400個	900個
合 計	1,900個	1,100個
月末仕掛品	400個（加工進捗度50％）	100個（加工進捗度50％）
完 成 品	1,500個	1,000個

⑨ 当月の素材実際消費高を計上した。なお，消費数量は5,500個である。

⑩ 当月の賃金実際消費高¥3,576,000を計上した。

⑪ 素材の予定消費高と実際消費高との差額を，材料消費価格差異勘定に振り替えた。

⑫ 賃金の予定消費高と実際消費高との差額を，賃率差異勘定に振り替えた。

(1)

	借 方	貸 方
/月3/日⑨		

(2)

消　費　賃　金

組　間　接　費

A　組　仕　掛　品

/ / / 前 月 繰 越	1,504,000		

(3)

組 別 総 合 原 価 計 算 表

令和○年/月分

摘　　　要	A　　組	B　　組
組 直 接 費 　素材費		
加工費		
組 間 接 費 　加工費		
当 月 製 造 費 用		
月初仕掛品原価 　素材費	820,000	492,000
加工費	684,000	236,000
計		
月末仕掛品原価 　素材費		246,000
加工費	476,000	
完 成 品 原 価		
完 成 品 数 量	個	個
製 品 単 価	¥	¥

(4)

/月末の賃金未払高　¥

24 工程別総合原価計算

要点の整理

① 工程別総合原価計算

工程別総合原価計算は，食品製造業や製紙業などの製造業で，**製造工程**が二つ以上の連続する工程に分かれているとき，その工程ごとに原価を計算する場合に用いられる原価計算の方法である。

② 原価計算の方法

工程別総合原価計算は，工程別に当月製造費用を集計し，工程別の完成品原価，完成品単価を計算する。その手続きは次のとおりである。

① 当月製造費用のうち，**工程個別費**を各製造工程に，**補助部門個別費**を各補助部門に賦課する。

② **部門共通費**を適切な配賦基準で，各製造工程および各補助部門に配賦する。

③ **補助部門費**を各製造工程に配賦する。

④ 工程別に完成品原価および完成品単価を計算する。ただし，各工程完成品のうち，次の工程に投入される工程完成品原価は，**前工程費**（素材費と同じ取り扱い）として，次の工程の製造費用に加算する。

⑤ 最終工程の完成品原価を製品勘定に振り替える。

③ 工程別総合原価計算の記帳法

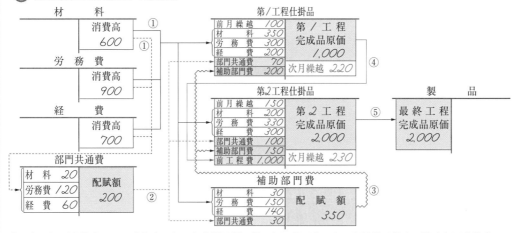

① 各原価要素勘定から，消費高を各工程仕掛品勘定・補助部門費勘定・部門共通費勘定へ

(借)第/工程仕掛品	350	(貸)材　　　料	600
第2工程仕掛品	200		
補助部門費	30		
部門共通費	20		
(借)第/工程仕掛品	300	(貸)労　務　費	900
第2工程仕掛品	330		
補助部門費	150		
部門共通費	120		
(借)第/工程仕掛品	200	(貸)経　　　費	700
第2工程仕掛品	300		
補助部門費	140		
部門共通費	60		

② 部門共通費を各工程仕掛品勘定・補助部門費勘定へ

(借)第/工程仕掛品	70	(貸)部門共通費	200
第2工程仕掛品	100		
補助部門費	30		

③ 補助部門費を各工程仕掛品勘定へ

(借)第/工程仕掛品	200	(貸)補助部門費	350
第2工程仕掛品	150		

④ 第/工程の完成品原価を第2工程仕掛品勘定へ

(借)第2工程仕掛品	1,000	(貸)第/工程仕掛品	1,000

⑤ 第2工程（最終工程）の完成品原価を製品勘定へ

(借)製　　　品	2,000	(貸)第2工程仕掛品	2,000

④ 半製品の記帳

製造工程のすべてを完了しない途中の段階で，倉庫に保管し，外部に販売することができる状態になっているものを**半製品**という。半製品を倉庫に一時保管する場合，各工程の半製品勘定に振り替える。

① (借)第/工程半製品 100 (貸)第/工程仕掛品 100 ② (借)第2工程仕掛品 100 (貸)第/工程半製品 100

─── 基 本 問 題 ───

24-1 次の資料により，工程別総合原価計算表を完成しなさい。

　資　　料

① 生産データ

	第1工程	第2工程
完成品	2,500個	2,000個

② 工程および補助部門費の個別費

　　第1工程 ¥560,000　　第2工程 ¥880,000　　補助部門 ¥290,000

③ 部門共通費¥100,000を第1工程に40％，第2工程に50％，補助部門に10％配賦する。

④ 補助部門費を第1工程に60％，第2工程に40％配賦する。

⑤ 月初および月末仕掛品原価

	第1工程	第2工程
月初仕掛品	¥120,000	¥200,000
月末仕掛品	¥150,000	¥300,000

⑥ 第1工程の完成品はすべて第2工程に投入している。

工 程 別 総 合 原 価 計 算 表

摘　　　要	第 1 工 程	第 2 工 程
工 程 個 別 費		
部 門 共 通 費 配 賦 額		
補 助 部 門 費 配 賦 額		
前 工 程 費	——	
当 月 製 造 費 用		
月 初 仕 掛 品 原 価		
計		
月 末 仕 掛 品 原 価		
工 程 完 成 品 原 価		
工 程 完 成 品 数 量	個	個
工 程 完 成 品 単 価	¥	¥

24-2 工程別総合原価計算を採用している神奈川製作所の次の取引の仕訳を示しなさい。

(1) 賃金を次のとおり消費した。

　　第1工程 ¥400,000　　第2工程 ¥300,000　　補助部門 ¥100,000

　　部門共通費 ¥10,000

(2) 部門共通費¥120,000を，次のとおり各工程仕掛品勘定・補助部門勘定に配賦した。

　　第1工程 ¥48,000　　第2工程 ¥60,000　　補助部門 ¥12,000

(3) 補助部門費¥250,000を，次のとおり各工程仕掛品勘定に配賦した。

　　第1工程 ¥100,000　　第2工程 ¥150,000

	借　　　　　方	貸　　　　　方
(1)		
(2)		
(3)		

24-3 次の取引の仕訳を示しなさい。

(1) 工程別総合原価計算を採用している群馬製作所は，第1工程の完成品原価¥1,300,000を第2工程仕掛品勘定に振り替え，第2工程の完成品原価¥1,800,000を製品勘定に振り替えた。

(2) 工程別総合原価計算を採用している鳥取製作所は，第1工程の完成品原価¥900,000を第1工程半製品勘定に振り替え，第1工程半製品勘定から¥720,000を第2工程仕掛品勘定に振り替えた。

(3) 工程別総合原価計算を採用している山口製作所で，第3工程（最終工程）で製品¥500,000が完成したので，倉庫に引き渡した。

	借	方	貸	方
(1)				
(2)				
(3)				

練習問題

24-4 静岡製作所の次の資料によって，

(1) 工程別総合原価計算表を完成しなさい。

(2) 第1工程で，1,800個が完成したときの仕訳を示しなさい。

資 料

i 補助部門費¥100,000を第1工程に70％，第2工程に30％を配賦した。

ii 第1工程の月末仕掛品数量 400個 加工進捗度 50％
ただし，素材費・加工費ともに製造の進行に応じて消費される。（月末仕掛品原価の計算は平均法）

iii 第1工程完成品のうち，1,000個を第2工程へ振り替え，残りを倉庫に保管した。

(1)
工 程 別 総 合 原 価 計 算 表

摘 要		第 1 工 程	第 2 工 程
工程個別費	素 材 費	270,000	165,000
	前 工 程 費	—	
	労 務 費	162,000	98,000
	経 費	108,000	62,000
部 門 共 通 費 配 賦 額		112,000	104,000
補 助 部 門 費 配 賦 額			
当 月 製 造 費 用			
月 初 仕 掛 品 原 価		22,000	56,000
計			
月 末 仕 掛 品 原 価			131,000
工 程 完 成 品 原 価			
工 程 完 成 品 数 量		1,800個	1,000個
工 程 単 価		¥	¥

(2)

借	方	貸	方

24-5 奈良製作所の次の資料によって，
(1) 工程別総合原価計算表を完成しなさい。
(2) 第2工程の月末仕掛品原価に含まれる前工程費を答えなさい。

ただし，i　素材は各工程において製造着手のときに投入され，第1工程の完成品は第2工程の始点で投入されるものとする。
ii　加工費は第1工程・第2工程ともに製造の進行に応じて消費されるものとする。
iii　月末仕掛品の計算は平均法による。

資　　料
　a．生産データ

	第1工程	第2工程
月初仕掛品	150個（加工進捗度40％）	200個（加工進捗度45％）
当月投入	850個	800個
合　計	1,000個	1,000個
月末仕掛品	200個（加工進捗度50％）	300個（加工進捗度50％）
完成品	800個	700個

　b．月初仕掛品原価

	素材費	加工費	前工程費	合　計
第1工程	¥180,000	¥45,000	——	¥225,000
第2工程	¥120,000	¥72,000	¥360,000	¥552,000

　c．当月製造費用
　　① 各製造工程および補助部門の個別費

	第1工程	第2工程	補助部門
素材費	¥1,000,000	¥540,000	——
労務費	¥298,000	¥251,000	¥150,000
経費	¥131,000	¥150,000	¥94,000

　　② 部門共通費配賦額
　　　　第1工程 ¥105,000　　第2工程 ¥84,000　　補助部門 ¥21,000
　　③ 補助部門費配賦額
　　　　第1工程 ¥159,000　　第2工程 ¥106,000

(1)
工程別総合原価計算表

摘　　要	第1工程	第2工程
工程個別費　素材費	1,000,000	540,000
前工程費	—	1,600,000
労務費	298,000	251,000
経費	131,000	150,000
部門共通費配賦額	105,000	84,000
補助部門費配賦額	159,000	106,000
当月製造費用	1,693,000	2,731,000
月初仕掛品原価	225,000	552,000
計	1,918,000	3,283,000
月末仕掛品原価	318,000	903,000
工程完成品原価	1,600,000	2,380,000
工程完成品数量	800個	700個
工程単価	¥2,000	¥3,400

(2)

第2工程の月末仕掛品原価に含まれる前工程費	¥588,000

┃┃┃┃┃┃┃┃┃┃┃┃┃┃┃┃┃┃┃┃┃┃┃┃┃┃┃┃検定問題┃┃┃┃┃┃┃┃┃┃┃┃┃┃┃┃┃┃┃┃┃┃┃┃┃┃┃┃┃

24-6 次の取引の仕訳を示しなさい。

(1) 山形工業株式会社は，月末にあたり，工程別総合原価計算表を作成し，各工程の完成品原価を次のとおり計上した。ただし，当社では第/工程の完成品原価をすべて第2工程仕掛品勘定に振り替えている。 (第84回一部修正)

　　　第/工程　¥5,290,000　　第2工程（最終工程）¥6,410,000

(2) 工程別総合原価計算を採用している静岡工業株式会社は，月末に工程別総合原価計算表を作成し，各工程の完成品原価を次のとおり計上した。ただし，各工程の完成品はすべていったん倉庫に保管しており，当月中に倉庫から第2工程（最終工程）に投入した第/工程の完成品原価は¥2,250,000である。なお，当社では第/工程の完成品原価をすべて第/工程半製品勘定に振り替えている。

　　　第/工程　¥1,850,000　　第2工程　¥3,010,000　　　（第88回一部修正）

(3) 工程別総合原価計算を採用している鹿児島工業株式会社は，月末に工程別総合原価計算表を作成し，各工程の完成品原価を次のとおり計上した。ただし，各工程の完成品はすべていったん倉庫に保管しており，当月中に倉庫から第2工程（最終工程）に投入した第/工程の完成品原価は¥1,945,000である。なお，当社では第/工程の完成品原価をすべて第/工程半製品勘定に振り替えている。 (第91回一部修正)

　　　第/工程　¥2,670,000　　第2工程　¥3,180,000

(4) 工程別総合原価計算を採用している大阪製作所は，月末に工程別総合原価計算表を次のとおり作成し，各工程の完成品原価を計上した。なお，第/工程の完成品原価はすべて第2工程（最終工程）に引き渡している。 (第92回一部修正)

工程別総合原価計算表（一部）
令和○年8月分

摘　　　要	第/工程	第2工程
工程個別費　素材費	1,827,000	――
前工程費	――	3,500,000
〜〜〜〜〜〜〜	〜〜〜〜〜	〜〜〜〜〜
工程完成品原価	3,500,000	5,200,000
工程完成品数量	2,500個	2,000個
工程単価	¥　1,400	¥　2,600

(5) 工程別総合原価計算を採用している千葉工業株式会社は，倉庫に保管してある第/工程完成品の一部を¥2,160,000で売り渡し，代金は掛けとした。ただし，売り上げた半製品の原価は¥1,800,000であり，売上のつど売上原価に計上する。なお，当社では第/工程の完成品原価はすべて第/工程半製品勘定に振り替えている。 (第90回一部修正)

	借　　　　方	貸　　　　方
(1)		
(2)		
(3)		
(4)		
(5)		

24-7 三重工業株式会社の下記の資料によって，次の各問いに答えなさい。　　　　（第86回一部修正）

(1) 工程別総合原価計算表を完成しなさい。

(2) 第2工程の月末仕掛品原価に含まれる前工程費を答えなさい。

(3) 第1工程半製品勘定を完成しなさい。

　　ただし，　i　第1工程の完成品原価は，すべて第1工程半製品勘定に振り替えている。

　　　　　　　ii　素材は製造着手のときにすべて投入され，第1工程の完成品は第2工程の始点で投入されるものとする。

　　　　　　　iii　月末仕掛品原価の計算は先入先出法による。

資　　料

a．生産データ

	第1工程	第2工程
月初仕掛品	400個（加工進捗度60%）	600個（加工進捗度50%）
当月投入	2,100個	1,700個
合　計	2,500個	2,300個
月末仕掛品	500個（加工進捗度40%）	500個（加工進捗度50%）
完成品	2,000個	1,800個

b．当月製造費用

① 工程個別費および補助部門個別費

	第1工程	第2工程	補助部門
素　材　費	¥1,827,000	―	―
労　務　費	¥1,210,000	¥940,000	¥143,000
経　費	¥312,000	¥335,000	¥41,000

② 部門共通費を次のとおり配賦する。

　　第1工程 ¥230,000　　第2工程 ¥210,000　　補助部門 ¥16,000

③ 補助部門費を第1工程に55%，第2工程に45%の割合で配賦する。

c．月初仕掛品原価　　第1工程　¥536,000（素材費 ¥320,000　加工費 ¥216,000）

　　　　　　　　　　　第2工程　¥1,470,000（前工程費 ¥1,182,000　加工費 ¥288,000）

d．当月中に第2工程に投入した第1工程の完成品原価は ¥3,145,000 である。

(1)
工程別総合原価計算表
令和○年6月分

摘　　要	第 1 工 程	第 2 工 程
工程個別費　素材費	1,827,000	―
前工程費	―	3,145,000
労務費	1,210,000	940,000
経費	312,000	335,000
部門共通費配賦額	230,000	210,000
補助部門費配賦額	110,000	90,000
当月製造費用	3,689,000	4,720,000
月初仕掛品原価	536,000	1,470,000
計	4,225,000	6,190,000
月末仕掛品原価	625,000	1,150,000
工程完成品原価	3,600,000	5,040,000
工程完成品数量	2,000個	1,800個
工程単価	¥1,800	¥2,800

(2)

¥925,000

(3)
第 1 工 程 半 製 品

前月繰越	985,000	第2工程仕掛品	(3,145,000)
(第1工程仕掛品)	(3,600,000)	売上原価	900,000
		次月繰越	(540,000)
	(4,585,000)		(4,585,000)

24-8 鳥取製作所の下記の資料によって，次の各問いに答えなさい。　　　　　　（第89回一部修正）

(1) 工程別総合原価計算表を完成しなさい。
(2) 第2工程の月末仕掛品原価に含まれる前工程費を答えなさい。
(3) 第1工程半製品勘定を完成しなさい。

　　ただし，i　第1工程の完成品原価は，すべて第1工程半製品勘定に振り替えている。
　　　　　　ii　素材は製造着手のときにすべて投入され，第1工程の完成品は第2工程の始点で投入されるものとする。
　　　　　　iii　加工費は第1工程・第2工程ともに製造の進行に応じて消費されるものとする。
　　　　　　iv　月末仕掛品原価の計算は平均法による。

　資　　料
　a．生産データ

	第1工程	第2工程
月初仕掛品	400個（加工進捗度50%）	600個（加工進捗度40%）
当月投入	2,300個	1,800個
合計	2,700個	2,400個
月末仕掛品	200個（加工進捗度50%）	400個（加工進捗度60%）
完成品	2,500個	2,000個

　b．当月製造費用
　　① 工程個別費および補助部門個別費

	第 1 工程	第 2 工程	補 助 部 門
素 材 費	¥1,817,000	——	——
労 務 費	¥1,380,000	¥920,000	¥142,000
経 費	¥376,000	¥352,000	¥38,000

　　② 部門共通費を次のとおり配賦する。
　　　　第1工程 ¥128,000　　第2工程 ¥112,000　　補助部門 ¥80,000
　　③ 補助部門費を第1工程に60%，第2工程に40%の割合で配賦する。
　c．月初仕掛品原価　第1工程 ¥460,000（素材費 ¥316,000　加工費 ¥144,000）
　　　　　　　　　　　第2工程 ¥1,116,000（前工程費 ¥924,000　加工費 ¥192,000）
　d．当月中に第1工程半製品1,800個を次工程に引き渡し，700個を外部に販売した。なお，払出単価（原価）は¥1,620である。

(1)
工程別総合原価計算表
令和○年1月分

摘　　　　　要	第 1 工 程	第 2 工 程
工程個別費　素 材 費		——
前 工 程 費	——	
労 務 費		920,000
経 費		352,000
部 門 共 通 費 配 賦 額	128,000	112,000
補 助 部 門 費 配 賦 額		
当 月 製 造 費 用		
月 初 仕 掛 品 原 価	460,000	1,116,000
計		
月 末 仕 掛 品 原 価		820,000
工 程 完 成 品 原 価		
工 程 完 成 品 数 量	2,500個	2,000個
工 程 単 価	¥	¥

(2)

¥

(3)
第 1 工 程 半 製 品

前 月 繰 越	785,000	第2工程仕掛品	2,916,000
（　　　　　）	（　　　　　）	売 上 原 価	（　　　　　）
		次 月 繰 越	（　　　　　）
	（　　　　　）		（　　　　　）

24-9 滋賀産業株式会社は工程別総合原価計算を採用し，A製品を製造している。下記の資料によって，
(1) 工程別総合原価計算表を完成しなさい。　　　　　　　　　　　　　　　　　　（第93回一部修正）
(2) 第2工程の月末仕掛品原価に含まれる前工程費を答えなさい。
(3) 第1工程半製品勘定を完成しなさい。
　ただし，　i　第1工程の完成品原価は，すべて第1工程半製品勘定に振り替えている。
　　　　　　ii　素材は製造着手のときにすべて投入され，第1工程の完成品は第2工程の始点で投入されるものとする。
　　　　　　iii　加工費は第1工程・第2工程ともに製造の進行に応じて消費されるものとする。
　　　　　　iv　月末仕掛品原価の計算は平均法による。

資　料
a. 生産データ

	第1工程	第2工程
月初仕掛品	400個（加工進捗度50%）	600個（加工進捗度50%）
当月投入	2,100個	1,800個
合　計	2,500個	2,400個
月末仕掛品	500個（加工進捗度40%）	500個（加工進捗度50%）
完成品	2,000個	1,900個

b. 当月製造費用
① 工程個別費および補助部門個別費

	第1工程	第2工程	補助部門
素材費	¥5,250,000		
労務費	¥2,880,000	¥4,320,000	¥869,000
経費	¥453,000	¥718,000	¥76,000

② 部門共通費を次のとおり配賦する。
　　第1工程 ¥551,000　第2工程 ¥890,000　補助部門 ¥95,000
③ 補助部門費を第1工程に40%，第2工程に60%の割合で配賦する。
c. 月初仕掛品原価　第1工程 ¥1,502,000（素材費 ¥1,050,000　加工費 ¥452,000）
　　　　　　　　　第2工程 ¥3,498,000（前工程費 ¥2,568,000　加工費 ¥930,000）
d. 当月中に第1工程半製品1,800個を次工程へ引き渡し，200個を外部に販売した。なお，払出単価（原価）は¥4,600である。

(1)
工程別総合原価計算表
令和○年1月分

摘　要	第　1　工　程	第　2　工　程
工程個別費　素材費		──
前工程費	──	
労務費		4,320,000
経費		718,000
部門共通費配賦額	551,000	890,000
補助部門費配賦額		
当月製造費用		
月初仕掛品原価	1,502,000	3,498,000
計		
月末仕掛品原価		3,130,000
工程完成品原価		
工程完成品数量	2,000個	1,900個
工程単価	¥	¥

(2)
¥

(3)
第　1　工　程　半　製　品

前月繰越	1,680,000	第2工程仕掛品	8,280,000
（　　　　）	（　　　　）	売上原価	（　　　　）
		次月繰越	（　　　　）
	（　　　　）		（　　　　）

25 総合原価計算における減損・仕損じの処理

要点の整理

① 減損と減損費

製造工程に投入された原料のうち，その一部が加工中に蒸発・粉散・ガス化などにより消失することを**減損**という。減損によって消失した原料費と加工費を**減損費**という。

② 減損の処理

(1) 減損が製造工程の始点または途中（発生点を特定できない）で発生した場合

減損費は完成品と月末仕掛品に負担させる。月末仕掛品の計算式において，減損数量を無視する（計算式に入れない）ことで，減損費を完成品と月末仕掛品にその数量割合で負担させることができる。

① 平均法による月末仕掛品原価の計算

$$月末仕掛品原料費＝（月初仕掛品原料費＋当月原料費）×\frac{月末仕掛品数量}{完成品数量＋月末仕掛品数量}$$

$$月末仕掛品加工費＝（月初仕掛品加工費＋当月加工費）×\frac{月末仕掛品の完成品換算数量}{完成品数量＋月末仕掛品の完成品換算数量}$$

② 先入先出法による月末仕掛品原価の計算

$$月末仕掛品原料費＝当月原料費×\frac{月末仕掛品数量}{完成品数量－月初仕掛品数量＋月末仕掛品数量}$$

$$月末仕掛品加工費＝当月加工費×\frac{月末仕掛品の完成品換算数量}{完成品数量－月初仕掛品の完成品換算数量＋月末仕掛品の完成品換算数量}$$

なお，減損が製造工程の途中で発生し，その発生点を特定できる場合の処理は p.214 を参照する。

(2) 減損が製造工程の終点で発生した場合

減損費は完成品だけに負担させる。月末仕掛品の計算式において，減損数量を完成品の数量として扱う（完成品数量に加える）ことで，減損費を完成品のみに負担させることができる。

① 平均法による月末仕掛品原価の計算

$$月末仕掛品原料費＝（月初仕掛品原料費＋当月原料費）×\frac{月末仕掛品数量}{（完成品数量＋減損数量）＋月末仕掛品数量}$$

$$月末仕掛品加工費＝（月初仕掛品加工費＋当月加工費）×\frac{月末仕掛品の完成品換算数量}{（完成品数量＋減損数量）＋月末仕掛品の完成品換算数量}$$

② 先入先出法による月末仕掛品原価の計算

$$月末仕掛品原料費＝当月原料費×\frac{月末仕掛品数量}{（完成品数量＋減損数量）－月初仕掛品数量＋月末仕掛品数量}$$

$$月末仕掛品加工費＝当月加工費$$
$$×\frac{月末仕掛品の完成品換算数量}{（完成品数量＋減損数量）－月初仕掛品の完成品換算数量＋月末仕掛品の完成品換算数量}$$

③ 仕損じの処理

総合原価計算における仕損じの処理は減損の処理と同じである。ただし，仕損品に評価額があり，仕損費を完成品と月末仕掛品に負担させるときは，当月製造費用からその評価額を差し引いて月末仕掛品原価を計算する。また，完成品原価は次のように求める。

完成品原価＝月初仕掛品原価＋当月製造費用－月末仕掛品原価－仕損品評価額

仕損品の評価額は，製品の製造原価から差し引いて仕損品勘定の借方に記入する。

例 単純総合原価計算を採用している工場の製造工程から仕損品が発生し，¥10,000 と評価した。

（借）仕 損 品 10,000 （貸）仕 掛 品 10,000

基本問題

25-1 次の資料によって，月末仕掛品原価と完成品原価を求めなさい。

ただし i 原料は製造着手のときにすべて投入されるものとする。
ii 月末仕掛品原価の計算は平均法による。
iii 減損は製造工程の始点で発生している。

資 料

a．生産データ

月初仕掛品	400 kg（加工進捗度60 %）
当月投入	1,100 kg
合 計	1,500 kg
月末仕掛品	210 kg（加工進捗度50 %）
減 損	30 kg
完 成 品	1,260 kg

b．月初仕掛品原価 ¥405,900
　（うち，原料費¥288,600 加工費¥117,300）

c．当月製造費用
　原料費 ¥1,152,000
　加工費 ¥ 729,000

月 末 仕 掛 品 原 価 ¥	完 成 品 原 価 ¥

25-2 次の資料によって，月末仕掛品原価と完成品原価および完成品単価を求めなさい。

ただし，i 原料は製造着手のときにすべて投入されるものとする。
ii 月末仕掛品原価の計算は先入先出法による。
iii 減損は製造工程の始点で発生している。

資 料

a．生産データ

月初仕掛品	600 kg（加工進捗度40 %）
当月投入	2,600 kg
合 計	3,200 kg
月末仕掛品	700 kg（加工進捗度55 %）
減 損	100 kg
完 成 品	2,400 kg

b．月初仕掛品原価 ¥434,400
　（うち，原料費¥240,000 加工費¥194,400）

c．当月製造費用
　原料費 ¥1,170,000
　加工費 ¥2,086,900

月 末 仕 掛 品 原 価 ¥	完 成 品 原 価 ¥
完 成 品 単 価 ¥	

25-3 次の資料によって，月末仕掛品原価と完成品原価および完成品単価を求めなさい。

ただし，i 原料は製造着手のときにすべて投入されるものとする。
ii 月末仕掛品原価の計算は平均法による。
iii 減損は製造工程の終点で発生している。

資 料

a．生産データ

月初仕掛品	500 kg（加工進捗度60 %）
当月投入	2,000 kg
合 計	2,500 kg
月末仕掛品	350 kg（加工進捗度50 %）
減 損	50 kg
完 成 品	2,100 kg

b．月初仕掛品原価 ¥457,900
　（うち，原料費¥340,000 加工費¥117,900）

c．当月製造費用
　原料費 ¥1,340,000
　労務費 ¥ 550,000
　経 費 ¥ 308,600

月 末 仕 掛 品 原 価 ¥	完 成 品 原 価 ¥
完 成 品 単 価 ¥	

25-4 次の資料によって，月末仕掛品原価と完成品原価および完成品単価を求めなさい。

ただし，ⅰ 原料は製造着手のときにすべて投入されるものとする。

ⅱ 月末仕掛品原価の計算は先入先出法による。

ⅲ 減損は製造工程の終点で発生している。

資　料

　a．生産データ

月初仕掛品	600 kg	(加工進捗度60%)
当月投入	2,620 kg	
合　計	3,220 kg	
月末仕掛品	700 kg	(加工進捗度55%)
減　損	120 kg	
完成品	2,400 kg	

　b．月初仕掛品原価　¥655,200

　　（うち，原料費¥468,000　加工費¥187,200）

　c．当月製造費用

原料費	¥2,122,200
労務費	¥ 856,500
経　費	¥ 441,450

月末仕掛品原価 ¥	完成品原価 ¥
完成品単価 ¥	

───────────── 練 習 問 題 ─────────────

25-5 次の取引の仕訳を示しなさい。

(1) 単純総合原価計算を採用している敦賀製作所で，仕損品が発生し，これを¥45,000と評価した。

(2) 工程別総合原価計算を採用している加賀工業株式会社で，第2工程において仕損品が発生し，これを¥75,000と評価した。

	借　　　　方	貸　　　　方
(1)		
(2)		

25-6 次の資料によって，月末仕掛品原価と完成品原価を求めなさい。

ただし，ⅰ 原料は製造着手のときにすべて投入されるものとする。

ⅱ 月末仕掛品原価の計算は平均法による。

ⅲ 仕損じは製造工程の終点で発生し，仕損品の評価額は¥30,300（主として原料の価値）である。

資　料

　a．生産データ

月初仕掛品	500 kg	(加工進捗度40%)
当月投入	4,000 kg	
合　計	4,500 kg	
月末仕掛品	400 kg	(加工進捗度50%)
仕損じ	100 kg	
完成品	4,000 kg	

　b．月初仕掛品原価　¥607,300

　　（うち，原料費¥447,500　加工費¥159,800）

　c．当月製造費用

原料費	¥3,796,000
加工費	¥3,452,200

月末仕掛品原価 ¥	完成品原価 ¥

25-7 次の資料によって，月末仕掛品の素材費と加工費を求め，仕掛品勘定を完成しなさい。

ただし，i 素材は製造着手のときにすべて投入されるものとする。

ii 月末仕掛品原価の計算は先入先出法による。

iii 仕損じは製造工程の途中で発生し，仕損品の評価額は¥28,400（主として素材の価値）である。

資　料

a．生産データ

月初仕掛品	800 kg（加工進捗度40％）
当月投入	5,050 kg
合　計	5,850 kg
月末仕掛品	700 kg（加工進捗度50％）
仕　損　じ	150 kg
完　成　品	5,000 kg

b．月初仕掛品原価　¥372,800

（うち，素材費¥239,200　加工費¥133,600）

c．当月製造費用

素材費	¥1,616,000
労務費	¥1,825,000
経　費	¥589,400

仕　　　掛　　　品

前 月 繰 越	372,800	製　　品（　　　　）
素　　材（　　　　）		仕 損 品（　　　　）
労　務　費（　　　　）		次 月 繰 越（　　　　）
経　　費（　　　　）		
（　　　　）		（　　　　）

月末仕掛品素材費	¥

月末仕掛品加工費	¥

検 定 問 題

25-8 単純総合原価計算を採用している和歌山製作所の次の資料から，完成品単価を求めなさい。

（第92回）

ただし，i 素材は製造着手のときに投入され，加工費は製造の進行に応じて消費されるものとする。

ii 月末仕掛品原価の計算は平均法による。

iii 正常減損は製造工程の終点で発生しており，正常減損費は完成品のみに負担させる。

資　料

① 生産データ

月初仕掛品	600 kg（加工進捗度50％）
当月投入	5,900 kg
合　計	6,500 kg
月末仕掛品	800 kg（加工進捗度60％）
正 常 減 損	100 kg
完　成　品	5,600 kg

② 月初仕掛品原価

素 材 費	¥ 348,000
加 工 費	¥ 405,000

③ 当月製造費用

素 材 費	¥3,292,000
加 工 費	¥8,247,000

¥

25-9 大分製作所は，単純総合原価計算を採用し，A製品を製造している。下記の資料と仕掛品勘定によって，
(1) 単純総合原価計算表を完成しなさい。 （第85回一部修正）
(2) 仕掛品勘定の減価償却費（アの金額）を求めなさい

ただし，i 素材は製造着手のときにすべて投入され，加工費は製造の進行に応じて消費されるものとする。
ii 月末仕掛品原価の計算は平均法による。
iii 正常減損は製造工程の始点で発生しており，正常減損費は完成品と月末仕掛品の両方に負担させる。

資 料
a. 生産データ
月初仕掛品 500kg（加工進捗度40％）
当月投入 2,050kg
合 計 2,550kg
月末仕掛品 400kg（加工進捗度50％）
正常減損 150kg
完 成 品 2,000kg
b. 月初仕掛品原価
素 材 費 ¥801,000
加 工 費 ¥820,000
c. 当月製造費用
素 材 費 ¥3,075,000
加 工 費 ¥8,299,000

仕 掛 品
前月繰越（ ） 製 品（ ）
素 材（ ） 次月繰越（ ）
工場消耗品 615,000
賃 金 5,420,000
退職給付費用 652,000
健康保険料 73,000
減価償却費（ ア ）
電 力 料 910,000
雑 費 389,000
（ ） （ ）

(1)
単純総合原価計算表
令和○年/月分

摘 要	素 材 費	加 工 費	合 計
材 料 費			
労 務 費			
経 費			
計			
月初仕掛品原価			
計			
月末仕掛品原価			
完 成 品 原 価			
完 成 品 数 量	kg	kg	kg
製品/kgあたりの原価	¥	¥	¥

(2)
¥

25-10 東京製作所は，組別総合原価計算を採用し，A組製品とB組製品を製造している。次の資料によって，組別総合原価計算表とA組仕掛品勘定を完成しなさい。 (第90回一部修正)

ただし， i 組間接費は直接作業時間を基準として配賦する。
　　　　 ii 素材は製造着手のときにすべて投入され，加工費は製造の進行に応じて消費されるものとする。
　　　　 iii 月末仕掛品原価の計算は先入先出法による。
　　　　 iv 仕損じは製造工程の終点で発生しており，仕損費は完成品のみに負担させる。なお，仕損品の評価額は零（0）である。

資　料
a. 月初仕掛品原価　A組 ¥1,275,000 （素材費 ¥903,000　加工費 ¥372,000）
　　　　　　　　　 B組 ¥ 618,000 （素材費 ¥417,000　加工費 ¥201,000）

b. 当月製造費用

	A組直接費	B組直接費	組間接費
素材費	¥3,965,000	¥4,305,000	――
労務費	¥3,040,000	¥3,360,000	¥ 120,000
経費	¥ 540,000	¥ 357,000	¥ 680,000

c. 生産データ

	A組	B組
月初仕掛品	1,500個（加工進捗度40％）	600個（加工進捗度50％）
当月投入	6,500個	6,150個
合計	8,000個	6,750個
月末仕掛品	2,000個（加工進捗度60％）	900個（加工進捗度40％）
仕損じ	――個	50個
完成品	6,000個	5,800個

d. 直接作業時間　A組 1,900時間　B組 2,100時間

(1)

組 別 総 合 原 価 計 算 表
令和○年6月分

摘　　要	A　　組	B　　組
組 直 接 費　素材費	3,965,000	4,305,000
加工費	3,580,000	3,717,000
組 間 接 費　加工費	380,000	420,000
当 月 製 造 費 用	7,925,000	8,442,000
月初仕掛品原価　素材費	903,000	417,000
加工費	372,000	201,000
計	9,200,000	9,060,000
月末仕掛品原価　素材費	1,220,000	630,000
加工費	720,000	252,000
完 成 品 原 価	7,260,000	8,178,000
完 成 品 数 量	6,000個	5,800個
製 品 単 価	¥1,210	¥1,410

(2)

A 組 仕 掛 品

前 月 繰 越	1,275,000	(A組製品) (7,260,000)	
素　　　材	3,965,000	次 月 繰 越 (1,940,000)	
労　務　費	3,040,000		
経　　　費	540,000		
(組間接費) (380,000)			
	(9,200,000)	(9,200,000)	

26 副産物・作業くずの処理

要点の整理

① 副産物

副産物とは，主産物の製造工程から必然的に発生する物品であって，たとえば豆腐を製造するさいに，必然的に発生するおからや，食肉加工のさいに生じる皮革などがある。

② 副産物の評価

(1) そのまま売却できるとき ─→ 見積売却価額－（見積販売費・一般管理費＋見積利益額）

(2) 加工後売却できるとき ─→ 見積売却価額－（見積加工費＋見積販売費・一般管理費＋見積利益額）

(3) そのまま自家消費するとき ─→ 見積購入価額

(4) 加工後自家消費するとき ─→ 見積購入価額－見積加工費

③ 副産物の処理

製品の製造原価から差し引いて，**副産物勘定**の借方に記入する。ただし，副産物の価額が少額のときは売却時に雑益として処理することができる。

例 単純総合原価計算を採用している工場で，副産物¥5,000が発生した。

（借）副　産　物　5,000　　（貸）仕　掛　品　5,000

④ 作業くずの処理

副産物の場合と同じように評価し処理する。

例 組別総合原価計算を採用している工場で，A組の製造工程から作業くずが発生し，¥2,000と評価した。

（借）作　業　く　ず　2,000　　（貸）A組仕掛品　2,000

基本問題

26-1 次の取引の仕訳を示しなさい。

(1) 単純総合原価計算を採用している広島工業株式会社の工場で，副産物¥70,000が発生した。

(2) 上記の副産物を¥80,000で売却し，現金を受け取った。

(3) 工程別総合原価計算を採用している岡山製作所で，第2工程において作業くずが発生し，¥30,000と評価した。

(4) 組別総合原価計算を採用している山口工業株式会社で，A組の製造工程から作業くずが発生し，これを¥50,000と評価し，A組の製造原価から差し引いた。

(5) 工程別総合原価計算を採用している鳥取製作所で，第3工程において副産物が発生した。この売価は¥150,000，販売費¥10,000，利益額¥20,000と見積もられた。

	借　　　　　　方	貸　　　　　　方
(1)		
(2)		
(3)		
(4)		
(5)		

ポイント (5) 評価額＝見積売却価額－（見積販売費＋見積利益額）

練 習 問 題

26-2 次の取引の仕訳を示しなさい。

(1) 工程別総合原価計算を採用している岡山製作所で，第１工程において作業くずが発生し，¥70,000 と評価した。

(2) 組別総合原価計算を採用している高松工業株式会社で，B組の製造工程から副産物が発生した。この副産物の評価額は¥50,000 である。

(3) 工程別総合原価計算を採用している徳島製作所で，第3工程において副産物が発生し，無評価のまま保管していたが，本日，この副産物を¥20,000 で売却し，代金は現金で受け取った。

(4) 組別総合原価計算を採用している工場で，B組の製造工程から副産物が発生した。この売価は¥100,000，販売費が¥5,000，利益額が¥20,000 と見積もられた。

	借	方	貸	方
(1)				
(2)				
(3)				
(4)				

検 定 問 題

26-3 次の取引の仕訳を示しなさい。

(1) 等級別総合原価計算を採用している富山製作所において，１級製品850個と2級製品1,300個が完成するとともに副産物が発生した。ただし，総合原価は¥1,977,000であり，そのうち副産物の評価額は¥152,000であった。なお，等価係数は次の各製品１個あたりの重量を基準としている。 （第81回一部修正）

　　　１級製品　400g　　2級製品　300g

(2) 等級別総合原価計算を採用している徳島工業製作所において，１級製品900個と2級製品1,500個が完成するとともに副産物が発生した。ただし，総合原価は¥1,920,000であり，そのうち副産物の評価額は¥165,000であった。なお，等価係数は次の各製品１個あたりの重量を基準としている。 （第76回一部修正）

　　　１級製品　800g　　2級製品　300g

(3) 工程別総合原価計算を採用している福井工業製作所は，第１工程完成品をすべて第2工程（最終工程）に投入し，第2工程において製品の完成とともに副産物が発生した。ただし，第１工程の完成品は¥3,900,000　第2工程の総合原価は¥6,800,000であり，そのうち副産物の評価額は¥750,000であった。 （第65回一部修正）

(4) 単純総合原価計算を採用している岐阜製作所において，製品の完成とともに副産物が発生した。ただし，総合原価は¥2,684,000であり，そのうち副産物の評価額は¥249,000であった。 （第91回一部修正）

	借	方	貸	方
(1)				
(2)				
(3)				
(4)				

27 製品の完成と販売

① 製品の完成にともなう手続きと記帳

① 製造現場では，製品が完成すると，製造指図書と完成品を倉庫係に渡す。

② 原価計算係は完成品原価報告書（あるいは総合原価計算表）を作成して会計係にまわし，会計係が製品元帳に受け入れの記入をおこなう。

③ 原価計算係は，月末に**完成品原価月報**を作成し，会計係にまわす。

例 完成品原価月報にもとづいて，本月の完成品原価¥/,000を計上する。

（借）製 品 /,000 （貸）仕 掛 品 /,000

② 製品の販売にともなう手続きと記帳

① 販売係が**売上伝票**を作成する。

② 会計係は月末に販売係から報告される**売上帳**の合計額によって仕訳し，製造原価を集計して**売上製品原価月報**を作成し，製品勘定から売上原価勘定に振り替える仕訳をおこなう。

例 本月分の売上帳の合計額（全額掛け売り）は¥2,000である。

（借）売掛金 2,000 （貸）売 上 2,000

例 売上製品原価月報によって，売上製品原価¥/,500を計上する。

（借）売上原価 /,500 （貸）製 品 /,500

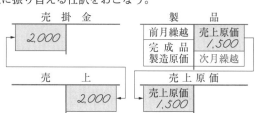

27-1 次の取引の仕訳を示しなさい。

(1) 個別原価計算を採用している松山製作所の完成品原価月報によれば，当月の完成品原価は¥2,500,000である。

(2) 当月中の売上高は¥3,700,000で，うち¥900,000は現金売り上げ，残額は掛け売り上げであった。なお，当月分の売上製品原価月報の合計額は¥2,590,000であった。

(3) 掛けで売り渡した製品¥500,000が返品された。なお，この製品の製造原価は¥350,000であった。

	借	方	貸	方
(1)				
(2)				
(3)				

27-2 次の取引の仕訳を示しなさい。

(1) 個別原価計算を採用している高松工業株式会社における/月分の製品の売上高合計（すべて掛け売り）は¥/,750,000であり，同月中の売上原価の合計額は¥/,400,000であった。よって，売上高および売上原価を計上した。

(2) 等級別総合原価計算を採用している香川製作所は，次のとおり当月の売上製品の原価を計上した。

　　/級製品　¥2,500,000　　2級製品　¥1,270,000

	借　　　　　方	貸　　　　　方
(1)		
(2)		

検定問題

27-3 次の取引の仕訳を示しなさい。

(1) 個別原価計算を採用している三重製作所は，次の製品を発注元に発送した。よって，売上高および売上原価を計上した。　　　　　　　　　　　　　　　　　　　　　　（第93回）

	A製品(製造指図書#3/)	B製品(製造指図書#32)
売 上 高(掛 け)	¥7,500,000	¥4/0,000
製 造 原 価	¥4,500,000	¥246,000

(2) 工程別総合原価計算を採用している鳥取工業株式会社は，倉庫に保管してある第/工程完成品の一部を¥1,620,000で売り渡し，代金は掛けとした。ただし，売り上げた半製品の原価は¥1,350,000であり，売上のつど売上原価に計上する。なお，当社では第/工程の完成品原価はすべて第/工程半製品勘定に振り替えている。　　　　　　　　　　　　　　　　　　　　　　（第90回一部修正）

(3) 組別総合原価計算を採用している青森工業株式会社における6月分の製品の販売に関する資料は，次のとおりであった。よって，売上高および売上原価を計上した。　　　　　　　　　（第84回）

	A　組	B　組
売 上 高(掛 け)	¥420,000	¥750,000
売上製品製造原価	¥294,000	¥525,000

(4) 個別原価計算を採用している埼玉製作所における/月分の製品の販売に関する資料は次のとおりであった。よって，売上高および売上原価を計上した。　　　　　　　　　　　　　（第87回）

	A製品(製造指図書#//)	B製品(製造指図書#/2)
売 上 高(掛 け)	¥763,000	¥628,000
製 造 原 価	¥452,000	¥39/,000

(5) 等級別総合原価計算を採用している石川製作所の6月分の製品の販売に関する資料は，次のとおりであった。よって，売上高および売上原価を計上した。　　　　　　　　　　　　（第86回）

	/級製品	2級製品
売 上 高(掛 け)	¥1,080,000	¥600,000
売 上 製 品 原 価	¥756,000	¥420,000

	借　　　　　方	貸　　　　　方
(1)		
(2)		
(3)		
(4)		
(5)		

28 決算の手続き

要点の整理

① 製造業の決算

　製造業では，短期間に営業成績を明らかにして，経営計画の資料を得るために，／か月ごとに営業損益を計算するが，これを**月次決算**という。会計期末におこなう決算を，月次決算と区別するために**年次決算**という。

② 月次決算の手続き

　元帳に**月次損益勘定**を設け，借方に売上原価勘定，販売費及び一般管理費勘定を振り替え，貸方に売上勘定を振り替えて，貸借の差額として営業損益を計算する。

売上高ー(売上原価＋販売費及び一般管理費)＝営業損益

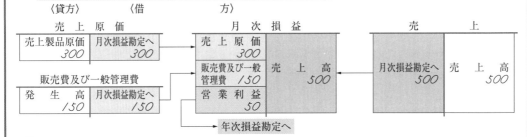

③ 年次決算の手続き

　(年次)損益勘定の貸方には，毎月の営業利益が振り替えられる(上掲の月次損益勘定を参照)。

　会計期末には，営業外収益の諸勘定を(年次)損益勘定の貸方に，営業外費用の諸勘定を借方に振り替え，貸借の差額として純損益を計算する。

① **営業外費用**は，企業のおもな営業活動以外から生じる費用で，資金の借り入れや運用にともなう費用などである。

　　　支払利息，有価証券評価損，有価証券売却損など

② **営業外収益**は，企業のおもな営業活動以外から生じる収益で，資金の貸し付けや運用にともなう収益などである。

　　　受取利息，有価証券売却益など

④ 製造業の決算の特徴

① 製造業では，原価要素の諸勘定は，製造活動にともない発生したものは仕掛品勘定・製造間接費勘定に振り替えられ，販売活動や一般管理活動にともない発生したものは販売費及び一般管理費勘定に振り替えられる。

② 材料勘定・製品勘定の会計期末の残高は，期末棚卸高を示している。

③ 減価償却費などの月割経費は，毎月消費高が貸方に記入されるから，貸方残高になっているが，決算整理記入をおこなうと借方に記入され，残高はなくなる。

④ 営業損益は月次決算で算出されているので，会計期末の決算では，営業損益をもとにして純損益の計算をおこなうことになる。

基本問題

28-1 次の文の ☐ のなかに，下記の語群のなかから，もっとも適当なものを選び，その番号を記入しなさい。

(1) 製造業では，ふつう，原価計算期末に ☐ア☐ 勘定を設けて，借方に売上原価，販売費及び一般管理費を，貸方に ☐イ☐ を振り替え，営業損益を計算する。

(2) (年次)損益勘定には借方に ☐ウ☐ を，貸方に営業利益，☐エ☐ を振り替えて，一会計期間の純損益を計算する。

1. 営業外費用	2. 営 業 費	3. 営業外収益	4. 年 次 損 益
5. 月 次 損 益	6. 製 造 原 価	7. 売 上 高	8. 資 本 金

ア		イ		ウ		エ	

ポイント (1) 売上高−(売上原価＋販売費及び一般管理費)＝営業損益

28-2 山形製作所（個人企業）の次の資料によって，年次損益勘定に記入し，締め切りなさい。

営業利益(年間) ¥3,400,000　　受 取 利 息 ¥16,000　　支 払 利 息 ¥35,000
有価証券売却損 ¥ 200,000

年　次　損　益

		月 次 損 益	3,400,000

ポイント 営業利益は月次損益勘定から振り替える。

練習問題

28-3 株式会社青森製作所の勘定残高の一部によって，決算振替仕訳 ((1)営業外収益・営業外費用の振替，(2)純損益の振替) をおこない，年次損益勘定に転記し，締め切りなさい。

有価証券売却益 ¥360,000　　支 払 利 息 ¥15,000　　有価証券評価損 ¥160,000

	借 方	貸 方
(1)		
(2)		

年　次　損　益

		月 次 損 益	4,750,000

29 財務諸表の作成

要点の整理

① 製造業の財務諸表

　会計期末に，損益計算書・貸借対照表などの**財務諸表**を作成するが，製造業では，これらの財務諸表のほかに**製造原価報告書**を作成する。

② 製造原価報告書

　製造原価報告書は，当期の製品製造原価の内訳を原価要素別にその明細を示したものであり，製造に関する諸勘定の記録をもとにして作成する。その内容を式で示すと次のとおりである。

> **当期材料費＋当期労務費＋当期経費＝当期製造費用**
> **当期製造費用＋期首仕掛品棚卸高－期末仕掛品棚卸高＝当期製品製造原価**

③ 製造原価報告書の作成

(1)　製造間接費を実際配賦している場合

　製造間接費を実際配賦している場合の製造原価報告書の作成方法は次のとおりである。

①　原価要素別の消費高（Ⅰ材料費・Ⅱ労務費・Ⅲ経費）を表示する。

②　上記①の合計額を当期製造費用として表示する。

③　当期製造費用に期首仕掛品棚卸高を加え，そこから期末仕掛品棚卸高を差し引いて**当期製品製造原価**を表示する。

　製造原価報告書で算出した当期製品製造原価は，損益計算書では売上原価の内訳項目として表示する。

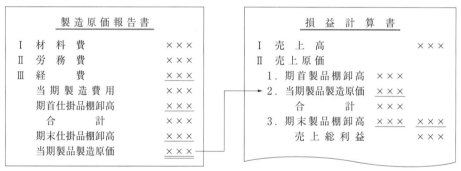

(2)　製造間接費を予定配賦している場合

　製造間接費を予定配賦している場合の製造原価報告書の作成方法は次のとおりである。

①　原価要素別の直接消費高（Ⅰ直接材料費・Ⅱ直接労務費・Ⅲ直接経費）を表示する。

②　製造間接費の実際発生額（Ⅳ　製造間接費）を表示し，これに製造間接費配賦差異をプラスまたはマイナスして製造間接費予定配賦額を表示する。

③　上記①と製造間接費予定配賦額の合計額を当期製造費用として表示する。

　ここから下の表示は上記(1)③と同じである。なお，次ページの製造原価報告書は，製造間接費の実際発生額 ¥100,000　予定配賦額 ¥90,000 の場合の例である。

製　造　間　接　費

| 実 際 発 生 額　100,000 | 予 定 配 賦 額　90,000 |
| | 製造間接費配賦差異　10,000 |

製　造　原　価　報　告　書

Ⅰ　直接材料費		××××
Ⅱ　直接労務費		××××
Ⅲ　直接経費		××××
Ⅳ　製造間接費	100,000	
製造間接費配賦差異	10,000	90,000
当 期 製 造 費 用		××××
期首仕掛品棚卸高		××××
合　　　計		××××
期末仕掛品棚卸高		××××
当期製品製造原価		××××

100,000からマイナスする

　損益計算書では製造間接費配賦差異¥10,000（借方差異）は，原価差異として当期の売上原価に賦課されるので，売上原価の金額にプラスする。

基本問題

29-1 次の資料により，製造原価報告書・損益計算書（一部）を作成しなさい。

① 当期材料費 ¥2,800,000　　当期労務費 ¥1,900,000　　当期経費 ¥700,000
② 仕 掛 品　期首棚卸高 ¥200,000　　期末棚卸高 ¥300,000
　　製　　品　期首棚卸高 ¥500,000　　期末棚卸高 ¥400,000
③ 売 上 高 ¥7,000,000

製　造　原　価　報　告　書

Ⅰ 材　　料　　費	2,800,000
Ⅱ 労　　務　　費	（　　　　　）
Ⅲ 経　　　　　費	700,000
当 期 製 造 費 用	（　　　　　）
期首仕掛品棚卸高	200,000
合　　　　計	（　　　　　）
期末仕掛品棚卸高	（　　　　　）
当期製品製造原価	（　　　　　）

損　益　計　算　書

Ⅰ 売　　上　　高		7,000,000
Ⅱ 売　上　原　価		
1．期首製品棚卸高	（　　　　）	
2．当期製品製造原価	（　　　　）	
合　　　計	（　　　　）	
3．期末製品棚卸高	（　　　　）	（　　　　）
売 上 総 利 益		（　　　　）

練習問題

29-2 宮城製作所の次の資料によって，製造原価報告書を完成しなさい。

資　料

i 材　　　　料　期首棚卸高 ¥270,000　　当期仕入高 ¥2,130,000
　　　　　　　　期末棚卸高 ¥286,000

ii 労　務　費　賃　　　金　当期消費高 ¥1,250,000
　　　　　　　　諸手当・福利費　当期消費高 ¥365,000

iii 経　　　費　電　力　料　当期支払高 ¥70,000
　　　　　　　　　　　　　　当期測定高 ¥83,000　（営業部20% 製造部80%）
　　　　　　　　減価償却費　当期消費高 ¥180,000　（営業部40% 製造部60%）
　　　　　　　　修　繕　料　当期支払高 ¥46,000
　　　　　　　　　　　　　　当期未払高 ¥8,000　（営業部30% 製造部70%）
　　　　　　　　保　管　料　当期支払高 ¥6,000
　　　　　　　　　　　　　　当期前払高 ¥1,500　（営業部50% 製造部50%）
　　　　　　　　雑　　　費　当期消費高 ¥16,000　（営業部45% 製造部55%）

iv 仕　掛　品　期首棚卸高 ¥260,000　　期末棚卸高 ¥330,000

製 造 原 価 報 告 書
令和○年4月1日から令和△年3月31日まで

I　材　料　費
1.(　　　　　　　　)　(　　　　　　　)
2.当 期 材 料 仕 入 高　(　　　　　　　)
　　合　　　　計　(　　　　　　　)
3.(　　　　　　　　)　(　　　　　　　)
　　　当 期 材 料 費　　　　　　　(　　　　　　　)
II　労　務　費
1.基　　本　　給　(　　　　　　　)
2.諸 手 当・福 利 費　(　　　　　　　)
　　　当 期 労 務 費　　　　　　　(　　　　　　　)
III　経　　　費
1.電　力　料　(　　　　　　　)
2.減 価 償 却 費　(　　　　　　　)
3.修　繕　料　(　　　　　　　)
4.保　管　料　(　　　　　　　)
5.雑　　　費　(　　　　　　　)
　　　当 期 経 費　　　　　　　(　　　　　　　)
　　　当 期 製 造 費 用　　　　　　　　　　　　(　　　　　　　)
　　(　　　　　　　)　　　　　　　　　　　　(　　　　　　　)
　　　合　　　計　　　　　　　　　　　　(　　　　　　　)
　　(　　　　　　　)　　　　　　　　　　　　(　　　　　　　)
　　(　　　　　　　)　　　　　　　　　　　　(　　　　　　　)

29-3 次の資料により，製造原価報告書・損益計算書（一部）を作成しなさい。なお，製造間接費は予定配賦しており，原価差異は売上原価に賦課すること。

① 直接材料費 ¥3,200,000　　直接労務費 ¥2,000,000　　直接経費 ¥300,000
② 製造間接費実際発生額 ¥1,500,000　　製造間接費は，直接労務費の70％を予定配賦している。
③ 仕 掛 品　期首棚卸高 ¥400,000　　期末棚卸高 ¥500,000
　 製　　品　期首棚卸高 ¥520,000　　期末棚卸高 ¥400,000
④ 売 上 高 ¥9,000,000

製 造 原 価 報 告 書

Ⅰ	直 接 材 料 費		3,200,000
Ⅱ	直 接 労 務 費		2,000,000
Ⅲ	直 接 経 費		300,000
Ⅳ	製 造 間 接 費	(1,500,000)	
	製造間接費配賦差異	(100,000)	(1,400,000)
	当 期 製 造 費 用		(6,900,000)
	期首仕掛品棚卸高		(400,000)
	合　　　計		(7,300,000)
	期末仕掛品棚卸高		(500,000)
	当 期 製 品 製 造 原 価		(6,800,000)

損 益 計 算 書

Ⅰ	売 上 高		9,000,000
Ⅱ	売 上 原 価		
	1. 期首製品棚卸高	(520,000)	
	2. 当期製品製造原価	(6,800,000)	
	合　　　計	(7,320,000)	
	3. 期末製品棚卸高	(400,000)	
	差　　　引	(6,920,000)	
	4. 原 価 差 異	(100,000)	(7,020,000)
	売 上 総 利 益		(1,980,000)

29-4 福島製作所の下記の資料によって，製造原価報告書に記載する次の金額を求めなさい。

(1) 当 期 材 料 費　　(2) 当 期 労 務 費　　(3) 外 注 加 工 賃
(4) 電　 力　 料　　(5) 当 期 経 費　　(6) 当期製品製造原価

資　　料

i	素　　　　　材	期首棚卸高	¥270,000	当期仕入高	¥3,050,000	
		期末棚卸高	¥250,000			
ii	工 場 消 耗 品	期首棚卸数量	500個	当期仕入数量	2,000個	
		期末棚卸数量	400個	単　　価	¥600	
iii	賃　　　　　金	前期未払高	¥160,000	当期支払高	¥2,080,000	
		当期未払高	¥280,000			
iv	給　　　　　料	当期消費高	¥950,000			
v	諸手当・福利費	当期消費高	¥265,000			
vi	外 注 加 工 賃	前期未払高	¥128,000	当期支払高	¥750,000	
vii	電　 力　 料	当期測定高	¥286,000	当期支払高	¥275,000	
viii	減 価 償 却 費	当期消費高	¥465,000			
ix	雑　　　　　費	当期支払高	¥260,000	当期前払高	¥70,000	
x	仕　　掛　　品	期首棚卸高	¥250,000	期末棚卸高	¥230,000	

(1)	当 期 材 料 費	¥		(2)	当 期 労 務 費	¥
(3)	外 注 加 工 賃	¥		(4)	電　 力　 料	¥
(5)	当 期 経 費	¥		(6)	当期製品製造原価	¥

29-5 下記の勘定記録によって，次の金額を求めなさい。ただし，会計期間は原価計算期間と一致しているものとする。

(1) 当 期 材 料 費　　(2) 当 期 労 務 費　　(3) 当 期 経 費
(4) 当 期 製 造 費 用　　(5) 当期製品製造原価　　(6) 売 上 原 価

仕　　掛　　品

前 期 繰 越	504,000	製　　品	6,568,000
素　　材	2,320,000	次 期 繰 越	472,000
賃　　金	1,440,000		
外注加工賃	120,000		
製造間接費	2,656,000		
	7,040,000		7,040,000

製　　造　　間　　接　　費

工場消耗品	420,000	仕 掛 品	2,656,000
賃　　金	979,000		
給　　料	200,000		
従業員賞与手当	476,000		
健康保険料	84,000		
電 力 料	112,000		
減価償却費	216,000		
修 繕 料	96,000		
保 険 料	48,000		
雑　　費	25,000		
	2,656,000		2,656,000

製　　　　品

前 期 繰 越	280,000	売 上 原 価	6,600,000
仕 掛 品	6,568,000	次 期 繰 越	248,000
	6,848,000		6,848,000

(1)	当 期 材 料 費	¥		(2)	当 期 労 務 費	¥
(3)	当 期 経 費	¥		(4)	当 期 製 造 費 用	¥
(5)	当期製品製造原価	¥		(6)	売 上 原 価	¥

||||||| 検 定 問 題 |||||||||||||||||||||||||||||||

29-6 京都産業株式会社の下記の資料により，製造原価報告書に記載する次の金額を求めなさい。(第93回)

a. 当 期 材 料 費　　b. 当 期 労 務 費　　c. 当 期 製 品 製 造 原 価

　　資　　料

① 素　　　　材　期首棚卸高 ¥ 277,000　当期仕入高 ¥1,962,000　期末棚卸高 ¥283,000

② 工場消耗品　期首棚卸高 ¥ 58,000　当期仕入高 ¥ 342,000　期末棚卸高 ¥ 60,000

③ 消耗工具器具備品　当期消費高 ¥ 192,000

④ 賃　　　　金　前期未払高 ¥ 251,000　当期支払高 ¥1,723,000　当期未払高 ¥247,000

⑤ 給　　　　料　当期消費高 ¥ 953,000

⑥ 健康保険料　当期消費高 ¥ 136,000

⑦ 水　道　料　基本料金 ¥ 18,000

　　　　　　　　当期使用料 ¥ ◻︎　(当期使用量 2,100 m³　単価/m³あたり ¥130)

　　　　　　　　水道料の計算方法は，基本料金に当期使用料を加算して求める。

⑧ 減価償却費　当期消費高 ¥ 175,000

⑨ 仕　掛　品　期首棚卸高 ¥ 594,000　期末棚卸高 ¥ 608,000

a	当期材料費 ¥	b	当期労務費 ¥	c	当 期 製 品 製 造 原 価 ¥

29-7 富山製作所における当期（令和○年/月/日から令和○年/2月3/日）の勘定記録・製造原価報告書・損益計算書（一部）・貸借対照表（一部）により，（ア）から（ウ）に入る金額を求めなさい。ただし，会計期間は原価計算期間と一致しているものとする。　　　　　　　　(第92回一部修正)

```
              仕        掛        品
前期繰越 (         ) 製      品 (         )
素    材  2,240,000  次期繰越 (         )
賃    金 (         )
外注加工賃  740,000
製造間接費 (         )
         (         )          (         )
```

```
              製   造   間   接   費
工場消耗品  340,000  仕掛品 (         )
賃    金   403,000
給    料   520,000
減価償却費 (  ア  )
電 力 料   420,000
雑    費    48,000
         (         )        (         )
```

```
              製              品
前期繰越 (         ) 売上原価 (         )
仕 掛 品 (         ) 次期繰越 (         )
          7,243,000           7,243,000
```

```
              製 造 原 価 報 告 書
富山製作所  令和○年/月/日から令和○年/2月3/日  (単位：円)
 Ⅰ  材    料    費         (         )
 Ⅱ  労    務    費          2,280,000
 Ⅲ  経       費             1,880,000
      当 期 製 造 費 用      (         )
      期首仕掛品棚卸高         320,000
      合       計          (         )
      期末仕掛品棚卸高         360,000
      当期製品製造原価        (  イ  )
```

```
              損 益 計 算 書 (一部)
富山製作所  令和○年/月/日から令和○年/2月3/日  (単位：円)
 Ⅰ  売   上   高            8,640,000
 Ⅱ  売 上 原 価            (         )
      売 上 総 利 益        (  ウ  )
```

```
              貸 借 対 照 表 (一部)
富山製作所      令和○年/2月3/日      (単位：円)
 製    品    720,000
 仕 掛 品 (         )
```

ア	¥	イ	¥	ウ	¥

29-8 佐賀製作所の下記の勘定記録と資料により，次の金額を求めなさい。ただし，会計期間は原価計算期間と一致しているものとする。なお，製造間接費配賦差異は売上原価に振り替える。(第91回一部修正)

a．材料の実際消費高　　b．間接労務費の実際発生額　　c．売上原価

仕 掛 品			
前期繰越	385,000	製　　品	10,788,000
素　　材	(　　　)	次期繰越	(　　　)
賃　　金	3,690,000		
外注加工賃	361,000		
製造間接費	(　　　)		
	(　　　)		(　　　)

製 造 間 接 費			
素　　材	246,000	仕 掛 品	(　　　)
工場消耗品	(　　　)	製造間接費配賦差異	(　　　)
賃　　金	(　　　)		
給　　料	1,340,000		
退職給付費用	412,000		
健康保険料	148,000		
水 道 料	(　　　)		
減価償却費	185,000		
	(　　　)		(　　　)

資　　料
① 素　　材　期首棚卸高 ¥ 700,000　当期仕入高 ¥3,800,000　期末棚卸高 ¥675,000
② 工場消耗品　期首棚卸高 ¥ 32,000　当期仕入高 ¥ 276,000　期末棚卸高 ¥ 36,000
③ 賃　　金　実際平均賃率　作業時間/時間につき ¥900
　　　　　　　直接作業時間4,100時間　間接作業時間400時間
④ 水 道 料　基本料金 ¥ 12,000
　　　　　　　当期使用量 1,900 m³　単価/m³あたり ¥120
　　　　　　　水道料の計算方法は，基本料金に当期使用料を加算して求める。
⑤ 仕 掛 品　期首棚卸高 ¥ 385,000　期末棚卸高 ¥ 425,000
⑥ 製　　品　期首棚卸高 ¥ 830,000　期末棚卸高 ¥ 917,000
⑦ 製造間接費配賦額は，直接作業時間/時間につき ¥780 の予定配賦率を用いている。

a	材 料 の 実際消費高	¥	b	間接労務費の 実際発生額	¥	c	売上原価	¥

29-9 徳島製作所における次の勘定記録・製造原価報告書・損益計算書（一部）により，（ア）から（ウ）の金額を求めなさい。

(第90回一部修正)

製 造 間 接 費			
燃　　料	67,000	仕 掛 品	1,795,000
工場消耗品	219,000		
賃　　金	284,000		
給　　料	640,000		
健康保険料	39,000		
退職給付費用	150,000		
減価償却費	204,000		
保 険 料	31,000		
電 力 料	96,000		
保 管 料	57,000		
棚卸減耗損	8,000		
	1,795,000		1,795,000

仕 掛 品			
前期繰越	(　ア　)	製　　品	(　　　)
素　　材	2,175,000	次期繰越	594,000
賃　　金	2,080,000		
外注加工賃	386,000		
製造間接費	(　　　)		
	(　　　)		(　　　)

製 品			
前期繰越	720,000	売上原価	(　　　)
仕 掛 品	(　　　)	次期繰越	680,000
	(　　　)		(　　　)

徳島製作所　製造原価報告書（単位：円）
令和○年/月/日から令和○年/2月3/日まで

Ⅰ 材 料 費	(　　　)
Ⅱ 労 務 費	(　イ　)
Ⅲ 経　　費	(　　　)
当期製造費用	6,436,000
期首仕掛品棚卸高	660,000
合　　計	(　　　)
期末仕掛品棚卸高	(　　　)
当期製品製造原価	(　　　)

徳島製作所　損 益 計 算 書（一部）（単位：円）
令和○年/月/日から令和○年/2月3/日まで

Ⅰ 売 上 高		8,703,000
Ⅱ 売 上 原 価		
1．期首製品棚卸高	(　　　)	
2．当期製品製造原価	(　　　)	
合　　計	(　　　)	
3．期末製品棚卸高	(　　　)	(　　　)
売 上 総 利 益		(　ウ　)

ア	¥	イ	¥	ウ	¥

29-10 島根製作所の下記の資料により，製造原価報告書に記載する次の金額を求めなさい。　　（第89回）

　　　　a．当 期 材 料 費　　b．当 期 経 費　　c．当期製品製造原価

資　　料
① 素　　　　材　期首棚卸高 ¥ 274,000　当期仕入高 ¥3,396,000　期末棚卸高 ¥260,000
② 工場消耗品　期首棚卸高 ¥ 80,000　当期仕入高 ¥ 600,000　期末棚卸高 ¥ 90,000
③ 賃　　　　金　予定賃率　作業時間 / 時間につき ¥1,780
　　　　　　　　直接作業時間4,200時間　間接作業時間300時間
　　　　　　　　賃率差異勘定の借方に ¥45,000の残高がある。
④ 給　　　　料　当期消費高 ¥1,500,000
⑤ 健康保険料　当期消費高 ¥ 300,000
⑥ 外注加工賃　前期未払高 ¥ 70,000　当期支払高 ¥ 540,000　当期未払高 ¥ 50,000
⑦ 電　力　料　当期支払高 ¥ 190,000　当期測定高 ¥ 194,000
⑧ 減価償却費　当期消費高 ¥ 250,000
⑨ 仕　掛　品　期首棚卸高 ¥ 80,000　期末棚卸高 ¥ 110,000
⑩ 当期中に副産物が発生し，その評価額は ¥380,000である。

a	当期材料費 ¥	b	当 期 経 費 ¥	c	当 期 製 品 製 造 原 価 ¥

29-11 熊本製作所における下記の勘定記録と資料により，次の金額を求めなさい。ただし，会計期間は原価計算期間と一致しているものとする。　　（第88回一部修正）

　　　　a．材料の実際消費高　　b．製造間接費配賦差異　　c．売上原価勘定の（ア）の金額

```
        仕      掛      品                       売  上  原  価
前期繰越 1,090,000 │ 製      品 11,384,000      製      品 (        ) │ 製造間接費配賦差異 (        )
素    材 (       ) │ 次期繰越    760,000       賃率差異 (        ) │ 損      益 (  ア  )
賃    金 4,140,000 │                          (        ) │       (        )
製造間接費 (       ) │
     (       ) │      (        )
```

資　　料
① 素　　　　材　期首棚卸高 ¥ 348,000　当期仕入高 ¥3,672,000　期末棚卸高 ¥391,000
　　　　　　　　素材の消費高はすべて製造直接費である。
② 工場消耗品　期首棚卸高 ¥ 40,000　当期仕入高 ¥ 740,000　期末棚卸高 ¥ 60,000
③ 賃　　　　金　予定平均賃率　@¥920　直接作業時間4,500時間　間接作業時間250時間
　　　　　　　　実際平均賃率　@¥940
④ 給　　　　料　当期消費高 ¥1,800,000
⑤ 電　力　料　当期支払高 ¥ 170,000　当期測定高 ¥ 173,000
⑥ 減価償却費　当期消費高 ¥ 315,000
⑦ 製　　　　品　期首棚卸高 ¥ 80,000　期末棚卸高 ¥ 110,000
⑧ 製造間接費配賦額は，直接作業時間 / 時間につき ¥730の予定配賦率を用いている。

a	材 料 の 実際消費高 ¥	b	製 造 間 接 費 配 賦 差 異 ¥	c	売上原価勘定 の（ア）の金額 ¥

30 本社・工場間の取引

要点の整理

① 工場会計の独立

工場と本社が離れた場所にある場合や経営規模が大きくなった場合に，工場の会計を本社の会計から独立させて，工場独自の帳簿組織を設けることがある。これを**工場会計の独立**という。

② 工場会計の帳簿組織と勘定の設定

工場会計を独立させた場合，ふつう，次のようになる。

本社	本社仕訳帳（一般仕訳帳） 本社元帳（一般元帳）	購買活動・販売活動・ 管理活動に関する諸勘定	現金・当座預金・売掛金・売上・売上原価・販売費及び一般管理費など
工場	工場仕訳帳 工場元帳	製造活動に関する諸勘定	材料・労務費・経費・仕掛品・製造間接費・製品など

③ 本社勘定・工場勘定

工場会計を独立させると，支店会計を独立させた場合と同じように，本社と工場の間に貸借関係が生じる。このために，次のような勘定を設ける。

本社元帳……工場勘定　　　　工場元帳……本社勘定

例 本社は素材¥50,000を掛けで仕入れて，工場に直送し，工場は，この素材を受け取った。

〔本社の仕訳〕（借）工　　場 50,000　　（貸）買 掛 金 50,000 ……本社は工場に貸しが生じる。
〔工場の仕訳〕（借）素　　材 50,000　　（貸）本　　社 50,000 ……工場は本社に借りが生じる。

基本問題

30-1 次の文の ☐ のなかに，もっとも適当な語を記入しなさい。

(1) 製造業の規模が大きくなると，工場の会計について，本社の帳簿とは別に独自の帳簿を設けることがある。これを工場会計の ア という。

(2) 本社・工場間の取引で生じる貸借関係を記録するために，本社元帳には工場勘定を，工場元帳には イ 勘定を設ける。

ア		イ	

30-2 次の取引について，本社と工場の仕訳を示しなさい。

(1) 本社は素材¥200,000を掛けで仕入れ，仕入先から工場に直送させ，工場は，これを受け取った。

(2) 工場は，本社の指示で製品¥1,000,000を得意先に送り，本社は売上高（掛け）¥1,400,000および売上原価を計上した。

		借	方	貸	方
(1)	本社				
	工場				
(2)	本社				
	工場				

ポイント (1) 本社は工場に貸しになる。(2) 製品勘定は工場元帳にあるから，（貸）工　　場　となる。

練習問題

30-3 次の取引の仕訳を示しなさい。ただし，工場会計は本社会計から独立している。

(1) 本社は買入部品 ¥850,000 を掛けで仕入れ，仕入先から工場に直送させた。

(2) 本社は本月分の賃金について次のように報告を受けたので，支払額について現金で送金し，工場は これを受け取り，従業員に支払った。ただし，諸手当は賃金勘定に含めないで処理する。

賃 金 総 額	¥ 2,800,000
諸 手 当	560,000
計	3,360,000
差引：所 得 税 額	130,000
健康保険料	89,000
	3,141,000

(3) 本社は電力料 ¥270,000 を小切手を振り出して支払った。なお，このうち ¥220,000 は工場分で あり，工場は，この通知を受けた。

(4) 工場は本社からの依頼によって，製品 ¥1,200,000 （原価）を得意先に発送し，本社は売上高（掛 け）¥1,600,000 および売上原価を計上した。

(5) 本社は，会計期末に工場の機械について減価償却費 ¥950,000 を間接法によって計上し，工場 は，この通知を受けた。

		借 方	貸 方
(1)	本社		
	工場		
(2)	本社		
	工場		
(3)	本社		
	工場		
(4)	本社		
	工場		
(5)	本社		
	工場		

30-4 次の取引の本社および工場の仕訳を示しなさい。ただし，工場会計は本社会計から独立している。なお，本社・工場のいずれかに仕訳が不要の取引については，「仕訳なし」と記入すること。

(1) 本社は素材A600個　@¥700を山形商会から掛けで買い入れ，工場に直送させ，工場は，これを受け入れた。

(2) 工場は，本月分賃金を¥1,650,000と報告し，本社は所得税額¥70,000　健康保険料¥80,000を差し引き，現金を工場に送金し，工場は，これを従業員に支払った。

(3) 工場は素材300個　@¥700を消費した。このうち250個は直接材料であり，残りは間接材料である。

(4) 本社は修繕料¥100,000を小切手を振り出して支払った。このうち¥70,000は工場分であり，工場は，この通知を受け取った。

(5) 工場は製造間接費¥300,000を各製造指図書に配賦した。

(6) 製品1,000個が完成した。この製品単価は¥2,900である。

(7) 工場は製品単価¥2,900の製品800個を本社からの指示で得意先釧路商店に送った。本社は掛売上高¥3,200,000および売上原価を計上した。

(8) 上記の製品のうち100個が返品された。

(9) 電力料の消費高¥40,000を計上した。

(10) 本社は建物の減価償却費¥680,000を計上した（間接法）。このうち¥530,000は工場の建物分である。工場は，この通知を受けた。

| | 本　社　の　仕　訳 | | 工　場　の　仕　訳 | |
	借　　方	貸　　方	借　　方	貸　　方
(1)				
(2)				
(3)				
(4)				
(5)				
(6)				
(7)				
(8)				
(9)				
(10)				

検定問題

30-5 次の取引の仕訳を示しなさい。

(1) 単純総合原価計算を採用している愛知製作所の工場は，本社の指示により製造原価¥2,750,000の製品を得意先栃木商店に発送した。ただし，工場会計は本社会計から独立しており，売上勘定と売上原価勘定は本社に，製品に関する勘定は工場に設けてある。（工場の仕訳）　　　（第88回）

(2) 工場会計が独立している京都製作所の本社は，工場の従業員に対する健康保険料¥864,000を小切手を振り出して支払った。ただし，健康保険料のうち半額は事業主負担分であり，半額は従業員負担分である。なお，健康保険料預り金勘定は本社にのみ設けてある。（本社の仕訳）　　　（第92回）

(3) 工場会計が独立している秋田製作所の本社は，さきに得意先山形商店に売り渡した製品について，月末に製造原価は¥1,300,000であったと工場から報告を受け，売上製品の原価を計上した。ただし，売上原価勘定は本社に，製品に関する勘定は工場に設けてある。（本社の仕訳）　　　（第89回）

(4) 工場会計が独立している福井産業株式会社の本社は，決算にさいし，建物の減価償却費¥2,300,000を計上した。ただし，このうち¥1,260,000は工場の建物に対するものであり，建物減価償却累計額勘定は，本社のみに設けてある。（本社の仕訳）　　　（第93回）

(5) 工場会計が独立している埼玉工業株式会社の工場は，本社から工場の従業員に対する健康保険料¥560,000を支払ったとの通知を受けた。ただし，健康保険料¥560,000のうち半額は事業主負担分であり，半額は従業員負担分である。なお，健康保険料預り金勘定は本社のみに設けてある。（工場の仕訳）　　　（第90回）

(6) 工場会計が独立している長崎製作所の本社は，工場から製品¥3,675,000（製造原価）を得意先熊本商店に引き渡したとの通知を受けたので，売上高（掛け）¥5,250,000および売上原価を計上した。ただし，売上勘定と売上原価勘定は本社に，製品に関する勘定は工場に設けてある。（本社の仕訳）　　　（第91回）

(7) 工場会計が独立している東京工業株式会社の工場は，本社から工場の従業員に対する本月分の賃金¥2,120,000を小切手を振り出して支払ったとの報告を受けた。ただし，この支払額は，所得税額¥174,000と健康保険料¥86,000が差し引かれており，これらの預り金に関する勘定は本社のみに設けてある。（工場の仕訳）　　　（第87回）

	借　　　　　　方	貸　　　　　　方
(1)		
(2)		
(3)		
(4)		
(5)		
(6)		
(7)		

30-6 工場会計が本社から独立している大阪製作所は，個別原価計算を採用し，A製品（製造指図書#/）およびB製品（製造指図書#2）を製造している。下記の資料によって， （第39回一部修正）

(1) 工場における，/月中の取引の仕訳を示しなさい。

(2) 賃金勘定・仕掛品勘定に記入して締め切りなさい。

(3) A製品（製造指図書#/）の原価計算表を完成しなさい。

　ただし，i 月初棚卸高は，次のとおりである。

　　　　素　　　材　/,800個　@¥750　¥/,350,000
　　　　工場消耗品　 500 〃　 〃〃250　¥ /25,000
　　　　仕掛品（製造指図書#/）¥830,000（原価計算表に記入済み）

　　ii 素材の消費高の計算は移動平均法により，工場消耗品の消費数量の計算は棚卸計算法によっている。

　　iii 賃金の前月未払高は¥/87,000である。

　　iv 賃金の消費高の計算には，作業時間/時間につき¥680の予定賃率を用いている。

　　v 製造間接費は直接作業時間を基準として予定配賦している。なお，/年間における製造間接費予定額（予算額）は¥//,340,000　予定直接作業時間（基準操業度）は2/,000時間である。

　　vi 勘定記入は，日付・相手科目・金額を示すこと。

　　vii 工場元帳には製造に関する勘定が設けられている。（製品勘定を含む。）

　取　　引

/月 6日　素材800個を消費した。（製造指図書#/）

　　9日　工場は，本社が掛けで仕入れた素材と工場消耗品を，次のとおり受け入れた。

　　　　　素　　　材　/,500個　@¥850　¥/,275,000
　　　　　工場消耗品　/,000 〃　 〃〃250　¥ 250,000

　/6日　経費を次のとおり小切手を振り出して支払ったむね，本社から報告があった。

　　　　　外注加工賃　¥ 80,000　　電 力 料　¥/50,000
　　　　　雑　　　費　¥/20,000

　20日　素材/,000個を消費した。（製造指図書#2）

　22日　A製品（製造指図書#/）/50個が完成し，入庫した。なお，A製品の賃金予定消費高と製造間接費予定配賦額を，次の作業時間によって計算し，原価計算表に記入した。

　　　　　製造指図書#/　800時間

　　　　（注） 賃金予定消費高と製造間接費予定配賦額を計上する仕訳は，月末におこなうことにしている。

　25日　本社からの指示により上記のA製品/50個を得意先に発送した。

　30日　工場は，本月分の賃金の支払額について，次のように本社から送金を受けて従業員に支払った。

　　　　　賃 金 総 額　¥/,435,000
　　　　　　うち，控除額　所 得 税 額　¥//5,000　　健康保険料　¥60,000

3/日　① 工場消耗品の月末棚卸数量は600個であった。よって，消費高を計上した。（間接材料）

　　　② 当月の賃金を次のとおり消費した。（賃金勘定で処理すること。）

　　　　　製造指図書#/　800時間　　製造指図書#2　/,000時間
　　　　　間 接 作 業　300時間

　　　③ 健康保険料の事業主負担分¥60,000を計上した。

　　　④ 当月の経費の消費高は，次のとおりであった。

　　　　　外注加工賃　¥ 90,000（製造指図書#2）　　減価償却費　¥/73,000
　　　　　電 力 料　¥/70,000　　　　　　　　　　　雑　　　費　¥/05,000

　　　⑤ 製造間接費を予定配賦した。

　　　　　製造指図書#/　800時間　　製造指図書#2　/,000時間

　　　⑥ 当月の賃金未払高は¥/92,000である。よって，賃金の予定平均賃率による消費高と実際消費高との差額を賃率差異勘定に振り替えた。

　　　⑦ 製造間接費の予定配賦額と実際発生額との差額を製造間接費配賦差異勘定に振り替えた。

(1)

	借　　　　方	貸　　　　方
1月 6日		
9日		
16日		
20日		
22日		
25日		
30日		
3/日 ①		
②		
③		
④		
⑤		
⑥		
⑦		

(2)

賃　　　　金		仕　　掛　　品	
	1/1 前月繰越 187,000	1/1 前月繰越 830,000	

(3)

製造指図書 #1

原　価　計　算　表

直 接 材 料 費	直 接 労 務 費	製 造 間 接 費	集　　　　計	
			摘　　　要	金　　　額
525,000	170,000	135,000	直 接 材 料 費	
			直 接 労 務 費	
			製 造 間 接 費	
			製 造 原 価	
			完 成 品 数 量	150個
			製 品 単 価	¥

31 標準原価計算(1)

要点の整理

① 標準原価計算

　標準原価計算は，科学的・統計的な調査にもとづいて設定された**原価標準**（製品／単位あたりの標準原価）から計算された標準原価と実際原価を比較して差額を分析することによって，**原価管理**を効率的におこなうために用いられる原価計算の方法である。

② 原価標準の設定

　標準原価計算をおこなうには，まず，製品の製造に先だって，その計算の基礎となる原価標準を設定する。原価標準は，直接材料費・直接労務費などの直接費，および製造間接費に分けて製品／単位あたりの標準原価として設定し，次のような標準原価カードに示される。

A製品	標準原価カード		
	標準単価	標準消費数量	金　額
直接材料費	¥1,500	3kg	¥4,500
	標準賃率	標準直接作業時間	
直接労務費	¥1,000	2時間	¥2,000
	標準配賦率	標準直接作業時間	
製造間接費	¥ 800	2時間	¥1,600
		製品／個あたりの標準原価	¥8,100

③ 標準原価の計算

(1) 完成品と月末仕掛品の標準原価

　1か月間の実際生産量（完成品数量と月末仕掛品数量）にもとづいて，次の式によって完成品と月末仕掛品の標準原価を計算する。

> **完成品の標準原価＝原価標準×完成品数量**
> **月末仕掛品の標準原価＝原価標準×月末仕掛品の完成品換算数量** ◀
> 直接材料が製造着手のときにすべて投入される場合，仕掛品数量を完成品数量に換算する必要はない。(2)の当月投入量の計算においても同様である。

(2) 当月投入量に対する標準原価

　標準原価計算では，当月の製造活動から生じたむだや非能率を排除するため，**当月投入量**に対する標準原価と当月投入量に対する実際原価を比較する。当月投入量に対する標準原価は，直接材料費・直接労務費・製造間接費のそれぞれについて，原価標準に当月投入量をかけて求める。なお，当月投入量は次図のように求める。

仕　掛　品	
月初仕掛品の完成品換算数量	完成品数量
当月投入量	月末仕掛品の完成品換算数量

> **当月投入量＝完成品数量＋月末仕掛品の完成品換算数量－月初仕掛品の完成品換算数量**
> **当月投入量に対する標準原価＝原価標準×当月投入量**

基本問題

31-1 次の資料によって，(1)完成品標準原価と(2)月末仕掛品標準原価および(3)当月投入量に対する標準原価を求めなさい。なお，直接材料は製造着手のときにすべて投入されるものとする。

　資　　料

　① 標準原価カード

A製品	標準原価カード		
	標準単価	標準消費数量	金　　額
直接材料費	¥600	6 kg	¥3,600
	標準賃率	標準直接作業時間	
直接労務費	¥900	3時間	¥2,700
	標準配賦率	標準直接作業時間	
製造間接費	¥400	3時間	¥1,200
		製品/個あたりの標準原価	¥7,500

　② 生産データ

　　月初仕掛品　　200個（加工進捗度50％）
　　当月投入　　1,100個
　　　合　計　　1,300個
　　月末仕掛品　　300個（加工進捗度60％）
　　完成品　　1,000個

(1) 完成品標準原価＝¥(　　　　　　　)×(　　　　　　　)個＝¥(　　　　　　　)

(2) 月末仕掛品標準原価　直接材料費　¥(　　　　)×(　　　)個　　　　＝¥(　　　　　)
　　　　　　　　　　　　直接労務費　¥(　　　　)×(　　　)個×(　)％＝¥(　　　　　)
　　　　　　　　　　　　製造間接費　¥(　　　　)×(　　　)個×(　)％＝¥(　　　　　)
　　　　　　　　　　　　　　　　　　　　　　　　　　　　　　計¥(　　　　　)

(3) 当月投入量に対する標準原価

　　当月投入量
　　直接材料費　(　　　　)個＋(　　　)個－(　　　)個＝(　　　)個
　　当月投入量
　　加工費　　　(　　　　)個＋(　　　)個×(　)％－(　　　)個×(　)％＝(　　　)個
　　直接材料費　¥(　　　　)×(　　　)個＝¥(　　　　　)
　　直接労務費　¥(　　　　)×(　　　)個＝¥(　　　　　)
　　製造間接費　¥(　　　　)×(　　　)個＝¥(　　　　　)

練習問題

31-2 次の資料によって，(1)完成品標準原価と月末仕掛品標準原価および(2)当月投入量に対する標準原価を求めなさい。なお，直接材料は製造着手のときにすべて投入されるものとする。

　資　　料

　① 標準原価カード

A製品	標準原価カード		
	標準単価	標準消費数量	金　　額
直接材料費	¥700	2 kg	¥1,400
	標準賃率	標準直接作業時間	
直接労務費	¥800	2時間	¥1,600
	標準配賦率	標準直接作業時間	
製造間接費	¥300	2時間	¥600
		製品/個あたりの標準原価	¥3,600

　② 生産データ

　　月初仕掛品　　300個（加工進捗度50％）
　　当月投入　　1,100個
　　　合　計　　1,400個
　　月末仕掛品　　400個（加工進捗度40％）
　　完成品　　1,000個

(1)

完成品標準原価　¥	月末仕掛品標準原価　¥

(2)

当月投入量に対する標準原価	直接材料費　¥
	直接労務費　¥
	製造間接費　¥

32 標準原価計算⑵

要点の整理

① 実際原価の計算

標準原価計算において，標準原価と比較する実際原価はこれまでに学習した実際原価計算の方法によって計算する。

② 原価差異の計算と分析

⑴ 直接材料費差異の分析

> **直接材料費差異＝直接材料費の原価標準×当月投入量－直接材料費実際発生額**

直接材料費差異は**材料消費価格差異**と**材料消費数量差異**に分析する。

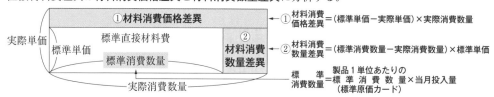

① 材料消費価格差異＝(標準単価－実際単価)×実際消費数量

② 材料消費数量差異＝(標準消費数量－実際消費数量)×標準単価

標準消費数量＝製品1単位あたりの標準消費数量×当月投入量（標準原価カード）

⑵ 直接労務費差異の分析

> **直接労務費差異＝直接労務費の原価標準×当月投入量－直接労務費実際発生額**

直接労務費差異は**賃率差異**と**作業時間差異**に分析する。

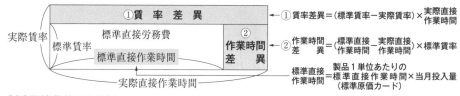

① 賃率差異＝(標準賃率－実際賃率)×実際直接作業時間

② 作業時間差異＝(標準直接作業時間－実際直接作業時間)×標準賃率

標準直接作業時間＝製品1単位あたりの標準直接作業時間×当月投入量（標準原価カード）

⑶ 製造間接費差異の分析

> **製造間接費差異＝製造間接費の原価標準×当月投入量－製造間接費実際発生額**

■公式法変動予算

公式法変動予算における製造間接費差異は，**予算差異・能率差異**および**操業度差異**に分析する。また，能率差異をさらに**変動費能率差異**と**固定費能率差異**に分けることもある。

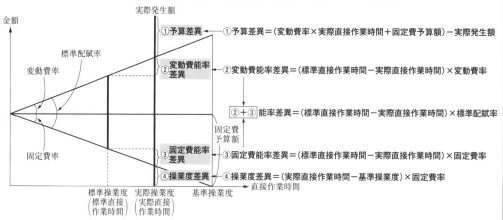

①予算差異＝(変動費率×実際直接作業時間＋固定費予算額)－実際発生額

②変動費能率差異＝(標準直接作業時間－実際直接作業時間)×変動費率

②＋③能率差異＝(標準直接作業時間－実際直接作業時間)×標準配賦率

③固定費能率差異＝(標準直接作業時間－実際直接作業時間)×固定費率

④操業度差異＝(実際直接作業時間－基準操業度)×固定費率

■固定予算

固定予算における製造間接費差異は，**予算差異・能率差異**および**操業度差異**に分析する。

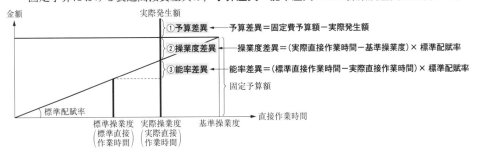

- ①**予算差異** — 予算差異＝固定費予算額－実際発生額
- ②**操業度差異** — 操業度差異＝(実際直接作業時間－基準操業度)× 標準配賦率
- ③**能率差異** — 能率差異＝(標準直接作業時間－実際直接作業時間)× 標準配賦率

(4) 原価差異の有利・不利

実際原価が標準原価を上回った場合の差異を**不利差異**といい，差異勘定の借方に記入されるので**借方差異**ともいう。また，実際原価が標準原価を下回った場合の差異を**有利差異**といい，差異勘定の貸方に記入されるので**貸方差異**ともいう。

③ 標準原価計算の記帳法

(1) パーシャル・プラン

仕掛品勘定の借方に各原価要素の実際発生額を記入し，貸方に標準原価で計算した完成品原価と月末仕掛品原価を記入する方法を**パーシャル・プラン**という。この記帳法では，仕掛品勘定の貸借の差額は原価差異の総額を示すので，これを各原価要素別の原価差異に分類してそれぞれの勘定に転記する。

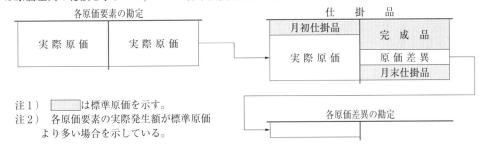

注1） □□□ は標準原価を示す。
注2） 各原価要素の実際発生額が標準原価より多い場合を示している。

(2) シングル・プラン

仕掛品勘定の借方に各原価要素の投入量に対する標準原価を記入し，貸方に標準原価で計算した完成品原価と月末仕掛品原価を記入する方法を**シングル・プラン**という。この記帳法では，仕掛品勘定に貸借の差額は生じない。しかし，各原価要素の勘定は借方に実際発生額が記入され，貸方に標準原価が記入されるため，各原価要素の貸借の差額が原価要素別の原価差異を示す。

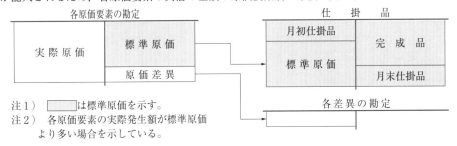

注1） □□□ は標準原価を示す。
注2） 各原価要素の実際発生額が標準原価より多い場合を示している。

④ 損益計算書の作成

　損益計算書における期首製品棚卸高・当期製品製造原価・期末製品棚卸高は標準原価で計算する。また，原価差異はその総額を「原価差異」の名称で売上原価の内訳項目として表示し，それが有利差異（貸方差異）であれば標準売上原価から減算し，不利差異（借方差異）であれば加算する。

例 次の資料によって，損益計算書（一部）を作成しなさい。

資　　料

① 販売単価　　　　　　　　¥2,000

② 製品/個あたりの標準原価　¥1,200

③ 製品データ

　　期首製品棚卸数量　　　100個

　　当期製造数量　　　2,500個

　　　合　　計　　　　2,600個

　　期末製品棚卸数量　　　200個

　　当期販売数量　　　2,400個

④ 各差異勘定の年度末残高

　材料消費価格差異　¥12,000（借方残高）

　材料消費数量差異　¥ 5,000（貸方残高）

　賃　率　差　異　¥20,000（借方残高）

　作業時間差異　¥ 2,000（貸方残高）

　予　算　差　異　¥40,000（借方残高）

　能　率　差　異　¥ 6,000（貸方残高）

　操業度差異　¥50,000（借方残高）

原価差異の総額は
¥109,000（不利差異）
標準売上原価に加算

損　益　計　算　書

令和○1年4月1日から令和○2年3月31日まで

Ⅰ　売　上　高　　　　　　　　　4,800,000

Ⅱ　売　上　原　価

　1．期首製品棚卸高　　120,000　←　¥1,200×100個

　2．当期製品製造原価　3,000,000　←　¥1,200×2,500個

　　　合　　計　　　3,120,000

　3．期末製品棚卸高　　240,000　←　¥1,200×200個

　　　標準売上原価　　2,880,000

　4．原　価　差　異　　109,000　　2,989,000

標準原価で計算する

基本問題

32-1 次の資料によって，直接材料費差異を計算する(1)の式と直接材料費差異を分析する(2)の図と(3)の式を完成しなさい。ただし，直接材料は製造着手のときにすべて投入されるものとする。なお，（　　）のなかに不利差異の場合は（不利），有利差異の場合は（有利）と記入すること。

資　料

① 標準原価カード

A製品	標準原価カード		
	標準単価	標準消費数量	金　額
直接材料費	¥400	3kg	¥1,200
	標準賃率	標準直接作業時間	
直接労務費	¥900	2時間	¥1,800
	標準配賦率	標準直接作業時間	
製造間接費	¥500	2時間	¥1,000
		製品/個あたりの標準原価	¥4,000

② 生産データ

月初仕掛品　30個（加工進捗度50％）
当月投入　　90個
合　計　　　120個
月末仕掛品　20個（加工進捗度60％）
完　成　品　100個

③ 月間の製造間接費予算（公式法変動予算）
変動費率　¥200
固定費予算額　¥63,000
基準操業度（直接作業時間）210時間

④ 実際発生原価

直接材料費　¥104,500（実際消費数量275kg　実際単価¥380）
直接労務費　¥188,100（実際直接作業時間198時間　実際賃率¥950）
製造間接費　¥103,000

(1) 直接材料費差異の計算　¥□ × □個 − ¥□ = ¥□（　　）
　　　　　　　　　　　　　　標準原価　当月投入量　　実際発生額

(2) 直接材料費差異の分析図

実際単価 ¥□
標準単価 ¥□

| | 材料消費価格差異 | |
| | | 材料消費数量差異 |

□kg × □個 = □kg
/個あたりの　　当月投入量　標準消費数量
標準消費数量

□kg　□kg
標準消費数量　実際消費数量

(3) 直接材料費差異の分析

材料消費価格差異 = (¥□ − ¥□) × □kg = ¥□（　　）
　　　　　　　　　　標準単価　　実際単価　実際消費数量

材料消費数量差異 = (□kg − □kg) × ¥□ = ¥□（　　）
　　　　　　　　　標準消費数量　実際消費数量　　標準単価

32-2 問題32-1の資料によって，直接労務費に関する次の時間または金額を求めなさい。なお，（　　）のなかに不利差異の場合は（不利），有利差異の場合は（有利）と記入すること。

(1)	直接労務費差異　¥　　　　　（　　）	(2)	標準直接作業時間　　　　　　時間
(3)	賃　率　差　異　¥　　　　　（　　）	(4)	作業時間差異　¥　　　　　（　　）

32-3 問題32-1の資料によって，製造間接費差異を計算する(1)の式と製造間接費差異を分析する(2)の図と(3)の式を完成しなさい。なお，（　　）のなかに不利差異の場合は（不利），有利差異の場合は（有利）と記入すること。

(1) 製造間接費差異の計算　¥□ × □個 − ¥□ = ¥□（　　）
　　　　　　　　　　　　　　標準原価　当月投入量　　実際発生額

(2) 製造間接費差異の分析図

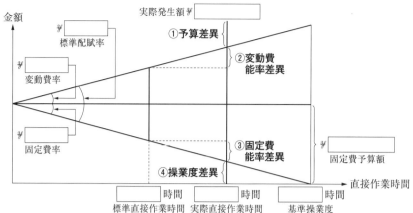

(3) 製造間接費差異の分析

① 予算差異＝(¥[ ] × [ ] 時間＋¥[ ])－¥[ ] ＝¥[ ] ( )
　　　　　変動費率　　実際直接　　　　　固定費予算額　　実際発生額
　　　　　　　　　　　作業時間

②＋③ 能率差異＝([ ] 時間－[ ] 時間)×¥[ ] ＝¥[ ] ( )
　　　　　　　　　標準直接　　　　実際直接　　　　標準配賦率
　　　　　　　　　作業時間　　　　作業時間

　　うち，

② 変動費能率差異＝([ ] 時間－[ ] 時間)×¥[ ] ＝¥[ ] ( )
　　　　　　　　　　　　　　　　　　　　　　　　変動費率

③ 固定費能率差異＝([ ] 時間－[ ] 時間)×¥[ ] ＝¥[ ] ( )
　　　　　　　　　　　　　　　　　　　　　　　　固定費率

④ 操業度差異＝([ ] 時間－[ ] 時間)×¥[ ] ＝¥[ ] ( )
　　　　　　　実際直接　　　　基準操業度　　固定費率
　　　　　　　作業時間

練 習 問 題

32-4 次の資料によって，(1)直接材料費差異，(2)標準消費数量，(3)材料消費価格差異，(4)材料消費数量差異を計算しなさい。( ) 内に，不利差異は（不利），有利差異は（有利）と記入すること。

資　料

① 標準原価カード（一部）

A製品	標準原価カード（製品／個あたり）		
	標準単価	標準消費数量	金額
直接材料費	¥100	4kg	¥400

（注）直接材料は製造着手のときにすべて投入されるものとする。

② 生産データ

月初仕掛品　　100個（加工進捗度50％）
当月投入　　　900個
合　計　　　1,000個
月末仕掛品　　200個（加工進捗度50％）
完成品　　　　800個

③ 当月直接材料費実際発生額　¥401,500（実際単価¥110　実際消費数量3,650kg）

(1)	直接材料費差異 ¥ ( )	(2)	標準消費数量 kg
(3)	材料消費価格差異 ¥ ( )	(4)	材料消費数量差異 ¥ ( )

32-5 次の資料によって，⑴直接労務費差異，⑵標準直接作業時間，⑶賃率差異，⑷作業時間差異を計算しなさい。（　）内に，不利差異は（不利），有利差異は（有利）と記入すること。

　　資　料
　　① 標準原価カード（一部）

A製品	標準原価カード（製品／個あたり）		
	標準賃率	標準直接作業時間	金　額
直接労務費	¥300	2時間	¥600

　　② 生産データ
　　　　月初仕掛品　　100個（加工進捗度40％）
　　　　当月投入　　1,100個
　　　　　合　計　　1,200個
　　　　月末仕掛品　　200個（加工進捗度50％）
　　　　完成品　　1,000個

　　③ 当月直接労務費実際発生額　¥640,500（実際賃率¥305　実際直接作業時間2,100時間）

(1)	直接労務費差異　¥　　　　　　（　　　）	(2)	標準直接作業時間　　　　　　　　時間
(3)	賃　率　差　異　¥　　　　　　（　　　）	(4)	作業時間差異　¥　　　　（　　　）

32-6 次の資料によって，⑴製造間接費差異を計算し，⑵予算差異，⑶能率差異，⑷操業度差異に分析しなさい。（　）内に，不利差異は（不利），有利差異は（有利）と記入すること。

　　資　料
　　① 標準原価カード（一部）

C製品	標準原価カード（製品／個あたり）		
	標準配賦率	標準直接作業時間	金　額
製造間接費	¥200	2時間	¥400

　　② 生産データ
　　　　月初仕掛品　　300個（加工進捗度40％）
　　　　当月投入　　800個
　　　　　合　計　　1,100個
　　　　月末仕掛品　　200個（加工進捗度60％）
　　　　完成品　　900個

　　③ 月間の製造間接費予算（公式法変動予算）
　　　　　変動費率　¥120
　　　　　固定費予算額　¥160,000
　　　　　基準操業度（直接作業時間）　2,000時間
　　④ 当月製造間接費実際発生額　¥381,300　（実際直接作業時間　1,860時間）

(1)	製造間接費差異　¥　　　　　　（　　　）	(2)	予　算　差　異　¥　　　　（　　　）
(3)	能　率　差　異　¥　　　　　　（　　　）	(4)	操業度差異　¥　　　　（　　　）

32-7 次の資料によって，⑴製造間接費差異を計算し，⑵予算差異，⑶能率差異，⑷操業度差異に分析しなさい。（　）内に，不利差異は（不利），有利差異は（有利）と記入すること。

　　資　料
　　① 標準原価カード（一部）

C製品	標準原価カード（製品／個あたり）		
	標準配賦率	標準直接作業時間	金　額
製造間接費	¥600	3時間	¥1,800

　　② 生産データ
　　　　月初仕掛品　　200個（加工進捗度50％）
　　　　当月投入　　950個
　　　　　合　計　　1,150個
　　　　月末仕掛品　　300個（加工進捗度40％）
　　　　完成品　　850個

　　③ 月間の製造間接費予算（固定予算）
　　　　　予算額　¥1,800,000
　　　　　基準操業度（直接作業時間）　3,000時間
　　④ 当月製造間接費実際発生額　¥1,780,000　（実際直接作業時間　2,800時間）

(1)	製造間接費差異　¥　　　　　　（　　　）	(2)	予　算　差　異　¥　　　　（　　　）
(3)	能　率　差　異　¥　　　　　　（　　　）	(4)	操業度差異　¥　　　　（　　　）

32-8 高知製作所は標準原価計算を採用している。次の資料にもとづいて，パーシャル・プランにより下記の勘定に記入しなさい。ただし，直接材料は製造着手のときにすべて投入されるものとする。

資　料

① 標準原価カード

A製品	標準原価カード		
	標準単価	標準消費数量	金　額
直接材料費	¥100	6kg	¥600
	標準賃率	標準直接作業時間	
直接労務費	¥100	3時間	¥300
	標準配賦率	標準直接作業時間	
製造間接費	¥200	3時間	¥600
	製品／個あたりの標準原価		¥1,500

② 月間の製造間接費予算（公式法変動予算）
　変 動 費 率　¥100
　固定費予算額　¥30,000
　基準操業度（直接作業時間）　300時間

③ 生産データ
　月初仕掛品　　20個（加工進捗度50％）
　当 月 投 入　　95個
　合　　計　　115個
　月末仕掛品　　15個（加工進捗度40％）
　完 成 品　　100個

④ 当月製造費用実際発生額
　直接材料費　¥60,900（@¥105×580kg）
　直接労務費　¥29,700（@¥110×270時間）
　製造間接費　¥58,200

	仕　　掛　　品		
前 月 繰 越（　　　）	製　　品（　　　）
材　　　料（　　　）	諸　　口（　　　）
労　務　費（　　　）	次 月 繰 越（　　　）
製造間接費（　　　）	
（　　　）	（　　　）

材料消費価格差異

材料消費数量差異

作 業 時 間 差 異

賃　率　差　異

能　率　差　異

予　算　差　異

操　業　度　差　異

32-9 問題32-8の資料にもとづいて，シングル・プランにより下記の勘定の（　　　）に必要な記入をしなさい。なお，材料の消費高はすべて直接材料費，労務費の消費高はすべて直接労務費とする。

材　　　料		
60,900	仕 掛 品（　　　）
	諸　　口（　　　）

労　　務　　費		
29,700	仕 掛 品（　　　）
	諸　　口（　　　）

製 造 間 接 費		
58,200	仕 掛 品（　　　）
	諸　　口（　　　）

仕　　掛　　品		
前 月 繰 越（　　　）	製　　品（　　　）
材　　　料（　　　）	次 月 繰 越（　　　）
労　務　費（　　　）	
製造間接費（　　　）	
（　　　）	（　　　）

32-10 標準原価計算を採用している埼玉製作所の次の資料から，損益計算書（売上総利益まで）を完成しなさい。

　資　　料

① 販売単価　　　　　　　￥3,200

② 標準原価カード（一部）

A製品	標準原価カード
	製品/個あたりの標準原価　￥1,800

③ 製品生産データ

　　期首製品棚卸数量　　150個

　　当期製造数量　2,100個

　　期末製品棚卸数量　　250個

④ 各差異勘定の年度末残高

　　材料消費価格差異　￥5,840（貸方）

　　材料消費数量差異　￥1,200（借方）

　　賃　率　差　異　￥7,680（借方）

　　作業時間差異　￥3,840（借方）

　　予　算　差　異　￥6,400（貸方）

　　能　率　差　異　￥5,120（借方）

　　操業度差異　￥2,800（借方）

損　益　計　算　書

令和○/年4月/日から令和○2年3月3/日まで

Ⅰ　売　上　高		（　　　　　　　）
Ⅱ　売　上　原　価		
1．期首製品棚卸高	（　　　　　　　）	
2．当期製品製造原価	（　　　　　　　）	
合　　　計	（　　　　　　　）	
3．期末製品棚卸高	（　　　　　　　）	
標準売上原価	（　　　　　　　）	
4．（　　　　　　　）	（　　　　　　　）	（　　　　　　　）
売上総利益		（　　　　　　　）

====== 検 定 問 題 ======

32-11 標準原価計算を採用している宮崎製作所の当月における下記の資料と仕掛品勘定の記録から，仕掛品勘定の（a）～（c）の金額を求めなさい。なお，仕掛品勘定への記帳方法は，パーシャル・プランによっている。

　　ただし，直接材料は製造着手のときにすべて投入されるものとする。　　　　　　（第88回一部修正）

　資　　料

① 標準原価カード（一部）

A製品	標準原価カード		
	標準消費数量	標準単価	金　額
直接材料費	5kg	￥ 380	￥1,900
	標準直接作業時間	標準賃率	
直接労務費	3時間	￥ 900	￥2,700
	製品/個あたりの標準原価　￥6,700		

② 生産データ

　　月初仕掛品　　140個（加工進捗度50％）

　　当月投入　　　970個

　　合　　計　1,110個

　　月末仕掛品　　150個（加工進捗度60％）

　　完　成　品　　960個

③ 実際直接材料費

　　実際消費数量　　5,050kg

　　実　際　単　価　　￥400

④ 実際直接労務費

　　実際直接作業時間　2,950時間

　　実　際　賃　率　　￥940

仕　　　掛　　　品

前月繰越	602,000	製　品（　　a　　）
材　　料	2,020,000	材料消費価格差異（　b　）
労　務　費	2,773,000	材料消費数量差異　76,000
製造間接費	2,047,000	賃率差異　118,000
予算差異	38,000	作業時間差異（　c　）

a	￥	b	￥	c	￥

32-12 標準原価計算を採用している奈良製作所の当月における下記の資料から，次の金額を求めなさい。
  a．月末仕掛品の標準原価　　b．作業時間差異　　c．操業度差異　　　　　　（第93回）
ただし，ⅰ　直接材料は製造着手のときにすべて投入されるものとする。
　　　　ⅱ　操業度差異は基準操業度と実際操業度を比較して把握している。
　　　　ⅲ　解答欄の（　）のなかに不利差異の場合は（不利），有利差異の場合は（有利）と記入すること。

資　　料
　① 標準原価カード

A製品	標準原価カード		
	標準消費数量	標準単価	金　額
直接材料費	10kg	¥300	¥3,000
	標準直接作業時間	標準賃率	
直接労務費	2時間	¥900	¥1,800
	標準直接作業時間	標準配賦率	
製造間接費	2時間	¥700	¥1,400
	製品/個あたりの標準原価		¥6,200

　② 生産データ
　　　月初仕掛品　　500個（加工進捗度40％）
　　　当月投入　　1,800個
　　　　合　計　　2,300個
　　　月末仕掛品　　200個（加工進捗度50％）
　　　完成品　　2,100個
　③ 実際直接労務費
　　　実際直接作業時間　　3,950時間
　　　実　際　賃　率　　　　¥890
　④ 製造間接費実際発生額　　¥2,813,000
　⑤ 製造間接費予算（公式法変動予算）
　　　変　動　費　率　　　　　¥300
　　　固定費予算額　　　¥1,640,000
　　　基準操業度(直接作業時間)　4,100時間

a	¥	b	¥	（　　）	c	¥	（　　）

32-13 標準原価計算を採用している大分製作所の当月における下記の資料から，次の金額を求めなさい。
  a．完成品の標準原価　　b．直接材料費差異　　c．能　率　差　異　　　　（第91回）
ただし，ⅰ　直接材料は製造着手のときにすべて投入されるものとする。
　　　　ⅱ　能率差異は，変動費能率差異と固定費能率差異を合計すること。
　　　　ⅲ　解答欄の（　）のなかに不利差異の場合は（不利），有利差異の場合は（有利）と記入すること。

資　　料
　① 標準原価カード

A製品	標準原価カード		
	標準消費数量	標準単価	金　額
直接材料費	8kg	¥700	¥5,600
	標準直接作業時間	標準賃率	
直接労務費	3時間	¥1,600	¥4,800
	標準直接作業時間	標準配賦率	
製造間接費	3時間	¥1,200	¥3,600
	製品/個あたりの標準原価		¥14,000

　② 生産データ
　　　月初仕掛品　　400個（加工進捗度50％）
　　　当月投入　　1,700個
　　　　合　計　　2,100個
　　　月末仕掛品　　500個（加工進捗度40％）
　　　完成品　　1,600個
　③ 実際直接材料費
　　　実際消費数量　　13,700kg
　　　実　際　単　価　　　¥690
　④ 実際直接労務費
　　　実際直接作業時間　　4,850時間
　　　実　際　賃　率　　¥1,620
　⑤ 製造間接費予算（公式法変動予算）
　　　変　動　費　率　　　　¥500
　　　固定費予算額　　¥3,500,000
　　　基準操業度(直接作業時間)　5,000時間

a	¥	b	¥	（　　）	c	¥	（　　）

32-14 標準原価計算を採用している高知製作所の当月における下記の資料から， （第87回）
① 次の金額を求めなさい。
　　　ａ．月末仕掛品の標準原価　　ｂ．予 算 差 異
　　ただし， ⅰ　直接材料は製造着手のときにすべて投入されるものとする。
　　　　　　 ⅱ　解答欄の（　）のなかに不利差異の場合は（不利），有利差異の場合は（有利）と記
　　　　　　　　入すること。
② 次の文の{　}のなかから，いずれか適当なものを選び，その番号を記入しなさい。
　　直接労務費差異は賃率差異と作業時間差異に分けて分析することができる。このうち，作業時間
　差異は¥50,000の ｃ {1. 不利差異　2. 有利差異} である。この差異は製造現場において管理
　ｄ {3. できる　4. できない} 要因によって発生することが多い。

　　資　　料
　　　ⅰ　標準原価カード

A製品	標準原価カード		
	標準消費数量	標準単価	金　額
直接材料費	4kg	¥400	¥1,600
	標準直接作業時間	標準賃率	
直接労務費	3時間	¥1,000	¥3,000
	標準直接作業時間	標準配賦率	
製造間接費	3時間	¥1,400	¥4,200
	製品/個あたりの標準原価		¥8,800

　　　ⅱ　生産データ
　　　　　月初仕掛品　　300個（加工進捗度50%）
　　　　　当月投入　　　700個
　　　　　　合　計　　1,000個
　　　　　月末仕掛品　　200個（加工進捗度50%）
　　　　　完 成 品　　　800個
　　　ⅲ　実際直接労務費
　　　　　実際直接作業時間　　2,300時間
　　　　　実 際 賃 率　　　　 ¥1,030
　　　ⅳ　製造間接費実際発生額　¥3,348,000
　　　ⅴ　製造間接費予算（公式法変動予算）
　　　　　変 動 費 率　　　　 ¥600
　　　　　固 定 費 予 算 額　　¥1,920,000
　　　　　基準操業度(直接作業時間)　2,400時間

①
	a	¥		b	¥	（　）

②
c	d

32-15 標準原価計算を採用している三重製作所の当月における下記の資料から，次の金額を求めなさい。
　　　ａ．月末仕掛品の標準原価　　ｂ．材料消費価格差異　　ｃ．作 業 時 間 差 異　　（第92回）
　　ただし， ⅰ　直接材料は製造着手のときにすべて投入されるものとする。
　　　　　　 ⅱ　解答欄の（　）のなかに不利差異の場合は（不利），有利差異の場合は（有利）と記
　　　　　　　　入すること。

　　資　　料
　　　①　標準原価カード

A製品	標準原価カード		
	標準消費数量	標準単価	金　額
直接材料費	4kg	¥600	¥2,400
	標準直接作業時間	標準賃率	
直接労務費	3時間	¥1,000	¥3,000
	標準直接作業時間	標準配賦率	
製造間接費	3時間	¥800	¥2,400
	製品/個あたりの標準原価		¥7,800

　　　②　生産データ
　　　　　月初仕掛品　　400個（加工進捗度50%）
　　　　　当月投入　　1,200個
　　　　　　合　計　　1,600個
　　　　　月末仕掛品　　500個（加工進捗度40%）
　　　　　完 成 品　　1,100個
　　　③　実際直接材料費　　　　¥2,891,000
　　　　　実 際 消 費 数 量　　 4,900kg
　　　　　実 際 単 価　　　　　 ¥590
　　　④　実際直接労務費
　　　　　実際直接作業時間　　　3,400時間

a	¥		b	¥	（　）	c	¥	（　）

33 直接原価計算(1)

要点の整理

① 利益計画と直接原価計算

企業は，将来の一定期間において必要とされる利益の目標額を設定し，これを達成するための経営活動を計画する。これらの計画を売上高や原価などで表したものを**利益計画**という。この利益計画の資料を提供するのにもっとも適した原価計算が**直接原価計算**である。直接原価計算では，製品原価を**変動費**と**固定費**に分けて，変動費だけで製造原価を計算し，固定費は会計期間の費用として計算する。これまで学んだ原価計算は，変動費・固定費を含めて製造原価を計算するので**全部原価計算**と呼ばれるのに対して，直接原価計算は，変動費のみで製造原価を計算するので**部分原価計算**と呼ばれる。

② 直接原価計算の手続きと損益計算書

① 原価を変動費と固定費に分け，仕掛品と完成品の原価を変動費だけで計算する。

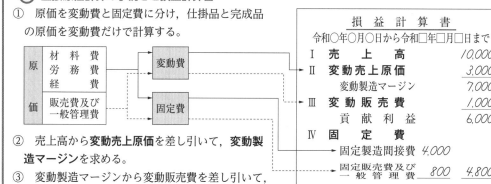

② 売上高から**変動売上原価**を差し引いて，**変動製造マージン**を求める。

③ 変動製造マージンから変動販売費を差し引いて，**貢献利益（限界利益）**を求める。

④ 貢献利益から，会計期間に発生したすべての固定費を差し引いて，営業利益を求める。

損　益　計　算　書	
令和○年○月○日から令和□年□月□日まで	
Ⅰ　売　　上　　高	10,000
Ⅱ　変動売上原価	3,000
変動製造マージン	7,000
Ⅲ　変 動 販 売 費	1,000
貢　献　利　益	6,000
Ⅳ　固　　定　　費	
固定製造間接費　4,000	
固定販売費及び一般管理費　800	4,800
営　業　利　益	1,200

基本問題

33-1 次の資料によって，直接原価計算による損益計算書を作成しなさい。

資　料

i　販　売　単　価　¥3,000

ii　製造・販売数量　50個

iii　変動製造費（製品/個あたりの直接材料費・直接労務費・変動製造間接費）¥1,200

iv　変動販売費（製品/個あたり）¥500

v　固定製造間接費　¥48,000

vi　固定販売費及び一般管理費　¥10,000

損　益　計　算　書		
Ⅰ　売　　上　　高		(　　　　　)
Ⅱ　(　　　　　　　　)		(　　　　　)
変動製造マージン		(　　　　　)
Ⅲ　変 動 販 売 費		(　　　　　)
(　　　　　　)		(　　　　　)
Ⅳ　固　　定　　費		
1．固定製造間接費	(　　　　　)	
2．固定販売費及び一般管理費	(　　　　　)	(　　　　　)
営　業　利　益		(　　　　　)

33-2 製品Ａを量産する札幌製作所の次の資料にもとづき，当月の損益計算書を，⒜全部原価計算と⒝直接原価計算によって作成しなさい。

［当月の資料］

(1) 生産量と販売量　月初製品在庫量　　*0* kg
　　　　　　　　　　当月製品生産量　*900* kg
　　　　　　　　　　当月製品販売量　*800* kg
　　　（注）期首，期末に仕掛品はない。

(2) 製品／kgあたりの実際製造原価
　　　　原料費（変動費）　¥*200*
　　　　変動加工費　　　　¥*100*
　　　　固定加工費　　　　¥ *60*
　　　　合　　計　　　　　¥*360*

(3) 製品／kgあたり売価　　　　　　¥　*500*

(4) 実際販売費及び一般管理費
　　　変動販売費　製品／kgあたり　¥　*40*
　　　固定販売費及び一般管理費月額　¥*10,000*

(A)　（全部原価計算）損益計算書

売　上　高	（　　　　　）
差引：売上原価	（　　　　　）
売上総利益	（　　　　　）
差引：販売費及び一般管理費	（　　　　　）
営　業　利　益	（　　　　　）

(B)　（直接原価計算）損益計算書

売　上　高	（　　　　　）
差引：変動費（製造及び販売）	（　　　　　）
貢　献　利　益	（　　　　　）
差引：固定費	（　　　　　）
営　業　利　益	（　　　　　）

═══════ 練 習 問 題 ═══════

33-3 次の資料によって，直接原価計算による損益計算書を作成しなさい。

資　　　料

ⅰ　販　売　単　価　¥*5,000*

ⅱ　当期販売数量　*400*個

ⅲ　製品棚卸高
　　　期首製品棚卸数量　*100*個
　　　期末製品棚卸数量　*200*個

ⅳ　各期の原価発生額（当期は*500*個を製造し，期首と期末の仕掛品はない。）
　　　直接材料費（製品／個あたり）　¥　　*800*
　　　直接労務費（製品／個あたり）　¥　*1,200*
　　　変動製造間接費（製品／個あたり）　¥　　*500*
　　　固定製造間接費　　　　　　　　¥*250,000*
　　　変動販売費（製品／個あたり）　¥　　*250*
　　　固定販売費及び一般管理費　　　¥*200,000*

損　益　計　算　書

Ⅰ 売　　上　　高		（　　　　　）
Ⅱ 変 動 売 上 原 価		（　　　　　）
変動製造マージン		（　　　　　）
Ⅲ 変 動 販 売 費		（　　　　　）
（　　　　　　）		（　　　　　）
Ⅳ 固　　定　　費		
1. 固定製造間接費	（　　　　　）	
2. 固定販売費及び一般管理費	（　　　　　）	（　　　　　）
営　業　利　益		（　　　　　）

33-4 日本工業株式会社の次の資料によって，全部原価計算による損益計算書と直接原価計算による損益計算書を作成しなさい。(第1期，第2期の2期分を作成すること。)

① 生 産 量　第1期　3,000個　第2期　4,000個

　　(注)　期首，期末に仕掛品はない。

② 販 売 量　第1期　3,000個　第2期　3,000個　販売単価　¥4,500

③ 製 造 原 価

　　製品1単位あたりの変動製造原価　　　¥　　　1,500

　　固定製造間接費（期間総額）　　　¥3,000,000

④ 販 売 費

　　製品1単位あたりの変動販売費　　　¥　　　150

　　固定販売費（期間総額）　　　¥　600,000

⑤ 一般管理費：すべて固定費（期間総額）　¥　900,000

損 益 計 算 書（全部原価計算）

	第 1 期	第 2 期
売 上 高	(　　　　)	(　　　　)
売 上 原 価	(　　　　)	(　　　　)
売 上 総 利 益	(　　　　)	(　　　　)
販売費・一般管理費	(　　　　)	(　　　　)
営 業 利 益	(　　　　)	(　　　　)

損 益 計 算 書（直接原価計算）

	第 1 期	第 2 期
売 上 高	(　　　　)	(　　　　)
変 動 売 上 原 価	(　　　　)	(　　　　)
変動製造マージン	(　　　　)	(　　　　)
変 動 販 売 費	(　　　　)	(　　　　)
貢 献 利 益	(　　　　)	(　　　　)
固 定 費	(　　　　)	(　　　　)
営 業 利 益	(　　　　)	(　　　　)

検 定 問 題

33-5 次の各文の □ のなかに，下記の語群のなかから，もっとも適当なものを選び，その番号を記入しなさい。

(1) 財務諸表の作成などのために，製品の製造に要したすべての原価要素を集計する原価計算の方法を ア という。これに対し，製品の製造に要した原価要素の一部を集計する原価計算の方法もあり，代表的なものに直接原価計算がある。直接原価計算においては，利益計画に役立つ資料を提供するために，原価要素のうち イ だけを集計して原価を算出する。　　　　　　　　　　　　(第58回)

(2) 企業は将来の一定期間における目標利益を設定し，これを達成するために ウ をたてる。これは売上高の増減が原価と利益にどのように影響するかという資料にもとづいておこなわれる。この資料を作成するのに，もっとも適した原価計算が エ である。　　　　　　　　　(第64回)

(3) 直接原価計算では，一定期間の売上高から変動売上原価と変動販売費を差し引くことによって，売上高と比例関係にある オ を計算する。さらに，その期間に発生したすべての カ を差し引いて営業利益を計算する。　　　　　　　　　　　　　　　　　　　　　　　　　　　(第59回)

1. 全 部 原 価 計 算	2. 部 分 原 価 計 算	3. 固 定 費	4. 変 動 費
5. 利 益 計 画	6. 販 売 計 画	7. 原 価 管 理	8. 標 準 原 価 計 算
9. 直 接 原 価 計 算	10. 変動製造マージン	11. 貢 献 利 益	12. 売 上 総 利 益

ア		イ		ウ		エ		オ		カ	

34 直接原価計算⑵

要点の整理

① CVP分析

売上高（営業量：volume）の増減により原価（cost）と利益（profit）がどのように変化するかを計算し，分析することを**CVP分析（損益分岐分析）**という。CVP分析は，総原価を変動費と固定費に分けておこなうので，直接原価計算で得られた資料を利用する。

直接原価計算では，売上高に対する貢献利益の比率（**貢献利益率**）と売上高に対する変動費の比率（**変動費率**）はそれぞれ常に一定である。

CVP分析において，売上高と総原価（変動費＋固定費）の金額が一致している点（営業利益がゼロになる点）を**損益分岐点**といい，そのときの売上高を損益分岐点売上高という。

損益計算書		比率（一定）
売 上 高	10,000	（ 1 ）
変 動 費	4,000	（0.4）
貢 献 利 益	6,000	（0.6）
固 定 費	4,800	
営 業 利 益	1,200	

$$貢献利益率＝\frac{貢献利益}{売上高}＝\frac{¥6,000}{¥10,000}＝0.6$$

$$変動費率＝\frac{変動費}{売上高}＝\frac{¥4,000}{¥10,000}＝0.4$$

売上高は，貢献利益（＝固定費＋営業利益）÷貢献利益率で求めることができるので，損益分岐点売上高と目標営業利益を達成するために必要な売上高は次の式で求めることができる。

損益分岐点売上高（営業利益がゼロとなるため，貢献利益＝固定費）

$$損益分岐点売上高＝\frac{固定費}{貢献利益率}＝\frac{¥4,800}{0.6}＝¥8,000（上記P/Lの例）$$

目標営業利益を達成するために必要な売上高（貢献利益＝固定費＋目標営業利益）

$$目標営業利益を達成するために必要な売上高＝\frac{固定費＋目標営業利益}{貢献利益率}＝\frac{¥4,800＋¥1,800}{0.6}＝¥11,000$$

（上記P/Lの例で目標営業利益¥1,800の場合）

また，貢献利益率は，1－変動費率と表すこともできるので上の式は次のように書き換えることもできる。

$$損益分岐点売上高＝\frac{固定費}{貢献利益率}＝\frac{固定費}{1－\dfrac{変動費}{売上高}}$$

$$目標営業利益を達成するために必要な売上高＝\frac{固定費＋目標営業利益}{貢献利益率}＝\frac{固定費＋目標営業利益}{1－\dfrac{変動費}{売上高}}$$

② 損益分岐図表

売上高・原価・利益の関係は，次のような**損益分岐図表**によって示すことができる。これにより，売上高が変化したときに，原価や利益がどれだけになるかということを簡単に読みとることができる。

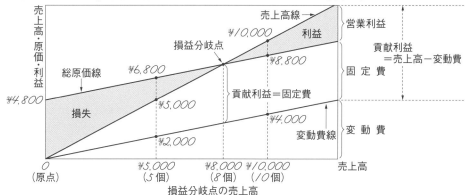

損益分岐点の売上高

③ サービス業におけるCVP分析

サービス業では，製品の製造・販売はおこなわないが，役務収益を売上高とし，費用を変動費と固定費に分けることにより，製造業と同じ方法でCVP分析をおこなうことができる。

基本問題

34-1 次の資料によって，(1)損益分岐点売上高，(2)目標営業利益¥210,000 を達成するために必要な売上高を計算しなさい。

　　資　　料

　　売　上　高 ¥675,000　　変　動　費 ¥202,500　　固　定　費 ¥105,000

(1)　損益分岐点売上高＝$\dfrac{(¥\qquad)}{1-\dfrac{(¥\qquad)}{(¥\qquad)}}=\dfrac{(¥\qquad)}{(\qquad)}=(¥\qquad)$

(2)　目標営業利益 ¥210,000を達成する ために必要な売上高 ＝$\dfrac{¥210,000+(¥\qquad)}{1-\dfrac{(¥\qquad)}{(¥\qquad)}}=\dfrac{(¥\qquad)}{(\qquad)}=(¥\qquad)$

ポイント (2)　（固定費＋目標営業利益）を貢献利益率（1－変動費率）で割る。

34-2 次の資料によって，(1)損益分岐点売上高およびその販売数量，(2)目標営業利益¥300,000を達成するために必要な売上高およびその販売数量を計算しなさい。

　　資　　料
　　① 売　上　高 ¥4,000,000
　　② 変動売上原価 ¥1,920,000
　　③ 変動販売費 ¥ 480,000
　　④ 固　定　費 ¥1,300,000
　　⑤ 販　売　単　価 ¥　　5,000

(1)	損 益 分 岐 点 売 上 高 ¥	
	販　　売　　数　　量	個
(2)	目標営業利益¥300,000を 達成するために必要な売上高 ¥	
	販　　売　　数　　量	個

34-3 次の資料によって，(1)損益分岐点売上高およびその販売数量，(2)目標営業利益¥900,000を達成するために必要な売上高およびその販売数量を計算しなさい。

　　資　　料
　　① 販　売　価　格 　　　　@¥2,500
　　② 製　造　費　用
　　　　変　動　製　造　費 　　　@¥900
　　　　固定製造間接費 ¥2,940,000
　　③ 販売費及び一般管理費
　　　　変　動　販　売　費 　　　@¥700
　　　　固定販売費及び一般管理費 ¥1,290,000

(1)	損 益 分 岐 点 売 上 高 ¥	
	販　　売　　数　　量	個
(2)	目標営業利益¥900,000を 達成するために必要な売上高 ¥	
	販　　売　　数　　量	個

練習問題

34-4 次のX製品を2,000個製造・販売したときの損益計算書から，(1)販売数量が4,000個のときの貢献利益と営業利益，(2)損益分岐点売上高，(3)目標営業利益¥540,000を達成するために必要な売上高を計算しなさい。

　　　　　損 益 計 算 書
Ⅰ　売　上　高　　　　　　　　　2,400,000
Ⅱ　変動売上原価　　　　　　　　1,080,000
　　　変動製造マージン　　　　　1,320,000
Ⅲ　変動販売費　　　　　　　　　　600,000
　　　貢　献　利　益　　　　　　　720,000
Ⅳ　固　定　費
　　1．固定製造間接費　　320,000
　　2．固定販売費及び一般管理費　130,000　450,000
　　　　営　業　利　益　　　　　　270,000

(1)	販 売 数 量 が 4,000 個 の と き の 貢 献 利 益 ¥	
	営　業　利　益 ¥	
(2)	損 益 分 岐 点 売 上 高 ¥	
(3)	目標営業利益¥540,000を 達成するために必要な売上高 ¥	

34-5 次の資料によって, (1)変動費と固定費を求め, (2)損益分岐点売上高を計算しなさい。

資　料
① 売　上　高　¥4,000,000
② 貢　献　利　益　¥1,200,000
③ 営　業　利　益　¥ 300,000

(1)	変　　　動　　　費 ¥	
	固　　　定　　　費 ¥	
(2)	損 益 分 岐 点 売 上 高 ¥	

34-6 次の資料によって, (1)販売数量が4,000個のときの変動費, (2)販売数量が5,000個のときの営業利益, (3)目標営業利益¥600,000を達成するための販売数量を計算しなさい。

資　料
① 販　売　価　格　@¥1,200
② 貢　献　利　益　率　25 %
③ 販売数量が4,000個のときの営業利益　¥165,000

(1)	販 売 数 量 が 4,000 個のときの変動費	¥
(2)	販 売 数 量 が 5,000 個の と き の 営 業 利 益	¥
(3)	目標営業利益¥600,000を達成するための販売数量	個

34-7 香川製作所は, 現在, 次期の利益計画を策定中である。当期の業績は次の資料のとおりであった。次期においても, 販売価格, 変動費, 固定費は当期と同一であるとして, 以下の問いに答えなさい。なお, 仕掛品および製品の在庫はないものとする。

資　料
i　当期の売上高　@¥600×5,000個=¥3,000,000
ii　当期の総原価
変動費　@¥300×5,000個=¥1,500,000
固定費　　　　　　　　¥1,230,000
iii　当期の営業利益　　　　¥ 270,000

(1) 損益分岐点の売上高および販売数量を求めなさい。

(2) 目標営業利益¥540,000を達成するために必要な売上高および販売数量を求めなさい。

(3) 次年度の販売価格を20 %値下げするとき, ¥300,000の営業利益を達成するために必要な売上高および販売数量を求めなさい。

(4) 販売部長の試算によると, (3)で求めた販売数量は実現不可能であり, 販売価格を20 %値下げした場合の販売数量の限界は7,000個である。そこで, この販売価格と販売数量を前提とし, 固定費を削減することにした。当期と同額の営業利益を達成するために削減しなければならない固定費を求めなさい。

(1)	損 益 分 岐 点 の 売 上 高 ¥	販　売　数　量	個
(2)	目標営業利益¥540,000を達成するために必要な売上高 ¥	販　売　数　量	個
(3)	¥300,000の営業利益を達成するために必要な売上高 ¥	販　売　数　量	個
(4)	削減しなければならない固　　　定　　　費 ¥		

検定問題

34-8 次の文の □ のなかに，適当な金額・数量・比率を記入しなさい。 (第89回)

山口工業株式会社は，直接原価計算をおこない利益計画をたてている。当月における次の資料から，損益計算書を作成したところ，営業利益は¥ a で，損益分岐点の販売数量は b 個であった。

今後，変動費が製品 / 個あたり¥4,180になることが予想される。販売数量および販売単価は当月と変わらない場合，目標営業利益¥12,000,000を達成するには，固定費を c ％減らす必要がある。

資　料
① 販 売 数 量 3,200個 ③ 変 動 費 ¥4,000（製品 / 個あたり）
② 販 売 単 価 ¥10,000 ④ 固 定 費 ¥6,900,000

a	¥	b		個	c		％

34-9 石川製作所では，直接原価計算をおこない利益計画をたてている。当月における下記の資料から，次の金額または数量を求めなさい。 (第92回)
  a．販売数量が3,600個のときの営業利益　　b．損益分岐点の売上高
  c．目標営業利益¥5,460,000を達成するための販売数量

資　料
① 販 売 単 価 ¥3,500 ③ 販売費及び一般管理費
② 製 造 費 用 変動販売費（製品 / 個あたり）　¥450
変動製造費（製品 / 個あたり）¥1,230 固定販売費及び一般管理費 ¥970,000
固定製造間接費　　¥1,760,000

a	¥	b	¥	c		個

34-10 鹿児島製作所では，直接原価計算をおこない利益計画をたてている。当月における下記の資料から，次の金額または数量を求めなさい。 (第88回)
  a．損益分岐点の売上高　　b．目標営業利益¥720,000を達成するための販売数量
  c．販売単価を20％引き下げた場合の損益分岐点の販売数量

資　料
① 販 売 単 価 ¥2,500 ③ 販売費及び一般管理費
② 製 造 費 用 変動販売費（製品 / 個あたり）　¥200
変動製造費（製品 / 個あたり）¥800 固定販売費及び一般管理費 ¥380,000
固定製造間接費　　¥550,000

a	¥	b		個	c		個

34-11 兵庫産業株式会社は，直接原価計算をおこない利益計画をたてている。当月における下記の資料から，次の金額または数量を求めなさい。なお，目標営業利益は当月と比べて25％増加させた金額とする。 (第93回)
  a．損益分岐点の売上高　　b．目標営業利益を達成するための販売数量
  c．変動製造費が製品 / 個あたり¥50増加した場合の損益分岐点の売上高

資　料
① 販 売 数 量 3,200個 ④ 変動販売費（製品 / 個あたり）　¥200
② 販 売 単 価 ¥5,000 ⑤ 固定製造間接費　　¥3,024,000
③ 変動製造費（製品 / 個あたり）¥2,350 ⑥ 固定販売費及び一般管理費 ¥504,000

a	¥	b		個	c	¥

34-12 滋賀製作所では，直接原価計算をおこない利益計画をたてている。当月における下記の資料から，次の金額または数量を求めなさい。 (第86回)
  a．損益分岐点の売上高　　b．目標営業利益¥828,000を達成するための販売数量
  c．販売数量を当月のままで，変動販売費を36％減少させた場合の営業利益

資　料
① 販 売 数 量 1,500個 ④ 変 動 販 売 費 ¥200（製品 / 個あたり）
② 販 売 単 価 ¥2,000 ⑤ 固定製造間接費 ¥600,000
③ 変 動 製 造 費 ¥600（製品 / 個あたり） ⑥ 固定販売費及び一般管理費 ¥480,000

a	¥	b		個	c	¥

34-13 愛知製作所では，直接原価計算をおこない利益計画をたてている。当月における下記の資料から，次の金額または数量を求めなさい。 (第85回)
　　　　　ａ．当月の営業利益　　　ｂ．損益分岐点の売上高
　　　　　ｃ．目標営業利益 ¥324,000 を達成するための販売数量
　資　料
　①　月初製品棚卸高　　　　0個　　　⑤　製造費用
　②　完成品数量　1,500個　　　　　　　　変動製造費（製品／個あたり）　　　¥400
　③　月末製品棚卸高　　500個　　　　　　固定製造間接費　¥120,000
　④　販売単価　　　　　¥900　　　⑥　販売費及び一般管理費
　　　　　　　　　　　　　　　　　　　　　変動販売費（製品／個あたり）　　　¥50
　　　　　　　　　　　　　　　　　　　　　固定販売費及び一般管理費　¥ 60,000

a	¥	b	¥	c		個

34-14 埼玉製作所は，A製品を／個あたり ¥4,500 で販売している。この製品を 2,000 個製造・販売したときの直接原価計算による損益計算書は下記のとおりである。よって，次の金額または数量を求めなさい。 (第84回)
　　　　　ａ．販売数量が 2 倍になったときの営業利益　　　ｂ．損益分岐点の売上高
　　　　　ｃ．目標営業利益 ¥1,134,000 を達成するための販売数量

```
埼玉製作所　　　損 益 計 算 書　　　（単位：円）
Ⅰ　売 上 高　　　　　　　　　9,000,000
Ⅱ　変動売上原価　　　　　　　4,860,000
　　　変動製造マージン　　　　4,140,000
Ⅲ　変 動 販 売 費　　　　　　　900,000
　　　貢 献 利 益　　　　　　3,240,000
Ⅳ　固　　定　　費
　1．固定製造間接費　　1,500,000
　2．固定販売費及び一般管理費　930,000　2,430,000
　　　営　業　利　益　　　　　　810,000
```

a	¥	b	¥	c		個

34-15 福岡製作所は，A製品を／個あたり ¥2,000 で販売している。この製品を 3,000 個製造・販売したときの全部原価計算および直接原価計算における損益計算書は下記のとおりである。よって，直接原価計算による次の金額または数量を求めなさい。ただし，月初・月末の仕掛品および製品はなかった。
　　　　　ａ．損益分岐点の売上高　　　ｂ．営業利益を 2 倍にするための販売数量　　(第91回)
　　　　　ｃ．変動製造マージン（ア）の金額
　資　料

```
（全部原価計算による）
福岡製作所　損 益 計 算 書（単位：円）
Ⅰ　売 上 高　　　6,000,000
Ⅱ　売 上 原 価　　4,310,000
　　　売上総利益　　1,690,000
Ⅲ　販売費及び一般管理費　1,234,000
　　　営　業　利　益　　456,000
```

```
（直接原価計算による）
福岡製作所　　　損 益 計 算 書　　（単位：円）
Ⅰ　売 上 高　　　　　　　　6,000,000
Ⅱ　変動売上原価　　　　　（　　　）
　　　変動製造マージン　　（　ア　）
Ⅲ　変 動 販 売 費　　　　（　　　）
　　　貢 献 利 益　　　　2,280,000
Ⅳ　固　　定　　費
　1．固定製造間接費　　1,520,000
　2．固定販売費及び一般管理費　304,000　1,824,000
　　　営　業　利　益　　　　　456,000
```

a	¥	b		個	c	¥

35 適語選択の問題

35-1 次の各文の ☐☐☐ のなかに，下記の語群のなかから，もっとも適当なものを選び，その番号を記入しなさい。

a．製品を製造するために要した費用に，製品の販売や企業全般の管理に要した費用を加えた原価を ☐ ア ☐ という。

　　1．総　原　価　　2．仕　入　原　価　　3．製　造　原　価

b．製品を製造するために要した材料費・労務費・経費の合計額に ☐ イ ☐ を加えた額を総原価という。

　　1．売　上　原　価　　2．販売費及び一般管理費　　3．製　造　間　接　費

c．自動車製造業におけるタイヤなど，外部から購入した材料で，加工されずにそのまま取り付けるだけで製品の一部となるものを ☐ ウ ☐ という。この消費高は素材費とともに，ふつう直接材料費に分類される。

　　1．買　入　部　品　　2．工　場　消　耗　品　　3．燃　　　料

d．原価計算は原則として3つの段階の計算手続きを経ておこなわれる。そのうち，第1段階で計算した材料費・労務費・経費の各原価要素別の消費高を，発生場所別に分類・集計する第2段階の計算手続きを ☐ エ ☐ という。

　　1．費　目　別　計　算　　2．製　品　別　計　算　　3．部　門　別　計　算

e．製造数量や直接作業時間などの増減にともなって，発生高が比例的に増減する原価要素を変動費という。これには，☐ オ ☐ や出来高払賃金などがある。

　　1．保　険　料　　2．直　接　材　料　費　　3．租　税　公　課

ア		イ		ウ		エ		オ	

35-2 次の各文の ☐☐☐ のなかに，下記の語群のなかから，もっとも適当なものを選び，その番号を記入しなさい。

(1) a．製造原価を計算する手続きの第1段階は，原価要素を材料費・労務費・経費に分けて，製品を製造するためにそれぞれいくら消費したかを計算する。これを原価の ☐ ア ☐ という。

b．経費のなかには，外部に材料を提供して加工させたときに，加工賃として支払う外注加工賃がある。この消費高は製品との関連から，特許権使用料と同様に ☐ イ ☐ に分類される。

　　1．製　品　別　計　算　　2．直　接　経　費　　3．部　門　別　計　算
　　4．費　目　別　計　算　　5．間　接　経　費

ア		イ	

(2) a．材料の消費数量を計算する方法のうち，材料の受け入れ・払い出しのつど，材料元帳などに数量を記入して，その払出数量を消費数量とする方法を ☐ ア ☐ という。

b．製造業における損益計算書の売上原価は，当期製品製造原価を用いて算出・表示される。したがって，当期製品製造原価の内訳の明細を示す ☐ イ ☐ を作成し，損益計算書に添付する。

　　1．継　続　記　録　法　　2．売　上　製　品　原　価　月　報　　3．製　造　原　価　報　告　書
　　4．棚　卸　計　算　法　　5．完　成　品　原　価　月　報

ア		イ	

(3) a．原価計算の目的には，☐ ア ☐ の作成に必要な資料の提供や原価管理に必要な資料の提供などがある。

b．各種の製品について共通に発生し，特定の製品の原価として直接集計することができない原価要素を，一定の基準によって各製品に割り当てる手続きを ☐ イ ☐ という。

c．製品の製造原価のうち，特定の製品の製造のために消費された原価を，その製品に集計する手続きを ☐ ウ ☐ という。

　　1．原　価　管　理　　2．賦　　　課　　3．継　続　記　録　法
　　4．配　　　賦　　5．財　務　諸　表

ア		イ		ウ	

35-3 次の各文の □ のなかに，下記の語群のなかから，もっとも適当なものを選び，その番号を解答欄に記入しなさい。

(1) a．製品の製造や販売，企業全般の管理に関係しない費用のことを ア といい，これは製造原価や総原価に含めない。手形売却損や イ などの金融上の費用や火災損失などの異常な状態を原因とする損失などがこの例である。

b．標準原価とは，製品の製造に要した原価要素の ウ を科学的・統計的調査にもとづいて定め，これに，標準となる価格を掛けて算出した原価のことである。

c．種類の異なる特定の製品を個別的に生産する製造業，たとえば エ ・機械製造業・家具製造業などに適用される原価の計算方法を オ という。

d．同じ種類または異なる種類の製品を連続して大量生産する製造業，たとえば，カ ・製菓業などに適用される原価の計算方法を キ という。

1．支払利息 2．原価法 3．時間法 4．非原価項目
5．実際原価計算 6．製粉業 7．造船業 8．先入先出法
9．個別原価計算 10．標準消費数量 11．標準原価計算 12．総合原価計算

ア		イ		ウ		エ		オ		カ		キ	

(2) a．製造中に生じた材料の削りくずや残りのくずなどを ア といい，売却価値または利用価値を見積もって評価するが，その発生額が製造指図書ごとに区別できる場合は，評価額を，その製造指図書の直接材料費または イ から差し引く。

b．棚卸計算法とは，材料の払い出しのつどの記入はおこなわず，月末までに ウ をおこなって次の計算式によって消費数量を求める方法である。

消費数量＝繰越数量＋受入数量− エ

c．材料の受け払いのつど，材料棚札・ オ などに数量を継続的に記入し，払出数量を消費数量とする方法を カ という。

d．製造工程の途中で，原材料が蒸発，ガス化，粉散などの原因により消失することを キ という。これが製造工程のどの時点で発生したかによって原価への負担がかわり，工程の終点で発生した場合は，ク に負担される。

e．社会保険料のうち，事業主が負担する工場従業員に関係する部分を ケ といい，個別原価計算では コ として計上する。

1．実地棚卸 2．減損 3．材料元帳 4．完成品のみ
5．完成品と月末仕掛品 6．作業くず 7．賃金 8．実地棚卸数量
9．継続記録法 10．従業員賞与手当 11．繰越数量 12．払出数量
13．製造直接費 14．製造間接費 15．帳簿棚卸法 16．給料
17．出勤票 18．製造原価 19．福利費 20．仕損

ア		イ		ウ		エ		オ	
カ		キ		ク		ケ		コ	

(3) a．原価計算のおもな目的には，財務諸表の作成，製品の ア の決定，ならびに イ に必要な資料を提供することなどがある。

b．固定費とは，ウ の変動にかかわりなく，/期間の発生総額が一定している原価要素をいい，たとえば，減価償却費・ エ などである。

1．保険料 2．仕入先 3．原価管理 4．会計期間
5．賃金 6．販売価格 7．生産力 8．操業度

ア		イ		ウ		エ	

(4) a．標準原価計算におけるパーシャル・プランとは，仕掛品勘定の借方に各原価要素の ア を記入し，貸方に標準原価で計算した完成品原価と月末仕掛品原価を記入する方法である。これにより，仕掛品勘定の借方と貸方に差額が生じ，この差額は イ の総額を示す。なお，月初仕掛品は前月の月末仕掛品であるから，標準原価で記入される。

b．標準原価計算において，仕掛品勘定の借方に各原価要素の標準原価を記入し，貸方に標準原価で計算した完成品原価と月末仕掛品原価を記入する方法を ウ という。この記帳方法では，エ 勘定に貸借差額が生じない。

1．標準消費額 2．原価差異 3．実際発生額 4．シングル・プラン
5．仕掛品 6．各原価要素

ア		イ		ウ		エ	

36 計算の問題

36-1 天草工業株式会社における次の等級別総合原価計算表の（ ア ）と（ イ ）に入る金額を求めなさい。ただし，等価係数は，各製品の／個あたりの重量を基準としている。

等 級 別 総 合 原 価 計 算 表
令和○年／月分

等級別製品	重　　量	等 価 係 数	完成品数量	積　　数	等級別製造原価	製 品 単 価
／級製品	480g	（　　）	（　　）個	（　　）	（　　）	¥（ ア ）
2級製品	360〃	（　　）	1,800 〃	（　　）	イ	〃（　　）
3級製品	240〃	2	2,400 〃	（　　）	（　　）	〃 300
				16,200	2,430,000	

ア	¥		イ	¥	

36-2 標準原価計算を採用している宮城製作所の当月における下記の資料から，次の金額を求めなさい。ただし，直接材料は製造着手のときにすべて投入されるものとする。なお，解答欄の（　　）のなかに不利差異の場合は（不利），有利差異の場合は（有利）と記入すること。

　　　a．月末仕掛品の標準直接材料費　　　b．材料消費数量差異　　　c．直接労務費差異

資　　料

① 標準原価カード（一部）

S製品	標準原価カード	（製品／個あたり）	
	標準消費数量	標準単価	金　　額
直接材料費	3kg	¥ 420	¥1,260
	標準直接作業時間	標準賃率	
直接労務費	2時間	¥1,400	¥2,800

② 生産データ
　　月初仕掛品　　300個（加工進捗度40％）
　　当月投入　　1,400個
　　　合　計　　1,700個
　　月末仕掛品　　400個（加工進捗度50％）
　　完　成　品　1,300個

③ 実際直接材料費　¥1,700,000
　　（実際消費数量4,250kg　実際単価¥400）

④ 実際直接労務費　¥3,976,000
　　（実際直接作業時間2,800時間　実際賃率¥1,420）

a	¥		b	¥	（　　）	c	¥	（　　）

36-3 石川製作所における当期（令和○年／月／日から令和○年／2月3／日）の勘定記録・製造原価報告書・損益計算書（一部）・貸借対照表（一部）により，（ ア ）から（ ウ ）に入る金額を求めなさい。ただし，会計期間は原価計算期間と一致しているものとする。

仕 掛 品

前期繰越	（　　）	製　品	（　　）
素　材	1,320,000	次期繰越	（　　）
賃　金	（　　）		
外注加工賃	560,000		
製造間接費	（　　）		
			（　　）

製 造 間 接 費

工場消耗品	120,000	仕 掛 品	（　　）
賃　金	430,000		
給　料	600,000		
減価償却費	（ ア ）		
電 力 料	370,000		
雑　費	60,000		
	（　　）		（　　）

製 品

前期繰越	（　　）	売上原価	（　　）
仕 掛 品	（　　）	次期繰越	（　　）
	6,520,000		6,520,000

製 造 原 価 報 告 書

石川製作所　令和○年／月／日から令和○年／2月3／日　（単位：円）

Ⅰ	材　料　費	（　　）
Ⅱ	労　務　費	3,130,000
Ⅲ	経　　費	1,238,000
	当 期 製 造 費 用	（　　）
	期首仕掛品棚卸高	480,000
	合　　計	（　　）
	期末仕掛品棚卸高	528,000
	当期製品製造原価	（ イ ）

損 益 計 算 書 （一部）

石川製作所　令和○年／月／日から令和○年／2月3／日　（単位：円）

Ⅰ	売　上　高	7,560,000
Ⅱ	売 上 原 価	（　　）
	売 上 総 利 益	（ ウ ）

貸 借 対 照 表 （一部）

石川製作所　　令和○年／2月3／日　　（単位：円）

製　品	820,000	
仕 掛 品	528,000	

ア	¥		イ	¥		ウ	¥	

36-4 鹿島製作所は，X製品を/個あたり¥2,400で販売している。この製品を2,000個製造・販売したときの直接原価計算による損益計算書は下記のとおりである。よって，次の金額または数量を求めなさい。

　　　　　　a．販売数量が2倍になったときの貢献利益　　　　b．損益分岐点の売上高
　　　　　　c．目標営業利益¥2,700,000を達成するための販売数量

広島製作所	損 益 計 算 書	
Ⅰ　売　上　高		4,800,000
Ⅱ　変動売上原価		2,520,000
変動製造マージン		2,280,000
Ⅲ　変 動 販 売 費		840,000
貢　献　利　益		1,440,000
Ⅳ　固　定　費		
1．固定製造間接費	630,000	
2．固定販売費及び一般管理費	360,000	990,000
営　業　利　益		450,000

a	¥	b	¥	c		個

36-5 山形製作所は，等級別総合原価計算を採用し，/級製品・2級製品・3級製品を製造している。下記の資料によって，次の金額を求めなさい。ただし，等価係数は，各製品の/個あたりの重量を基準としている。

　　　　　　a．当月の/級製品の製造原価　　　b．当月の3級製品の製品単価（単位原価）

　資　　料
　　①　月初仕掛品原価　¥　503,000
　　②　当月製造費用　¥6,242,000
　　③　月末仕掛品原価　¥　715,000
　　④　製品/個あたりの重量
　　　　　/級製品　　750g　　2級製品　　600g　　3級製品　　300g
　　⑤　当月完成品数量
　　　　　/級製品　1,500個　　2級製品　2,300個　　3級製品　1,700個

a	¥	b	¥

36-6 大分製作所における下記の勘定記録と資料により，次の金額を求めなさい。ただし，会計期間は原価計算期間と一致しているものとする。

　　　　　　a．材料の実際消費高　　b．製造間接費配賦差異　　c．売上原価勘定の（ア）の金額

仕 掛 品			
前期繰越	976,000	製　　品	9,400,000
素　　材	（　　）	次期繰越	875,000
賃　　金	5,100,000		
製造間接費	（　　）		
	（　　）		（　　）

売 上 原 価			
製　　品	（　　）	製造間接費配賦差異	（　　）
賃率差異	（　　）	損　　益	（　ア　）
	（　　）		（　　）

　資　　料
　　①　素　　材　期首棚卸高¥274,000　当期仕入高¥2,105,000　期末棚卸高¥305,000
　　　　　　　　素材の消費高はすべて製造直接費である。
　　②　工場消耗品　期首棚卸高¥24,000　当期仕入高¥265,000　期末棚卸高¥28,000
　　③　賃　　金　予定平均賃率@¥1,200　直接作業時間4,250時間　間接作業時間300時間
　　　　　　　　実際平均賃率@¥1,220
　　④　給　　料　当期消費高¥918,000
　　⑤　電 力 料　当期支払高¥136,000　当期測定高¥139,000
　　⑥　減価償却費　当期消費高¥425,000
　　⑦　製　　品　期首棚卸高¥110,000　期末棚卸高¥130,000
　　⑧　製造間接費配賦額は，直接作業時間/時間につき¥500の予定配賦率を用いている。

a	¥	b	¥	c	¥

36-7 標準原価計算を採用している福島製作所の当月における下記の資料から，次の金額を求めなさい。
　　　a．月末仕掛品の標準原価　　b．能　率　差　異　　c．操　業　度　差　異
　　ただし，ⅰ　直接材料は製造着手のときにすべて投入されるものとする。
　　　　　　ⅱ　能率差異は標準直接作業時間と実際直接作業時間の差異に標準配賦率を掛けて計算する。
　　　　　　ⅲ　解答欄の（　　）のなかに不利差異の場合は（不利），有利差異の場合は（有利）と記入すること。

資　　料
① 標準原価カード

S製品	標準原価カード		
	標準消費数量	標準単価	金　　額
直接材料費	7kg	¥100	¥ 700
	標準直接作業時間	標準賃率	
直接労務費	2時間	¥500	¥1,000
	標準直接作業時間	標準配賦率	
製造間接費	2時間	¥500	¥1,000
	製品/個あたりの標準原価		¥2,700

② 生産データ
　　月初仕掛品　200個（加工進捗度50％）
　　当月投入　　600個
　　合　　計　　800個
　　月末仕掛品　250個（加工進捗度40％）
　　完 成 品　　550個
③ 製造間接費実際発生額　¥620,000
④ 実際直接作業時間　1,180時間
⑤ 製造間接費予算（公式法変動予算）
　　基準操業度(直接作業時間)　1,200時間
　　製造間接費予算額　¥600,000
　　変 動 費 率　¥　 300
　　固定費予算額　¥240,000

a	¥	b	¥	（　　　）	c	¥	（　　　）

36-8 次の文の 	☐ 	のなかに，適当な金額・数量・比率を記入しなさい。

　　島根工業株式会社は，直接原価計算をおこない利益計画をたてている。当月における下記の資料から，損益計算書を作成したところ，営業利益は¥ a で，損益分岐点の販売数量は b 個であった。
　　今後，変動費が製品/個あたり¥6,270になることが予想される。販売数量および販売単価は当月と変わらない場合，目標営業利益¥10,620,000を達成するには，固定費を c ％減らす必要がある。

資　　料
① 販 売 数 量 2,000個　　③ 変　動　費 ¥6,000（製品/個あたり）
② 販 売 単 価 ¥15,000　　④ 固　定　費 ¥7,200,000

a	¥	b		個	c		％

36-9 岩国製作所の下記の資料により，製造原価報告書に記載する次の金額を求めなさい。
　　　a．当 期 材 料 費　　b．当 期 経 費　　c．当 期 製 品 製 造 原 価

貸　借　対　照　表（一部）
令和○年12月31日

副　産　物	198,000	未 払 賃 金	265,000
材　　　料	872,000		
仕　掛　品	840,000		

資　　料
① 素　　　材　期首棚卸高 ¥682,000　当期仕入高 ¥2,352,000　期末棚卸高 ¥756,000
② 工場消耗品　期首棚卸高 ¥124,000　当期仕入高 656,000　期末棚卸高 ¥☐
③ 賃　　　金　当期予定消費高 ¥☐　当期実際消費高 ¥2,164,000
　　　　　　　予定賃率を用いており，賃率差異勘定の借方に¥44,000の残高がある。
④ 給　　　料　当期消費高 ¥500,000
⑤ 外注加工賃　前期前払高 ¥28,000　当期支払高 ¥254,000　当期前払高 ¥18,000
⑥ 電　力　料　当期支払高 ¥226,000　当期測定高 ¥230,000
⑦ 減価償却費　当期消費高 ¥190,000
⑧ 仕　掛　品　期首棚卸高 ¥792,000　期末棚卸高 ¥☐
⑨ 当期中に副産物が発生し，その評価額は¥198,000である。

a	¥	b	¥	c	¥

36-10 単純総合原価計算を採用している岡山製作所の次の資料から，完成品単価を求めなさい。

　　　ただし，ⅰ　素材は製造着手のときにすべて投入され，加工費は製造の進行に応じて消費されるものとする。

　　　　　　ⅱ　月末仕掛品原価の計算は先入先出法による。

　　　　　　ⅲ　正常減損は製造工程の終点で発生しており，正常減損費は完成品のみに負担させる。

資　　料
　① 生産データ
　　　月初仕掛品　　400 kg（加工進捗度50 %）
　　　当月投入　　3,200 kg
　　　合　計　　　3,600 kg
　　　月末仕掛品　　500 kg（加工進捗度40 %）
　　　正常減損　　　　　　kg
　　　完成品　　　3,000 kg

　② 月初仕掛品原価
　　　素 材 費　¥ 588,000
　　　加 工 費　¥ 660,000
　③ 当月製造費用
　　　素 材 費　¥4,960,000
　　　加 工 費　¥9,300,000

¥	

36-11 標準原価計算を採用している長崎製作所の当月における下記の資料と仕掛品勘定から，次の金額を求めなさい。なお，仕掛品勘定への記帳方法は，パーシャル・プランによっている。

　　　　a．仕掛品勘定の労務費（アの金額）　　b．仕掛品勘定の次月繰越（イの金額）　　c．予算差異

　　　ただし，ⅰ　直接材料は製造着手のときにすべて投入されるものとする。

　　　　　　ⅱ　解答欄の（　　）のなかに不利差異の場合は（不利），有利差異の場合は（有利）と記入すること。

資　　料
　① 標準原価カード

A製品	標準原価カード		
	標準消費数量	標準単価	金　額
直接材料費	4 kg	¥ 600	¥2,400
	標準直接作業時間	標準賃率	
直接労務費	3 時間	¥1,000	¥3,000
	標準直接作業時間	標準配賦率	
製造間接費	3 時間	¥1,200	¥3,600
	製品/個あたりの標準原価		¥9,000

　② 生産データ
　　　月初仕掛品　　200 個（加工進捗度60 %）
　　　当月投入　　1,100 個
　　　合　計　　　1,300 個
　　　月末仕掛品　　300 個（加工進捗度50 %）
　　　完成品　　　1,000 個
　③ 実際直接材料費
　　　実際消費数量　　4,450 kg
　　　実際単価　　　　¥580
　④ 実際直接労務費
　　　実際直接作業時間　3,100 時間
　　　実際賃率　　　　　¥1,060
　⑤ 製造間接費実際発生額　¥3,808,000
　⑥ 製造間接費予算（公式法変動予算）
　　　変動費率　　　　¥500
　　　固定費予算額　¥2,240,000
　　　基準操業度(直接作業時間)　3,200 時間

	仕　　掛　　品		
前 月 繰 越	1,272,000	製　　品（　　　）	
材　　料（　　　）		諸　　口	237,000
労　務　費（ ア ）		次 月 繰 越（ イ ）	
製造間接費（　　　）			
（　　　）		（　　　）	

a	¥	b	¥	c	¥	（　　　）

36-12 個別原価計算を採用している佐賀製作所の次の資料により，製造間接費配賦差異を予算差異と操業度差異に分析したさいの予算差異を求めなさい。ただし，解答欄の（　　）のなかに借方差異の場合は（借方），貸方差異の場合は（貸方）と記入すること。

資　　料
　① 月間の基準操業度（直接作業時間）2,300 時間
　② 月間の製造間接費予算額　¥2,875,000　（変動費率¥500　固定費予算額¥1,725,000）
　③ 当月の実際直接作業時間　2,200 時間
　④ 当月の実際製造間接費発生額　¥2,860,000

¥	（　　　）

36-13 長野工業製作所では，直接原価計算をおこない利益計画をたてている。下記の資料から，次の金額または数量を求めなさい。

a．販売数量が*1,500*個のときの営業利益　　b．損益分岐点の売上高

c．目標営業利益*¥432,000*を達成するための販売数量

資　料

① 販　売　単　価　*¥2,400*

② 製　造　費　用
　　変動製造費（製品／個あたり）　*¥1,320*
　　固定製造間接費　　　*¥680,000*

③ 販売費及び一般管理費
　　変動販売費（製品／個あたり）　*¥360*
　　固定販売費及び一般管理費　*¥328,000*

a	¥	b	¥	c	個

36-14 単純総合原価計算を採用している岡山製作所の次の資料から，完成品原価を求めなさい。

ただし，ⅰ　素材は製造着手のときにすべて投入され，加工費は製造の進行に応じて消費されるものとする。

ⅱ　月末仕掛品原価の計算は平均法による。

ⅲ　正常減損は製造工程の始点で発生しており，正常減損費は完成品と月末仕掛品の両方に負担させる。

資　料

① 生　産　デ　ー　タ
　　月初仕掛品　　*400*kg（加工進捗度*50*％）
　　当月投入　*3,240*kg
　　　合　計　*3,640*kg
　　月末仕掛品　　*600*kg（加工進捗度*60*％）
　　正常減損　　　*40*kg
　　完成品　*3,000*kg

② 月初仕掛品原価
　　素　材　費　¥　*356,000*
　　加　工　費　¥　*164,000*

③ 当月製造費用
　　素　材　費　*¥2,920,000*
　　加　工　費　*¥2,692,000*

¥

36-15 佐賀製作所の下記の勘定記録と資料により，次の金額を求めなさい。ただし，会計期間は原価計算期間と一致しているものとする。なお，製造間接費配賦差異は売上原価に振り替える。

a．材料の実際消費高　　　b．間接労務費の実際発生額　　c．売上原価

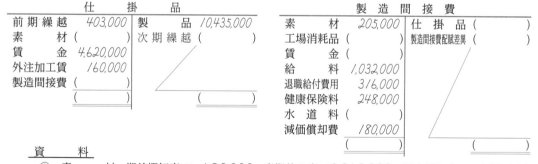

資　料

① 素　　　材　　期首棚卸高 ¥　*580,000*　当期仕入高 *¥2,860,000*　期末棚卸高 ¥　*609,000*

② 工場消耗品　　期首棚卸高 ¥　*31,000*　当期仕入高 ¥　*280,000*　期末棚卸高 ¥　*36,000*

③ 賃　　　金　　実際平均賃率　作業時間／時間につき*¥1,100*
　　　　　　　　直接作業時間*4,200*時間　間接作業時間*500*時間

④ 水　道　料　　基本料金 ¥ *15,000*
　　　　　　　　当期使用量 *1,800*m³　単価／m³あたり*¥30*
　　　　　　　　水道料の計算方法は，基本料金に当期使用量を加算して求める。

⑤ 仕　掛　品　　期首棚卸高 ¥ *403,000*　期末棚卸高 ¥ *398,000*

⑥ 製　　　品　　期首棚卸高 ¥ *713,000*　期末棚卸高 ¥ *692,000*

⑦ 製造間接費配賦額は，直接作業時間／時間につき*¥720*の予定配賦率を用いている。

a	¥	b	¥	c	¥

36-16 松本工業株式会社では個別原価計算を採用し，従業員Aと従業員Bによって当月からX製品（製造指図書#1）とY製品（製造指図書#2）の製造をおこなっている。下記の資料から次の金額を求めなさい。

　　　　a．実際個別賃率によるX製品（製造指図書#1）の直接労務費
　　　　b．実際平均賃率によるX製品（製造指図書#1）の直接労務費
　　　　c．予定賃率によるX製品（製造指図書#1）の直接労務費

　資　　料
　①　当社は作業時間1時間につき，従業員Aに¥1,400　従業員Bに¥1,200の賃金を支払っている。
　②　当月実際作業時間

	直接作業時間		間接作業時間	総作業時間
	製造指図書#1	製造指図書#2		
従業員A	125時間	85時間	10時間	220時間
従業員B	75時間	95時間	10時間	180時間

　③　当社の1年間の予定賃金総額は¥6,561,000　予定総作業時間は4,860時間である。

a	¥	b	¥	c	¥

36-17 香川製作所における次の勘定記録・製造原価報告書・損益計算書（一部）により，（ア）から（ウ）の金額を求めなさい。

製　造　間　接　費

燃　　料	42,000	仕掛品	1,835,000
工場消耗品	198,000		
賃　　金	206,000		
給　　料	580,000		
健康保険料	110,000		
退職給付費用	204,000		
減価償却費	315,000		
保　険　料	20,000		
電　力　料	106,000		
保　管　料	49,000		
棚卸減耗損	5,000		
	1,835,000		1,835,000

仕　掛　品

前期繰越（　ア　）		製　品（　　　　）	
素　　材	1,820,000	次期繰越	798,000
賃　　金	2,010,000		
外注加工賃	253,000		
製造間接費（　　　）			
（　　　　）		（　　　　）	

製　　品

前期繰越	653,000	売上原価（　　　）	
仕　掛　品（　　　）		次期繰越	605,000
	6,605,000		6,605,000

香川製作所　製造原価報告書（単位：円）
令和○年1月1日から令和○年12月31日まで

Ⅰ	材　料　費	（　　　　）
Ⅱ	労　務　費	（　イ　）
Ⅲ	経　　費	（　　　　）
	当期製造費用	5,918,000
	期首仕掛品棚卸高	832,000
	合　　計	（　　　　）
	期末仕掛品棚卸高	（　　　　）
	当期製品製造原価	（　　　　）

香川製作所　損　益　計　算　書（一部）（単位：円）
令和○年1月1日から令和○年12月31日まで

Ⅰ	売　上　高		8,400,000
Ⅱ	売上原価		
	1．期首製品棚卸高	（　　　）	
	2．当期製品製造原価	（　　　）	
	合　　計	（　　　）	
	3．期末製品棚卸高	（　　　）	（　　　）
	売上総利益		（　ウ　）

ア	¥	イ	¥	ウ	¥

36-18 高山工業株式会社は，直接原価計算をおこない利益計画をたてている。当月における下記の資料から，次の金額を求めなさい。ただし，販売単価は一定とする。
        a．売上高が¥3,500,000のときの営業利益   b．損益分岐点の売上高
        c．目標営業利益¥600,000を達成するための売上高
   資　　料
   ① 売　　上　　高　¥3,300,000   ④ 固定製造間接費　¥ 260,000
   ② 変 動 売 上 原 価　¥1,850,000   ⑤ 固定販売費及び一般管理費　¥ 250,000
   ③ 変 動 販 売 費　¥ 460,000

a	¥	b	¥	c	¥

36-19 標準原価計算を採用している徳島製作所の当月における下記の資料から，次の金額を求めなさい。
      a．完成品の標準原価   b．材料消費価格差異   c．作業時間差異
  ただし，ⅰ 直接材料は製造着手のときにすべて投入されるものとする。
      ⅱ 解答欄の（　）のなかに不利差異の場合は（不利），有利差異の場合は（有利）と記入すること。

   資　　料
   ① 標準原価カード

A製品	標準原価カード		
	標準消費数量	標準単価	金　額
直接材料費	4kg	¥1,000	¥ 4,000
	標準直接作業時間	標準賃率	
直接労務費	3時間	¥1,200	¥ 3,600
	標準直接作業時間	標準配賦率	
製造間接費	3時間	¥1,050	¥ 3,150
		製品1個あたりの標準原価	¥10,750

   ② 生産データ
     月初仕掛品　　100個（加工進捗度40%）
     当月投入　2,100個
     合　計　　2,200個
     月末仕掛品　 200個（加工進捗度50%）
     完　成　品　2,000個
   ③ 実際直接材料費
     実 際 消 費 数 量　8,450kg
     実 際 単 価　¥1,020
   ④ 実際直接労務費
     実際直接作業時間　6,230時間
     実 際 賃 率　¥1,210

a	¥	b	¥	（　　）	c	¥	（　　）

36-20 静岡工業株式会社における次の等級別総合原価計算表の（ア）に入る金額を求めなさい。ただし，等価係数は，各製品の1個あたりの重量を基準としている。

等 級 別 総 合 原 価 計 算 表
令和○年1月分

等級別製品	重　　量	等 価 係 数	完成品数量	積　　数	等級別製造原価	製 品 単 価
1 級 製 品	750g	1.0	2,400個	（　　）	（　　　　）	¥（　　）
2 級 製 品	600〃	0.8	3,600〃	（　　）	（　　　　）	〃（ ア ）
3 級 製 品	450〃	（　）	5,000〃	（　　）	（　　　　）	〃（　　）
				（　　）	6,210,000	

¥

36-21 個別原価計算を採用している秋田製作所は，製造間接費について公式法変動予算により予算を設定し，予定配賦をおこなっている。次の資料から当月の実際操業度における予算額を求めなさい。
   資　　料
   a．月間の基準操業度（直接作業時間）　1,200時間
   b．月間の製造間接費予算額　　　　¥1,800,000
     変 動 費 率　¥600
     固定費予算額　¥1,080,000
   c．当月の実際直接作業時間　　　　　1,140時間

¥

37 総合原価計算の問題

37-1 島根製作所は，単純総合原価計算を採用し，A製品を製造している。次の資料によって，単純総合原価計算表と製品勘定を完成しなさい。

ただし， i 素材は製造着手のときにすべて投入され，加工費は製造の進行に応じて消費されるものとする。

ii 月末仕掛品原価の計算は平均法による。

iii 正常減損は工程の始点で発生しており，正常減損費は完成品と月末仕掛品の両方に負担させる。

iv 製品の払出単価の計算は先入先出法による。

資　料

a．生産データ
月初仕掛品	600 kg	（加工進捗度50 %）
当月投入	2,500 kg	
合　計	3,100 kg	
正常減損	100 kg	
月末仕掛品	500 kg	（加工進捗度40 %）
完成品	2,500 kg	

c．販売データ
月初棚卸数量	200 kg
当月完成数量	2,500 kg
合　計	2,700 kg
月末棚卸数量	300 kg
当月販売数量	2,400 kg

b．当月製造費用

① 材料費

素材　当月実際消費数量 4,800 kg　消費単価 @¥1,250

工場消耗品　月初棚卸高 ¥ 106,000　当月仕入高 ¥ 678,000　月末棚卸高 ¥134,000

② 労務費

賃金　前月未払高 ¥ 402,000　当月支払高 ¥2,425,000　当月未払高 ¥398,000

③ 経費

減価償却費　年間見積高 ¥6,276,000

電力料　当月支払高 ¥ 340,000　当月測定高 ¥ 326,000

雑費　当月消費高 ¥ 205,000

単純総合原価計算表
令和○年6月分

摘　　要	素　材　費	加　工　費	合　　計
材　料　費			
労　務　費			
経　　費			
計			
月初仕掛品原価	1,410,000		
計		4,590,000	
月末仕掛品原価			
完成品原価			
完成品数量	kg	kg	kg
製品単価	¥	¥	¥

製　　品
前 月 繰 越	780,000	（	）（	）
（	）（	）	次 月 繰 越 （	）
	（	）	（	）

37-2 千葉製作所の下記の資料と仕掛品勘定によって，
(1) 単純総合原価計算表を完成しなさい。
(2) 仕掛品勘定の電力料（ア）の金額を答えなさい。

ただし，i 素材は製造着手のときに投入され，加工費は製造の進行に応じて消費されるものとする。
ii 月末仕掛品原価の計算は先入先出法による。
iii 正常減損は製造工程の終点で発生しており，正常減損費は完成品のみに負担させる。

資　料
　a．生産データ
　　月初仕掛品　　 500 kg（加工進捗度50 %）
　　当月投入　 2,400 kg
　　　合　計　 2,900 kg
　　月末仕掛品　　 800 kg（加工進捗度45 %）
　　正常減損　　　 100 kg
　　完成品　 2,000 kg
　b．月初仕掛品原価
　　素材費　¥ 410,000
　　加工費　¥ 155,000
　c．当月製造費用
　　素材費　¥2,040,000
　　加工費　¥1,547,000

仕　　掛　　品			
前月繰越（　　　　）	製　　品（　　　　）		
素　　材（　　　　）	次月繰越（　　　　）		
工場消耗品　211,000			
賃　　金　959,000			
従業員賞与手当　120,000			
健康保険料　41,000			
減価償却費　69,000			
電　力　料（　ア　）			
雑　　費　17,000			
（　　　　）	（　　　　）		

(1)
単純総合原価計算表
令和〇年1月分

摘　　　　　要	素　材　費	加　工　費	合　　　計
材　料　費			
労　務　費			
経　　　費			
計			
月初仕掛品原価	410,000	155,000	565,000
計			
月末仕掛品原価			
完　成　品　原　価			
完　成　品　数　量	kg	kg	kg
製　品　単　価	¥	¥	¥

(2)
¥

37-3 長崎製作所は，単純総合原価計算によって完成品総合原価を計算したあと，/級製品・2級製品・3級製品の等級別製品の原価を計算している。下記の資料によって，次の各問いに答えなさい。

(1) 仕掛品勘定を完成しなさい。
(2) 等級別総合原価計算表を完成しなさい。
(3) 2級製品勘定を完成しなさい。

ただし，i 等価係数は，各製品の/個あたりの重量による。
　　　　ii 等級別製品の払出単価の計算は，先入先出法による。

資　料

a. 月初仕掛品原価　　素材費 ¥254,000　　加工費 ¥202,000
b. 当月製造費用（一部）
　　　修繕料　前月未払高 ¥4,000　　当月支払高 ¥60,000　　当月未払高 ¥8,000
c. 当月完成品総合原価　　¥4,026,000
d. 等級別製品データ

製　品	/個あたりの重量	当月完成品数量	当月販売数量	月初製品棚卸高 数量	月初製品棚卸高 単価	月末製品棚卸高 数量	月末製品棚卸高 単価
/級製品	120g	800個	820個	170個	¥2,000	150個	¥( )
2級製品	100g	1,000個	900個	200個	¥1,600	300個	¥( )
3級製品	80g	600個	700個	100個	¥1,300	200個	¥( )

(1)

仕　掛　品

前月繰越（　　　）	諸　口（　　　）
素　材 1,660,000	次月繰越（　　　）
工場消耗品 108,000	
賃　金 1,638,000	
給　料 314,000	
健康保険料 78,000	
減価償却費 331,000	
修繕料（　　　）	
雑　費 12,000	
（　　　）	（　　　）

(2)

等　級　別　総　合　原　価　計　算　表

等級別製品	重　量	等価係数	完成品数量	積　数	等級別製造原価	製品単価
/級製品	120g		個			¥
2級製品	100〃		〃			〃
3級製品	80〃		〃			〃

(3)

2　級　製　品

前月繰越 320,000	（　　　）（　　　）
仕掛品（　　　）	次月繰越（　　　）
（　　　）	（　　　）

37-4 関東工業株式会社は，組別総合原価計算を採用し，A組製品とB組製品を製造している。次の資料によって，組別総合原価計算表とA組仕掛品勘定および組間接費勘定を完成しなさい。

ただし，i 素材の消費高は，A組は／個あたり¥125 B組は／個あたり¥500の予定価格を用いて計算している。

ii 賃金の消費高は，作業時間／時間につき¥1,200の予定賃率を用いて計算している。

iii 組間接費は機械運転時間を配賦基準として配賦する。

iv 素材は製造着手のときにすべて投入され，加工費は製造の進行に応じて消費されるものとする。

v 月末仕掛品原価の計算は平均法による。

資　料

a. 生産データ

	A組	B組
月初仕掛品	400個（加工進捗度50%）	800個（加工進捗度40%）
当月投入	2,100個	3,800個
合　計	2,500個	4,600個
月末仕掛品	500個（加工進捗度60%）	600個（加工進捗度50%）
完成品	2,000個	4,000個

b. 当月製造費用

① 材料費

素材 A組 25,620個　B組 4,522個　工場消耗品 ¥582,000

② 労務費

直接作業時間 A組 630時間　B組 690時間　間接作業 385時間

健康保険料 ¥80,000

③ 経費

外注加工賃 A組 ¥99,000　B組 ¥122,000

電力料 ¥256,000　保険料 ¥52,000　減価償却費 ¥718,000

c. 機械運転時間

A組 5,000時間　B組 7,500時間

組 別 総 合 原 価 計 算 表

令和○年／月分

摘　　　要	A　　組	B　　組
組直接費　素　材　費		
加　工　費		
組間接費　加　工　費		
当　月　製　造　費　用		
月初仕掛品原価　素　材　費	560,000	568,000
加　工　費	148,000	168,000
計		
月末仕掛品原価　素　材　費		369,000
加　工　費	243,000	
完　成　品　原　価		
完　成　品　数　量	個	個
製　品　単　価	¥	¥

A 組 仕 掛 品

前月繰越	708,000	（　　　　）	（　　　　）
素　　材	（　　　）	次月繰越	（　　　）
賃　　金	（　　　）		
外注加工賃	（　　　）		
（　　　）	（　　　）		
		（　　　）	（　　　）

組 間 接 費

工場消耗品	（　　　）	諸　　口	（　　　）
賃　　金	（　　　）		
健康保険料	（　　　）		
諸　　口	（　　　）		
	（　　　）		（　　　）

37-5 長崎製作所は，組別総合原価計算を採用し，A組製品とB組製品を製造している。次の資料によって，組別総合原価計算表とB組仕掛品勘定を完成しなさい。

ただし，i　組間接費は直接労務費を基準として配賦する。

ii　素材は製造着手のときにすべて投入され，加工費は製造の進行に応じて消費されるものとする。

iii　月末仕掛品原価の計算は先入先出法による。

iv　A組の仕損じは工程の終点で発生しており，仕損費は完成品のみに負担させる。なお，仕損品の評価額は零（0）である。

資　料

a. 当月製造費用

	A　組	B　組	組間接費
材　料　費	¥2,580,000	¥2,880,000	¥ 257,000
労　務　費	¥1,000,000	¥1,200,000	¥ 238,000
経　　　費	¥ 314,000	¥ 330,000	¥ 495,000

b. 生産データ

	A組	B組
月初仕掛品	200個（加工進捗度50％）	600個（加工進捗度40％）
当月投入	2,150個	1,600個
合　計	2,350個	2,200個
月末仕掛品	300個（加工進捗度50％）	400個（加工進捗度60％）
仕　損　じ	50個	——個
完　成　品	2,000個	1,800個

組別総合原価計算表
令和○年/月分

摘　　　要		A　　組	B　　組
組直接費	素材費		
	加工費		
組間接費	加工費		
当月製造費用			
月初仕掛品原価	素材費	250,000	1,170,000
	加工費	82,000	240,000
計			
月末仕掛品原価	素材費		720,000
	加工費	126,000	
完　成　品　原　価			
完　成　品　数　量		個	個
製　　品　　単　　価		¥	¥

B　組　仕　掛　品

前　月　繰　越	1,410,000	(	) (	)
素　　　　材	2,880,000	次　月　繰　越	(	)
労　　務　　費	1,200,000			
経　　　　費	330,000			
(	) (	)		
	(	)	(	)

37-6 名古屋工業株式会社の下記の資料によって，

(1) 工程別総合原価計算表を完成しなさい。

(2) 第2工程の月末仕掛品原価に含まれる前工程費を答えなさい。

(3) 第1工程半製品勘定を完成しなさい。

ただし，i 第1工程の完成品はすべていったん倉庫に保管し，その後，第2工程（最終工程）に投入している。

ii 素材は製造着手のときにすべて投入され，第1工程の完成品は第2工程の始点で投入されるものとする。

iii 加工費は第1工程・第2工程ともに製造の進行に応じて消費されるものとする。

iv 月末仕掛品原価の計算は平均法による。

資料

a. 生産データ

	第1工程	第2工程
月初仕掛品	300個（加工進捗度60%）	500個（加工進捗度50%）
当月投入	2,700個	2,150個
合計	3,000個	2,650個
月末仕掛品	500個（加工進捗度40%）	400個（加工進捗度50%）
完成品	2,500個	2,250個

b. 月初仕掛品原価　第1工程　¥453,000（素材費¥300,000　加工費¥153,000）

第2工程　¥872,000（前工程費¥702,000　加工費¥170,000）

c. 当月製造費用

① 工程個別費および補助部門個別費

費　目	第1工程	第2工程	補助部門
素材費	¥2,640,000	―	―
労務費	¥860,000	¥630,000	¥342,000
経費	¥205,000	¥160,000	¥170,000

② 部門共通費を次のとおり配賦する。

　　第1工程　¥450,000　　第2工程　¥142,000　　補助部門　¥88,000

③ 補助部門費を第1工程に55%，第2工程に45%の割合で配賦する。

d. 前工程費　当月中に倉庫から第2工程に投入した第1工程の完成品は¥3,220,000である。

(1)

工程別総合原価計算表
令和○年6月分

摘　要		第1工程	第2工程
工程個別費	素材費	2,640,000	―
	前工程費	―	
	労務費	860,000	630,000
	経費	205,000	160,000
部門共通費配賦額		450,000	142,000
補助部門費配賦額			
当月製造費用			
月初仕掛品原価		453,000	872,000
計			
月末仕掛品原価			704,000
工程完成品原価			
工程完成品数量		2,500個	2,250個
工程完成品単価	¥		¥

(2)

¥

(3)

第1工程半製品

前月繰越	396,000	第2工程仕掛品	(　　　)
(　　　)	(　　　)	次月繰越	(　　　)
	(　　　)		(　　　)

37-7 鳥取工業株式会社の下記の資料によって,
(1) 工程別総合原価計算表を完成しなさい。
(2) 第2工程の月末仕掛品原価に含まれる前工程費を答えなさい。
(3) 第1工程半製品勘定を完成しなさい。
　　ただし，i　第1工程の完成品原価は，すべて第1工程半製品勘定に振り替えている。
　　　　　　ii　素材は製造着手のときにすべて投入され，第1工程の完成品は第2工程の始点で投入されるものとする。
　　　　　　iii　加工費は第1工程・第2工程ともに製造の進行に応じて消費されるものとする。
　　　　　　iv　月末仕掛品原価の計算は平均法による。
　　　　　　v　正常仕損は工程の途中で発生しており，正常仕損費は完成品と月末仕掛品に負担させる。なお，仕損品の評価額は零（0）である。

資　料
a. 生産データ

	第1工程	第2工程
月初仕掛品	400個（加工進捗度40%）	500個（加工進捗度50%）
当月投入	4,200個	3,500個
合　計	4,600個	4,000個
月末仕掛品	500個（加工進捗度60%）	600個（加工進捗度40%）
正常仕損じ	100個	——個
完成品	4,000個	3,400個

b. 月初仕掛品原価　第1工程　¥408,000（素材費¥256,000　加工費¥152,000）
　　　　　　　　　第2工程　¥1,015,000（前工程費¥775,000　加工費¥240,000）

c. 当月製造費用
① 工程個別費・補助部門個別費および部門共通費

費　目	工程個別費・補助部門個別費			部門共通費
	第1工程	第2工程	補助部門	
素材費	¥2,714,000	——		
労務費	¥2,705,000	¥2,146,000	¥236,000	¥520,000
経費	¥624,000	¥570,000	¥187,000	¥120,000

② 部門共通費を第1工程に45%，第2工程に50%，補助部門に5%の割合で配賦する。
③ 補助部門費を次のとおり配賦する。
　　第1工程　¥273,000　　第2工程　¥ ☐

d. 当月中に第1工程半製品3,500個を次工程に引き渡し，400個を外部に販売した。なお，払出単価（原価）は¥1,590である。

(1)
工程別総合原価計算表
令和○年6月分

摘　　要	第 1 工 程	第 2 工 程
工程個別費　素材費		——
前工程費	——	5,565,000
労務費		2,146,000
経費		570,000
部門共通費配賦額	288,000	
補助部門費配賦額	273,000	
当月製造費用		
月初仕掛品原価	408,000	1,015,000
計		
月末仕掛品原価		1,179,000
工程完成品原価		
工程完成品数量	4,000個	3,400個
工程完成品単価	¥	¥

(2)
¥

(3)
第 1 工 程 半 製 品

前月繰越	755,000	（　　　　　）	（　　　　　）
（　　　　）	（　　　　）	売上原価	（　　　　）
		次月繰越	（　　　　）
（　　　　）	（　　　　）		（　　　　）

38 個別原価計算の問題

38-1 個別原価計算を採用している米沢製作所の下記の取引（一部）によって，次の各問いに答えなさい。

(1) /月//日と3/日①の取引の仕訳を示しなさい。

(2) 消費賃金勘定・製造間接費勘定・第/製造部門費勘定に必要な記入をおこない，締め切りなさい。なお，勘定記入は日付・相手科目・金額を示すこと。

(3) 部門費振替表を相互配賦法によって完成しなさい。

(4) A製品（製造指図書#/）の原価計算表を完成しなさい。

(5) 月末仕掛品原価を求めなさい。

ただし， i 前月繰越高は，次のとおりである。

素　　　材　700個 @¥/,400　¥　980,000
工場消耗品　450〃　〃〃　/20　¥　54,000
仕　掛　品（製造指図書#/）　　　¥2,832,400（原価計算表に記入済み）

ii 素材の消費高の計算は先入先出法，工場消耗品の消費数量の計算は棚卸計算法によっている。

iii 賃金の消費高は，作業時間/時間につき¥/,800の予定賃率を用いて計算し，消費賃金勘定を設けて記帳している。

iv 製造間接費は部門別計算をおこない，直接作業時間を基準として予定配賦している。

	第/製造部門	第2製造部門
年間製造間接費予定額(予算額)	¥7,956,000	¥7,200,000
年間予定直接作業時間(基準操業度)	/0,200時間	7,500時間

取　　引

/月 7日 素材および工場消耗品を次のとおり買い入れ，代金は掛けとした。

素　　　材　/,500個 @¥/,440　¥2,160,000
工場消耗品　/,/50〃　〃〃　/20　¥　/38,000

//日 B製品（製造指図書#2）の注文を受け，素材/,800個を消費して製造を開始した。

23日 A製品（製造指図書#/）50個が完成した。なお，A製品の賃金予定消費高と製造部門費予定配賦高を次の作業時間によって計算し，原価計算表に記入した。ただし，賃金予定消費高と製造部門費予定配賦高を計上する仕訳は，月末におこなっている。

製造指図書#/　740時間（第/製造部門 360時間　第2製造部門 380時間）

3/日 ① 工場消耗品の月末棚卸数量は300個であった。よって，消費高を計上した。（間接材料）

② 当月の作業時間は次のとおりであった。よって，当月の賃金予定消費高を計上した。

		合計 内訳	第/製造部門	第2製造部門
直接作業時間	製造指図書#/	740時間	360時間	380時間
	製造指図書#2	650時間	450時間	200時間
間接作業時間		60時間		

③ 上記②の直接作業時間によって，製造部門費を予定配賦した。

④ 健康保険料の事業主負担分¥//0,000を計上した。

⑤ 当月の製造経費消費高を次のとおり計上した。

電力料 ¥320,600　保険料 ¥30,000　減価償却費 ¥469,000

⑥ 製造間接費を次の部門費配分表によって各部門に配分した。

部 門 費 配 分 表
令和○年/月分

費　　　目	配賦基準	金　　額	製 造 部 門		補 助 部 門	
			第/部門	第2部門	動力部門	修繕部門
部門費合計		/,/93,600	5/4,400	372,900	/8/,500	/24,800

⑦ 補助部門費を次の配賦基準によって各製造部門に配賦した。

	配 賦 基 準	第/製造部門	第2製造部門	動 力 部 門	修 繕 部 門
動力部門費	kW数×運転時間数	/0kW×250時間	/5kW×/80時間	――	3kW×/00時間
修繕部門費	修 繕 回 数	3回	6回	3回	――

⑧　当月の賃金実際消費高 ¥2,618,000 を計上した。
⑨　賃金の予定消費高と実際消費高との差額を，賃率差異勘定に振り替えた。
⑩　第1製造部門費の配賦差異を，製造部門費配賦差異勘定に振り替えた。
⑪　第2製造部門費の配賦差異を，製造部門費配賦差異勘定に振り替えた。

(1)

	借　　　　　方	貸　　　　　方
1月11日		
31日①		

(2)

消　費　賃　金

製　造　間　接　費

第　1　製　造　部　門　費

(3)

部　門　費　振　替　表

相互配賦法　　　　　　令和○年1月分

部　門　費	配賦基準	金　　額	製　造　部　門		補　助　部　門	
			第　1　部門	第　2　部門	動力部門	修繕部門
部門費合計		1,193,600	514,400	372,900	181,500	124,800
動力部門費	kW数×運転時間数				―	
修繕部門費	修繕回数					―
第1次配賦額						
動力部門費	kW数×運転時間数					
修繕部門費	修繕回数					
第2次配賦額						
製造部門費合計						

(4)　製造指図書#1

原　価　計　算　表

直接材料費	直接労務費	製　造　間　接　費				集　　　　　計	
		部　門	時　間	配賦率	金　　額	摘　　要	金　　額
2,522,800	216,000	第1	120	780	93,600	直接材料費	
						直接労務費	
						製造間接費	
						製造原価	
						完成品数量	50個
(5) ¥						製品単価	¥

38-2 個別原価計算を採用している香川製作所の下記の取引（一部）によって，次の各問いに答えなさい。

(1) ／月27日の取引の仕訳を示しなさい。

(2) 消費賃金勘定・仕掛品勘定・製造間接費勘定に必要な記入をおこない，締め切りなさい。なお，勘定記入は日付・相手科目・金額を示すこと。

(3) A製品（製造指図書#／）とB製品（製造指図書#2）の原価計算表を完成しなさい。

(4) 製造間接費配賦差異を差異分析したさいの予算差異の金額を求めなさい。なお，解答欄の（　　）のなかに，借方差異の場合は（借方），貸方差異の場合は（貸方）と記入すること。

ただし，i　前月繰越高は，次のとおりである。

素　　　材　600個　@¥2,400　¥1,440,000
工場消耗品　600〃　〃〃　40　¥　24,000
仕　掛　品（製造指図書#／）　　¥4,160,000（原価計算表に記入済み）

ii　素材の消費高の計算は移動平均法により，工場消耗品の消費数量の計算は棚卸計算法によっている。

iii　賃金の消費高は，作業時間／時間につき¥1,500の予定賃率を用いて計算し，消費賃金勘定を設けて記帳している。

iv　製造間接費は公式法変動予算を採用し，直接作業時間を配賦基準として予定配賦している。なお，年間製造間接費予定額（予算額）は¥16,800,000であり，年間予定直接作業時間（基準操業度）は48,000時間である。また，製造間接費配賦差異の分析においては，次の資料を用いる。

a．月間の基準操業度（直接作業時間）　4,000時間
b．月間の固定費予算額　¥600,000
c．変動費率　／時間あたり¥200

取　　引

／月　4日　B製品（製造指図書#2）の注文を受け，素材400個を消費して製造を開始した。

　　　／／日　素材および工場消耗品を次のとおり買い入れ，代金は掛けとした。

素　　　材　800個　@¥2,500　¥2,000,000
工場消耗品　3,200〃　〃〃　40　¥　128,000

　　　/3日　A製品（製造指図書#／）50個が完成した。なお，A製品の賃金予定消費高と製造間接費予定配賦高を直接作業時間1,200時間によって計算し，原価計算表に記入した。ただし，賃金予定消費高と製造間接費予定配賦高を計上する仕訳は，月末におこなっている。

　　27日　C製品（製造指図書#3）の注文を受け，素材600個を消費して製造を開始した。

　　3／日　①　工場消耗品の月末棚卸数量は550個であった。よって，消費高を計上した。（間接材料）

　　　　　②　当月の作業時間は，次のとおりであった。よって当月の賃金の予定消費高を計上した。

製造指図書#／　1,200時間　　製造指図書#2　2,100時間
製造指図書#3　　500時間　　間接作業時間　　200時間

　　　　　③　上記②の直接作業時間によって，製造間接費を予定配賦した。

　　　　　④　健康保険料の事業主負担分¥248,000を計上した。

　　　　　⑤　当月の製造経費消費高を計上した。

電　力　料　当月支払高　¥138,000　　当月測定高　¥108,000
保　険　料　¥　360,000（3か月分）
減価償却費　¥5,760,000（年間見積高）

　　　　　⑥　当月の賃金実際消費高　¥5,920,000を計上した。

　　　　　⑦　賃金の予定消費高と実際消費高との差額を，賃率差異勘定に振り替えた。

　　　　　⑧　製造間接費の予定配賦高と実際発生額との差額を，製造間接費配賦差異勘定に振り替えた。

(1)

	借　　　　　方	貸　　　　　方
/月27日		

(2)

消　費　賃　金

```
                                    │
....................................│....................................
                                    │
....................................│....................................
                                    │
....................................│....................................
                                    │
```

仕　掛　品

/// 前　月　繰　越　4,160,000	

製　造　間　接　費

(3)

製造指図書#/　　　　　　　原　価　計　算　表

直 接 材 料 費	直 接 労 務 費	製 造 間 接 費	集　　　　計	
			摘　　要	金　　額
1,200,000	2,400,000	560,000	直 接 材 料 費	
——			直 接 労 務 費	
			製 造 間 接 費	
			製 造 原 価	
			完 成 品 数 量	個
			製 品 単 価 ¥	

製造指図書#2　　　　　　　原　価　計　算　表

直 接 材 料 費	直 接 労 務 費	製 造 間 接 費	集　　　　計	
			摘　　要	金　　額
			直 接 材 料 費	
			直 接 労 務 費	

(4)

¥	（　　　　　）

38-3 個別原価計算を採用している島根製作所の下記の取引によって，次の各問いに答えなさい。

(1) 6月12日と30日①の取引の仕訳を示しなさい。

(2) 消費賃金勘定・第1製造部門費勘定・製造部門費配賦差異勘定に必要な記入をおこない，締め切りなさい。なお，勘定記入は日付・相手科目・金額を示すこと。

(3) A製品（製造指図書#1）とB製品（製造指図書#2）の原価計算表を完成しなさい。

(4) 6月中の実際平均賃率を求めなさい。

ただし，i 前月繰越高は，次のとおりである。

素　　材　　200個　@¥2,900　¥580,000
工場消耗品　300〃　〃140　¥42,000
仕　掛　品（製造指図書#1）　¥2,068,000（原価計算表に記入済み）
製造部門費配賦差異　　¥4,000（貸方）

ii 素材の消費高の計算は移動平均法，工場消耗品の消費数量の計算は棚卸計算法によっている。

iii 賃金の消費高の計算は，作業時間1時間につき¥980の予定賃率を用いて計算し，消費賃金勘定を設けて記帳している。

iv 製造間接費は部門別計算をおこない，直接作業時間を配賦基準として予定配賦している。

	第1製造部門	第2製造部門
年間製造間接費予定額(予算額)	¥8,280,000	¥4,800,000
年間予定直接作業時間(基準操業度)	27,600時間	24,000時間

v 製造間接費勘定を設けている。

取　引

6月6日 素材および工場消耗品を次のとおり買い入れ，代金は掛けとした。
素　　材　　600個　@¥3,000　¥1,800,000
工場消耗品　1,200〃　〃140　¥168,000

12日 B製品（製造指図書#2）の注文を受け，素材600個を消費して製造を開始した。

26日 本月分の賃金¥4,250,000について，所得税額¥340,000と健康保険料¥170,000を控除した正味支払額を当座預金から支払った。

27日 A製品（製造指図書#1）80個が完成した。なお，A製品の賃金予定消費高と製造部門費予定配賦高を次の直接作業時間によって計算し，原価計算表に記入した。ただし，賃金予定消費高と製造部門費予定配賦高を計上する仕訳は，月末におこなっている。
製造指図書#1　2,400時間（第1製造部門　1,000時間　第2製造部門　1,400時間）

30日 ① 工場消耗品の月末棚卸数量は250個であった。よって，消費高を計上した。(間接材料)
② 当月の作業時間は次のとおりであった。よって，当月の賃金予定消費高を計上した。

		合計　内訳	第1製造部門	第2製造部門
直接作業時間	製造指図書#1	2,400時間	1,000時間	1,400時間
	製造指図書#2	1,800時間	1,200時間	600時間
間接作業時間		200時間		

③ 上記②の直接作業時間によって，製造部門費を予定配賦した。
④ 健康保険料の事業主負担分¥170,000を計上した。
⑤ 当月の製造経費消費高を次のとおり計上した。
電力料¥178,000　保険料¥65,000
減価償却費¥274,000
⑥ 製造間接費を次のとおり各部門に配分した。
第1製造部門　¥455,000　第2製造部門　¥323,000
動力部門　¥160,000　修繕部門　¥120,000
⑦ 補助部門費を次の配賦基準によって各製造部門に配賦した。

	配賦基準	第1製造部門	第2製造部門
動力部門費	kW数×運転時間数	12kW×400時間	8kW×200時間
修繕部門費	修繕回数	4回	2回

⑧ 当月の賃金実際消費高¥4,356,000を計上した。
⑨ 賃金の予定消費高と実際消費高との差額を，賃率差異勘定に振り替えた。
⑩ 第1製造部門費の配賦差異を，製造部門費配賦差異勘定に振り替えた。
⑪ 第2製造部門費の配賦差異を，製造部門費配賦差異勘定に振り替えた。

(1)

	借　　　　方	貸　　　　方
6月/2日		
30日①		

(2)

消　費　賃　金

第　/　製　造　部　門　費

製造部門費配賦差異

	6// 前　月　繰　越　4,000

(3)　製造指図書#/

原　価　計　算　表

直接材料費	直接労務費	製　造　間　接　費				集　　　　計	
		部　門	時　間	配賦率	金　　額	摘　　要	金　　額
1,812,000	196,000	第/	200	300	60,000	直接材料費	
		第/				直接労務費	
		第2				製造間接費	
						製造原価	
						完成品数量	個
						製品単価 ¥	

製造指図書#2

原　価　計　算　表

直接材料費	直接労務費	製　造　間　接　費				集　　　　計	
		部　門	時　間	配賦率	金　　額	摘　　要	金　　額
		第/				直接材料費	
		第2				直接労務費	

(4)

¥

38-4 個別原価計算を採用している千葉製作所の下記の取引によって，次の各問いに答えなさい。

(1) 6月27日の取引の仕訳を示しなさい。

(2) 仕掛品勘定・製造間接費勘定・賃率差異勘定に必要な記入をおこない，締め切りなさい。なお，勘定記入は日付・相手科目・金額を示すこと。

(3) A製品（製造指図書#1）とB製品（製造指図書#2）の原価計算表を完成しなさい。

(4) 6月末の賃金未払高を求めなさい。

(5) 製造間接費配賦差異を差異分析したさいの操業度差異の金額を求めなさい。なお，解答欄の（　　）のなかに，借方差異の場合は（借方），貸方差異の場合は（貸方）と記入すること。

　　ただし，i　前月繰越高は，次のとおりである。

　　　　　　素　　　材　500個　@¥2,800　¥1,400,000
　　　　　　工場消耗品　300 〃　〃 120　¥　36,000
　　　　　　仕　掛　品（製造指図書#1）　　¥1,750,000（原価計算表に記入済み）
　　　　　　賃　　　金（未払高）　　　　　¥1,012,000

　　　　ii　素材の消費高の計算は先入先出法により，工場消耗品の消費数量の計算は棚卸計算法によっている。

　　　　iii　賃金の消費高は，作業時間1時間につき¥1,150の予定賃率を用いて計算し，消費賃金勘定を設けて記帳している。

　　　　iv　製造間接費は，直接作業時間を配賦基準として予定配賦しており，予定配賦率は1時間あたり¥300である。なお，製造間接費は公式法変動予算を採用しており，月間の予算に関する資料は次のとおりである。

　　　　　　a．月間の基準操業度（直接作業時間）　4,000時間
　　　　　　b．月間の製造間接費予算額　¥1,200,000

　　　　　　　変　動　費　率　　1時間あたり¥200
　　　　　　　固定費予算額　　¥400,000

　　取　　　引

　　6月 4日　B製品（製造指図書#2）の注文を受け，素材300個を消費して製造を開始した。

　　　　11日　素材および工場消耗品を次のとおり買い入れ，代金は掛けとした。

　　　　　　素　　　材　600個　@¥2,900　¥1,740,000
　　　　　　工場消耗品　1,200 〃　〃 120　¥　144,000

　　　　25日　賃金を次のとおり当座預金から支払った。

　　　　　　賃　金　総　額　¥4,450,000

　　　　　　　うち，控除額　　所　得　税　¥356,000　　健康保険料　¥178,000

　　　　26日　A製品（製造指図書#1）50個が完成した。なお，A製品の賃金予定消費高と製造間接費予定配賦高を直接作業時間2,000時間によって計算し，原価計算表に記入した。

　　　　27日　C製品（製造指図書#3）の注文を受け，素材500個を消費して製造を開始した。

　　　　30日　①　工場消耗品の月末棚卸数量は250個であった。よって，消費高を計上した。（間接材料）

　　　　　　②　当月の作業時間は，次のとおりであった。よって当月の賃金の予定消費高を計上した。

　　　　　　　製造指図書#1　2,000時間　　製造指図書#2　1,300時間
　　　　　　　製造指図書#3　400時間　　間接作業時間　200時間

　　　　　　③　健康保険料の事業主負担分¥178,000を計上した。

　　　　　　④　当月の製造経費消費高を次のとおり計上した。

　　　　　　　外注加工賃　¥350,000（製造指図書#2）　　電　力　料　¥189,000
　　　　　　　保　険　料　42,000　　　　　　　　　　　減価償却費　358,000

　　　　　　⑤　上記②の直接作業時間によって，製造間接費を予定配賦した。

　　　　　　⑥　当月の賃金実際消費高¥4,497,000を計上した。

　　　　　　⑦　賃金の予定消費高と実際消費高との差額を，賃率差異勘定に振り替えた。

　　　　　　⑧　製造間接費の予定配賦高と実際発生額との差額を，製造間接費配賦差異勘定に振り替えた。

(1)

	借　　　　方	貸　　　　方
6月27日		

(2)

仕　掛　品

6/1 前 月 繰 越	1,750,000		

製　造　間　接　費

賃　率　差　異

		6/1 前 月 繰 越	9,000

(3)

製造指図書#1 　　　原　価　計　算　表

直接材料費	直接労務費	直接経費	製造間接費	集　　　　計	
				摘　　　要	金　　　額
1,400,000	184,000	118,000	48,000	直 接 材 料 費	
──		──		直 接 労 務 費	
				直 接 経 費	
				製 造 間 接 費	
				製 造 原 価	
				完 成 品 数 量	個
				製 品 単 価	¥

製造指図書#2 　　　原　価　計　算　表

直接材料費	直接労務費	直接経費	製造間接費	集　　　　計	
				摘　　　要	金　　　額
				直 接 材 料 費	
				直 接 労 務 費	

(4)

¥

(5)

¥	（　　　）

39 仕訳の問題

39-1 次の取引の仕訳を示しなさい。ただし，勘定科目は，次のなかからもっとも適当なものを使用すること。

売 掛 金	副 産 物	／級製品	2級製品	A 組 製 品
B 組 製 品	買 入 部 品	建 物	建物減価償却累計額	売 上
売 上 原 価	減価償却費	棚卸減耗損	仕 損 費	仕 掛 品
従業員賞与手当	材料消費価格差異	本 社	工 場	

(1) 単純総合原価計算を採用している立山製作所は，月末に工場の従業員に対する賞与の月割額を計上した。ただし，半年分の賞与の支払予定額は¥2,520,000である。

(2) 等級別総合原価計算を採用している黒部工業株式会社において，／級製品5,000個と2級製品6,000個が完成するとともに副産物が発生した。ただし，総合原価は¥4,376,000であり，そのうち副産物の評価額は¥120,000であった。なお，等価係数は次の各製品／個あたりの重量を基準としている。

   ／級製品 400g　　2級製品 300g

(3) 佐賀工業株式会社は，会計期末にあたり，材料消費価格差異勘定の残高を売上原価勘定に振り替えた。なお，材料消費価格差異勘定の前月繰越高は¥8,000（貸方）であり，当月の素材の予定消費高¥1,360,000と実際消費高¥1,320,000との差額は，材料消費価格差異勘定に振り替えられている。

(4) 山形製作所の6月末における買入部品の実地棚卸数量は1,080kgであった。よって，次の買入部品に関する6月の資料にもとづいて，買入部品勘定を修正した。ただし，消費数量は3,870kgであり，消費単価の計算は総平均法によっている。

   6月 ／日　　前月繰越 1,000kg ／kgにつき¥580
   　　 ／2日　　仕　　入 1,600 〃 　　〃 　　¥615
   　　 20日　　仕　　入 2,400 〃 　　〃 　　¥640

(5) 工場会計が独立している大宮工業株式会社の本社は，決算にさいし，建物の減価償却費¥720,000を計上した。ただし，このうち¥576,000は工場の建物に対するものであり，建物減価償却累計額勘定は本社のみに設けてある。（本社の仕訳）

(6) 個別原価計算を採用している上野製作所では，製造指図書#4の製品の一部が仕損じとなり，新たに製造指図書#4-／を発行して代品を製造していたが，本日，代品が完成したので仕損費を計上した。なお，各製造指図書に集計された製造原価は次のとおりであり，仕損品の評価額は零(0)である。

   製造指図書#4 ¥2,460,000　　製造指図書#4-／ ¥182,000

(7) 組別総合原価計算を採用している東京製作所における6月分の製品の販売に関する資料は，次のとおりであった。よって，売上高および売上原価を計上した。

	A 組	B 組
売上高（掛け）	¥4,660,000	¥3,800,000
売上製品原価	¥3,495,000	¥2,736,000

	借　　　　　　方	貸　　　　　　方
(1)		
(2)		
(3)		
(4)		
(5)		
(6)		
(7)		

39-2 次の取引の仕訳を示しなさい。ただし，勘定科目は，次のなかからもっとも適当なものを使用すること。

現　　　　金	売　掛　金	製　　　　品	第/工程半製品	素　　　　材
売　　　　上	雑　　　益	売　上　原　価	減価償却費	棚卸減耗損
外注加工賃	健康保険料	水　道　料	仕　掛　品	第/工程仕掛品
第2工程仕掛品	A組仕掛品	B組仕掛品	製造間接費	組間接費
第/製造部門費	第2製造部門費	動力部門費	修繕部門費	賃率差異
本　　　　社	工　　　　場			

(1) 組別総合原価計算を採用している熊本工業株式会社は，組間接費¥640,000を次の製造直接費を基準にA組とB組に配賦した。

	A　　組	B　　組
直接材料費	¥225,000	¥230,000
直接労務費	¥175,000	¥130,000
直接経費	¥25,000	¥15,000

(2) 山形工業株式会社は，会計期末にあたり，賃率差異勘定の残高を売上原価勘定に振り替えた。なお，賃率差異勘定の前月繰越高は¥2,000（貸方）であり，当月の賃金の予定消費高¥1,350,000と実際消費高¥1,325,000との差額は賃率差異勘定に振り替えられている。

(3) 工場会計が独立している名古屋工業株式会社の工場は，本社から工場の従業員に対する健康保険料¥480,000を支払ったとの通知を受けた。ただし，健康保険料¥480,000のうち半額は事業主負担分であり，半額は従業員負担分である。なお，健康保険料預り金勘定は本社のみに設けてある。（工場の仕訳）

(4) 単純総合原価計算を採用している伊勢製作所は，かねて製品3,000個を@¥2,800で掛け売りしていたが，本日，そのうち60個が返品されたので，売上高および売上原価を修正した。なお，この製品の原価は@¥1,800である。

(5) 個別原価計算を採用している出雲製作所は，月末に外注加工賃¥310,000および工場の水道料¥160,000を消費高として計上した。ただし，外注加工賃は製造指図書#2のために消費されたものである。

(6) 工程別原価計算を採用している伊勢製作所は，倉庫に保管してある第/工程完成品の一部¥1,900,000（原価）を¥2,375,000で売り渡し，代金は掛けとした。ただし，当社は第/工程の完成品原価をすべて第/工程半製品勘定に振り替えている。

(7) 個別原価計算を採用している京都製作所では，補助部門費を次の配賦基準によって各製造部門に配賦した。ただし，部門費配分表に集計された補助部門費の金額は，動力部門費¥252,000　修繕部門費¥288,000であった。

	配　賦　基　準	第/製造部門	第2製造部門
動力部門費	kW数×運転時間数	50kW×600時間	30kW×500時間
修繕部門費	従　業　員　数	6回	2回

(8) 仙台製作所は，発生がわずかであったため評価しないでおいた作業くずを¥3,000で売却し，代金は現金で受け取った。

	借　　　　　方		貸　　　　　方	
(1)				
(2)				
(3)				
(4)				
(5)				
(6)				
(7)				
(8)				

39-3 次の取引の仕訳を示しなさい。ただし，勘定科目は，次のなかからもっとも適当なものを使用すること。

当 座 預 金	売 掛 金	製 品	第1工程半製品	所得税預り金
健康保険料預り金	売 上	売 上 原 価	棚 卸 減 耗 損	退職給付費用
仕 掛 品	第1工程仕掛品	第2工程仕掛品	消 費 材 料	素 材
特許権使用料	材料消費価格差異	本 社	工 場	

(1) 個別原価計算を採用している熊野製作所は，特許権使用料¥120,000をA製品（製造指図書#1）に賦課した。

(2) 勝浦製作所の素材に関する資料は次のとおりであった。よって，予定価格による消費高と実際価格による消費高との差額を消費材料勘定から材料消費価格差異勘定に振り替えた。ただし，素材の予定価格は@¥350であり，実際消費高の計算は総平均法によっている。

  前 月 繰 越 高　2,500個　@¥312　¥　780,000
  当 月 仕 入 高　6,000〃　〃〃380　¥2,280,000
  当 月 消 費 数 量　7,500〃

(3) 工場会計が独立している大津製作所の本社は，工場の従業員の賃金¥2,794,000について，所得税額¥164,000および健康保険料¥138,000を控除した正味支払額¥2,492,000を当座預金から支払った。ただし，所得税預り金勘定および健康保険料預り金勘定は本社のみに設けてある。（本社の仕訳）

(4) 阿蘇製作所は，会計期末にあたり，材料消費価格差異勘定の残高を売上原価勘定に振り替えた。なお，材料消費価格差異勘定の前月繰越高は¥2,000（借方）であり，当月の素材の実際消費高は予定消費高より¥4,000多く，この額は材料消費価格差異勘定に振り替えられている。

(5) 等級別総合原価計算を採用している香川製作所は，工場の従業員に対する退職給付費用について，月末に当月分の消費高¥420,000を計上した。

(6) 個別原価計算を採用している栃木製作所の1月末における素材の実地棚卸数量は230kgであった。よって，次の素材に関する1月の資料にもとづいて，素材勘定を修正した。なお，消費単価の計算は先入先出法によっている。

  1月　1日　前月繰越　600kg　1kgにつき¥2,450
   　10日　受　入　500〃　　〃　　〃2,500
   　13日　払　出　800〃
   　21日　受　入　700〃　　〃　　〃2,400
   　31日　払　出　750〃

(7) 工程別総合原価計算を採用している宇和島工業株式会社は，月末に工程別総合原価計算表を作成し，各工程の完成品原価を次のとおり計上した。なお，各工程の完成品はすべていったん倉庫に保管しており，当月中に倉庫から第2工程（最終工程）に投入した第1工程の完成品原価は¥3,200,000である。ただし，当社では第1工程の完成品原価をすべて第1工程半製品勘定に振り替えている。

  第 1 工 程　¥2,400,000　　第 2 工 程　¥3,800,000

(8) 個別原価計算を採用している倉敷製作所は，次の製品を受注先に発送した。よって，売上高および売上原価を計上した。

	A製品（製造指図書#101）	B製品（製造指図書#102）
売 上 高 （掛け）	¥4,800,000	¥3,200,000
製 造 原 価	¥3,100,000	¥1,950,000

	借 方	貸 方
(1)		
(2)		
(3)		
(4)		
(5)		
(6)		
(7)		
(8)		

39-4 次の取引の仕訳を示しなさい。ただし，勘定科目は，次のなかからもっとも適当なものを使用すること。

売　掛　金	製　　　　　品	Ａ 組 製 品	Ｂ 組 製 品	作 業 く ず
買　掛　金	売　　　　　上	売 上 原 価	仕　損　費	仕　掛　品
Ａ 組 仕 掛 品	Ｂ 組 仕 掛 品	第／工程仕掛品	第2工程仕掛品	製 造 間 接 費
組 間 接 費	製造間接費配賦差異	本　　　　社	工　　　　場	

(1) 個別原価計算を採用している平戸製作所では，Ａ製品（製造指図書#／）とＢ製品（製造指図書 #2）を製造している過程で作業くずが発生し，これを¥25,000と評価した。なお，この作業くずは製造指図書別の発生額を区別することができない。

(2) 工場会計が独立している長崎工業株式会社の本社は，素材¥934,000を掛けで買い入れ，仕入先から工場に直送させた。ただし，製造活動に関する勘定は工場のみに設けている。（本社の仕訳）

(3) 個別原価計算を採用している八代製作所は，補修指図書#／3-／に集計された製造原価¥2/0,000を仕損費勘定に計上していたが，本日，これを製造指図書#／3に賦課した。

(4) 盛岡工業株式会社は，会計期末にあたり，製造間接費配賦差異勘定の残高を売上原価勘定に振り替えた。なお，製造間接費配賦差異勘定の前月繰越高は¥78,000（貸方）であり，当月の製造間接費の予定配賦額¥3,835,000と実際発生額¥3,870,000との差額は，製造間接費配賦差異勘定に振り替えられている。

(5) 組別総合原価計算を採用している滋賀工業株式会社は，月末に組別総合原価計算表を作成し，各組の完成品原価を計上した。なお，組別総合原価計算表の金額は次のとおりであった。

	Ａ 　 組	Ｂ 　 組
当月製造費用	¥8,750,000	¥5,060,000
月初仕掛品原価	¥ 636,000	¥ 528,000
月末仕掛品原価	¥ 776,000	¥ 675,000

(6) 単純総合原価計算を採用している富山工業株式会社は，かねて，兵庫商店に製品／,000個を／個あたり¥500で掛け売りしていたが，本日，そのうち30個が返品されたので，売上高および売上原価を修正した。なお，この製品の払出単価は¥320であった。

(7) 工程別総合原価計算を採用している能登工業株式会社は，月末に工程別総合原価計算表を次のとおり作成し，各工程の完成品原価を計上した。ただし，第／工程の完成品原価はすべて第2工程仕掛品勘定に振り替えている。

工 程 別 総 合 原 価 計 算 表 （一部）

令和○年6月分

摘　　　要	第／工程	第2工程
工程個別費　素 材 費	3,370,000	――――
前工程費	――――	4,500,000
〜〜〜〜〜〜〜〜	〜〜〜〜〜	〜〜〜〜〜
工 程 完 成 品 原 価	4,500,000	6,000,000
工 程 完 成 品 数 量	3,000個	2,500個
工 　 程 　 単 　 価	¥　　1,500	¥　　2,400

	借　　　　　方	貸　　　　　方
(1)		
(2)		
(3)		
(4)		
(5)		
(6)		
(7)		

39-5 次の取引の仕訳を示しなさい。ただし，勘定科目は，次のなかからもっとも適当なものを使用すること。

現　金	当座預金	売掛金	素　材	所得税預り金
健康保険料預り金	売　上	雑　益	売上原価	賃　金
従業員賞与手当	外注加工賃	修繕料	電力料	仕損費
仕掛品	A組仕掛品	第/製造部門費	第2製造部門費	組間接費
製造間接費配賦差異	本　社	工　場		

(1) 鹿児島工業株式会社は，本月分の賃金を次のとおり当座預金から支払った。ただし，諸手当は賃金勘定に含めないで処理する。

基本賃金　¥/,776,000　　諸手当　¥386,000
うち，控除額　所得税　¥/75,000　　健康保険料　¥62,000

(2) 組別総合原価計算を採用している青森製作所は，当月分の製造経費の消費高を次のとおり計上した。なお，外注加工賃はA組製品に対するものである。

組直接費　外注加工賃　¥/70,000
組間接費　修繕料　¥98,000　　電力料　¥24,000

(3) 栃木製作所は，会計期末にあたり，製造間接費配賦差異勘定の残高を売上原価勘定に振り替えた。なお，製造間接費配賦差異勘定の前月繰越高は¥73,000（借方）であり，当月の製造間接費の実際発生額は予定配賦額より¥8,000多く，この額は製造間接費配賦差異勘定に振り替えられている。

(4) 工場会計が独立している大分工業株式会社の工場は，本社から工場の従業員に対する本月分の賃金¥2,367,000を当座預金から支払ったとの報告を受けた。ただし，この支払額は，所得税額¥/89,000と健康保険料¥92,000が差し引かれており，これらの預り金に関する勘定は本社のみに設けてある。（工場の仕訳）

(5) 工場会計が独立している福岡製作所の本社は，かねて得意先山口商店に製品600個を@¥/,500で掛け売りしていたが，本日，そのうち8個が工場に返品されたので，売上高および売上原価を修正した。なお，この製品の払出単価は¥/,000である。ただし，本社には製品勘定を設けていない。（本社の仕訳）

(6) 個別原価計算を採用している山口製作所では，製造指図書#3の製品が仕損じとなった。よって，補修指図書#3-/を発行して補修をおこない，補修のために消費した素材¥46,000と賃金¥52,000を仕損費に計上した。

(7) 個別原価計算を採用している秋田製作所の製造部門費に関する資料は次のとおりであった。よって，製造部門費を予定配賦した。なお，製造部門費は直接作業時間を配賦基準としている。

	年間製造間接費予算額	年間予定直接作業時間	当月実際直接作業時間
第/製造部門	¥8,580,000	/3,200 時間	/,200 時間
第2製造部門	¥7,200,000	/8,000 時間	/,450 時間

	借　方	貸　方
(1)		
(2)		
(3)		
(4)		
(5)		
(6)		
(7)		

☆ 第4問目対策

出題の傾向

❖日商簿記2級の第4問目は2部構成となっている。小問(1)は各原価要素の費目別計算，部門別計算，製品別計算や各種原価差異，本社工場会計など工業簿記全般に関しての仕訳問題が3問出題される。小問(2)は個別原価計算，部門別個別原価計算，総合原価計算などに関する勘定記入や各種金額計算，また製造原価報告書を含む財務諸表の作成問題などが出題される。全商簿記と資料の与えられ方や勘定設定が異なる場合があるので注意が必要である。

攻略のポイント

1 仕訳問題

材料費・労務費・経費などの費目別計算，部門別計算，製品別計算に関する仕訳を行うには，正確な金額計算と正しい勘定連絡図の理解が必要である。

全商簿記1級原価計算の学習で得た知識をもとに，与えられた資料からどの段階の仕訳を問われているかを正しく読み解く力をつけるよう学習すること。

<本社工場の仕訳>

本社工場会計では，主に工場側の仕訳が出題されるが，本社側の仕訳と合わせて両方の仕訳を考えられるよう対策が必要である。

例 HIT製作所（本社東京都）は横浜市に工場をもっており，本社会計から工場会計を独立させている。材料の発注と製品の販売は本社がおこなう。材料の納入業者には，工場内にある材料倉庫へ直接納入するように指示している。工場で製造された製品は，完成後ただちに本社に搬送され，本社内にある製品倉庫にて保管される。材料購入を含めて支払い関係はすべて本社がおこなっている。なお，6月/日における工場の元帳諸勘定残高は次のとおりであった。

残 高 試 算 表 （単位：円）

材　　　料	160,000	賃金・給料	96,000
仕　掛　品	200,000	本　　　社	264,000
製造間接費	0		
	360,000		360,000

下記の①〜⑤は，当製作所の6月における取引の一部である。工場および本社においておこなわれる仕訳を示しなさい。ただし，勘定科目は，次の中から最も適当と思われるものを選ぶこととするが，工場で使用する勘定科目は上記残高試算表に示されているものに限る。

現　　　金	材　　　料	仕　掛　品	製　　　品	賃金・給料
預　り　金	買　掛　金	売　掛　金	売　　　上	製造間接費
売上原価	本　　　社	工　　　場	当座預金	機械減価償却累計額

① 材料400,000円を掛けにて購入し，当該材料が工場の材料倉庫に納入された。

② 工場従業員への給与640,000円を現金で支給した。

③ 製品製造に関わる当月分の特許権使用料（出来高払い）は200,000円であり，小切手を振り出して支払った。

④ 当月の機械の減価償却をおこなった。機械の減価償却費の年間見積額は3,840,000円である。

⑤ 製品2,800,000円が完成し，本社の製品倉庫に搬送・保管された。

＜工場の仕訳＞

①	（借）材	料	400,000	（貸）本	社	400,000
②	（借）賃 金 ・ 給 料	640,000	（貸）本	社	640,000
③	（借）仕 掛 品	200,000	（貸）本	社	200,000
④	（借）製 造 間 接 費	320,000	（貸）本	社	320,000
⑤	（借）本 社	2,800,000	（貸）仕 掛 品	2,800,000

＜本社の仕訳＞

①	（借）工 場	400,000	（貸）買 掛 金	400,000
②	（借）工 場	640,000	（貸）現 金	640,000
③	（借）工 場	200,000	（貸）当 座 預 金	200,000
④	（借）工 場	320,000	（貸）機械減価償却累計額	320,000
⑤	（借）製 品	2,800,000	（貸）工 場	2,800,000

POINT

　まず工場会計が独立していない場合の仕訳を考える。その後，本社側に設定されている勘定科目を「**本社**」勘定に置き換えることによって工場側の仕訳が完成する。また逆に，工場側に設定されている勘定科目を「**工場**」勘定に置き換えることによって本社側の仕訳が完成する。

　仕 訳 ① （借）材 料 400,000 （貸）買 掛 金 400,000

工 場 側 　材 料 400,000 　　　本 社 400,000

本 社 側 　工 場 400,000 　　買 掛 金 400,000

② 取引と勘定記入

　各原価費目の取引と仕掛品・製造間接費・製品・売上原価各勘定との関係をしっかりと理解しておきたい。また，製造指図書ごとの製造・販売状況に応じた勘定記入も理解しておく必要がある。

例 次に示す材料に関する取引にもとづいて，総勘定元帳の（　　）内に適切な金額を記入しなさい。

　6月 2日　A精機より主要材料560,000円を掛で仕入れた。
　　　 3日　B化学より部品H260,000円を掛で仕入れた。
　　　 5日　製造指図書#6の製造向けに，主要材料600,000円と部品H240,000円を払い出した（予定消費価格を用いている）。
　　　 8日　D電装より消耗品26,000円を現金で仕入れた。
　　　12日　C化工より部品T200,000円を掛で仕入れた。
　　　15日　製造指図書#7の製造向けに，部品T160,000円を払い出した（予定消費価格を用いている）。
　　　20日　D電装より消耗品16,000円を掛で仕入れた。
　　　24日　A精機より主要材料534,000円を現金で仕入れた。
　　　25日　製造指図書#8の製造向けに，主要材料600,000円を払い出した（予定消費価格を用いている）。
　　　30日　消耗品の実地棚卸をおこなった結果，当月消費高は40,000円であることが判明した。

材　　料	
6/1 月初有高 200,000	6/30 消 費 高 (1,640,000)
30 仕 入 高 (1,596,000)	〃 原価差異 (40,000)
	〃 月末有高 116,000
(1,796,000)	(1,796,000)

製 造 間 接 費	
6/30 間接材料費 (40,000)	6/30 予定配賦額 (600,000)
〃 間接労務費 370,000	〃 原価差異 10,000
〃 間接経費 200,000	
(610,000)	(610,000)

仕 掛 品	
6/1 月初有高 (400,000)	6/30 完 成 高 3,200,000
30 直接材料費 (1,600,000)	〃 月末有高 800,000
〃 直接労務費 1,400,000	
〃 製造間接費 (600,000)	
(4,000,000)	(4,000,000)

買 掛 金	
6/30 現金支払い (1,116,000)	6/1 月初残高 240,000
〃 月末残高 160,000	30 材料仕入高 (1,036,000)
(1,276,000)	(1,276,000)

◖POINT▶

　各取引を仕訳し，勘定ごとに集計しながら考える。

2日	（借）材　　　　　料	560,000	（貸）買　　掛　　金	560,000
3日	（借）材　　　　　料	260,000	（貸）買　　掛　　金	260,000
5日	（借）仕　　掛　　品	840,000	（貸）材　　　　　料	840,000
8日	（借）材　　　　　料	26,000	（貸）現　　　　　金	26,000
12日	（借）材　　　　　料	200,000	（貸）買　　掛　　金	200,000
15日	（借）仕　　掛　　品	160,000	（貸）材　　　　　料	160,000
20日	（借）材　　　　　料	16,000	（貸）買　　掛　　金	16,000
24日	（借）材　　　　　料	534,000	（貸）現　　　　　金	534,000
25日	（借）仕　　掛　　品	600,000	（貸）材　　　　　料	600,000
30日	（借）製 造 間 接 費	40,000	（貸）材　　　　　料	40,000

【材 料 勘 定】　借方「仕入高」は仕訳の（借）材　　料の合計額。
　　　　　　　　　　貸方「消費高」は仕訳の（貸）材　　料の合計額。「原価差異」は貸借差額で算出。
【製造間接費勘定】　借方「間接材料費」は30日の仕訳額。
　　　　　　　　　　貸方「予定配賦額」は貸借差額で算出。
【仕 掛 品 勘 定】　借方「直接材料費」は（借）仕 掛 品（貸）材　　料の仕訳合計額。
　　　　　　　　　　借方「製造間接費」は製造間接費の予定配賦額が振り替えられてくる。
　　　　　　　　　　借方「月初有高」は貸借差額で算出。
【買 掛 金 勘 定】　貸方「材料仕入高」は（借）材　　料（貸）買 掛 金の仕訳合計額。
　　　　　　　　　　借方「現金支払い」は貸借差額で算出。

③ 部門別個別原価計算

日商２級での部門別個別原価計算に関する問題ではさまざまな出題パターンがあるため，処理手順の十分な理解が重要となる。また，部門費振替表（部門費配賦表として出題される）が解答用紙になくても作成できるようにしておく必要がある。

例 次の資料にもとづいて，直接配賦法による補助部門費配賦表を完成させ，補助部門費の製造部門への振替仕訳をおこないなさい。

資　料

1．当工場の予算データ

	合　計	切削部	組立部	動力部	修繕部	事務部
部門個別費	1,896,800円	654,000円	934,000円	171,800円	85,800円	51,200円
部門共通費	720,000円					

2．部門共通費および補助部門費の配賦資料

配賦基準	合　計	切削部	組立部	動力部	修繕部	事務部
従業員数	100人	45人	35人	7人	5人	8人
修繕時間	185時間	80時間	60時間	10時間	20時間	15時間
電力消費量	150kW/h	60kW/h	50kW/h	20kW/h	15kW/h	5kW/h

注）部門共通費は従業員数を基準に配賦する。また補助部門費の配賦にあたっては，もっとも適切な基準を各自選択すること。

補 助 部 門 費 配 賦 表　　　　（単位：円）

費　目	配賦基準	合　計	製造部門 切削部	製造部門 組立部	補助部門 動力部	補助部門 修繕部	補助部門 事務部
部門個別費	―	1,896,800	654,000	934,000	171,800	85,800	51,200
部門共通費	従業員数	720,000	324,000	252,000	50,400	36,000	57,600
部門費			978,000	1,186,000	222,200	121,800	108,800
動力部費	電力消費量	222,200	121,200	101,000			
修繕部費	修繕時間	121,800	69,600	52,200			
事務部費	従業員数	108,800	61,200	47,600			
製造部門費			2,616,800	1,230,000	1,386,800		

借方科目	金額	貸方科目	金額
切削部費	252,000	動力部費	222,200
組立部費	200,800	修繕部費	121,800
		事務部費	108,800

POINT

部門共通費の配賦

部門共通費の配賦率＝$\frac{部門共通費合計¥720,000}{従業員数合計(100人)}$＝¥7,200/人

切削部への配賦額＝¥7,200×45人＝¥324,000

組立部への配賦額＝¥7,200×35人＝¥252,000

以降，動力部から事務部まで同様の計算。

修繕部費の配賦

修繕部費の配賦率＝$\frac{修繕部費合計¥121,800}{80時間(切削部)+60時間(組立部)}$＝¥870/時間

切削部への配賦額＝¥870×80時間＝¥69,600

組立部への配賦額＝¥870×60時間＝¥52,200

④ 総合原価計算

(1) 材料の投入時点の処理方法について

　　全商では，①材料を製造着手のときにすべて投入するケースの出題がほとんどであるが，日商2級では，②材料を工程を通じて平均的に投入するケースや，③工程の終点で追加材料を投入するケースの出題もあるので，材料の投入時点による処理方法の違いを十分理解しておく必要がある。

① 材料を製造着手するときにすべて投入するケース（始点投入）

　　製造を開始する段階で投入されているので，完成品と月末仕掛品の数量の割合で配分すればよい。

② 材料を平均的に投入するケース

　　材料が加工の進行に応じて徐々に投入されるので，完成品数量と加工進捗度を加味した月末仕掛品の完成品換算数量の割合で配分する。

③ 追加材料を工程の終点で投入するケース

　　追加材料を終点で投入するということは，投入される材料はすべて完成品のために使用することを意味する。よって，その材料費は全額完成品の原価とすればよい。

例 次の資料により，直接材料費について月末仕掛品原価および完成品原価を求めなさい。ただし，原価投入額合計を完成品総合原価と月末仕掛品原価とに配分する方法は，平均法を用いること。

1) 生産データ

月 初 仕 掛 品	50個（50%）
当 月 投 入	1,950個
合　　　　計	2,000個
月 末 仕 掛 品	40個（50%）
完 　 成 　 品	1,960個

2) 原価データ

月初仕掛品原価	
X直接材料費	50,000円
Y直接材料費	13,045円
当月製造費用	
X直接材料費	2,000,000円
Y直接材料費	1,174,955円
Z直接材料費	328,000円

3) X材料は工程の始点で，Y材料は加工の進行に応じて，Z材料は工程の終点で投入している。

4) （　）内の数値は，加工進捗度を示している。

月末仕掛品原価	41,000円(X材料)+12,000円(Y材料)=53,000円
完 成 品 原 価	2,009,000円(X材料)+1,176,000円(Y材料)+328,000円(Z材料)=3,513,000円

◀**POINT**▶ ·······

各直接材料ごとに投入方法を確認すること。

X直接材料費（始点投入）

$$月末仕掛品直接材料費＝\frac{50,000円＋2,000,000円}{1,960個＋40個}×40個＝41,000円$$

完成品X直接材料費＝50,000円＋2,000,000円－41,000円＝2,009,000円

Y直接材料費（加工の進行に応じて投入）

$$月末仕掛品直接材料費＝\frac{13,045円＋1,174,955円}{1,960個＋40個×50\%}×40個×50\%＝12,000円$$

完成品Y直接材料費＝13,045円＋1,174,955円－12,000円＝1,176,000円

Z直接材料費（終点投入）

直接材料費は終点で投入されるため，328,000円すべて完成品の原価となる。

(2) 減損・仕損じの処理方法について

　　日商2級では減損・仕損じが生じる場合の出題が多い。減損とは，製品の製造過程において生産物の一部が蒸発等により消失することをいう。また，仕損じとは製造に失敗して合格品とならなかったことをいう。仕損じについては仕損品の評価額が「0」である出題が多く，その場合は減損と同様の考え方となる。よってここでは減損について確認する。

　　製品の加工中にやむを得ず発生する正常減損については，減損費を完成品や月末仕掛品（良品という）の製造原価に加える必要が出てくる。この計算では，どの時点で減損が発生したかがポイントとなる。

① 完成品のみに負担させるケース

　　減損が月末仕掛品の加工進捗度より後で発生した場合は，月末仕掛品は減損発生時点を通過して

いないので，月末仕掛品に減損費を負担させるのは不合理である。よって，減損発生時点を通過している完成品のみに減損費を負担させる。

具体的には，減損費を完成品原価だけに負担させるために，月末仕掛品原価の計算上，減損した分も生産量に含めて算出し，残額をすべて完成品原価とすることで減損費を完成品原価に含める処理をおこなう。

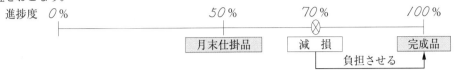

② 完成品と月末仕掛品の両者に負担させるケース

減損が月末仕掛品の加工進捗度より前で発生した場合は，完成品も月末仕掛品も減損発生時点を通過しているので，減損の影響を受けている。よって，完成品と月末仕掛品の両者に減損費を負担させる。

具体的には，減損した分を度外視して（減損発生がなかったこととして）完成品原価と月末仕掛品原価を算出することで，完成品と月末仕掛品の両方の原価に減損費が自動的に含まれるように処理する。

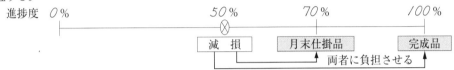

例 次の資料にもとづいて，以下の問いに答えなさい。

資　料

1．生産データ

月初仕掛品	0kg	（注1）　材料は始点で投入される。
当月投入	5,000kg	（注2）　（　）内の数値は加工進捗度を示す。
合計	5,000kg	（注3）　減損は通常発生する程度のものである。
減損	200kg	
月末仕掛品	800kg（50%）	
完成品	4,000kg	

2．原価データ　　材料費　480,000円　　加工費　2,758,800円

問1　減損が加工40%で発生する場合の月末仕掛品原価，完成品原価，完成品単位原価を求めなさい。

問2　減損が加工80%で発生する場合の月末仕掛品原価，完成品原価，完成品単位原価を求めなさい。

問1　月末仕掛品原価＝　330,800　円

完成品原価＝　2,908,000　円　　　　　　完成品単位原価＝＠　727　円

問2　月末仕掛品原価＝　318,800　円

完成品原価＝　2,920,000　円　　　　　　完成品単位原価＝＠　730　円

POINT

問1では，減損が40%で発生している。完成品と月末仕掛品のどちらも減損発生点を通過しているので，減損費は完成品と月末仕掛品の両者で負担する。

$$月末仕掛品材料費 = \frac{480,000円}{4,000kg + 800kg} \times 800kg = 80,000円$$

$$月末仕掛品加工費 = \frac{2,758,800円}{4,000kg + 800kg \times 50\%} \times 800kg \times 50\% = 250,800円$$

問2では，減損が80%で発生している。月末仕掛品はまだ減損発生点を通過していないので，減損費は完成品のみで負担する。

$$月末仕掛品材料費 = \frac{480,000円}{4,000kg + 200kg + 800kg} \times 800kg = 76,800円$$

$$月末仕掛品加工費 = \frac{2,758,800円}{4,000kg + 200kg \times 80\% + 800kg \times 50\%} \times 800kg \times 50\% = 242,000円$$

⑤ 製造原価報告書の作成

日商2級では製造原価報告書の作成を求められることもあるので，報告書作成までの対策が必要である。そのさい，(1)製造直接費と製造間接費の分類（製品との関連）によるものと，(2)形態別（材料費・労務費・経費）の分類によるものの2つの表示形式があるので，製造間接費の計上方法の違いや製造間接費配賦差異の表示方法を十分理解しておくことが重要である。

例 下記の川口製作所の資料にもとづいて，製造原価報告書を作成しなさい。なお，当社では，原価差異は当期の売上原価に賦課している。

資　料

1．棚卸資産　　　期首有高　　当期仕入高　　期末有高

   素　　材　　　　80万円　　　250万円　　　60万円

   補助材料　　　　20万円　　　 90万円　　　20万円

   仕 掛 品　　　 260万円　　　 ——　　　　270万円

2．賃　　金　　　期首未払額　　当期支払額　　期末未払額

   直 接 工　　　 45万円　　　170万円　　　35万円

   間 接 工　　　 10万円　　　 45万円　　　15万円

3．直接材料費＝素材消費額，直接労務費＝直接工賃金消費額である。

4．製造間接費は，直接労務費を基準に，配賦率250％で各指図書に予定配賦（正常配賦）している。

5．製造間接費実際発生額（補助材料費および間接工賃金以外）

   1）建物減価償却費　30万円　　2）工 場 消 耗 品 費　10万円

   3）光　　　熱　　　費　25万円　　4）工 場 職 員 給 料　82万円

   5）固 定 資 産 税　15万円　　6）消耗工具器具備品費　13万円

   7）工場従業員厚生費　20万円　　8）機 械 減 価 償 却 費　60万円

(1) 製造直接費と製造間接費の分類（製品との関連）によるもの

製 造 原 価 報 告 書　　　（単位：万円）

Ⅰ　直 接 材 料 費		
1.期首材料棚卸高	(80)	
2.当期材料仕入高	(250)	
合　　　計	(330)	
3.期末材料棚卸高	(60)	(270)
Ⅱ　直 接 労 務 費		(160)
Ⅲ　製 造 間 接 費		
1.間 接 材 料 費	(113)	
2.間 接 労 務 費	(132)	
3.間 接 経 費	(150)	
合　　　計	(395)	
製造間接費配賦差異	(5)	(400)
当 期 総 製 造 費 用		(830)
期 首 仕 掛 品 原 価		(260)
合　　　計		(1,090)
期 末 仕 掛 品 原 価		(270)
当 期 製 品 製 造 原 価		(820)

◀**POINT**▶ ···

直接労務費は，直接工の賃金消費額である。

  直接工賃金消費額＝当期支払額(170)－期首未払額(45)＋期末未払額(35)＝160万円

間接材料費には，補助材料費以外に工場消耗品費と消耗工具器具備品費も含まれる。

  補助材料費＝期首有高(20)＋当期仕入高(90)－期末有高(20)＝90万円

間接労務費は，間接工賃金消費額に工場職員給料を加えたものである。

  間接工賃金消費額＝当期支払額(45)－期首未払額(10)＋期末未払額(15)＝50万円

間接経費は，建物減価償却費・光熱費・固定資産税・工場従業員厚生費・機械減価償却費である。

製造間接費の予定配賦額＝直接労務費（直接工賃金）×250 ％

$$＝160万円×250 ％＝400万円$$

製造間接費の実際発生額＝間接材料費＋間接労務費＋間接経費

$$＝113＋132＋150＝395万円$$

製造間接費配賦差異＝予定配賦額（400）－実際発生額（395）＝5万円（有利差異）

　有利差異が発生した場合には，実際発生額395万円に製造間接費配賦差異5万円を加え，予定配賦額400万円に修正し，総製造費用の集計額とする。

(2) 形態別（材料費・労務費・経費）の分類によるもの

製 造 原 価 報 告 書		（単位：万円）
Ⅰ 材 　 料 　 費		
1.素 　 材 　 費	（　　　　270）	
2.補 助 材 料 費	（　　　　90）	
3.工 場 消 耗 品 費	（　　　　10）	
4.消耗工具器具備品費	（　　　　13）	
当 期 材 料 費		（　　　　383）
Ⅱ 労 　 務 　 費		
1.賃 　 　 金	（　　　　210）	
2.給 　 　 料	（　　　　82）	
当 期 労 務 費		（　　　　292）
Ⅲ 経 　 　 費		
1.減 価 償 却 費	（　　　　90）	
2.光 　 熱 　 費	（　　　　25）	
3.固 定 資 産 税	（　　　　15）	
4.厚 　 生 　 費	（　　　　20）	（　　　　150）
合 　 　 計		（　　　　825）
製 造 間 接 費 配 賦 差 異		（　　　　5）
当 期 総 製 造 費 用		（　　　　830）
期 首 仕 掛 品 原 価		（　　　　260）
合 　 　 計		（　　　　1,090）
期 末 仕 掛 品 原 価		（　　　　270）
当 期 製 品 製 造 原 価		（　　　　820）

▶POINT ···

素材費＝期首有高（80）＋当期仕入高（250）－期末有高（60）＝270万円

補助材料費＝期首有高（20）＋当期仕入高（90）－期末有高（20）＝90万円

賃金＝直接工賃金（160）＋間接工賃金（50）＝210万円

　直接工賃金＝当期支払額（170）－期首未払額（45）＋期末未払額（35）＝160万円

　間接工賃金＝当期支払額（45）－期首未払額（10）＋期末未払額（15）＝50万円

製造間接費の予定配賦額＝直接労務費（直接工賃金）×250 ％

$$＝160万円×250 ％＝400万円$$

製造間接費の実際発生額＝間接材料費＋間接労務費＋間接経費

$$＝（90＋10＋13）＋（50＋82）＋（90＋25＋15＋20）＝395万円$$

製造間接費配賦差異＝予定配賦額（400）－実際発生額（395）＝5万円（有利差異）

　有利差異が発生した場合には，実際発生額395万円に製造間接費配賦差異5万円を加え，予定配賦額400万円に修正し，総製造費用の集計額とする。

━━━━━━━━━━━━━━━ 練習問題 ━━━━━━━━━━━━━━━

① 仕訳問題

1. 次の一連の取引について仕訳しなさい。ただし，勘定科目は各取引の語群の中から最も適当と思われる
ものを選び記号で答えること。

(1) 当月の労務費の消費額を計上する。直接工の作業時間報告書によれば，直接作業時間は2,700時間，
間接作業時間は240時間であった。当工場における直接工の予定平均賃率は1時間あたり1,600円である。また，間接工については，前月賃金未払高160,000円，当月賃金支払高590,000円，当月賃
金未払高150,000円であった。
　　ア．現金　　イ．材料　　ウ．仕掛品　　エ．未払賃金　　オ．賃金・給料　　カ．製造間接費
　　キ．賃率差異

(2) 当月の直接作業時間にもとづき，予定配賦率により製造間接費を各製造指図書に予定配賦する。な
お，当工場では公式法変動予算を用いており，年間の変動製造間接費予算額は13,440,000円，固定
製造間接費予算額は16,800,000円であり，年間の予定総直接作業時間は33,600時間である。
　　ア．仕掛品　　イ．製品　　ウ．賃金・給料　　エ．製造間接費　　オ．製造間接費配賦差異
　　カ．予算差異　　キ．操業度差異

(3) 当月，当工場で実際に発生した製造間接費は2,540,000円であったので，(2)の予定配賦額との差額
を予算差異勘定と操業度差異勘定に振り替える。
　　ア．仕掛品　　イ．製品　　ウ．賃金・給料　　エ．製造間接費　　オ．製造間接費配賦差異
　　カ．予算差異　　キ．操業度差異

	仕　　　　　　　　訳			
	借　方　科　目	金　　額	貸　方　科　目	金　　額
(1)				
(2)				
(3)				

2. 次の各取引について仕訳しなさい。ただし，勘定科目は各取引の語群の中から最も適当と思われるものを選び記号で答えること。

(1) 当月，素材 1,200kg（購入代価 1,800円/kg），買入部品 3,000個（購入代価 160円/個），工場消耗品 160,000円（購入代価）を掛けで購入した。なお，購入に際しては，購入代価の 10％を材料副費として予定配賦している。
　　ア．現金　　イ．材料　　ウ．材料副費　　エ．仕掛品　　オ．製品　　カ．買掛金
　　キ．材料副費差異

(2) 当月の材料副費の実際発生額は 320,000円であったので，当月の材料副費の予定配賦総額 310,000円との差額を材料副費差異勘定に振り替える。
　　ア．現金　　イ．材料　　ウ．材料副費　　エ．仕掛品　　オ．製品　　カ．買掛金
　　キ．材料副費差異

(3) 当社は標準原価計算を採用し，パーシャル・プランによる記帳を行っている。当月，直接材料費について，標準単価 560円/kg，標準消費量 2,000kg により記帳してきたが，月末の集計により当月の実際直接材料費は 1,218,000円（実際単価 580円/kg，実際消費量 2,100kg）であった。よって材料に関する差異を価格差異勘定と数量差異勘定に振り替える。
　　ア．材料　　イ．仕掛品　　ウ．製品　　エ．製造間接費　　オ．製造間接費配賦差異
　　カ．価格差異　　キ．数量差異

	仕		訳	
	借　方　科　目	金　　額	貸　方　科　目	金　　額
(1)				
(2)				
(3)				

② 取引と勘定記入

1. 当工場では材料として原料Ｘおよび消耗品Ｙを使用している。原料Ｘ，消耗品Ｙの月初有高は，それぞれ176,000円，36,000円であった。

材料に関する当月中の取引は以下のとおりであった。

11月 4日　Ａ化学工業より原料Ｘ1,060,000円を仕入れた。
11月 9日　製造指図書#1101の製造向けに，原料Ｘ880,000円を払い出した。
11月12日　Ｂ産業より消耗品Ｙ128,000円を仕入れた。
11月13日　Ｃケミカルより原料Ｘ1,100,000円を仕入れた。
11月19日　製造指図書#1102の製造向けに，原料Ｘ1,180,000円を払い出した。
11月22日　Ｄ堂より消耗品Ｙ68,000円を仕入れた。

原料Ｘの消費高は継続記録法によって把握している。消費価格は実際消費価格とする。消耗品Ｙの消費高は棚卸計算法によって把握している。当月末の実地棚卸によれば，消耗品Ｙの月末有高は28,000円であった。

製造間接費は原料Ｘ消費高を配賦基準として各製造指図書に予定配賦している。製造間接費の年間予算額は38,400,000円，原料Ｘ年間予定消費高は24,000,000円である。

問　各勘定の（　　）内に適切な金額を記入しなさい。なお，当工場では，材料に関する取引について，月末に普通仕訳帳に合計仕訳し，材料勘定に合計転記している。

材　　　料　　　　　　　（単位：円）

月 初 有 高	（　　）	直 接 材 料 費	（　　）
当 月 仕 入 高	（　　）	間 接 材 料 費	（　　）
		月 末 有 高	（　　）
	（　　）		（　　）

製 造 間 接 費　　　　　　（単位：円）

間 接 材 料 費	（　　）	予 定 配 賦 額	（　　）
間 接 労 務 費	1,552,000	配 賦 差 異	（　　）
間 接 経 費	1,700,000		
	（　　）		（　　）

仕　　　掛　　　品　　　　　（単位：円）

月 初 有 高	932,000	当 月 完 成 高	（　　）
直 接 材 料 費	（　　）	月 末 有 高	856,000
直 接 労 務 費	404,000		
製 造 間 接 費	（　　）		
	（　　）		（　　）

2. 次の［資料］にもとづいて，Ｔ工業の当月の仕掛品勘定と月次損益計算書を作成しなさい。

［資料］

1．棚卸資産有高 　　　　　　　　　（単位：円）

	月初有高	月末有高
素　　材	1,820,000	1,920,000
部　　品	1,680,000	1,620,000
燃　　料	300,000	370,000
仕掛品	4,230,000	4,380,000
製　　品	1,680,000	1,440,000

2．直接工の作業時間および賃率

　　直接工の就業時間の内訳は，直接作業時間2,600時間，間接作業時間220時間であった。なお，賃金計算では，実際平均賃率である1時間あたり1,300円を適用している。

3．当月中の支払高等 　　　　　　　（単位：円）

素材仕入高	6,960,000
部品仕入高	5,660,000
燃料仕入高	900,000
工場消耗品消費額	42,000
間接工賃金当月支払高	898,000
間接工賃金前月未払高	144,000
間接工賃金当月未払高	156,000
電力料金（測定額）	288,000
保険料（月割額）	350,000
減価償却費（月割額）	1,390,000
水道料金（測定額）	124,000

4．製造間接費は直接作業時間を配賦基準として予定配賦し，配賦差異は売上原価に賦課している。なお，Ｔ工業の年間の製造間接費予算は51,200,000円，年間の予定総直接作業時間は32,000時間である。

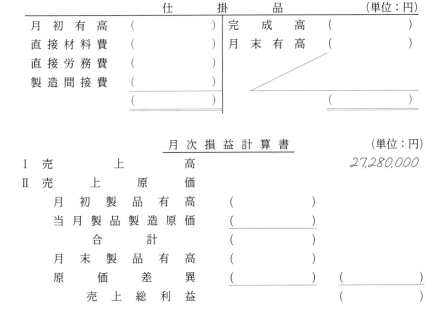

3. 当工場では，実際個別原価計算を採用している。次の［資料］にもとづいて，下記の問に答えなさい。

［資料］

(1)

製造指図書番号	直接材料費	直接労務費	直接作業時間	備　考
#11	604,000円	300,000円	120時間	5/15製造着手 5/28完成 6/2販売
#12	100,000円（5月分） 600,000円（6月分）	80,000円（5月分） 320,000円（6月分）	60時間（5月分） 100時間（6月分）	5/20製造着手 6/3完成 6/8販売
#13	1,640,000円	700,000円	280時間	6/4製造着手 6/10一部仕損 6/20完成 6/22販売
#13-2	140,000円	200,000円	80時間	6/11補修開始 6/15補修完了
#14	1,680,000円	1,500,000円	600時間	6/21製造着手 6/27完成 6/30在庫
#15	160,000円	75,000円	30時間	6/28製造着手 6/30仕掛

なお，#13-2は仕損が生じた#13を補修して合格品とするために発行した補修指図書であり，仕損は正常なものであった。

(2) 製造間接費は，直接作業時間を配賦基準として各製造指図書に予定配賦している。年間の製造間接費予算額は25,920,000円，年間の正常直接作業時間は14,400時間である。6月の製造間接費実際発生額は，2,240,000円であり，月次損益計算書においては，製造間接費の配賦差異は原価差異として売上原価に賦課する。

問1　6月の仕掛品勘定と月次損益計算書を作成しなさい。

問2　製造間接費の予定配賦額と実際発生額の差額について，上記の予算を用いて予算差異と操業度差異を計算しなさい。借方差異か貸方差異かを明示すること。

問1

```
                         仕        掛        品              （単位：円）
  6/1  月 初 有 高  （        ）  6/30 製        品  （        ）
   30  直 接 材 料 費  （        ）    〃  月 末 有 高  （        ）
    〃  直 接 労 務 費  （        ）
    〃  製 造 間 接 費  （        ）
                  （        ）                        （        ）
```

```
                    月 次 損 益 計 算 書        （単位：円）
    売 上 高                          18,640,000
    売上原価
       月初製品有高        （        ）
       当月製品製造原価    （        ）
        合    計          （        ）
       月末製品有高        （        ）
        差    引          （        ）
       原 価 差 異        （        ）  （        ）
        売上総利益                    （        ）
    販売費及び一般管理費              3,740,000
       営 業 利 益                    （        ）
```

問2　予算差異＝ [　　　　　　] 円　（　借方差異　・　貸方差異　）いずれかを○で囲むこと

　　　操業度差異＝ [　　　　　　] 円　（　借方差異　・　貸方差異　）いずれかを○で囲むこと